中華古籍保護計劃

ZHONG HUA GU JI BAO HU JI HUA CHENG GUO

·成果·

民國時期文獻
保護計劃

成果

寧波市天一閣博物館
民國時期傳統裝幀書籍普查登記目録

浙江省民國時期傳統裝幀書籍普查登記目録・寧波

國家圖書館出版社
National Library of China Publishing House

圖書在版編目(CIP)數據

寧波市天一閣博物館民國時期傳統裝幀書籍普查登記目録/寧波市天一閣博物館編. --北京:國家圖書館出版社,2018.12
(浙江省民國時期傳統裝幀書籍普查登記目録)
ISBN 978-7-5013-6478-7

Ⅰ.①寧… Ⅱ.①寧… Ⅲ.①綫裝—圖書目録—寧波—民國 Ⅳ.①Z838

中國版本圖書館CIP數據核字(2018)第154017號

書　　名　寧波市天一閣博物館民國時期傳統裝幀書籍普查登記目録
著　　者　寧波市天一閣博物館　編
責任編輯　趙　嫄

出　　版　國家圖書館出版社(100034　北京市西城區文津街7號)
(原書目文獻出版社　北京圖書館出版社)
發　　行　010-66114536　66126153　66151313　66175620
66121706(傳真)　66126156(門市部)
E-mail　nlcpress@nlc.cn(郵購)
Website　www.nlcpress.com→投稿中心
經　　銷　新華書店
印　　裝　河北三河弘翰印務有限公司
版　　次　2018年12月第1版　2018年12月第1次印刷

開　　本　787×1092(毫米)　1/16
印　　張　20.25
字　　數　390千字

書　　號　ISBN 978-7-5013-6478-7
定　　價　200.00圓

《浙江省民國時期傳統裝幀書籍普查登記目録》

指導委員會

《浙江省民國時期傳統裝幀書籍普查登記目録》

工作委員會

主　任：褚樹青

委　員（按姓氏筆畫排序）：

王以儉　毛　旭　占　劍　沈紅梅　季彤曦

胡海榮　莊立臻　徐益波　孫旭霞　孫國茂

劉　偉　應　暉

《浙江省民國時期傳統裝幀書籍普查登記目録》

編纂委員會

主　編： 徐曉軍

副主編： 曹海花　童聖江

統校和編纂工作小組組長： 曹海花（浙江圖書館）

統校和編纂工作小組成員（按姓氏筆畫排序）：

干亦鈴（寧波市圖書館）

吕　芳（浙江圖書館）

沈秋燕（嘉興市圖書館）

秦華英（浙江圖書館）

唐　微（紹興圖書館）

陳瑾淵（温州市圖書館）

《浙江省民國時期傳統裝幀書籍普查登記目録》

序　言

近代中國社會由封建王朝向民主政體蛹變的轉型時期，傳統思維與新思潮强烈衝突，書籍也隨之進入了重大變革時期，以綫裝書爲代表的傳統裝幀書籍日漸式微，傳統裝幀與現代裝幀進入了一個并存期。社會革命的發生并不意味着文化馬上就發生根本性的變化，文化的發展是有連續性的，它不會因朝代的突然更替而發生斷層式的變化。1912 年辛亥革命勝利後，中國傳統文化的發展依然繁榮，産生了一大批高質量的傳統裝幀書籍，這部分書籍也是中國傳統文化的重要組成部分。百年來，公共圖書館等公藏單位將這部分書籍跟古籍采取一樣的存放、管理、保護方式。浙江是文化大省，文化底藴深厚，書籍刻印歷史悠久，前賢留下的著述浩如烟海，藏書雅閣及私人藏書爲數衆多，民國期間也刻印了大量典籍，民國時期傳統裝幀書籍在各藏書單位（尤其是基層單位）所藏歷史文獻中占據了相當大的比重。這些文獻形成了浙江文獻典藏的重要特色，是浙江傳統文化的重要組成部分。爲更加全面地掌握全省歷史文獻文化遺産現狀，揭示全省各地區文化脉絡，浙江省自古籍普查伊始就將民國時期傳統裝幀書籍納入古籍普查範圍。

按照《全國古籍普查登記手册》要求，登記每部古籍的基本項目，必登項目有索書號、題名卷數、著者、版本、册數、存（缺）卷數，選登項目有分類、批校題跋、版式、裝幀形式、叢書子目、書影、破損狀况等内容。“秉持浙江精神，幹在實處、走在前列、勇立潮頭”，浙江省的古籍普查工作一直高標準、嚴要求，自始至終堅持全國古籍普查登記平臺（以下簡稱古籍普查平臺）項目全著録，堅持文字信息和書影信息雙著録，登記每部書的索書號、分類、題名卷數、著者、卷數統計、版本、版式、裝幀、裝具、序跋、刻工、批校題跋、鈐印、叢書子目、定級及書影、定損及書影等 16 大項 74 小項的信息。普查統計顯示，截至 2017 年 4 月 30 日，全省 95 家單位共藏有中國傳統裝幀書籍 337405 部 2506633 册，其中民國時期傳統裝幀書籍 117543 部 751690 册，占全部傳統裝幀書籍的三分之一。

普查登記著録工作結束後，省古籍保護中心組織普查業務骨幹統校、編纂全省的普查登記目録。全省的普查登記目録是將古籍和民國數據分開的，由省古籍保護中心統一規劃，分别出版《浙江省古籍普查登記目録》和《浙江省民國時期傳統裝幀書籍普查登記目録》。古籍數據統校完成後，於 2017 年 3 月成立由浙江圖書館、寧波市圖書館、温州市圖書館、嘉興市圖書館、紹興圖書館 5 家單位的 7 名普查業務骨幹組

《寧波市天一閣博物館民國時期傳統裝幀書籍普查登記目録》

編委會

主　編：莊立臻

副主編：張　亮　鄭薇薇　饒國慶

編　委：袁　慧　周慧惠　劉　雲

屠建達　烏瑩君　盧向陽

編　校：李開升

《寧波市天一閣博物館民國時期傳統裝幀書籍普查登記目録》

前　言

天一閣是亞洲現存最古老的私家藏書樓。自明代范欽創始至今,歷經450多年的朝代更迭、兵燹火灾、歲月侵蝕,仍巋然屹立,被譽爲藏書文化史上的奇迹。天一閣的珍籍亦隨着書樓跌宕起伏的命運而離散聚合。從范欽時的7萬餘卷,歷經劫難,至1949年天一閣原藏文獻僅存1.3萬餘卷(不包括《古今圖書集成》)。中華人民共和國成立後,天一閣重獲新生,衆多的寧波藏書家,如馮貞群、朱鄭卿、孫家溎、楊容林、張季言等等,紛紛親自或由後人向天一閣捐獻其所藏,天一閣藏書數量大增。特别是在"文革"十年動亂期間,天一閣不僅幸運地躲過了劫難,而且工作人員還從廢品站、造紙廠搶救回了不少珍貴古籍,甚至包括原先從天一閣散出的珍籍。近年來天一閣博物館積極地、多渠道地繼續徵集典籍,其中尤以浙東地方文獻爲多。

歷史上對天一閣藏書的整理自建閣起就從未停歇。首先是歷代范氏編目。最早是范欽編寫的《范氏東明書目》,可惜此書目已佚失。范欽長子范大冲對保存天一閣文獻作出了重大貢獻。他曾編過《天一閣書目》,但至今僅存數頁摘抄本。清乾隆年間,范氏後人編《四明天一閣藏書目録》。清康熙十二年(1673),著名思想家、學者黄宗羲以第一位外姓人身份登閣觀書,并編寫了一份藏書簡目,由此開創了著名學者或地方官員參與甚至主持天一閣書目整理的歷史,較具代表性的有清浙江學政阮元主持的《天一閣書目》、清寧紹台道薛福成主持的《天一閣見存書目》、民國學者馮貞群主編的《鄞范氏天一閣書目内編》等。這些書目是天一閣藏書發展史的最好見證。1995年,駱兆平先生的《新編天一閣書目》出版,這是中華人民共和國成立以後第一部公開出版的天一閣書目。其收録範圍爲范氏天一閣原藏書,未包含天一閣大量新增藏書。進入新世紀以來,天一閣又陸續整理出版了《伏跗室藏書目録》《别宥齋藏書目録》《清防閣·蝸寄廬·樵齋藏書目録》,但尚未有一部全面反映天一閣所藏古籍的書目。2013年,天一閣古籍普查全面展開,先後有近二十名專業人員投入到了天一閣歷史上最大規模的古籍整理工程之中。普查人員終日埋首於故紙飛塵之中,逐部逐册過手、過眼、過心,力求反映閣書真貌,至2015年底,歷時整整三年,普查終得全面完成。

本書目便是此次普查工作的成果之一。本書目收録了《寧波市天一閣博物館古籍普查登記目録》未著録的書籍,即1912年至1949年成書的、且采用傳統裝幀方式製作的書籍,共計3800部29069册。這些書籍内容廣泛,而其中的一批寧波地方文獻和稿本最具特色和價值。本書的出版可以更全面地揭示天一閣藏書,體現藏用并舉,讓藏書更多地服務於學術研究、服務於文化的傳承傳播,服務於當下社會建設。

本書的成稿有賴於衆多同仁的通力合作,除了編委會的諸位成員,原副館長庫金紅爲天一閣古籍普查的順利開展作了大量的組織協調工作;衆位普查員如李齊、黄萍、池雅静、吕歡、肖莎莎、周詩雯、孫敏山、李倩、程寅、肖迪文、趙軍蓮、王曉輝、陳婧文等付出了辛勤的汗水;還有黄剛、任紅輝兩位同仁爲普查提供了優良的技術支持,凡此種種,不一一列舉,在此一并表示衷心的感謝!

當然,由於編者學識有限、編書時間有限,本書肯定還存在某些欠缺和謬誤,敬請各位方家批評指正。

莊立臻

2017年11月

目　　録

330000－1705－0000308　善0395　經部/小學類/文字之屬/字書/字體

字體正訛一卷　單丕撰　稿本　朱鼎煦題簽　一冊

330000－1705－0000310　善0397　經部/小學類/文字之屬/字書

備遺錄不分卷　吳澤撰　稿本　四冊

330000－1705－0000598　新0349　史部/雜史類/斷代之屬

滿夷猾夏始末記八卷首一卷外編三卷　楊敦頤輯　民國元年(1912)上海新中華圖書館鉛印本　十二冊

330000－1705－0000661　善0733　史部/雜史類/斷代之屬

黑韃事略一卷　(宋)彭大雅撰　(宋)徐霆疏證　民國朱鼎煦抄本　朱鼎煦批校題跋　一冊

330000－1705－0000662　善0734　史部/雜史類/斷代之屬

黑韃事略一卷　(宋)彭大雅撰　(宋)徐霆疏證　**皮紙鈔本黑韃事略校勘記一卷**　朱鼎煦撰　民國朱鼎煦抄本　一冊

330000－1705－0000666　善0728　史部/雜史類/通代之屬

遼小史一卷金小史八卷　(明)楊循吉敘　(明)徐景鳳校　民國朱鼎煦抄本　一冊

330000－1705－0000978　善2564　子部/藝術類/音樂之屬/樂譜

琵琶譜二卷　民國馮貞羣抄本　一冊

330000－1705－0001011　馮0020、馮0022、馮0023、馮0645、馮1007、馮1006、馮1114、馮2144、馮2271、馮2367、馮2531、馮2486、馮2686、馮2757、馮2782　類叢部/叢書類/郡邑之屬

吳興叢書六十六種　劉承幹編　民國吳興劉氏嘉業堂刻本　五十一冊　存十五種

330000－1705－0001033　馮0032　經部/易類/傳說之屬

易學入門一卷易學探原經傳解三卷　黃元炳撰　民國二十二年(1933)無錫黃氏觀蝶樓鉛印本　馮貞羣題記　四冊

330000－1705－0001040　馮0041、馮0071、馮0842、馮0890、馮0968、馮0970、馮1631、馮1996、馮2027、馮2053、馮2182、馮2677、馮2816　類叢部/叢書類/彙編之屬

四部叢刊　張元濟等編　民國八年(1919)上海商務印書館影印本　三十八冊　存十三種

330000－1705－0001074　馮0072、馮0377、馮0470、馮1921、馮2090　類叢部/叢書類/彙編之屬

四部叢刊　張元濟等編　民國八年(1919)上海商務印書館影印本　十四冊　存五種

330000－1705－0001078　馮0104　經部/詩類/文字音義之屬

毛詩正韵四卷毛詩韵例一卷　丁以此撰　民國十三年(1924)日照丁氏留餘堂刻本　馮貞羣題記　四冊

330000－1705－0001084　馮0109　經部/詩類/專著之屬

詩史初稿十六卷首一卷　張壽鏞撰　民國三十一年(1942)鉛印本　二冊

330000－1705－0001126　馮0123、馮0222、馮0390、馮0650　類叢部/叢書類/彙編之屬

嘉業堂叢書五十七種　劉承幹輯　民國吳興劉氏嘉業堂刻本(毛詩正義卷一至七原缺)　馮貞羣題記　六十三冊　存二十一種

330000－1705－0001129　馮0151　經部/禮記類/傳說之屬

禮記集說七十卷　(清)鄭元慶撰　民國十三年(1924)吳興劉氏嘉業堂刻吳興叢書本　馮貞羣題記　二十四冊

330000－1705－0001133　馮0165　經部/大戴禮記類/傳說之屬

大戴禮記斠補三卷　(清)孫詒讓撰　民國三年(1914)瑞安廣明印刷所石印本　三冊

330000－1705－0001190　馮0214　經部/春

秋總義類/傳說之屬
春秋復始三十八卷 崔適撰 民國七年(1918)北京大學出版部鉛印本 六册

330000－1705－0001203 馮0264 經部/四書類/論語之屬/傳說
論語足徵記二卷 崔適撰 民國七年(1918)北京大學出版部鉛印本 一册

330000－1705－0001214 馮0258 子部/藝術類/書畫之屬/法帖
孝經一卷 (清)吳大澂篆書 民國二年(1913)蘇州振新書社影印本 一册

330000－1705－0001232 馮0296 經部/四書類/大學之屬/傳說
大學古本質言一卷 (清)劉沅撰 民國十三年(1924)怡春堂石印本 一册

330000－1705－0001244 馮0334 經部/小學類/音韻之屬/韻書
江氏音學十書七種附一種十二卷 (清)江有誥撰 民國十七年(1928)中國書店據清嘉慶至道光刻本影印本 八册

330000－1705－0001271 馮0308 經部/小學類/訓詁之屬/爾雅
爾雅正名一卷 汪鎣撰 黄侃評 民國二十五年(1936)章氏國學講習會鉛印本 一册

330000－1705－0001276 馮0349 經部/小學類/訓詁之屬/字詁
助字辨略五卷 (清)劉淇撰 民國金粟齋石印本 五册

330000－1705－0001278 馮0350 經部/小學類/訓詁之屬/字詁
助字辨略五卷 (清)劉淇撰 民國金粟齋石印本 五册

330000－1705－0001285 馮0450 史部/金石類/甲骨之屬/文字
甲骨文例二卷 胡光煒撰 民國十七年(1928)廣州中山大學石印本 一册

330000－1705－0001339 馮0409 經部/小學類/文字之屬/說文
說文解字十四篇 章炳麟講 馬準錄 民國馮貞羣抄本 馮貞羣題記 二册

330000－1705－0001352 馮0429 經部/小學類/訓詁之屬/字詁
文始九卷 章炳麟撰 民國二年(1913)浙江圖書館據章炳麟手寫稿本影印本 一册

330000－1705－0001385 馮0464 子部/藝術類/書畫之屬/法帖
草字彙十二卷附補 (清)石梁輯 民國六年(1917)涵芬樓影印本 六册

330000－1705－0001386 馮0465 子部/藝術類/書畫之屬/法帖
草字彙十二卷附補 (清)石梁輯 民國六年(1917)涵芬樓影印本 六册

330000－1705－0001404 馮0482 經部/小學類/音韻之屬/韻書
唐寫本切韻殘卷三卷 (隋)陸法言撰 民國十年(1921)影印本 馮貞羣題記 一册

330000－1705－0001425 馮0490 經部/小學類/音韻之屬/韻書
中州音韻一卷 (清)張漢重校 **司馬溫公切韻一卷** (宋)司馬光切韻 民國石印本 馮貞羣題記 一册

330000－1705－0001467 馮0519 經部/小學類/音韻之屬/韻書
集韻表一卷 施則敬撰 民國二十四年(1935)石印本 一册

330000－1705－0001475 馮0562 史部/紀傳類/正史之屬
史記一百三十卷 (漢)司馬遷撰 (南朝宋)裴駰集解 (唐)司馬貞索隱 (唐)張守節正義 民國元年(1912)鄂官書處刻本 二十四册

330000－1705－0001481 馮0626 史部/紀傳類/正史之屬
漢書補注一百卷首一卷 王先謙撰 **姚惜抱先生前漢書評點一卷** (清)姚鼐撰 (清)吳

汝綸輯　民國五年(1916)上海同文圖書館石印本　四十冊

330000－1705－0001482　馮0574　史部/紀傳類/正史之屬
漢書補注補正六卷　楊樹達撰　民國十四年(1925)商務印書館鉛印本　一冊

330000－1705－0001483　馮0602　類叢部/叢書類/彙編之屬
桐城吳先生羣書點勘　(清)吳汝綸撰　民國蓮池書社鉛印本　四冊　存八種

330000－1705－0001487　馮0575　史部/紀傳類/正史之屬
後漢書集解九十卷首一卷續志集解三十卷　王先謙撰　民國四年(1915)長沙王氏虛受堂刻本　馮貞羣題記　三十冊

330000－1705－0001499　馮0594　史部/紀傳類/正史之屬
史記一百三十卷　(漢)司馬遷撰　(清)吳汝綸點勘　**桐城吳先生史記初校本點識一卷**　(清)吳汝綸撰　吳闓生輯　**桐城吳先生彙錄各家史記評語一卷**　(清)吳汝綸輯　民國四年(1915)都門書局鉛印本　十二冊

330000－1705－0001515　馮0670　史部/叢編
二十五史補編不分卷　二十五史刊行委員會輯　民國二十五年至二十六年(1936－1937)上海開明書局鉛印本　六冊

330000－1705－0001516　馮0660　史部/史表類
二十史朔閏表一卷　陳垣撰　民國十四年(1925)北大石印本　馬準題記　一冊

330000－1705－0001585　馮0736　史部/雜史類/斷代之屬
魏略輯本二十五卷補遺一卷　(晉)魚豢撰　張鵬一輯　民國十三年(1924)陝西文獻徵輯處刻本　二冊

330000－1705－0001597　馮0751　史部/雜史類/斷代之屬
國語二十一卷　(三國吳)韋昭解　**校刊明道本韋氏解國語札記一卷**　(清)黃丕烈撰　**國語明道本考異四卷**　(清)汪遠孫撰　民國元年(1912)湖北崇文書局刻本　四冊　缺四卷(考異一至四)

330000－1705－0001603　馮0763　史部/雜史類/斷代之屬
國語詳注二十一卷　沈鎔輯注　民國五年(1916)上海文明書局、中華書局鉛印本　四冊

330000－1705－0001608　馮0748　類叢部/叢書類/自著之屬
章氏叢書補編　章炳麟撰　民國十三年(1924)鉛印本　一冊　存一種

330000－1705－0001609　馮0749　類叢部/叢書類/自著之屬
章氏叢書補編　章炳麟撰　民國十三年(1924)鉛印本　一冊　存一種

330000－1705－0001612　馮0837　史部/政書類/儀制之屬/典禮
文廟全錄從祀年分並生卒攷略一卷　孫鏘撰　民國八年(1919)鉛印本　一冊

330000－1705－0001613　馮0743、馮1164、馮3031　類叢部/叢書類/彙編之屬
適園叢書七十四種　張鈞衡編　民國二年至六年(1913－1917)烏程張氏刻本(唐大詔令集卷十四至二十四、八十七至九十八原缺)　十冊　存三種

330000－1705－0001623　馮0815　史部/詔令奏議類/詔令之屬
大義覺迷錄不分卷　(清)世宗胤禛撰　民國鉛印本　馮貞羣批並題　一冊

330000－1705－0001624　馮0778　史部/雜史類/斷代之屬
戰國策三十三卷　(漢)高誘注　**重刻剡川姚氏本戰國策札記三卷**　(清)黃丕烈撰　民國五年(1916)上海鴻寶齋石印本　一冊　存三卷(重刻剡川姚氏本戰國策札記一至三)

330000－1705－0001630　馮0782　史部/雜史類/斷代之屬
戰國策詳註三十三卷　郭希汾輯註　民國五年(1916)上海文明書局鉛印本　六冊

330000－1705－0001638　馮0785　史部/雜史類/斷代之屬
戰國策補釋六卷　金正煒撰　民國十三年(1924)貴陽金氏十梅館刻本　六冊

330000－1705－0001648　馮0847　類叢部/叢書類/彙編之屬
求恕齋叢書三十一種　劉承幹編　民國吳興劉氏嘉業堂刻本　四冊　存一種

330000－1705－0001656　馮0808、馮2916　類叢部/叢書類/郡邑之屬
四明叢書一百六十七種　張壽鏞編　民國四明張氏約園刻藍印本　七冊　存三種

330000－1705－0001664　馮0855　類叢部/叢書類/彙編之屬
求恕齋叢書三十一種　劉承幹編　民國吳興劉氏嘉業堂刻本　一冊　存一種

330000－1705－0001665　馮0853、馮0854、馮2851　類叢部/叢書類/彙編之屬
求恕齋叢書三十一種　劉承幹編　民國吳興劉氏嘉業堂刻本　十四冊　存三種

330000－1705－0001676　馮0866　類叢部/叢書類/彙編之屬
金陵大學中國文化研究所叢刊　金陵大學中國文化研究所編　民國金陵大學中國文化研究所刻本、鉛印本暨影印本　一冊

330000－1705－0001677　馮0867　史部/傳記類/別傳之屬/年譜
邵二雲先生[晉涵]年譜一卷　黄雲眉編　民國二十二年(1933)金陵大學中國文化研究所鉛印金陵大學中國文化研究所叢刊本　馮貞羣題記　一冊

330000－1705－0001678　馮0868　類叢部/叢書類/彙編之屬
金陵大學中國文化研究所叢刊　金陵大學中國文化研究所編　民國金陵大學中國文化研究所刻本、鉛印本暨影印本　一冊　存一種

330000－1705－0001692　馮0869　史部/傳記類/別傳之屬/年譜
姜西溟先生[宸英]年譜一卷　馮貞羣編　稿本　一冊

330000－1705－0001694　馮0901　子部/儒家類/儒學之屬/禮教/女範
閨範四卷　(明)呂坤注　(清)程夢暘等校　民國十六年(1927)據明刻本影印本　四冊

330000－1705－0001695　馮0891　史部/傳記類/總傳之屬/列女
古列女傳八卷　(漢)劉向撰　(明)黄魯曾贊　民國元年(1912)鄂官書處刻本　馮貞羣題簽並校　二冊

330000－1705－0001696　馮0870　史部/傳記類/別傳之屬/年譜
章實齋先生[學誠]年譜一卷　胡適編　民國十一年(1922)鉛印本　馮貞羣題記　一冊

330000－1705－0001698　馮0881　史部/傳記類/別傳之屬/年譜
嗇翁自訂年譜二卷　張謇撰　民國十四年(1925)鉛印本　二冊

330000－1705－0001705　馮0882　史部/傳記類/別傳之屬/事狀
容菴弟子記四卷　沈祖憲　吳闓生編　民國二年(1913)鉛印本　一冊

330000－1705－0001708　馮0888　史部/傳記類/別傳之屬/事狀
魏文節公[杞]事略一卷　魏頌唐輯　民國二十五年(1936)鉛印本　一冊

330000－1705－0001726　馮0883　史部/傳記類/總傳之屬
旌忠錄不分卷　(清)陳祖確　陳賢凱輯　民國二十三年(1934)遺忠堂木活字印本　二冊

330000－1705－0001731　馮0912　史部/傳記類/總傳之屬/郡邑

兩浙名賢録一卷 （清）萬斯同輯 民國抄本 一册

330000－1705－0001735 馮0896 史部/傳記類/總傳之屬/列女

古列女傳八卷 （漢）劉向撰 （明）黄魯曾贊 民國元年（1912）鄂官書處刻本 四册

330000－1705－0001742 馮0900 史部/傳記類/總傳之屬/列女

列女傳斠注三卷 陳漢章撰 民國鉛印本 一册

330000－1705－0001747 馮0864 史部/傳記類/别傳之屬/年譜

錢止亭先生[肅樂]年譜一卷 馮貞羣編 稿本 馮貞羣題記 一册

330000－1705－0001782 馮0954 史部/傳記類/總傳之屬/仕宦

清代徵獻類編五種 嚴懋功撰 民國二十年（1931）無錫民生公司鉛印本 八册

330000－1705－0001808 馮1023 史部/地理類/方志之屬/郡縣志

[民國]鎮海縣志四十五卷首一卷 洪錫範 盛鴻燾修 王榮商 楊敏曾纂 民國二十年（1931）上海蔚文印刷局鉛印本 二十四册

330000－1705－0001818 馮1040 史部/地理類/山川之屬/山志

普陀洛迦山志十二卷 王亨彦輯 民國十七年（1928）鉛印本 四册

330000－1705－0001821 馮1020 史部/地理類/方志之屬/郡縣志

[民國]定海縣志十六卷首一卷 陳訓正 馬瀛纂修 施皐 顔聖介 張紀隆測繪 民國十三年（1924）旅滬同鄉會鉛印本 六册

330000－1705－0001824 馮1021 史部/地理類/方志之屬/郡縣志

[嘉靖]象山縣志十五卷 （明）毛德京 （明）王廂修 （明）楊民彝 （明）俞瀾纂 民國二十六年（1937）馮貞羣抄本 馮貞羣題記 二册

330000－1705－0001830 馮1029 史部/地理類/專志之屬

哈密志五十一卷 （清）鍾方撰 民國二十六年（1937）禹貢學會鉛印邊疆叢書甲集本 王庸題記 二册

330000－1705－0001838 馮1221 史部/目録類/總録之屬/官修

浙江公立圖書館附設印行所書目不分卷 浙江公立圖書館編 民國五年（1916）鉛印本 一册

330000－1705－0001839 馮1219 史部/目録類/總録之屬/官修

南洋中學校藏書目不分卷補遺一卷 陳乃乾撰 民國八年（1919）鉛印本 馮貞羣題記 一册

330000－1705－0001851 馮1081 史部/地理類/專志之屬/祠墓

唐越國公忠烈廟誥敕一卷 民國抄本 一册

330000－1705－0001852 馮1072 史部/地理類/專志之屬/寺觀

天童寺續志二卷首一卷 釋淨心修 釋蓮萍纂 民國九年（1920）天童寺刻本 馮貞羣題記 二册

330000－1705－0001853 馮1085 史部/地理類/專志之屬/祠墓

馮王兩侍郎墓録一卷 馮貞羣輯 稿本 一册

330000－1705－0001862 馮1248 史部/目録類/總録之屬/私撰

紹介遺書一卷（第四十二期至八十二期） 鄧實輯 民國鉛印本 一册

330000－1705－0001871 馮1078 史部/地理類/專志之屬/寺觀

洛陽伽藍記五卷 （北魏）楊衒之撰 **洛陽伽藍記集證一卷** （清）吴若準撰 張宗祥補 **集證本洛陽伽藍記正文一卷** **鉤沉本洛陽伽藍記正文一卷** 民國十九年（1930）上海商務印書館據十九年（1930）海寧張氏鐵如意館抄

校本影印本　一冊

330000－1705－0001874　馮 1022　史部/地理類/方志之屬/郡縣志
[民國]鄞縣通志六志五十一編附圖一函　張傳保　汪煥章修　陳訓正　馬瀛纂　民國二十四年(1935)至一九五一年寧波鄞縣通志館鉛印本　三十六冊

330000－1705－0001878　馮 1079　史部/地理類/專志之屬/寺觀
洛陽伽藍記五卷　(北魏)楊衒之撰　民國四年(1915)武進董氏誦芬室據明如隱堂刻本影印本　二冊

330000－1705－0001907　馮 1159　史部/傳記類/總傳之屬/家乘
[浙江寧波]甬上青石張氏家譜四卷　張美翊等修　民國十四年(1925)味芹堂鉛印本　四冊

330000－1705－0001913　馮 1157　史部/傳記類/總傳之屬/家乘
[浙江杭州]錢塘沈氏家乘十卷　(清)沈紹勳輯　沈祖緜增輯　民國八年(1919)錢塘沈祖緜鉛印本　馮貞羣校　四冊

330000－1705－0001917　馮 1069　史部/金石類/總志之屬/雜著
古物調查表三卷　民國七年(1918)鉛印本　馮貞羣題記　二冊

330000－1705－0001934　馮 1145　類叢部/叢書類/彙編之屬
雪堂叢刻(國學叢刊)五十二種　羅振玉編　民國四年(1915)上虞羅氏鉛印本　二冊　存一種

330000－1705－0001938　馮 1207　史部/目録類/書志之屬/提要
抱經樓藏書志六十四卷　沈德壽編　民國十三年(1924)美大印局鉛印本　馮貞羣題記　十冊

330000－1705－0001940　馮 1231　史部/目録類/總録之屬/私撰
掃葉山房書目四卷　掃葉山房主人編　民國十一年(1922)掃葉山房石印本　一冊

330000－1705－0001941　馮 1198　類叢部/叢書類/彙編之屬
江氏聚珍版叢書四集二十八種　江杏溪輯　民國十三年(1924)蘇州文學山房木活字印本　二冊

330000－1705－0001944　馮 1251　史部/目録類/總録之屬/史志
漢書藝文志注解七卷　姚明煇撰　民國十三年(1924)吳興讀經會鉛印本　二冊

330000－1705－0001945　馮 1191　史部/目録類/專録之屬
盧氏抱經樓書目不分卷　(清)盧址藏　民國馮貞羣抄本　一冊

330000－1705－0001946　馮 1232　史部/目録類/總録之屬/私撰
千頃堂書局圖書目錄不分卷　千頃堂書局編　民國十二年(1923)上海千頃堂書局石印本　一冊

330000－1705－0001947　馮 1218　史部/目録類/總録之屬/官修
浙江公立圖書分館觀覽類科學書目不分卷　浙江公立圖書館編　民國六年(1917)鉛印本　一冊

330000－1705－0001948　馮 1192　史部/目録類/總録之屬/彙刻
古書目錄一卷　古書流通處編　民國古書流通處石印本　馮貞羣題識　一冊

330000－1705－0001953　馮 1233　史部/目録類/總録之屬/私撰
千頃堂書局圖書目錄不分卷　千頃堂書局編　民國上海千頃堂書局石印本　四冊

330000－1705－0001954　馮 1144　史部/政書類/儀制之屬/典禮
禮儀定式一卷　(明)李原名等撰　民國二十五年(1936)馮貞羣據明嘉靖徽藩刻本影寫本　馮貞羣題記　一冊

330000－1705－0001959　馮 1249　史部/目録類/通論之屬/掌故瑣記

書舶庸譚四卷　董康撰　民國十九年(1930)上海大東書局影印本　馮貞羣批點　三冊

330000－1705－0001962　馮 1212　史部/目録類/總録之屬/官修

江蘇第一圖書館覆校善本書目四卷　胡宗武　曹掾梁編　民國七年(1918)南京江蘇第一圖書館鉛印本　馮貞羣題記　四冊

330000－1705－0001965　馮 1234　史部/目録類/總録之屬/私撰

詒莊樓書目八卷　王修藏並撰　民國十九年(1930)長興王修鉛印本　馮貞羣題記　四冊

330000－1705－0001966　馮 1183　史部/目録類/總録之屬/私撰

書目舉要一卷　周貞亮　李之鼎編　民國九年(1920)南城李之鼎宜秋館刻本　馮貞羣題記　一冊

330000－1705－0001967　馮 1172　史部/目録類/通論之屬/義例

四庫全書表文箋釋四卷　林鶴年撰　民國四年(1915)吳興劉承幹求恕齋刻求恕齋叢書本　馮貞羣題記　四冊

330000－1705－0001972　馮 1188　史部/目録類/總録之屬/私撰

鄞范氏天一閣書目内編十卷　馮貞羣編　民國二十六年至二十九年(1937－1940)寧波重修天一閣委員會鉛印本　四冊

330000－1705－0001974　馮 1206　史部/目録類/總録之屬/私撰

求恆齋書目一卷君木書目一卷　馮幵編　稿本　一冊

330000－1705－0001980　馮 1205　史部/目録類/總録之屬/私撰

東海藏書樓書目不分卷　徐允中藏並編　民國十三年(1924)武林鉛印本　馮貞羣題記　六冊

330000－1705－0001982　馮 1226　史部/目録類/專録之屬

西泠印社金石印譜法帖藏書目一卷　西泠印社編　民國六年(1917)上海西泠印社石印本　二冊

330000－1705－0001983　馮 1224－1　史部/目録類/總録之屬/私撰

雙鑑樓善本書目四卷　傅增湘編　民國十八年(1929)江安傅增湘藏園刻本　二冊

330000－1705－0001984　馮 1179　史部/目録類/總録之屬/彙刻

續彙刻書目十卷閏集一卷　羅振玉撰　民國三年(1914)連平范氏雙魚室刻本　十冊　缺一卷(閏集)

330000－1705－0001985　馮 1236　史部/目録類/總録之屬/私撰

讀有用書齋古籍目錄一卷　(清)韓應陛藏　曹元忠撰　**吳縣曹君直先生所著藏書記一卷**　曹元忠撰　民國石印本　一冊

330000－1705－0001987　馮 1237　史部/目録類/總録之屬/私撰

讀有用書齋古籍目錄一卷　(清)韓應陛藏　曹元忠撰　民國石印本　一冊

330000－1705－0001988　馮 1224－2　史部/目録類/總録之屬/私撰

雙鑑樓藏書續記二卷　傅增湘撰　民國十九年(1930)江安傅增湘藏園刻本　二冊

330000－1705－0001990　馮 1238　史部/目録類/總録之屬/私撰

雲間韓氏藏書目不分卷附書影　(清)韓應陛藏並編　民國十九年(1930)影印本　一冊

330000－1705－0001991　馮 1246　史部/目録類/通論之屬/掌故瑣記

書林清話十卷　葉德輝撰　民國九年(1920)葉德輝觀古堂刻本　四冊

330000－1705－0001992　馮 1217　史部/目録類/總録之屬/官修

浙江公立圖書分館觀覽類書目補編不分卷　浙江公立圖書館編　民國五年(1916)浙江公

國元年(1912)鄂官書處重印本　四册　存一種

330000－1705－0002194　馮1480　子部/醫家類/醫經之屬/内經

黄帝内經太素三十卷遺文一卷　(隋)楊上善撰注　民國十三年(1924)蘭陵堂仿宋刻本(卷一、四、七、十六、十八、二十至二十一原缺)　馮貞羣題記　八册

330000－1705－0002210　馮1510　子部/醫家類/傷寒金匱之屬/傷寒論

傷寒雜病論十六卷　(漢)張機撰　民國二十一年(1932)長沙石印本　四册

330000－1705－0002219　馮1511　子部/醫家類/傷寒金匱之屬/傷寒論

傷寒雜病論集十六卷　(漢)張機撰　民國二十八年(1939)張紡刻本　四册

330000－1705－0002222　馮1512　子部/醫家類/傷寒金匱之屬/傷寒論

註解傷寒論十卷校記一卷　(漢)張機述　(漢)王叔和撰次　(金)成無己註解　民國十三年(1924)熊羅宿影印本　四册

330000－1705－0002238　馮1516　子部/醫家類/喉科口齒之屬/白喉

洞主仙師白喉治法忌表抉微一卷附喉痧治方　(清)耐修子録並注　民國六年(1917)鉛印本　一册

330000－1705－0002259　馮1558　子部/藝術類/書畫之屬/畫譜

芥子園畫傳二集九卷　(清)王槩　(清)王蓍　(清)王臬輯　民國石印本　四册

330000－1705－0002261　馮1592　史部/金石類/璽印之屬

周秦古鉩不分卷　民國八年(1919)鈐印本　一册

330000－1705－0002262　馮1641　子部/雜著類/雜説之屬

淮南鴻烈集解二十一卷　(漢)劉安撰　(漢)高誘注　劉文典集解　**淮南天文訓補注一卷**　(清)錢塘撰　民國十二年(1923)上海商務印書館鉛印本　六册

330000－1705－0002268　馮1622　子部/雜家類

尹文子二卷　民國中國書店鉛印本　一册

330000－1705－0002283　馮1627　子部/叢編

子書百家(崇文書局彙刻百子)　(清)崇文書局編　清光緒元年(1875)湖北崇文書局刻民國元年(1912)鄂官書處重印本　四册　存一種

330000－1705－0002287　馮1628　子部/叢編

子書百家(崇文書局彙刻百子)　(清)崇文書局編　清光緒元年(1875)湖北崇文書局刻民國元年(1912)鄂官書處重印本　四册　存一種

330000－1705－0002288　馮1629　子部/叢編

子書百家(崇文書局彙刻百子)　(清)崇文書局編　清光緒元年(1875)湖北崇文書局刻民國元年(1912)鄂官書處重印本　四册　存一種

330000－1705－0002290　馮1601　子部/工藝類/日用器物之屬

新編魯般營造正式六卷　民國馮貞羣據天一閣藏本影抄本　一册

330000－1705－0002300　馮1604　子部/工藝類/日用器物之屬/雕刻

竹人録二卷　(清)金元鈺撰　民國二十七年(1938)鄞縣秦康祥睿識閣鉛印本　一册

330000－1705－0002301　馮1618　子部/叢編

子書百家(崇文書局彙刻百子)　(清)崇文書局編　清光緒元年(1875)湖北崇文書局刻民國元年(1912)鄂官書處重印本　四册　存一種

330000－1705－0002302　馮1605　子部/工

藝類/日用器物之屬/雕刻

竹人錄二卷 (清)金元鈺撰 民國二十七年(1938)鄞縣秦康祥睿識閣鉛印本 一冊

330000－1705－0002303 馮1606 子部/工藝類/日用器物之屬/雕刻

竹人錄二卷 (清)金元鈺撰 民國二十七年(1938)鄞縣秦康祥睿識閣鉛印本 一冊

330000－1705－0002304 馮1607 子部/工藝類/日用器物之屬/雕刻

竹人錄二卷 (清)金元鈺撰 民國二十七年(1938)鄞縣秦康祥睿識閣鉛印本 一冊

330000－1705－0002305 馮1635 類叢部/叢書類/彙編之屬

國立清華大學整理古籍叢刊 民國國立清華大學鉛印本 六冊 存一種

330000－1705－0002306 馮1619 子部/叢編

子書百家(崇文書局彙刻百子) (清)崇文書局編 清光緒元年(1875)湖北崇文書局刻民國元年(1912)鄂官書處重印本 四冊 存一種

330000－1705－0002307 馮1620 子部/叢編

子書百家(崇文書局彙刻百子) (清)崇文書局編 清光緒元年(1875)湖北崇文書局刻民國元年(1912)鄂官書處重印本 四冊 存一種

330000－1705－0002319 馮1611 史部/金石類

嘉業堂金石叢書五種 劉承幹輯 民國吳興劉氏刻本 二冊 存一種

330000－1705－0002322 馮1645 子部/儒家類/儒學之屬/禮教/家訓

顏氏家訓七卷補遺一卷重校正一卷 (北齊)顏之推撰 (清)趙曦明注 (清)盧文弨補 **顏氏家訓注補正一卷** (清)錢大昕撰 民國崇新書局石印本 二冊

330000－1705－0002333 馮1630 類叢部/叢書類/彙編之屬

桐城吳先生羣書點勘 (清)吳汝綸撰 民國蓮池書社鉛印本 三冊 存一種

330000－1705－0002334 馮1727 史部/傳記類/日記之屬

味水軒日記八卷(明萬曆三十七年正月至四十四年十二月) (明)李日華撰 民國吳興劉氏嘉業堂刻嘉業堂叢書本 馮貞羣題記 六冊

330000－1705－0002336 馮1709 子部/雜著類/雜考之屬

過庭錄十六卷 (清)宋翔鳳撰 民國十九年(1930)北平富晉書社石印本 六冊

330000－1705－0002351 馮1693 子部/雜著類/雜考之屬

樸學齋筆記八卷 (清)盛大士撰 民國九年(1920)刻嘉業堂叢書本 馮貞羣題記 二冊

330000－1705－0002357 馮1714 史部/目錄類/通論之屬/考訂

古今僞書考補證一卷 (清)姚際恆撰 黃雲眉補證 民國二十一年(1932)南京金陵大學中國文化研究所鉛印本 馮貞羣批並題記 一冊

330000－1705－0002367 馮1704 子部/雜著類/雜說之屬

捫燭脞存十二卷首一卷 (清)陳僅撰 民國三年(1914)鄞縣陳氏繼雅堂木活字印本 六冊

330000－1705－0002370 馮1705 子部/雜著類/雜說之屬

捫燭脞存十二卷首一卷 (清)陳僅撰 民國三年(1914)鄞縣陳氏繼雅堂木活字印本 六冊

330000－1705－0002374 馮1716、馮1740、馮3241 類叢部/叢書類/自著之屬

勱堂遺書八種 顧家相撰 民國八年至十九年(1919－1930)會稽顧氏鉛印本 三冊 存三種

330000－1705－0002381　馮1717　子部/雜著類/雜考之屬

煙嶼樓讀書志十六卷筆記八卷　(清)徐時棟撰　民國十七年(1928)鄞縣徐方來蘧學齋鉛印本　六冊　缺八卷(筆記一至八)

330000－1705－0002382　馮1840　集部/小說類/短篇之屬

清平山堂話本十五種　(明)洪楩輯　民國十八年(1929)古今小品書籍印行會據明嘉靖洪楩刻本影印本　馮貞羣題記　三冊

330000－1705－0002383　馮1712　子部/雜著類/雜說之屬

讀子卮言二卷　江瑔撰　民國六年(1917)上海商務印書館鉛印本　一冊

330000－1705－0002388　馮1625　子部/雜家類

公孫龍子三卷　(戰國)公孫龍撰　民國鉛印本　一冊

330000－1705－0002393　馮1718　類叢部/叢書類/自著之屬

澹園雜著八卷　(清)虞景璜撰　民國十三年(1924)虞和欽鉛印本　張之銘題記　一冊

330000－1705－0002401　馮1722　類叢部/叢書類/自著之屬

藝風堂讀書志七種　繆荃孫輯撰　民國江陰繆氏刻本　馮貞羣題記　一冊

330000－1705－0002409　馮1769　子部/雜著類/雜纂之屬

益智編四十一卷　(明)孫能傳纂輯　民國據清光緒十七年(1891)杭州刻本影印本　馮貞羣題記　十二冊

330000－1705－0002437　馮1831　子部/小說家類/異聞之屬

閱微草堂筆記二十四卷　(清)紀昀撰　民國三年(1914)上海錦章圖書局石印本　四冊

330000－1705－0002438　馮1808　子部/小說家類/雜事之屬

堅瓠集六十六卷　(清)褚人穫撰　民國刻本　三十二冊

330000－1705－0002440　馮1842　子部/小說家類/雜事之屬

秦淮畫舫錄二卷畫舫餘譚一卷三十六春小譜四卷　(清)捧花生撰　民國二十三年(1934)鉛印本　一冊　存二卷(秦淮畫舫錄一至二)

330000－1705－0002443　馮1794、馮1798　類叢部/叢書類/彙編之屬

涵芬樓叢書五種　涵芬樓編　民國上海商務印書館鉛印本　十冊　存二種

330000－1705－0002460　馮1834　子部/小說家類/雜事之屬

三異筆談一集四卷　(清)許元仲撰　民國申報鉛印本　馮貞羣題記　一冊

330000－1705－0002462　馮1819　子部/雜著類/雜考之屬

煙嶼樓讀書志十六卷筆記八卷　(清)徐時棟撰　民國十七年(1928)鄞縣徐方來蘧學齋鉛印本　馮貞羣校　二冊　存八卷(筆記一至八)

330000－1705－0002475　馮1847　子部/宗教類/佛教之屬/經疏

佛說阿彌陀經疏鈔四卷附佛說阿彌陀經一卷阿彌陀經疏鈔事義一卷問辯一卷續問答一卷書鈔答問一卷答淨土四十八問一卷淨土疑辯一卷　(後秦)鳩摩羅什譯　(明)釋祩宏述　民國上海商務印書館鉛印本　三冊

330000－1705－0002483　馮1909　子部/宗教類/佛教之屬/諸宗

靈峰蕅益大師選定淨土十要十卷　(清)釋智旭輯　(清)釋成時評點節略　**淨土十要附本八卷**　釋印光編　民國二十三年(1934)佛學書局鉛印本　五冊

330000－1705－0002485　馮1870　子部/宗教類/佛教之屬/經疏

妙法蓮華經五味玄記不分卷　(隋)釋智顗教　釋根慧撰　民國二十九年(1940)上海法雲印經會鉛印本　一冊

330000－1705－0002487　馮 1871　子部/宗教類/佛教之屬/經疏

妙法蓮華經五味玄記不分卷　（隋）釋智顗教　釋根慧撰　民國二十九年（1940）上海法雲印經會鉛印本　一册

330000－1705－0002495　馮 1878　子部/宗教類/佛教之屬/經疏

天請問經一卷天請問經疏一卷　（唐）釋玄奘譯　民國十四年（1925）鉛印本　馮貞羣題記　一册

330000－1705－0002508　馮 1914　子部/宗教類/佛教之屬

佛學大辭典不分卷通檢一卷疇隱居士自訂年譜一卷　丁福保撰　民國十八年（1929）上海醫學書局鉛印本　十六册

330000－1705－0002510　馮 1856　子部/宗教類/佛教之屬/經疏

大佛頂首楞嚴經攝論二卷　釋太虛造　民國七年（1918）中華書局鉛印本　一册

330000－1705－0002511　馮 1857　子部/宗教類/佛教之屬/經

藥師瑠璃光如來本願功德經一卷　（唐）釋玄奘譯　民國十一年（1922）三寶經房刻本　一册

330000－1705－0002512　馮 1879　子部/宗教類/佛教之屬/經咒

觀音五經合編五卷　民國二十一年（1932）天津城裡公記印刷局石印本　一册

330000－1705－0002518　馮 1859　子部/宗教類/佛教之屬/經

維摩詰所説不可思議解脱經講義二卷系統表一卷　釋太虛講　民國鉛印本　馮貞羣題記　二册

330000－1705－0002524　馮 1930　子部/道家類

老子姚本集注二卷　李大防述　民國十七年（1928）安慶三江印刷局石印本　二册

330000－1705－0002531　馮 1937　子部/道家類

老子述義二卷　胡遠濬撰　民國十八年（1929）鉛印本　一册

330000－1705－0002532　馮 1935　子部/道家類

老子古義二卷　楊樹達撰　民國十一年（1922）上海中華書局鉛印本　一册

330000－1705－0002533　馮 1904　子部/宗教類/佛教之屬/諸宗

淨土津要六種　民國十九年（1930）上海商務印書館鉛印本　馮昭適批　二册　存四種

330000－1705－0002534　馮 1861　子部/宗教類/佛教之屬

金剛般若波羅蜜經二卷　（清）俞樾注　**般若波羅蜜多心經一卷**　（唐）釋玄奘譯　民國四年（1915）奉化孫鏘鉛印本　一册

330000－1705－0002536　馮 1936　子部/道家類

老子約四卷　張其淦撰　民國八年（1919）鉛印本　一册

330000－1705－0002538　馮 1862　子部/宗教類/佛教之屬

金剛般若波羅密經新疏一卷　（後秦）鳩摩羅什譯　釋諦閑述　民國十六年（1927）香港國光書局鉛印本　一册

330000－1705－0002542　馮 1908　子部/宗教類/佛教之屬/總録

學佛捷徑十卷　丁福保編纂　民國上海醫學書局鉛印本　馮昭適題記　一册

330000－1705－0002543　馮 1863　子部/宗教類/佛教之屬

諦閑法師講錄□□種　釋諦閑撰　民國上海佛學書局鉛印本　一册　存一種

330000－1705－0002545　馮 1906　子部/宗教類/佛教之屬/諸宗

印光法師嘉言錄不分卷　李圓淨編　民國十八年（1929）上海大中書局鉛印本　一册

330000－1705－0002546　馮1907　子部/宗教類/佛教之屬/諸宗

印光法師嘉言錄不分卷　李圓淨編　民國十七年(1928)上海江蘇第二監獄第三科鉛印本　一冊

330000－1705－0002547　馮1869　子部/宗教類/佛教之屬

觀世音菩薩本迹感應頌四卷首一卷　許止淨述　**金剛經功德頌一卷**　許止淨述　劉契淨注　民國十五年(1926)上海中華書局鉛印本　二冊

330000－1705－0002550　馮1868　子部/宗教類/佛教之屬

觀世音菩薩靈感錄九卷補遺一卷　丁福保編纂　民國十八年(1929)上海醫學書局鉛印本　一冊

330000－1705－0002556　馮1900　子部/宗教類/佛教之屬/總録

菏澤大師神會遺集四卷首一卷附錄一卷　胡適校寫　民國二十年(1931)上海亞東圖書館鉛印本　一冊

330000－1705－0002560　馮1865　子部/宗教類/佛教之屬/經

寶靜法師叢書□□種　寶靜法師講述　民國上海佛學書局鉛印本　馮貞羣批並題　一冊

330000－1705－0002563　馮2049　集部/別集類/唐五代別集

河東先生集四十五卷外集二卷外集補遺一卷龍城錄二卷附錄二卷集傳一卷　(唐)柳宗元撰　(宋)廖瑩中注　**廖藥洲事輯一卷**　羅振常撰　民國十二年(1923)蟫隱廬據宋世綵堂本影印本　二十冊

330000－1705－0002564　馮1864　子部/宗教類/佛教之屬/經疏

普門品旁解一卷附觀世音菩薩感紀一卷　何子培輯注　民國二十三年(1934)上海佛學書局鉛印本　一冊

330000－1705－0002566　馮2004　集部/別集類/唐五代別集

李太白文集三十卷　(唐)李白撰　民國元年(1912)鄂官書處刻本　四冊

330000－1705－0002575　馮2063　集部/別集類/唐五代別集

樊紹述集二卷　(唐)樊宗師撰　(清)孫之騄輯　民國七年(1918)上海文明書局石印本　一冊

330000－1705－0002590　馮1995　新學/理學/文學

陶集版本源流攷一卷　(日本)橋川時雄撰　民國文字同盟社鉛印本　馮貞羣題記　一冊

330000－1705－0002595　馮1979　類叢部/叢書類/彙編之屬

崇文書局彙刻書(三十三種叢書、湖北書局所刻書)三十三種　(清)崇文書局編　清光緒湖北崇文書局刻民國元年(1912)鄂官書處重印本　一冊　存一種

330000－1705－0002610　馮2076　集部/別集類/宋別集

東觀集七卷　(宋)魏野撰　**魏仲先詩拾遺一卷魏仲先著作考一卷鉅鹿東觀集附錄一卷**　馮貞羣輯　民國十四年(1925)馮貞羣抄本　馮貞羣題記　一冊

330000－1705－0002635　馮2137　集部/別集類/宋別集

和靖尹先生文集十卷　(宋)尹焞撰　**和靖尹先生祠附錄一卷**　(明)趙淵　(明)姚鏌撰　民國二年(1913)刻本　四冊

330000－1705－0002638　馮2132　集部/別集類/宋別集

后山詩十二卷　(宋)陳師道撰　(宋)任淵注　民國七年(1918)上海文明書局石印本　馮貞羣批跋　四冊

330000－1705－0002640　馮2138　集部/別集類/宋別集

石林居士建康集八卷補遺一卷　(宋)葉夢得撰　**石林先生兩鎮建康紀年略一卷**　(清)葉

廷琯編　民國九年(1920)石竹山房書局石印本　四册

330000－1705－0002654　馮2146　集部/別集類/宋別集

增廣箋註簡齋詩集三十卷無住詞一卷　(宋)陳與義撰　(宋)胡穉箋注　民國上海涵芬樓影印本　馮貞羣跋　四册

330000－1705－0002673　馮2176　集部/別集類/宋別集

龍川文集三十卷附錄二卷　(宋)陳亮撰　**辨譌考異二卷**　(清)胡鳳丹撰　清光緒元年(1875)湖北崇文書局刻民國元年(1912)鄂官書處重印本　十册

330000－1705－0002689　馮2057　集部/別集類/唐五代別集

李長吉集四卷外卷一卷　(唐)李賀撰　(清)黃淳耀評點　民國中國詩畫會社影印本　二册

330000－1705－0002695　馮2227、馮2229　類叢部/叢書類/郡邑之屬

四明叢書一百六十七種　張壽鏞編　民國四明張氏約園刻藍印本　四册　存二種

330000－1705－0002696　馮2228　類叢部/叢書類/郡邑之屬

四明叢書一百六十七種　張壽鏞編　民國四明張氏約園刻藍印本　二册　存一種

330000－1705－0002698　馮2263　集部/別集類/明別集

鼓枻歌稿一卷　(明)虞堪撰　**考證一卷**　馮貞羣編輯　民國四年(1915)馮貞羣抄本　馮貞羣批跋　一册

330000－1705－0002726　馮2207　集部/別集類/宋別集

霽山先生集五卷拾遺一卷末一卷　(宋)林景熙撰　民國四年(1915)如臯冒氏刻永嘉詩人祠堂叢刻本　馮貞羣題記　二册

330000－1705－0002748　馮2333　集部/別集類/明別集

馮太保文集五卷附錄一卷　(明)馮元飈撰　馮貞羣編　民國馮貞羣抄本(卷一至二原缺)　馮幵跋　馮貞羣批　一册

330000－1705－0002757　馮2334　集部/別集類/明別集

釣璜堂存稿二十卷交行摘稿一卷　(明)徐孚遠撰　**徐闇公先生遺文一卷**　姚光輯　**徐闇公先生年譜一卷附錄一卷**　陳乃乾　陳洙輯　民國十五年(1926)金山姚氏刻懷舊樓叢書本　馮貞羣題記　八册

330000－1705－0002758　馮2291　集部/別集類/明別集

歸震川書牘一卷　(明)歸有光撰　民國二年(1913)上海商務印書館鉛印本　二册

330000－1705－0002765　馮2364　集部/別集類/明別集

張蒼水集二卷補遺一卷附錄一卷　(明)張煌言撰　民國鉛印本　一册　缺一卷(補遺)

330000－1705－0002768　馮2336　類叢部/叢書類/自著之屬

舜水遺書四種附錄一卷　(明)朱之瑜撰　民國二年(1913)山陰湯壽潛鉛印本　十二册

330000－1705－0002774　馮2239、馮2241　類叢部/叢書類/彙編之屬

嘉業堂叢書五十七種　劉承幹輯　民國吳興劉氏嘉業堂刻本(毛詩正義卷一至七原缺)　十册　存二種

330000－1705－0002777　馮2365、馮2916－1、馮2995　類叢部/叢書類/郡邑之屬

四明叢書一百六十七種　張壽鏞編　民國四明張氏約園刻本(安晚堂詩集卷一至五原缺)　二十一册　存十一種

330000－1705－0002787　馮2302　集部/別集類/明別集

天目山齋歲編二十八卷　(明)吳維嶽撰　民國四年(1915)吳氏雍睦堂影印本　二册

330000－1705－0002791　馮2386　集部/別集類/明別集

詠懷堂詩集四卷外集二卷丙子詩一卷戊寅詩一卷辛巳詩二卷　(明)阮大鋮撰　民國十七年(1928)國立中央大學國學圖書館鉛印本　四冊

330000－1705－0002799　馮2305　集部/別集類/明別集

白嶽遊稿一卷　(明)沈明臣輯　民國十年(1921)甬上林集虛大西山房木活字印本　一冊

330000－1705－0002813　馮2378　集部/別集類/清別集

甌香館集十二卷補遺詩一卷補遺畫跋一卷附錄一卷　(清)惲格撰　(清)蔣光煦輯　民國元年(1912)鄂官書處刻本　四冊

330000－1705－0002818　馮2398　集部/別集類/清別集

南雷文定五集四卷餘集一卷　(清)黃宗羲撰　民國馮貞羣抄本　馮貞羣批跋　二冊

330000－1705－0002821　馮2202　集部/別集類/宋別集

深寧先生文鈔八卷附年譜三卷　(宋)王應麟撰　民國鉛印本　四冊

330000－1705－0002823　馮2350　集部/別集類/明別集

華亭莫葭士先生遺稿二種六卷　(明)莫秉清撰　民國二十年(1931)鉛印本　四冊

330000－1705－0002833　馮2340　集部/別集類/明別集

蘆槎文集二卷　(明)沈濳撰　民國二年(1913)沈良皐油印本　一冊

330000－1705－0002848　馮2262　集部/別集類/明別集

遜志齋集三十卷拾遺十卷續拾遺一卷附錄一卷　(明)方孝孺撰　民國十七年(1928)寧海胡氏味善居刻本　十八冊

330000－1705－0002850　馮2467　集部/別集類/清別集

橫山文集十六卷詩集六卷　(清)裘璉撰　**橫山先生年譜一卷**　(清)裘姚崇原編　(清)王家振節鈔　民國三年(1914)甬上旅遯軒鉛印本　馮貞羣題記　四冊

330000－1705－0002870　馮2457　集部/別集類/清別集

萬石園文稿不分卷　(清)萬斯同撰　民國馮昭適抄本　一冊

330000－1705－0002903　馮2530　集部/別集類/清別集

名山藏副本初集二卷贈言集一卷　(清)齊周華撰　民國九年(1920)杭州武林印書館鉛印本　二冊

330000－1705－0002931　馮2535　集部/別集類/清別集

文木山房集四卷　(清)吳敬梓撰　**春華小草一卷靚粧詞鈔一卷**　(清)吳烺撰　**吳敬梓年譜一卷**　胡適撰　民國二十年(1931)上海亞東圖書館鉛印本　二冊

330000－1705－0002968　馮2547－1　集部/總集類/選集之屬/斷代

宋詩選一卷　(清)顧廷倫輯　民國十七年(1928)科學儀器館據編者手寫本影印本　一冊

330000－1705－0002975　馮2613　類叢部/叢書類/自著之屬

章氏遺書七種外編十種　(清)章學誠撰　民國十一年(1922)吳興劉氏嘉業堂刻本　馮貞羣題記　三十二冊

330000－1705－0003017　馮2631　類叢部/叢書類/家集之屬

重印江都汪氏叢書十三種　陳乃乾　秦更年等編　民國十四年(1925)上海中國書店影印本　十六冊

330000－1705－0003038　馮2434　集部/別集類/清別集

缶堂學詩六卷　(清)董道權撰　民國周世緒抄本　馮貞羣批跋　一冊

330000－1705－0003174　馮3729　類叢部/

叢書類/郡邑之屬

四明叢書一百六十七種 張壽鏞編 民國四明張氏約園刻本(安晚堂詩集卷一至五原缺) 四百五十五册 存一百三十八種

330000－1705－0003215 馮 3728 類叢部/叢書類/彙編之屬

四部叢刊續編七十七種 張元濟等編 民國二十三年(1934)上海商務印書館影印本(儀禮疏卷三十二至三十七、周易要義卷三至六、禮記要義卷一至二、麟臺故事卷四至五原缺) 五百十册 存七十七種

330000－1705－0003220 馮 2875 集部/別集類/清別集

越縵堂文集十二卷 (清)李慈銘撰 民國十九年(1930)國立北平圖書館鉛印本 馮貞羣批校並跋 四册

330000－1705－0003238 馮 2903 集部/別集類/清別集

注韓室詩存一卷 (清)梅調鼎撰 民國二十二年(1933)張頤、方能光鉛印本 一册

330000－1705－0003262 馮 2881 集部/別集類/清別集

浮碧山館駢文二卷 (清)馮可鏞撰 民國六年(1917)寧波鈞和公司鉛印本 馮貞羣批跋 一册

330000－1705－0003272 馮 2940 集部/別集類

睫巢詩鈔一卷 陳康瑞撰 民國十三年(1924)鉛印本 一册

330000－1705－0003277 馮 2939 集部/別集類/清別集

霓仙遺稿一卷 (清)葉同春撰 民國十一年(1922)石印本 一册

330000－1705－0003278 馮 2974 集部/別集類

寒莊文編二卷 虞輝祖撰 民國十年(1921)上海聚珍倣宋印書局鉛印本 一册

330000－1705－0003279 馮 2925 類叢部/叢書類/彙編之屬

求恕齋叢書三十一種 劉承幹編 民國吳興劉氏嘉業堂刻本 馮貞羣題記 二十一册 存六種

330000－1705－0003280 馮 2973 集部/別集類

寒莊文編二卷外編一卷 虞輝祖撰 民國十年(1921)、十二年(1923)上海聚珍倣宋印書局鉛印本 一册

330000－1705－0003281 馮 2972 集部/別集類

寒莊文編二卷外編一卷 虞輝祖撰 民國十年(1921)、十二年(1923)上海聚珍倣宋印書局鉛印本 一册

330000－1705－0003282 馮 2970 集部/別集類

北溟詩藁二卷補遺一卷 江起鯤撰 民國二十二年(1933)寧波鈞和公司鉛印本 馮貞羣題記 一册

330000－1705－0003283 馮 2917 集部/別集類

畸園第三次手定詩稿十七種三十二卷 陳遹聲撰 民國十一年(1922)影印本 二十三册

330000－1705－0003284 馮 2929 集部/別集類

晚綠居詩藁四卷首一卷詩餘一卷 周茂榕撰 方積鈺 江五民編次 民國五年(1916)寧波鈞和公司鉛印本 二册

330000－1705－0003291 馮 2926 集部/別集類/清別集

賀先生文集四卷 (清)賀濤撰 徐世昌編 民國三年(1914)徐世昌京師刻本 四册

330000－1705－0003293 馮 2927 集部/別集類

瞿文慎公詩選遺墨不分卷 瞿鴻機撰 瞿宣樸 瞿宣治 瞿宣穎編 民國八年(1919)長沙瞿氏超覽樓石印本 四册

330000－1705－0003298 馮 2975 集部/別

集類

觀復堂詩集八卷 蔡寶善撰 民國鉛印本 二冊

330000－1705－0003299 馮 2975－1 集部/詞類/別集之屬

聽潮音館詞集三卷 蔡寶善撰 民國十九年(1930)鉛印本 一冊

330000－1705－0003301 馮 2961 集部/別集類

畏廬文集一卷續集一卷三集一卷 林紓撰 民國二十三年(1934)上海商務印書館鉛印本 三冊

330000－1705－0003304 馮 2957 史部/傳記類/日記之屬

湘綺樓日記不分卷(清同治八年正月至民國五年七月) 王闓運撰 民國十六年(1927)上海商務印書館鉛印本 馮貞羣跋 三十二冊

330000－1705－0003307 馮 2963 集部/別集類

散原精舍詩二卷續集三卷 陳三立撰 民國十一年(1922)上海商務印書館鉛印本 四冊

330000－1705－0003308 馮 2944 集部/別集類

荇沚遺稿一卷 鄭廷琛撰 民國四年(1915)鉛印本 馮貞羣題記 一冊

330000－1705－0003309 馮 2964 集部/別集類

艮園文集十二卷 江五民撰 民國十九年(1930)寧波鉛印本 馮貞羣題記 四冊

330000－1705－0003310 馮 2976 集部/別集類

蘧廬吟草六卷燕臺鴻雪草一卷補遺一卷 莊絅錦撰 民國二十年(1931)鉛印本 一冊

330000－1705－0003313 馮 2933 集部/別集類/清別集

秋蟪吟館詩鈔七卷 (清)金和撰 民國五年(1916)上元金氏刻本 一冊 存一卷(一)

330000－1705－0003314 馮 2946 集部/別集類

茹荼軒文集十一卷 張錫恭撰 民國十二年(1923)華亭封氏簣進齋刻本 馮貞羣題記 四冊

330000－1705－0003316 馮 2947 集部/別集類

茹荼軒文集十一卷 張錫恭撰 民國十二年(1923)華亭封氏簣進齋刻本 四冊

330000－1705－0003318 馮 2977 類叢部/叢書類/自著之屬

章氏叢書初集十二種 章炳麟撰 民國上海右文社鉛印本 二十四冊

330000－1705－0003320 馮 2948 集部/別集類

石倉詩集四卷 曹緣皋撰 民國十七年(1928)石倉山館鉛印本 二冊

330000－1705－0003321 馮 2954 集部/別集類

觀堂集林二十卷 王國維撰 民國十二年(1923)烏程蔣氏密韻樓鉛印本 馮貞羣跋 六冊

330000－1705－0003322 馮 2928 集部/別集類

寐叟乙卯稿一卷 沈曾植撰 民國六年(1917)四益宧寫刻本 一冊

330000－1705－0003323 馮 2935 集部/別集類

容膝軒文集八卷詩草四卷 王榮商撰 民國四明張氏約園刻藍印四明叢書本 馮貞羣校 三冊 缺四卷(文集一至四)

330000－1705－0003324 馮 2949 集部/別集類/清別集

語石居詩鈔二卷 (清)林植三撰 李蠡 陳宗勧編次 民國二十二年(1933)石印本 二冊

330000－1705－0003325 馮 2968 集部/別集類

鳳臺山館詩鈔八卷補遺一卷 陳詩撰 民國二十二年(1933)鉛印本 道量題記 一冊 缺四卷(一至四)

330000－1705－0003329 馮 2992 集部/別集類

游蜀草三卷 張壽鏞撰 民國二十七年(1938)鉛印本 一冊

330000－1705－0003330 馮 2966 集部/別集類

學製齋駢文二卷 李詳撰 民國四年(1915)江寧蔣國榜鉛印本 二冊

330000－1705－0003332 馮 2981 集部/別集類

天嬰室集一卷 陳訓正撰 民國抄本 一冊

330000－1705－0003333 馮 2936 集部/別集類/清別集

范伯子詩集十九卷 (清)范當世撰 **蘊素軒詩稿四卷** 姚倚雲撰 民國鉛印本 四冊

330000－1705－0003335 馮 2979 類叢部/叢書類/自著之屬

章氏叢書續編七種 章炳麟撰 民國二十二年(1933)北平刻藍印本 馮貞羣題記 四冊

330000－1705－0003336 馮 2951 集部/別集類/清別集

適廬遺詩一卷 (清)馮鴻薰撰 民國八年(1919)馮貞羣抄本 馮貞羣跋 一冊

330000－1705－0003337 馮 2969 類叢部/叢書類/自著之屬

綴學堂叢稿初集(見山樓叢書)十種 陳漢章撰 民國二十五年(1936)鉛印本 馮貞羣批並題記 八冊

330000－1705－0003338 馮 2953 集部/別集類

悔復堂集二卷 應啟墀撰 民國抄本 一冊

330000－1705－0003339 馮 2937 集部/別集類/清別集

南豐劉先生文集四卷補遺一卷 (清)劉孚京撰 民國十四年(1925)袁思亮鉛印本 馮貞羣批 四冊

330000－1705－0003342 馮 2978 類叢部/叢書類/自著之屬

章氏叢書十三種 章炳麟撰 民國六年至八年(1917－1919)浙江圖書館刻本 二十四冊

330000－1705－0003345 馮 3001 集部/別集類

五言樓詩草初集五卷 唐鼎元撰 **桐花僊館詩草一卷** 錢靖遠撰 民國二十年(1931)鉛印本 二冊

330000－1705－0003346 馮 2991 集部/別集類

約園雜箸八卷 張壽鏞撰 民國二十五年(1936)鉛印本 馮貞羣批 三冊

330000－1705－0003347 馮 2996 集部/別集類

葑里賸稿四卷 張原煒撰 民國三十四年(1945)張氏鉛印本 一冊

330000－1705－0003348 馮 2915 集部/別集類

青蓮花館詩存一卷 陳康壽撰 **附錄一卷** 陳康瑞輯 民國九年(1920)青蓮花館鉛印本 一冊

330000－1705－0003351 馮 2998 集部/別集類

恕醉盧初稿一卷 張應皓撰 民國二十四年(1935)甬上華陞印局鉛印本 一冊

330000－1705－0003352 馮 2984、馮 2982 集部/別集類

天嬰室叢稿第一輯九卷第二輯十卷 陳訓正撰 民國十四年(1925)、二十年(1931)鉛印本 六冊

330000－1705－0003353 馮 2999 集部/別集類

恕醉盧初稿一卷 張應皓撰 民國二十四年(1935)甬上華陞印局鉛印本 一冊

330000－1705－0003354　馮 3000　集部/別集類

珠巖齋文初編九卷　王宇高撰　民國二十五年(1936)鉛印本　一冊　存五卷(一至五)

330000－1705－0003357　馮 2997　集部/別集類

辟羣躉廬詩存一卷　李廷翰撰　民國油印本　一冊

330000－1705－0003359　馮 2994　集部/別集類

約園雜箸三編八卷　張壽鏞撰　民國三十四年(1945)鉛印本　馮貞羣批　二冊

330000－1705－0003361　馮 3002　集部/別集類

海漚集二卷　張汝釗撰　民國二十三年(1934)四明印局鉛印本　一冊

330000－1705－0003362　馮 3003　集部/別集類

單雲甲戌稿一卷　陳寥士撰　民國二十四年(1935)油印本　一冊

330000－1705－0003363　馮 2993　集部/別集類

約園雜箸續編八卷　張壽鏞撰　民國三十年(1941)鉛印本　馮貞羣題記　二冊

330000－1705－0003364　馮 3023　集部/總集類/選集之屬/通代

漢魏六朝百三家集選七十二卷　(明)張溥輯　民國六年(1917)都門書局鉛印本　十二冊

330000－1705－0003366　馮 2983　集部/別集類

天嬰室叢稿第一輯九卷　陳訓正撰　民國十四年(1925)鉛印本　四冊

330000－1705－0003367　馮 3004　集部/別集類

秋垞詩賸一卷　王玄冰選　**言志草一卷**　趙志熙撰　民國三十七年(1948)鉛印本　一冊

330000－1705－0003369　馮 2985　類叢部/叢書類/彙編之屬

巾子居叢刊　民國浙江省立圖書館鉛印本　一冊　存一種

330000－1705－0003371　馮 2990　集部/別集類

北江文集七卷　吳闓生撰　民國十三年(1924)刻本　七冊

330000－1705－0003376　馮 2988　集部/別集類

悲華經舍詩存五卷　洪允祥撰　民國二十二年(1933)慈谿洪氏慎思軒鉛印本　一冊　存四卷(一至四)

330000－1705－0003377　馮 3008　集部/總集類/選集之屬/通代

文選六十卷　(南朝梁)蕭統輯　(唐)李善注　**文選考異十卷**　(清)胡克家撰　民國上海鴻文書局石印本　六冊

330000－1705－0003382　馮 2987　集部/別集類

回風堂詩七卷前錄二卷文五卷　馮幵撰　**婦學齋遺稿一卷**　俞因撰　民國三十年(1941)中華書局鉛印本　四冊

330000－1705－0003384　馮 2986　集部/別集類

回風堂詩二卷秋辛詞一卷　馮幵撰　**婦學齋遺稿一卷**　俞因撰　民國抄本　一冊

330000－1705－0003389　馮 2989　集部/別集類

悲華經舍文存二卷附聯語一卷　洪允祥撰　民國二十五年(1936)鉛印本　馮貞羣批　一冊

330000－1705－0003398　馮 2995－1　經部/詩類/傳說之屬

放齋詩說四卷首一卷　(宋)曹粹中撰　張壽鏞輯　民國三十三年(1944)鉛印本　一冊

330000－1705－0003400　馮 3085　集部/總集類/選集之屬/通代

古文四象四卷　(清)曾國藩輯　民國六年

(1917)上海有正書局鉛印本　四册

330000－1705－0003405　馮 3080　集部/總集類/選集之屬/通代

諸家評點古文辭類纂七十四卷　(清)姚鼐輯　徐樹錚輯評　民國五年(1916)都門印書局鉛印本　十六册

330000－1705－0003416　馮 3083　集部/總集類/選集之屬/斷代

國文教範二卷　吴闓生評解　高步瀛集箋　民國二年(1913)京師國羣鑄一社石印本　二册

330000－1705－0003421　馮 3083－1　集部/總集類/選集之屬/斷代

國文教範二卷　吴闓生評解　高步瀛集箋　民國二年(1913)京師國羣鑄一社石印本　二册

330000－1705－0003424　馮 3084　集部/總集類/選集之屬/斷代

國文教範二卷　吴闓生評解　高步瀛集箋　民國二年(1913)京師國羣鑄一社石印本　二册

330000－1705－0003426　馮 3084－1　集部/總集類/選集之屬/斷代

國文教範二卷　吴闓生評解　高步瀛集箋　民國二年(1913)京師國羣鑄一社石印本　二册

330000－1705－0003427　馮 3064　集部/總集類/選集之屬/通代

六朝文絜箋注十二卷　(清)許槤輯並評　(清)黎經誥箋注　民國上海朝記書莊石印本　四册

330000－1705－0003431　馮 3077　類叢部/叢書類/彙編之屬

桐城吴先生羣書點勘　(清)吴汝綸撰　吴闓生輯　民國三年(1914)京師國羣鑄一社鉛印本　二册　存一種

330000－1705－0003432　馮 3078　類叢部/叢書類/彙編之屬

桐城吴先生羣書點勘　(清)吴汝綸撰　吴闓生輯　民國三年(1914)京師國羣鑄一社鉛印本　二册　存一種

330000－1705－0003433　馮 3105　史部/目録類

四明文獻集目錄一卷　(清)盧址編　民國抄本　張美翊、馮貞羣題記　三册

330000－1705－0003439　馮 3118　集部/總集類/選集之屬/通代

樂府詩集一百卷目錄二卷　(宋)郭茂倩編　民國元年(1912)鄂官書處刻本　十六册

330000－1705－0003447　馮 3729－1　類叢部/叢書類/郡邑之屬

四明叢書一百六十七種　張壽鏞編　民國四明張氏約園刻本(安晚堂詩集卷一至五原缺)　二十一册　存五種

330000－1705－0003452　馮 3079　集部/總集類/選集之屬/通代

謝疊山先生文章軌範七卷　(宋)謝枋得輯　清光緒刻民國元年(1912)鄂官書處三色套印本　二册

330000－1705－0003456　馮 3128　集部/總集類/選集之屬/通代

八代詩精華錄箋註四卷　丁福保編　民國四年(1915)上海文明書局鉛印本　二册

330000－1705－0003459　馮 3125　集部/總集類/題詠之屬

眾妙集一卷　(宋)趙師秀編　民國十三年(1924)馮貞羣抄本　馮貞羣批並題記　一册

330000－1705－0003476　馮 3167　集部/總集類/選集之屬/斷代

近代詩鈔不分卷　陳衍輯　民國十二年(1923)上海商務印書館鉛印本　二十四册

330000－1705－0003486　馮 3188　集部/總集類/郡邑之屬

蛟川詩繫三十一卷首一卷　(清)姚燮輯　**蛟川詩繫續編八卷首一卷**　范鑄編次　民國二年至三年(1913－1914)鉛印本　二册　存九

卷(首、續編一至八)

330000－1705－0003505　馮 3187　集部/總集類/郡邑之屬

蛟川詩繫三十一卷首一卷　(清)姚燮輯　民國二年(1913)鉛印本　八册

330000－1705－0003510　馮 3186　集部/總集類/郡邑之屬

剡川詩鈔十二卷　(清)彭祖訓選　(清)舒順方編　(清)董彥琦輯　**剡川詩鈔補編二卷續編十二卷**　江五民輯　民國四年至五年(1915－1916)四明孫氏七千卷樓鉛印本　五册

330000－1705－0003521　馮 3183　集部/總集類/郡邑之屬

續甬上耆舊詩一百二十卷首一卷　(清)全祖望輯選　民國四明文獻社鉛印本　馮貞羣批並跋　二十四册

330000－1705－0003530　馮 3182　集部/總集類/郡邑之屬

續甬上耆舊詩一百二十卷首一卷　(清)全祖望輯選　民國七年(1918)四明文獻社鉛印本　二十四册

330000－1705－0003538　馮 3185　集部/總集類/郡邑之屬

續梁溪詩鈔二十四卷　侯學愈輯　民國九年(1920)鉛印本　八册

330000－1705－0003541　馮 3233　集部/詞類/別集之屬

張子野詞二卷補遺二卷附校勘一卷　(宋)張先撰　朱孝臧校　民國二十五年(1936)上海中華書局鉛印四部備要本　馮貞羣題記　一册

330000－1705－0003573　馮 3149　集部/總集類/選集之屬/斷代

宋詩鈔補八十六卷　(清)管庭芬　(清)蔣光煦編　民國四年(1915)上海商務印書館鉛印本　七册　存七十五種

330000－1705－0003574　馮 3153　集部/總集類/郡邑之屬

永嘉四靈詩四種四卷　民國六年(1917)上海醫學書局木活字印本　馮貞羣跋　二册

330000－1705－0003576　馮 3305　子部/叢編

六子全書　(明)顧春輯　民國三年(1914)右文社據明嘉靖十二年(1533)吳郡顧氏世德堂刻本影印本　二十册

330000－1705－0003579　馮 3152　集部/總集類/郡邑之屬

永嘉四靈詩四卷附徐道暉集徐致中集補闕一卷　(宋)徐照　(宋)徐璣撰　**重雕宋本永嘉四靈詩札記一卷**　徐乃昌撰　民國十四年(1925)南陵徐乃昌刻本　二册

330000－1705－0003583　馮 3288　類叢部/叢書類/彙編之屬

求恕齋叢書三十一種　劉承幹編　民國吳興劉氏嘉業堂刻本　三十二册　存一種

330000－1705－0003585　馮 3240　集部/詞類/別集之屬

斷腸詞一卷　(宋)朱淑真撰　民國馮貞羣抄本　一册

330000－1705－0003589　馮 3151　集部/總集類/彙編之屬

汲古閣景鈔南宋六十家小集　(宋)陳起輯　民國十年(1921)上海古書流通處據明汲古閣景鈔宋本影印本(安晚堂詩集卷一至五、十三至六十原缺)　二十四册

330000－1705－0003596　馮 3304　子部/叢編

六子全書　(明)顧春輯　民國三年(1914)右文社據明嘉靖十二年(1533)吳郡顧氏世德堂刻本影印本　二十册

330000－1705－0003597　馮 3303　類叢部/叢書類/彙編之屬

說郛一百卷　(元)陶宗儀編　張宗祥重校　民國十六年(1927)上海商務印書館鉛印本　四十册

330000－1705－0003607　馮 3284　集部/詩文評類/詩評之屬

唐詩紀事八十一卷　(宋)計有功撰　民國六年(1917)上海文明書局鉛印本　十冊

330000－1705－0003618　馮 3315　類叢部/叢書類/彙編之屬

楝亭藏書十二種　(清)曹寅輯　民國十年(1921)上海古書流通處據清康熙揚州詩局刻本影印本　二十冊

330000－1705－0003626　馮 3260　類叢部/叢書類/彙編之屬

崇文書局彙刻書(三十三種叢書、湖北書局所刻書)三十三種　(清)崇文書局編　清光緒湖北崇文書局刻民國元年(1912)鄂官書處重印本　二冊　存一種

330000－1705－0003629　馮 3261　類叢部/叢書類/彙編之屬

崇文書局彙刻書(三十三種叢書、湖北書局所刻書)三十三種　(清)崇文書局編　清光緒湖北崇文書局刻民國元年(1912)鄂官書處重印本　二冊　存一種

330000－1705－0003632　馮 3270　集部/詩文評類/類編之屬

清詩話四十三種　丁福保訂　民國五年(1916)上海文明書局鉛印本　二十冊

330000－1705－0003639　馮 3268　集部/詩文評類/詩評之屬

歷代詩話二十七種五十七卷考索一卷　(清)何文煥輯　民國石印本　十六冊

330000－1705－0003644　馮 3258　集部/詞類/總集之屬

南唐二主詞箋一卷　(五代)李璟　(五代)李煜撰　(清)劉繼增校箋　**南唐二主詞補遺一卷**　(清)劉繼增校補　民國七年(1918)無錫縣公立圖書館鉛印本　一冊

330000－1705－0003654　馮 3340　類叢部/叢書類/彙編之屬

涵芬樓祕笈五十一種　孫毓修等輯　民國五年至十五年(1916－1926)上海商務印書館影印本暨鉛印本　八十冊

330000－1705－0003660　馮 3341－1　集部/總集類/郡邑之屬

永嘉詩人祠堂叢刻十四種　冒廣生輯　民國四年(1915)如皋冒氏刻本　馮貞羣批校並跋　九冊

330000－1705－0003664　馮 3371　史部/金石類/金之屬/通考

綴遺齋彝器款識攷釋三十卷首一卷　(清)方濬益撰　方燕年補編　民國二十四年(1935)上海商務印書館影印本(卷十五原缺)　十三冊

330000－1705－0003669　馮 3370　史部/金石類/甲骨之屬/文字

殷墟書契前編集釋八卷　葉玉森撰　民國二十三年(1934)大東書局影印本　八幅

330000－1705－0003672　馮 3376　經部/小學類/音韻之屬/韻書

大宋重修廣韻五卷　(宋)陳彭年等修　**宋本廣韻校札一卷**　(清)黎庶昌校　民國上海商務印書館影印本　三冊

330000－1705－0003695　馮 3393　史部/編年類/斷代之屬

清史攬要六卷　(日本)增田貢撰　民國鉛印本　馮貞羣題記　二冊

330000－1705－0003697　馮 3433　史部/目録類/專録之屬

中國地方志綜錄不分卷　朱士嘉撰　民國二十四年(1935)上海商務印書館石印本　三冊

330000－1705－0003700　馮 3434　史部/目録類/總録之屬/私撰

目睹天一閣書錄四卷附錄一卷　林集虛編　民國十七年(1928)藜照廬木活字印本　二冊

330000－1705－0003706　馮 3395　史部/雜史類/斷代之屬

戰國策補註三十三卷　吴曾祺撰　民國十年(1921)上海商務印書館鉛印本　二冊

330000－1705－0003708　馮3440　史部/目録類/總録之屬/私撰

揚州吳氏測海樓藏書目錄七卷　吳引孫藏　富晉書社編　民國二十年(1931)北平富晉書社石印本　四冊

330000－1705－0003709　馮3419　史部/地理類/專志之屬/寺觀

三茅普安寺志二卷　釋無住撰　民國二十四年(1935)三茅普安寺鉛印本　馮貞羣批　一冊

330000－1705－0003710　馮3392　史部/編年類/斷代之屬

藻思堂清鑑易知錄前編四卷正編二十八卷　許國英編輯　民國七年(1918)鉛印本　十二冊

330000－1705－0003711　馮3420　史部/地理類/專志之屬/寺觀

七塔寺志八卷　陳寥士纂　民國二十六年(1937)鉛印本　馮貞羣批　一冊

330000－1705－0003712　馮3435－1　史部/目録類/總録之屬/私撰

鄞范氏天一閣書目內編十卷　馮貞羣編　民國二十六年至二十九年(1937－1940)寧波重修天一閣委員會鉛印本　馮貞羣批校　一冊　存三卷(八至十)

330000－1705－0003716　馮3443　史部/目録類/總録之屬/私撰

持靜齋書目四卷續增一卷藏書記要二卷　(清)丁日昌輯　民國二十三年(1934)北平來薰閣刻本　六冊

330000－1705－0003719　馮3435　史部/目録類/總録之屬/私撰

鄞范氏天一閣書目內編十卷　馮貞羣編　稿本　四冊

330000－1705－0003720　馮3441　史部/目録類/總録之屬/私撰

韓氏讀有用書齋書目一卷　封文權編　民國二十三年(1934)瑞安陳氏褱殷堂鉛印本　一冊

330000－1705－0003721　馮3355　子部/藝術類/書畫之屬/法帖

吳大澂篆文論語不分卷　(清)吳大澂書　民國八年(1919)蘇州振新書社影印本　四冊

330000－1705－0003722　馮3444　史部/目録類/總録之屬/私撰

鄞南張氏古驩室藏書目錄不分卷　張之銘編　民國二十四年(1935)稿本　一冊

330000－1705－0003724　馮3445　史部/目録類/總録之屬/私撰

張壽鏞約園藏書志善本目錄六卷　張壽鏞編　民國抄本　一冊

330000－1705－0003727　馮3436　史部/目録類/總録之屬/私撰

天一閣藏書考一卷　陳登原撰　民國二十一年(1932)鉛印本　一冊

330000－1705－0003728　馮3416　史部/地理類/山川之屬/水志

鄞縣三江口江塗案一卷　馮貞羣編　民國抄本　一冊

330000－1705－0003730　馮3404　史部/傳記類/雜傳之屬

揚州唐襄文公崇祀錄一卷　唐鼎元編　民國鉛印本　一冊

330000－1705－0003738　馮3448　史部/目録類/專録之屬

故宮方志目一卷附錄一卷索引一卷　故宮博物院圖書館編　民國二十年(1931)北平故宮博物院圖書館鉛印本　馮貞羣題記　一冊

330000－1705－0003741　馮3449　史部/目録類/總録之屬/官修

北平圖書館善本書目四卷補遺一卷　趙萬里撰集　民國二十二年(1933)刻本　馬廉題記　四冊

330000－1705－0003742　馮3450　史部/目録類/總録之屬/官修

北平圖書館善本書目乙編四卷　趙録綽編　民國二十四年(1935)鉛印本　馮貞羣題記　一冊

330000 – 1705 – 0003745　馮 3379　經部/小學類/音韻之屬

文科文字學音韻講義三卷附大學文科中國文字學講義一卷　陳漢章撰　民國油印本　二冊

330000 – 1705 – 0003748　馮 3381　經部/小學類/文字之屬

中國語言文字學四卷　馬太玄撰　民國油印本　三冊

330000 – 1705 – 0003755　馮 3454　史部/目録類/總録之屬/私撰

來薰閣書目不分卷　陳杭編　民國北平琉璃廠來薰閣鉛印本　二冊　存第三期、第五期

330000 – 1705 – 0003756　馮 3447　史部/目録類/總録之屬/官修

江蘇省立國學圖書館圖書總目四十四卷補編十二卷　江蘇省立國學圖書館編　民國二十二年至二十五年(1933 – 1936)江蘇省立國學圖書館鉛印本　三十冊

330000 – 1705 – 0003761　馮 3451　史部/目録類/專録之屬

國立北平圖書館方志目錄不分卷索引不分卷　國立北平圖書館編　民國二十二年(1933)國立北平圖書館鉛印本　馮貞羣記　四冊

330000 – 1705 – 0003762　馮 3427　史部/目録類

快閣師石山房叢書七種　(清)姚振宗撰　民國二十年(1931)浙江省立圖書館鉛印本　八冊　存五種

330000 – 1705 – 0003763　馮 3537、馮 3536　子部/道家類

老莊正義合編　民國上海古書流通處據清光緒刻本影印本　五冊

330000 – 1705 – 0003764　馮 3453　史部/目録類/總録之屬

藏書一卷　西泠印社編　民國三年(1914)上海西泠印社石印本　一冊

330000 – 1705 – 0003767　馮 3425　史部/傳記類/總傳之屬/家乘

[浙江奉化]武嶺蔣氏先系考一卷　陳布雷　沙文若編纂　民國三十七年(1948)鉛印本　沙文若題記　一冊

330000 – 1705 – 0003768　馮 3411　史部/地理類/輿圖之屬/郡縣

[民國]慈溪縣全圖一幅　民國十八年(1929)慈溪縣公欵公產委員會鉛印本　一幅

330000 – 1705 – 0003772　馮 3456　史部/目録類/版本之屬/書影

宋元書影四卷　民國影印本　四冊

330000 – 1705 – 0003774　馮 3424　類叢部/叢書類/彙編之屬

喜咏軒叢書三十四種　陶湘編　民國十五年至二十年(1926 – 1931)武進陶氏涉園石印本　三冊　存一種

330000 – 1705 – 0003777　馮 3413　史部/地理類/遊記之屬/紀勝

天台山行記一卷後記一卷　范鑄撰　民國四年(1915)刻本　馮昭適題記　一冊

330000 – 1705 – 0003786　馮 3491　子部/工藝類/日用器物之屬/雕刻

竹人續錄一卷　褚德彝撰　民國十九年(1930)鉛印本　一冊

330000 – 1705 – 0003788　馮 3525　子部/宗教類/佛教之屬/論疏

御製揀魔辨異錄八卷　(清)世宗胤禛撰　民國四年(1915)石印本　四冊

330000 – 1705 – 0003791　馮 3521　集部/小說類/長篇之屬

繪圖封神演義八卷一百回　(明)許仲琳撰　(明)鍾惺評　民國上海校經山房成記石印本　八冊

330000 – 1705 – 0003795　馮 3431　史部/目

録類/總録之屬/私撰

書目答問補正五卷　范希曾編　民國二十年(1931)江蘇省立國學圖書館鉛印本　陳訓慈跋　二冊

330000－1705－0003799　馮3519　集部/小說類/長篇之屬

繪圖增像西遊記八卷一百回　(明)吳承恩撰　(清)陳士斌詮解　民國十四年(1925)上海錦章圖書局石印本　八冊

330000－1705－0003805　馮3522　集部/小說類/長篇之屬

增補齊省堂全圖儒林外史六卷六十回　(清)吳敬梓撰　民國十一年(1922)上海二思堂石印本　六冊

330000－1705－0003810　馮3523　集部/小說類/長篇之屬

繪圖官場現形記二卷六十回　(清)李寶嘉撰　民國廣益書局鉛印本　二冊

330000－1705－0003811　馮3432　史部/目録類/總録之屬/地方

四明經籍志五卷　張壽鏞編　民國油印本　五冊

330000－1705－0003812　馮3528　子部/宗教類/佛教之屬

勸戒殺放生文四篇　黃慶瀾撰　民國鉛印本　一冊

330000－1705－0003814　馮3529　子部/宗教類/佛教之屬

勸戒殺放生文四篇　黃慶瀾撰　民國鉛印本　一冊

330000－1705－0003820　馮3506　子部/雜著類/雜纂之屬

平等閣筆記六卷　狄葆賢撰　民國上海有正書局鉛印本　五冊

330000－1705－0003822　馮3530　子部/宗教類/佛教之屬

法界聖凡水陸普度大齋勝會儀軌會本六卷　(南朝梁)釋寶誌等撰　(宋)釋志磐重訂　(明)釋袾宏補儀　民國六年(1917)寧波功德經房刻本　三冊

330000－1705－0003826　馮3463　史部/史評類/史論之屬

橫山史論一卷　(清)裘璉撰　(清)胡亦堂評選　民國三年(1914)鉛印本　一冊

330000－1705－0003827　馮3531　子部/宗教類/佛教之屬

佛學叢書□□種　丁福保輯　民國上海醫學書局鉛印本暨影印本　一冊　存一種

330000－1705－0003828　馮3500　子部/叢編

周秦諸子校注十種　陳乃乾輯　民國中國學會影印本　十冊

330000－1705－0003829　馮3532　子部/宗教類/佛教之屬

佛教宗派詳注不分卷　(清)楊文會撰　萬鈞注　民國上海醫學書局鉛印本　一冊

330000－1705－0003838　馮3542　類叢部/叢書類/彙編之屬

影印四庫全書四種　中央圖書館籌備處選　民國二十四年(1935)上海商務印書館據清文淵閣四庫全書本影印本　二冊　存一種

330000－1705－0003842　馮3518　集部/小說類/長篇之屬

增像全圖三國演義六十卷一百二十回　(明)羅本撰　(清)毛宗崗評　民國上海鴻文書局石印本　十一冊　缺五卷(一至五)

330000－1705－0003851　馮3486　子部/藝術類/書畫之屬/畫譜

頤性室書畫留真譜二十卷　民國十八年至二十二年(1929－1933)上海文華美術圖書印刷公司影印本　二十冊

330000－1705－0003853　馮3524　子部/小說家類/雜事之屬

我佛山人劄記小說四卷　(清)吳趼人撰　民國上海掃葉山房石印本　二冊

330000－1705－0003855　馮3582　子部/藝術類/書畫之屬/法帖

黃石齋先生逸詩不分卷　(明)黃道周書　民國九年(1920)上海有正書局影印本　一冊

330000－1705－0003856　馮3576　集部/別集類/明別集

震川大全集三十卷別集十卷餘集八卷補集八卷　(明)歸有光撰　民國五年(1916)中國圖書公司和記石印本　十二冊

330000－1705－0003860　馮3488　子部/藝術類/書畫之屬/總論

寒松閣談藝瑣錄六卷　(清)張鳴珂撰　民國十二年(1923)上海文明書局鉛印本　一冊

330000－1705－0003864　馮3490　史部/目録類/專録之屬

參加倫敦中國藝術國際展覽會出品目錄四卷　倫敦中國藝術國際展覽會籌備委員會編　民國二十四年(1935)鉛印本　一冊

330000－1705－0003865　馮3583　集部/別集類/明別集

華對閣詩集一卷　(明)林庭梧撰　民國抄本　一冊

330000－1705－0003875　馮3475　子部/醫家類/醫經之屬/內經

重廣補註黃帝內經素問二十四卷　(唐)王冰撰　(宋)林億等校正　(宋)孫兆改誤　民國影印本　馮貞羣批跋　四冊

330000－1705－0003877　馮3578　子部/藝術類/書畫之屬/法帖

高忠憲公詩手稿真蹟不分卷　(明)高攀龍書　民國十三年(1924)石印本　一冊

330000－1705－0003880　馮3618　集部/別集類

鞠隱詩稿四卷　邵厥遜撰　民國十五年(1926)鉛印本　二冊

330000－1705－0003881　馮3517　集部/小說類/長篇之屬

評註圖像水滸傳三十五卷七十回首一卷　(元)施耐庵撰　(清)金人瑞評　民國六年(1917)石印本　十二冊

330000－1705－0003884　馮3584　集部/別集類/明別集

雷仙和和陶詩一卷　(明)馮元飂撰　民國抄本　一冊

330000－1705－0003893　馮3641　集部/總集類/彙編之屬

宋人集　李之鼎輯　民國南城李氏宜秋館刻本(安晚堂詩集卷一至五、十三至六十原缺)　馮貞羣題記　六十四冊

330000－1705－0003899　馮3619　集部/別集類

流霞書屋遺集四卷首一卷　鄒銓撰　民國二年(1913)上海國光書局鉛印本　一冊

330000－1705－0003902　馮3646　類叢部/叢書類/家集之屬

婁東周氏叢刊初輯四種　周愨編　民國二十六年(1937)婁東周氏冰壺堂影印本　二冊

330000－1705－0003903　馮3620　集部/別集類

張蹇叟先生文稿不分卷　張美翊撰　稿本　一冊

330000－1705－0003905　馮3621　集部/別集類

天放樓續文言二卷　金天羽撰　民國二十二年(1933)鉛印本　馮貞羣題記　二冊

330000－1705－0003910　馮3616　集部/別集類/清別集

石壇山房全集七種十卷　(清)陳得善撰　民國二十三年(1934)陳慶麒鉛印本　陳慶麒題記　七冊

330000－1705－0003915　馮3642　集部/總集類/郡邑之屬

四明文獻二卷　(明)鄭真輯　民國二十四年(1935)約園鉛印本　二冊

330000－1705－0003931　馮3614　集部/別

集類/清别集

新淦公遺稿三卷附録一卷　(清)章定瑜撰　章乃羹輯　民國鉛印本　一册

330000－1705－0003933　馮 3617　集部/别集類

寒莊文編二卷外編一卷　虞輝祖撰　民國十年(1921)、十二年(1923)上海聚珍倣宋印書局鉛印本　馮昭適題記　一册　存二卷(一至二)

330000－1705－0003939　馮 3615　集部/别集類/清别集

資清真室吟稿一卷　(清)張廣埏撰　民國抄本　馮幵題記　一册

330000－1705－0003940　馮 3655　類叢部/叢書類/郡邑之屬

湖北先正遺書七十二種七百二十七卷　盧靖編　民國十二年(1923)沔陽盧氏慎始基齋影印本　四册　存一種

330000－1705－0003953　馮 3650　類叢部/叢書類/家集之屬

高郵王氏遺書七種　羅振玉輯　民國十四年(1925)上虞羅氏鉛印本　八册

330000－1705－0003956　馮 3685　集部/别集類

晚香室唱和詩二卷　張敬效編次　民國九年(1920)晚香室鉛印本　一册

330000－1705－0003963　馮 3754　史部/目録類/總録之屬/官修

寧波市立圖書館目録不分卷　楊鐵夫編　民國二十年(1931)寧波市立圖書館鉛印本　一册

330000－1705－0003975　馮 3669　集部/總集類/選集之屬/斷代

今體詩鈔注畧宋詩三卷序例小傳一卷　趙彦傳撰　民國十八年(1929)補讀齋刻本　一册

330000－1705－0003977　馮 3697　集部/詞類/總集之屬

花草粹編十二卷　(明)陳耀文輯　**樂府指迷一卷**　(宋)沈義父撰　民國二十二年(1933)國學圖書館影印本　十二册

330000－1705－0003979　馮 3688　集部/總集類/郡邑之屬

四明清詩略三十二卷首三卷　(清)董沛輯　**續稿八卷**　忻江明輯　**姓氏韻編一卷**　民國十九年(1930)中華書局鉛印本　二十册

330000－1705－0003981　馮 3722－1　類叢部/叢書類/彙編之屬

宋人小説二十八種　涵芬樓編　民國上海商務印書館鉛印本　四十一册

330000－1705－0003996　馮 3753　史部/目録類/總録之屬/私撰

重編寧波范氏天一閣圖書目録不分卷　楊鐵夫編　民國油印本　一册

330000－1705－0003997　馮 3691　集部/總集類/氏族之屬

先澤殘存八種　王元增輯　民國九年(1920)嘉定王元增鉛印本　馮貞羣題記　一册

330000－1705－0004007　馮 3692　集部/總集類/選集之屬/斷代

王章詩存合刻　劉承幹編　民國十五年(1926)吳興劉氏嘉業堂刻本　馮貞羣題記　六册

330000－1705－0004008　馮 3722－2　類叢部/叢書類/彙編之屬

宋人小説二十八種　涵芬樓編　民國上海商務印書館鉛印本　二册　存一種

330000－1705－0004009　馮 3748　子部/雜著類

隨緣雜録不分卷　民國抄本　一册

330000－1705－0004011　馮 3750　集部/楚辭類

屈子離騷一卷詩選一卷　(戰國)屈原撰　民國錢罕抄本　一册

330000－1705－0004013　馮 3722－3　子部/雜著類/雜説之屬

石林避暑録話四卷　(宋)葉夢得撰　民國八年至九年(1919－1920)上海商務印書館鉛印宋人小說本　馮昭適跋　二冊

330000－1705－0004015　馮3693　集部/總集類/郡邑之屬
小滄桑館甲子唱和集一卷　費崇高編次　民國十四年(1925)鉛印本　一冊

330000－1705－0004042　馮3633　集部/總集類/選集之屬/通代
箋注批評續古文辭類纂三十四卷　徐斯異等編輯　民國二十二年(1933)上海廣益書局石印本　八冊

330000－1705－0004043　馮3702　集部/詞類/別集之屬
抱香詞一卷　楊鐵夫撰　民國鉛印本　楊鐵夫題記　一冊

330000－1705－0004046　馮3699　集部/詞類/詞譜之屬
白香詞譜一卷　(清)舒夢蘭輯　民國上海會文堂書局石印本　一冊

330000－1705－0004055　馮3651　集部/總集類/郡邑之屬
瀏陽二傑文二卷　(清)譚嗣同　(清)唐才常撰　民國鉛印本　二冊

330000－1705－0004059　馮3731　史部/目録類/總録之屬/私撰
伏跌齋藏書闕葉記不分卷　馮貞羣編　稿本　一冊

330000－1705－0004061　馮3732　史部/目録類/總録之屬/私撰
伏跌室借書目錄不分卷　馮貞羣編　稿本　一冊

330000－1705－0004066　馮3736　集部/別集類/唐五代別集
篋中集一卷別錄一卷　(唐)元結編次　**篋中集考證一卷**　馮貞羣編次　民國十四年(1925)馮貞羣稿本　一冊

330000－1705－0004067　馮3734　史部/目録類/總録之屬/私撰
伏跗室碑目不分卷　馮貞羣編　稿本　一冊

330000－1705－0004069　馮3735　史部/目録類/總録之屬/私撰
伏跗室碑録不分卷　馮貞羣編　民國飛鳧山館稿本　一冊

330000－1705－0004072　馮3595　類叢部/叢書類/自著之屬
章氏遺書七種外編十種　(清)章學誠撰　民國十一年(1922)吳興劉氏嘉業堂刻本　八冊　存二種

330000－1705－0004077　馮3652　集部/總集類/彙編之屬
戊戌六君子遺集九種　張元濟輯　民國六年(1917)上海商務印書館鉛印本　六冊

330000－1705－0004078　馮3738　史部/目録類/專録之屬
鳴野山房彙刻帖目四卷　(清)沈復粲輯　馮貞羣校並抄　民國馮貞羣抄本　馮貞羣題記　四冊

330000－1705－0004086　馮3740　史部/目録類/總録之屬/私撰
伏跗室書目七卷　馮貞羣編　稿本　七冊

330000－1705－0004098　馮3742　史部/金石類/陶之屬
鄞城古甓錄一卷　馮貞羣撰　稿本　一冊

330000－1705－0004100　馮3743　史部/傳記類/總傳之屬/家乘
[浙江寧波]天一閣范氏世系一卷　馮貞羣編　稿本　一冊

330000－1705－0004101　馮3714　集部/戲劇類/傳奇之屬
錫六環二卷二十四回　(清)孫埏撰　民國五年(1916)奉化湖瀾書塾刻本　二冊

330000－1705－0004102　馮3744　史部/傳記類/總傳之屬/家乘

[浙江鄞縣]**鄞西范氏世系一卷** 馮貞羣撰 稿本 一冊

330000－1705－0004105 馮3745 集部/別集類/清別集

鮚埼亭集附錄二卷 馮貞羣編 稿本 二冊

330000－1705－0004111 馮3747 史部/目錄類/專錄之屬

鄞徐氏捐贈天一閣醫籍目錄不分卷 徐餘藻藏 馮貞羣編 稿本 二冊

330000－1705－0004115 馮3741 史部/金石類/陶之屬

鄞城古甓錄一卷 馮貞羣撰 稿本 一冊

330000－1705－0004144 馮善0839 史部/傳記類/別傳之屬

晏子春秋集註八卷 馮貞羣撰 稿本 一冊

330000－1705－0004145 馮善0976 史部/雜史類/斷代之屬

黑韃事略一卷 (宋)彭大雅撰 (宋)徐霆疏證 民國二十年(1931)馮貞羣抄本 馮貞羣批跋 一冊

330000－1705－0004148 馮善0653 史部/史表類/通代之屬

歷代史表二十八卷 (清)萬斯同纂 民國馮貞羣抄本 馮貞羣題簽 七冊

330000－1705－0004150 馮善1013 史部/地理類/方志之屬/郡縣志

[順治]**敬止錄四十卷目次一卷** (明)高宇泰纂 民國馮貞羣抄本 馮貞羣題記 一冊 存四卷(一至三、目次)

330000－1705－0004178 馮善0742 史部/紀傳類/別史之屬

東都事略諸跋二卷補一卷 (清)汪琬撰 民國十六年(1927)馮貞羣抄本 馮貞羣批跋 一冊

330000－1705－0004212 馮善1531 子部/術數類/占候之屬

天元玉曆祥異賦七卷 (明)仁宗朱高熾撰 民國馮貞羣抄本 馮貞羣批跋 一冊

330000－1705－0004258 馮3727 類叢部/叢書類/彙編之屬

四部叢刊 張元濟等編 民國十八年(1929)上海商務印書館影印本 二千一百十一冊 存三百二十二種

330000－1705－0004327 馮2260 集部/別集類/明別集

春草齋文集十卷附錄一卷 (明)烏斯道撰 民國抄本 馮貞羣批跋 二冊 存四卷(一至二、六至七)

330000－1705－0004333 馮善2361 集部/別集類/清別集

春酒堂詩存五卷詩稿一卷拾遺一卷目錄四卷 (清)周容撰 馮貞羣編 民國馮貞羣抄本 馮貞羣批 二冊 缺一卷(春酒堂詩存四)

330000－1705－0004348 馮善2370 集部/別集類/明別集

馮侍郎遺書八卷附錄二卷 (明)馮京第撰 馮貞羣編 民國四明叢書第二集稿本 馮貞羣題記並校 一冊

330000－1705－0004364 馮善2329 集部/別集類/明別集

過宜言一卷 (明)華夏撰 (清)楊晦遵較輯 民國抄本 一冊

330000－1705－0004373 馮善2341 集部/別集類/明別集

錢忠介公遺集九卷附錄六卷首一卷 (明)錢肅樂撰 **年譜一卷** 馮貞羣纂 稿本 四冊

330000－1705－0004381 馮善2427 集部/別集類/清別集

黃編湛園集四種 (清)姜宸英撰 民國馮貞羣抄本 馮貞羣題記 二冊

330000－1705－0004382 馮善2342 集部/別集類/明別集

重編錢止亭先生集不分卷 (明)錢肅樂撰 馮貞羣 張美翊輯 稿本 一冊

330000－1705－0004409　馮善 2882　集部/別集類/清別集
浮碧山館駢文二卷　(清)馮可鏞撰　民國六年(1917)寧波鈞和公司鉛印本　馮貞羣題記　一册

330000－1705－0004435　馮善 2893　集部/別集類/清別集
見山樓詩集四卷　(清)張翊儁撰　民國抄本　馮貞羣題記　馮幵跋　二册

330000－1705－0004476　馮 2860－2　類叢部/叢書類/自著之屬
李文忠公全集六種一百六十五卷首一卷　(清)李鴻章撰　(清)吳汝綸編錄　民國十年(1921)上海商務印書館據金陵刻本影印本　一百册

330000－1705－0004967　善 2787　子部/雜著類/雜編之屬
過夏雜錄六卷續錄一卷　(清)周廣業撰　民國朱氏別宥齋抄本　二册　存二卷(一至二)

330000－1705－0004977　善 2789　子部/雜著類/雜說之屬
循陔纂聞四卷　(清)周廣業撰　(清)沈俊堯錄　(清)周勳常重錄　民國朱氏別宥齋抄本　四册

330000－1705－0005791　善 4082　集部/別集類/清別集
南雷文定五集四卷　(清)黃宗羲撰　民國蕭山朱氏別宥齋抄本　二册

330000－1705－0005833　善 4139　集部/別集類/清別集
姜湛園集附錄二卷　(清)姜宸英撰　(清)王定祥編輯　民國馮貞羣抄本　馮貞羣題記　一册

330000－1705－0005958　善 4383　集部/別集類
句章學隱詩存二卷類稿二卷　王和之撰　稿本　四册

330000－1705－0005971　善 4352　集部/別集類/清別集
映紅樓遺集文稿二卷　(清)王定祥撰　民國二十五年(1936)蕃軒抄本　叔宜題簽並記　二册

330000－1705－0005973　善 4381　集部/別集類
回風堂詩三卷　馮幵撰　稿本　一册

330000－1705－0005978　善 4353　集部/別集類/清別集
映紅樓遺集詩四卷　(清)王定祥撰　民國二十六年(1937)蕃軒抄本　一册

330000－1705－0005980　善 4354　集部/別集類/清別集
映紅樓遺集詩四卷　(清)王定祥撰　民國抄本　一册

330000－1705－0005982　善 4382　集部/別集類
句章學隱類稿不分卷　王和之撰　稿本　一册

330000－1705－0005989　善 4384　集部/別集類
憶存草一卷　王和之撰　稿本　一册

330000－1705－0006176　善 4712　集部/總集類/彙編之屬
黃梨洲先生明文案目錄不分卷目錄補不分卷　馬廉撰　稿本　朱鼎煦批跋　二册

330000－1705－0006201　新 0513　史部/傳記類/總傳之屬/家乘
[浙江鎮海]鎮海橫河堰包氏宗譜六卷首一卷末一卷　董佑栻纂修　民國三十六年(1947)務本堂木活字印本　六册

330000－1705－0006202　新 0926　史部/傳記類/總傳之屬/家乘
[浙江奉化]武嶺蔣氏宗譜三十二卷首一卷　吳敬恆修　陳布雷等纂　民國三十七年(1948)上海中華書局鉛印本　六册

330000－1705－0006302　善 4919　集部/詞

類/詞話之屬

濯絳宧詞話一卷　劉毓盤撰　稿本　一冊

330000－1705－0006348　善4970　集部/戲劇類/傳奇之屬

某心雪傳奇十一卷　（清）姚燮撰　民國鐵如意館抄本　朱鼎煦題簽、批校並跋　一冊

330000－1705－0007849　善4903　集部/曲類/曲選之屬

北曲聯珠五卷　（元）張可久撰　民國范盈藻抄本　馬廉批校　一冊

330000－1705－0007907　善5056　史部/目録類/專録之屬

康熙中傳鈔天一閣書目不分卷　民國抄本　一冊

330000－1705－0007926　新1868　子部/藝術類/書畫之屬/畫譜

詩婢家詩牋譜第一集二卷　鄭伯英編　民國三十四年（1945）刻五色珂羅版套印本　二冊

330000－1705－0007938　新0003　經部/叢編

重栞宋本十三經註疏附校勘記　（清）阮元撰校勘記　（清）盧宣旬摘録校勘記　民國二十一年（1932）上海錦章圖書局石印本　八十冊

330000－1705－0007948　新0093　經部/孝經類/傳說之屬

孝經貫解一卷　徐正逵撰　民國三十三年（1944）鉛印本　一冊

330000－1705－0007959　新0010　類叢部/叢書類/自著之屬

師伏堂遺書□□種　（清）皮錫瑞撰　民國上海商務印書館影印本　六冊　存二種

330000－1705－0007963　新0098　經部/四書類/總義之屬/傳說

四書合講十九卷　（宋）朱熹集註　民國四明茹古書局鉛印本　四冊　存十一卷（大學、中庸、論語一至五、孟子四至七）

330000－1705－0007981　新0107　經部/小學類/文字之屬/說文/專著

說文引經彙識不分卷　張壽鏞撰　稿本　一冊

330000－1705－0007984　新0108　經部/小學類/文字之屬/說文/專著

說文古籀補十四卷補遺一卷附錄一卷　（清）吴大澂撰　民國八年（1919）蘇州振新書社石印本　四冊

330000－1705－0007988　新0110　史部/目録類/專録之屬

說文目錄一卷存目一卷附說文解字詁林序及纂例一卷　丁福保編　民國十三年（1924）無錫丁氏鉛印本　一冊

330000－1705－0007991　新0109　經部/小學類/文字之屬/說文/專著

說文古籀補十四卷補遺一卷附錄一卷　（清）吴大澂撰　民國十二年（1923）蘇州振新書社影印本　四冊

330000－1705－0007998　新0137　經部/小學類/文字之屬/字書/字典

辭源十二卷檢字一卷附錄五卷　陸爾奎等編　民國四年（1915）上海商務印書館鉛印本　十二冊

330000－1705－0008000　新0167　子部/藝術類/篆刻之屬/印論

繆篆分韻五卷補一卷　（清）桂馥輯　民國十二年（1923）蘇州振新書社影印本　四冊

330000－1705－0008001　新0136　經部/小學類/文字之屬/字書/字典

辭源十二卷檢字一卷附錄五卷　陸爾奎等編　民國四年（1915）上海商務印書館鉛印本　十二冊

330000－1705－0008002　新0121　史部/金石類/總志之屬/圖像

抱殘守缺齋所藏三代文字□□種　（清）劉鶚輯　民國二十年（1931）蟫隱廬石印本　六冊　存一種

330000－1705－0008004　新0139　子部/藝

術類/書畫之屬
行草大字典十二集 書學會編纂 民國上海有正書局石印本 六册

330000－1705－0008005 新0128 經部/小學類/訓詁之屬/字詁
古今字詁疏證一卷 (清)許瀚撰 山東省立圖書館編集 王獻唐校訂 民國二十三年(1934)瑞安陳氏裛殷堂鉛印本 一册

330000－1705－0008007 新0145 經部/小學類/文字之屬/字書/字體
隸篇十五卷續十五卷再續十五卷 (清)翟云升撰 民國十三年(1924)上海掃葉山房影印本 二十册

330000－1705－0008008 新0149 經部/小學類/音韻之屬/韻書
大宋重修廣韻五卷 (宋)陳彭年等修 **宋本廣韻校札一卷** (清)黎庶昌校 民國上海商務印書館影印本 五册

330000－1705－0008017 新0146 經部/小學類/文字之屬/字書/通論
文字學形義篇不分卷 朱宗萊撰 民國九年(1920)北京大學出版部鉛印本 一册

330000－1705－0008021 新0165 經部/小學類/音韻之屬/韻書
中州音韻一卷 (清)張漢重校 **司馬溫公切韻一卷** (宋)司馬光切韻 民國石印本 馬瀛跋 一册

330000－1705－0008022 新0147 經部/小學類/文字之屬/字書/通論
文字學形義篇不分卷 朱宗萊撰 民國九年(1920)北京大學出版部鉛印本 一册

330000－1705－0008024 新0148 經部/小學類/文字之屬/字書/通論
文字學形義篇不分卷 朱宗萊撰 民國九年(1920)北京大學出版部鉛印本 一册

330000－1705－0008033 新0122 經部/小學類/訓詁之屬/方言
鄉諺證古四卷 (清)陳康祺撰 張壽鏞編 民國三十三年(1944)鉛印本 一册

330000－1705－0008034 新0160 經部/小學類/音韻之屬/韻書
詩韻全璧五卷 (清)汪慕杜輯 (清)湯文潞續輯 (清)惜陰主人再續輯 民國十六年(1927)上海鴻寶齋書局石印本 五册

330000－1705－0008038 新0123 經部/小學類/訓詁之屬/方言
鄉諺證古四卷 (清)陳康祺撰 張壽鏞編 民國三十三年(1944)鉛印本 一册

330000－1705－0008046 新0168 史部/紀傳類/正史之屬
四史四百十五卷 劉承幹輯 民國十九年(1930)上海掃葉山房石印本 六十册

330000－1705－0008068 新0259、新0254、新0277、新0286、新2441 類叢部/叢書類/彙編之屬
四部備要 中華書局編 民國二十五年(1936)上海中華書局鉛印本(經義考卷二百八十六、二百九十九至三百,東塾讀書記卷十三至十四、十七至二十、二十二至二十五原缺) 一百九十八册 存一種

330000－1705－0008069 新0195 史部/紀傳類/正史之屬
四史四百十五卷 劉承幹輯 民國吳興劉氏嘉業堂影宋刻本 三十二册 存一種

330000－1705－0008076 新0253 史部/編年類/通代之屬
資治通鑑二百九十四卷 (宋)司馬光撰 (元)胡三省音注 **通鑑釋文辯誤十二卷** (元)胡三省撰 民國六年(1917)上海商務印書館鉛印本 六十册

330000－1705－0008079 新0376 史部/詔令奏議類/奏議之屬
寸草廬奏稿二卷 (清)張嘉祿撰 民國十三年(1924)刻本 二册

330000－1705－0008110 新0192 史部/紀傳類/正史之屬

二十四史附考證　民國上海涵芬樓據清乾隆武英殿刻本影印本　十四冊　存一種

330000－1705－0008114　新 0194　史部/紀傳類/正史之屬
史記一百三十卷　（漢）司馬遷撰　（南朝宋）裴駰集解　（唐）司馬貞索隱　（唐）張守節正義　民國元年（1912）鄂官書處刻本　二十四冊

330000－1705－0008119　新 0276、新 0382、新 0309、新 2032　類叢部/叢書類/彙編之屬
四部叢刊　張元濟等編　民國上海商務印書館影印本　七十二冊　存六種

330000－1705－0008120　新 0193　史部/紀傳類/正史之屬
二十四史附考證　民國上海涵芬樓據清乾隆武英殿刻本影印本　十四冊　存一種

330000－1705－0008134　新 0353　史部/政書類/公牘檔冊之屬
上海四明公所大事記一卷附編一卷　葛恩元編　民國九年（1920）上海聚珍倣宋印書局鉛印本　一冊

330000－1705－0008136　新 0350　史部/雜史類/斷代之屬
戊戌政變記九卷　梁啓超撰　民國鉛印本　三冊

330000－1705－0008138　新 0354　史部/政書類/公牘檔冊之屬
上海四明公所大事記一卷附編一卷　葛恩元編　民國九年（1920）上海聚珍倣宋印書局鉛印本　一冊

330000－1705－0008140　新 0348　史部/雜史類/斷代之屬
滿清稗史十六種附二種　陸保璿輯　民國三年（1914）新中國圖書局鉛印本　十一冊　存十一種

330000－1705－0008153　新 0351　史部/編年類/斷代之屬
清史攬要六卷　（日本）增田貢撰　民國鉛印本　二冊

330000－1705－0008154　新 0345　史部/雜史類/斷代之屬
庚子西狩叢談五卷附年譜一卷　吴永口述　劉治襄筆記　民國三十二年（1943）苕溪漁隱鉛印本　一冊

330000－1705－0008164　新 0323　史部/雜史類/斷代之屬
明季稗史續編六種六卷　民國元年（1912）上海商務印書館鉛印本　一冊　存一卷（一）

330000－1705－0008171　新 0355　史部/地理類/專志之屬/宫殿
故宫博物院前後五年經過記二卷　吴瀛述　民國二十一年（1932）故宫博物院鉛印本　一冊　缺一卷（二）

330000－1705－0008179　新 0418　史部/傳記類/總傳之屬/釋道
國清高僧傳一卷附寒山子詩一卷　釋藴光編　民國二十五年（1936）鉛印本　一冊

330000－1705－0008189　新 0408　史部/政書類/儀制之屬/典禮
文廟續通考一卷　孫樹義輯　民國二十三年（1934）上海中華書局鉛印本　一冊

330000－1705－0008195　新 0409　史部/傳記類/總傳之屬/仕宦
清代徵獻類編五種　嚴懋功撰　民國二十年（1931）無錫民生公司鉛印本　嚴盈汭題記　八冊

330000－1705－0008197　新 0497　史部/傳記類/總傳之屬/家乘
［浙江鄞縣］馬湖後宅王氏宗譜十卷首一卷　盛宸黼纂修　民國六年（1917）敦睦堂木活字印本　一冊

330000－1705－0008209　新 0568－1　史部/傳記類/總傳之屬/家乘
［浙江鄞縣］四明湯山李氏宗譜二卷首一卷末一卷　石鴻泰纂修　民國二十一年（1932）繩武堂木活字印本　一冊

330000－1705－0008212　新 0395　史部/傳記類/總傳之屬

清代學者象傳不分卷　(清)葉衍蘭纂　葉恭綽輯　民國十九年(1930)上海商務印書館影印本　四冊

330000－1705－0008225　新 0377　史部/詔令奏議類/奏議之屬

治安寄廬叢鈔不分卷　民國抄本　一冊

330000－1705－0008231　新 0454　類叢部/叢書類/自著之屬

永豐鄉人雜著八種續編六種附一種　羅振玉撰　民國十一年(1922)刻本　一冊　存一種

330000－1705－0008232　新 0398　史部/傳記類/總傳之屬/忠孝

表忠彙錄不分卷祭文一卷　(清)董秉純輯　民國抄本　一冊

330000－1705－0008235　新 0455　史部/傳記類/別傳之屬/年譜

張約園自定年譜一卷　張壽鏞撰　民國抄本　一冊

330000－1705－0008237　新 0435　史部/傳記類/別傳之屬/事狀

鄞縣鄭紀雲先生[傳縉]家傳一卷　鄭芳楝編　民國二十二年(1933)石印本　一冊

330000－1705－0008245　新 0388　史部/傳記類/總傳之屬/郡邑

於越有明一代三不朽圖贊一卷　(清)張岱撰　民國七年(1918)鉛印本　一冊

330000－1705－0008248　新 0387　史部/傳記類/總傳之屬/郡邑

於越有明一代三不朽圖贊一卷　(清)張岱撰　民國七年(1918)鉛印本　一冊

330000－1705－0008249　新 0429　史部/傳記類/別傳之屬/事狀

魏文節公[杞]事略一卷　魏頌唐輯　民國二十五年(1936)鉛印本　一冊

330000－1705－0008250　新 0463　史部/傳記類/總傳之屬/家乘

[浙江鄞縣]孔氏宗譜不分卷　戴廷祐　孔憲揚等修　民國九年(1920)泗水堂木活字印本　三冊

330000－1705－0008251　新 0459　史部/傳記類/日記之屬

葑里日記不分卷(民國八年閏七月至十八年八月)　張原煒撰　稿本　七冊

330000－1705－0008253　新 0430　史部/傳記類/別傳之屬/事狀

魏文節公[杞]事略一卷　魏頌唐輯　民國二十五年(1936)鉛印本　一冊

330000－1705－0008257　新 0466　史部/傳記類/總傳之屬/家乘

[浙江慈溪]四明慈水孔氏三修宗譜二十卷首一卷　孔廣鼐編纂　民國二十四年(1935)木活字印本　十五冊

330000－1705－0008261　新 0467　史部/傳記類/總傳之屬/家乘

[浙江鄞縣]鄞青陽村蘭田方氏家乘二卷首一卷末一卷　方友鎮修　張琴纂　民國二十年(1931)木活字印本　二冊

330000－1705－0008263　新 0492　史部/傳記類/總傳之屬/家乘

[浙江寧波]四明清源王氏宗譜六卷　王齊炳等纂修　民國三十年(1941)新邑梁永康木活字印本　一冊

330000－1705－0008264　新 0464　史部/傳記類/總傳之屬/家乘

[浙江慈溪]四明慈水孔氏三修宗譜二十卷首一卷　孔廣鼐編纂　民國二十四年(1935)木活字印本　十六冊

330000－1705－0008267　新 0465　史部/傳記類/總傳之屬/家乘

[浙江慈溪]四明慈水孔氏三修宗譜二十卷首一卷　孔廣鼐編纂　民國二十四年(1935)木活字印本　十六冊

330000－1705－0008268　新 0496　史部/傳

記類/總傳之屬/家乘
[浙江鄞縣]鄞東下水王氏宗譜四卷 王善繼等纂修 民國二年(1913)三槐堂木活字印本 二冊

330000－1705－0008274 新 0494 史部/傳記類/總傳之屬/家乘
[福建閩侯]西清王氏族譜不分卷 王孝綺增修 民國二十三年(1934)鉛印本 王孝綺、王世穎題記 一冊

330000－1705－0008275 新 0469 史部/傳記類/總傳之屬/家乘
[浙江慈溪]慈東方家堰方氏宗譜七卷首一卷 方學秀纂修 民國二十年(1931)忠恕堂木活字印本 八冊

330000－1705－0008278 新 0482 史部/傳記類/總傳之屬/家乘
[浙江鄞縣]横溪王氏宗譜二卷首一卷 王祥鷸 王祥本 王祖繩修 王祥洙纂 民國十九年(1930)珠樹堂木活字印本 四冊

330000－1705－0008279 新 0470 史部/傳記類/總傳之屬/家乘
[浙江鎮海]鎮海相墅方氏恭房支譜二十卷首一卷 方義鶚修 江五民纂 民國二十二年(1933)木活字印本 四冊 存十五卷(首,一至六、十三至二十)

330000－1705－0008281 新 0498 史部/傳記類/總傳之屬/家乘
[浙江鄞縣]桃源王氏宗譜十六卷首一卷 王隆惠修 陳紹虞等纂 民國八年(1919)敦厚堂木活字印本 九冊

330000－1705－0008282 新 0498－1 史部/傳記類/總傳之屬/家乘
[浙江鄞縣]桃源王氏宗譜十六卷首一卷 王隆惠修 陳紹虞等纂 民國八年(1919)敦厚堂木活字印本 一冊 存一卷(四)

330000－1705－0008284 新 0468 史部/傳記類/總傳之屬/家乘
[浙江鄞縣]鄞青陽村蘭田方氏家乘二卷首一卷末一卷 方友鎮修 張琴纂 民國二十四年(1935)木活字印本 一冊

330000－1705－0008285 新 0518 史部/傳記類/總傳之屬/家乘
[浙江寧波]四明古藤史氏宗譜八卷 吳之才纂修 民國十八年(1929)八行堂木活字印本 八冊

330000－1705－0008286 新 0500 史部/傳記類/總傳之屬/家乘
[浙江鄞縣]甲村王氏支譜十二卷首一卷 王孝和等纂修 民國二十四年(1935)崇德堂木活字印本 五冊 缺二卷(五至六)

330000－1705－0008287 新 0499 史部/傳記類/總傳之屬/家乘
[浙江鄞縣]鄞西桃源王氏宗譜六卷首一卷 石固 王豐康纂修 民國三十七年(1948)景賢堂木活字印本 三冊

330000－1705－0008288 新 0474 史部/傳記類/總傳之屬/家乘
[浙江鄞縣]寶峰毛氏宗譜四卷 王謙和等纂修 民國二十二年(1933)敬承堂木活字印本 一冊

330000－1705－0008290 新 0526 史部/傳記類/總傳之屬/家乘
[浙江鄞縣]桓溪全氏宗譜十二卷首一卷 全孫嘉修 全翼鳳 全翼烑纂 民國二十年(1931)木活字印本 六冊

330000－1705－0008291 新 0514 史部/傳記類/總傳之屬/家乘
[浙江寧波]甬東包氏宗譜二十卷首一卷 包樂根等纂修 民國三十八年(1949)淝水分支木活字印本 十冊

330000－1705－0008293 新 0517 史部/傳記類/總傳之屬/家乘
[浙江寧波]四明古藤史氏宗譜八卷 吳之才纂修 民國十八年(1929)八行堂木活字印本 八冊

330000－1705－0008294 新 0522 史部/傳

記類/總傳之屬/家乘

[浙江鄞縣]鄞塘石氏宗譜五卷首一卷　石士謌等纂修　民國十八年(1929)敬愛堂木活字印本　八冊

330000－1705－0008295　新0516　史部/傳記類/總傳之屬/家乘

[浙江寧波]四明古藤史氏宗譜八卷　吳之才纂修　民國十八年(1929)八行堂木活字印本　八冊

330000－1705－0008296　新0500－1　史部/傳記類/總傳之屬/家乘

[浙江鄞縣]甲村王氏支譜十二卷首一卷　王孝和等纂修　民國二十四年(1935)崇德堂木活字印本　二冊　存三卷(三至四、七)

330000－1705－0008297　新0475　史部/傳記類/總傳之屬/家乘

[浙江鄞縣]西河毛氏宗譜四卷　毛顯榆等纂修　民國二十二年(1933)敬承堂木活字印本　一冊

330000－1705－0008298　新0476　史部/傳記類/總傳之屬/家乘

[浙江鄞縣]西河毛氏宗譜四卷　毛顯榆等纂修　民國二十二年(1933)敬承堂木活字印本　一冊

330000－1705－0008300　新0484　史部/傳記類/總傳之屬/家乘

[浙江鄞縣]梅江王氏宗譜四卷首一卷　王國恩等修　王恂昭纂　民國三十七年(1948)植本堂木活字印本　二冊

330000－1705－0008301　新0541　史部/傳記類/總傳之屬/家乘

[浙江寧波]寧城江氏家乘四卷　江功甫續修　民國十三年(1924)思本堂木活字印本　四冊

330000－1705－0008302　新0523　史部/傳記類/總傳之屬/家乘

[浙江鄞縣]鄞塘石氏宗譜五卷首一卷　石士謌等纂修　民國十八年(1929)敬愛堂木活字印本　八冊

330000－1705－0008303　新0527　史部/傳記類/總傳之屬/家乘

[浙江鄞縣]桓溪全氏宗譜十二卷首一卷　全孫嘉修　全翼鳳　全翼姚纂　民國二十年(1931)木活字印本　六冊

330000－1705－0008304　新0472　史部/傳記類/總傳之屬/家乘

[浙江鄞縣]新南毛氏宗譜不分卷　毛宗斌纂修　民國抄本　二冊

330000－1705－0008305　新0508　史部/傳記類/總傳之屬/家乘

[浙江鎮海]鎮海五里牌王氏宗譜十七卷　張琴等纂修　民國二十二年(1933)仰德堂木活字印本　十六冊

330000－1705－0008307　新0528　史部/傳記類/總傳之屬/家乘

[浙江鄞縣]桓溪全氏宗譜十二卷首一卷　全孫嘉修　全翼鳳　全翼姚纂　民國二十年(1931)木活字印本　二冊　存五卷(三上、九至十二)

330000－1705－0008308　新0487　史部/傳記類/總傳之屬/家乘

[浙江鄞州]蘭江王氏宗譜四卷　王尚喜等纂修　民國二十四年(1935)穀貽堂木活字印本　一冊

330000－1705－0008309　新0536　史部/傳記類/總傳之屬/家乘

[浙江鄞縣]四明朱氏支譜内外編二十六卷　朱驤輯　民國二十五年(1936)慎德堂木活字印本　四冊

330000－1705－0008310　新0490　史部/傳記類/總傳之屬/家乘

[浙江鄞縣]鄞江王氏宗譜四卷　民國二十年(1931)繼世堂木活字印本　一冊

330000－1705－0008311　新0524　史部/傳記類/總傳之屬/家乘

[浙江鄞縣]古堇任氏宗譜十六卷　任良球修

張永睦纂　民國十四年（1925）木活字印本　十六册

330000－1705－0008313　新 0529　史部/傳記類/總傳之屬/家乘

［浙江鄞縣］鄞東一都戎氏宗譜四卷首一卷　戎祥富等纂修　民國三十六年（1947）惇敘堂木活字印本　五册

330000－1705－0008314　新 0509　史部/傳記類/總傳之屬/家乘

［浙江鎮海］鎮海五里牌王氏宗譜十七卷　張琴等纂修　民國二十二年（1933）仰德堂木活字印本　一册

330000－1705－0008318　新 0525　史部/傳記類/總傳之屬/家乘

［浙江鄞縣］鄞南梅陽任氏宗譜十二卷首一卷末一卷　任尚修等纂修　民國二十二年（1933）木活字印本　八册

330000－1705－0008319　新 0540　史部/傳記類/總傳之屬/家乘

［浙江鎮海］蛟川江氏支譜不分卷　江槐堂　江朝宗修　盧中烜纂　民國二十三年（1934）永思堂木活字印本　一册

330000－1705－0008320　新 0520　史部/傳記類/總傳之屬/家乘

［浙江鄞縣］鄞東前徐史氏宗譜三卷　史悠椿等纂修　民國十九年（1930）八行堂木活字印本　一册

330000－1705－0008321　新 0545　史部/傳記類/總傳之屬/家乘

［安徽廬江］廬江郡何氏大同宗譜二十六卷　何福堂　何玉甫纂修　民國十年（1921）鉛印本　十五册　存十六卷（一至五、十五至十八、二十至二十六）

330000－1705－0008324　新 0520－1　史部/傳記類/總傳之屬/家乘

［浙江鄞縣］鄞東前徐史氏宗譜三卷　史悠椿等纂修　民國十九年（1930）八行堂木活字印本　一册

330000－1705－0008325　新 0538　史部/傳記類/總傳之屬/家乘

［浙江慈溪］泮江朱氏宗譜三卷首一卷末一卷　朱鳳翔纂修　民國十七年（1928）抄本　一册

330000－1705－0008326　新 0547　史部/傳記類/總傳之屬/家乘

［浙江寧波］鄞東冰廠跟余氏宗譜十六卷　余光紋修　李向榮　石聘玉纂　民國十八年（1929）錦樂堂木活字印本　二册　存四卷（四至七）

330000－1705－0008327　新 0549　史部/傳記類/總傳之屬/家乘

［浙江寧波］甬上雷公橋吴氏家譜十六卷　汪崇幹等纂修　民國十六年（1927）承德堂木活字印本　十册

330000－1705－0008329　新 0532　史部/傳記類/總傳之屬/家乘

［浙江鄞縣］四明藕橋朱氏宗譜四卷首一卷　朱善晉纂修　民國十八年（1929）繼述堂木活字印本　六册

330000－1705－0008330　新 0535　史部/傳記類/總傳之屬/家乘

［浙江鄞縣］四明章溪朱氏宗譜六卷　朱久來等續修　民國八年（1919）人和堂木活字印本　二册

330000－1705－0008335　新 0534　史部/傳記類/總傳之屬/家乘

［浙江鄞縣］四明鄞江新安朱氏宗譜七卷首一卷　沈濟川修　朱允鵠等纂　民國二十二年（1933）木活字印本　二册

330000－1705－0008336　新 0519　史部/傳記類/總傳之屬/家乘

［浙江鄞縣］鄞東韓嶺史氏宗譜二卷　史致天　史悠安纂修　民國十二年（1923）八行堂木活字印本　一册

330000－1705－0008337　新 0521　史部/傳記類/總傳之屬/家乘

[浙江鄞縣]鄞東上水橫街史氏支譜十五卷首一卷　史悠情修　史濟恂等纂　民國三十六年(1947)木活字印本　六册

330000－1705－0008338　新0554　史部/傳記類/總傳之屬/家乘
[浙江鄞縣]上木阜呂氏宗譜三卷首一卷　呂元賓等纂修　民國二十六年(1937)慎德堂木活字印本　二册

330000－1705－0008340　新0552　史部/傳記類/總傳之屬/家乘
[浙江寧波]孤山吳氏宗譜□□卷　民國敦睦堂木活字印本　一册　存二卷(三至四)

330000－1705－0008341　新0533　史部/傳記類/總傳之屬/家乘
[浙江鄞縣]四明鄞江新安朱氏宗譜十二卷首一卷　朱炳蕃續修　民國三年(1914)木活字印本　四册

330000－1705－0008344　新0555　史部/傳記類/總傳之屬/家乘
[浙江鄞縣]木阜呂氏宗譜□□卷　民國文獻堂木活字印本　二册　存二卷(二、四)

330000－1705－0008345　新0551　史部/傳記類/總傳之屬/家乘
[浙江鄞縣]光溪吳氏宗譜四卷　吳文庸纂修　民國三十五年(1946)燕樂堂木活字印本　一册

330000－1705－0008346　新0556　史部/傳記類/總傳之屬/家乘
[浙江鄞縣]四明槎湖宋氏宗譜四卷首一卷　宋榮豪等纂修　民國二十一年(1932)留耕堂木活字印本　一册

330000－1705－0008347　新0550　史部/傳記類/總傳之屬/家乘
[浙江寧波]甬上雷公橋吳氏家譜不分卷　稿本　一册

330000－1705－0008350　新0565　史部/傳記類/總傳之屬/家乘
[浙江鄞縣]鄞西石乳橋李氏宗譜四卷　李嘉楣纂修　民國十四年(1925)承德堂木活字印本　四册

330000－1705－0008351　新0537　史部/傳記類/總傳之屬/家乘
[浙江鄞縣]光溪朱氏宗譜八卷首一卷　朱繼祓纂修　民國二十六年(1937)木活字印本　七册　存八卷(首、一至七)

330000－1705－0008352　新0558　史部/傳記類/總傳之屬/家乘
[浙江寧波]三江李氏宗譜三十二卷首一卷末一卷　李順林　李儲宸纂修　民國七年(1918)木活字印本　三十四册

330000－1705－0008355　新0559　史部/傳記類/總傳之屬/家乘
[浙江寧波]三江李氏宗譜三十二卷首一卷末一卷　李順林　李儲宸纂修　民國七年(1918)木活字印本　三十四册

330000－1705－0008356　新0644　史部/傳記類/總傳之屬/家乘
[浙江鄞縣]鄞錫山姚氏家乘二卷首一卷末一卷　姚靖萊修　張琴纂　民國十九年(1930)察倫堂木活字印本　一册

330000－1705－0008358　新0560　史部/傳記類/總傳之屬/家乘
[浙江寧波]三江李氏宗譜三十二卷首一卷末一卷　李順林　李儲宸纂修　民國七年(1918)木活字印本　三十一册　存三十一卷(首,一至十二、十四至二十六、二十八至三十二)

330000－1705－0008362　新0650　史部/傳記類/總傳之屬/家乘
[浙江鄞縣]鄞南施氏宗譜四卷首一卷末一卷　黃寶琮等纂修　民國二十四年(1935)本立堂木活字印本　一册

330000－1705－0008363　新0561　史部/傳記類/總傳之屬/家乘
[浙江寧波]三江李氏宗譜三十二卷首一卷末一卷　李順林　李儲宸纂修　民國七年

(1918)木活字印本　十冊　存十卷(一、三至四、六、八、十二、二十三、二十九至三十一)

330000－1705－0008364　新0598　史部/傳記類/總傳之屬/家乘

[浙江鄞縣]章溪芝嶺周氏宗譜四卷　周世模　周代沂纂修　民國三十六年(1947)倫敘堂木活字印本　四冊

330000－1705－0008365　新0512　史部/傳記類/總傳之屬/家乘

[浙江鎮海]鎮海東管鎮包氏宗譜六卷首一卷末一卷　謝覲巇纂修　民國九年(1920)務本堂木活字印本　六冊

330000－1705－0008366　新0510　史部/傳記類/總傳之屬/家乘

[浙江鎮海]新添廟橋王氏家譜四卷首一卷　王欽瑞等纂修　民國十二年(1923)三槐堂木活字印本　四冊

330000－1705－0008368　新0573　史部/傳記類/總傳之屬/家乘

[浙江鄞縣]鄞邑管江杜氏宗譜十八卷　杜恆煥纂修　民國二年(1913)花溪草堂木活字印本　十八冊

330000－1705－0008369　新0562　史部/傳記類/總傳之屬/家乘

[浙江寧波]三江李氏宗譜三十二卷首一卷末一卷　李順林　李儲宸纂修　民國七年(1918)木活字印本　一冊　存一卷(三十一)

330000－1705－0008370　新0544　史部/傳記類/總傳之屬/家乘

[浙江鄞縣]鄞東鹿峯阮氏宗譜十二卷首一卷　吳之才纂修　民國十九年(1930)明賢堂木活字印本　二冊

330000－1705－0008371　新0568　史部/傳記類/總傳之屬/家乘

[浙江鄞縣]四明湯山李氏宗譜二卷首一卷末一卷　石鴻泰纂修　民國二十一年(1932)繩武堂木活字印本　一冊

330000－1705－0008372　新0583　史部/傳記類/總傳之屬/家乘

[浙江鄞縣]鄞東忻氏支譜不分卷　忻德壽修　忻壹纂　民國二十年(1931)新昌石氏木活字印本　一冊

330000－1705－0008373　新0580　史部/傳記類/總傳之屬/家乘

[浙江慈溪]慈谿師橋沈氏宗譜十五卷　(清)沈春華修　民國二年(1913)鉛印本　七冊　存十三卷(一至十、十三至十五)

330000－1705－0008374　新0588　史部/傳記類/總傳之屬/家乘

[浙江鄞縣]鄞東梅江邵氏家乘十六卷首一卷　邵和貴　邵曉方纂修　民國木活字印本　十四冊

330000－1705－0008376　新0572　史部/傳記類/總傳之屬/家乘

[浙江鄞縣]三橋李氏宗譜二十卷首一卷末一卷　蔡和鏗纂修　民國十九年(1930)崇禮堂木活字印本　十冊

330000－1705－0008377　新0584　史部/傳記類/總傳之屬/家乘

[浙江寧波]月湖邵氏宗譜二十四卷　邵槐纂修　民國五年(1916)世顯堂木活字印本　四冊　存十一卷(一至三、十二至十四、十七至二十一)

330000－1705－0008378　新0585　史部/傳記類/總傳之屬/家乘

[浙江寧波]月湖邵氏宗譜二十四卷　邵槐纂修　民國五年(1916)世顯堂木活字印本　四冊　存十一卷(一至三、十二至十四、十七至二十一)

330000－1705－0008379　新0569　史部/傳記類/總傳之屬/家乘

[浙江寧波]迎恩李氏宗譜二十卷首一卷　李縊漢等纂修　民國十六年(1927)函道堂木活字印本　六冊

330000－1705－0008380　新0575　史部/傳記類/總傳之屬/家乘

[浙江餘姚]慈南汪氏宗譜四卷首一卷 汪成行重修 民國十年(1921)木活字印本 四册

330000－1705－0008382 新0579 史部/傳記類/總傳之屬/家乘

[浙江慈溪]慈谿師橋沈氏宗譜十五卷 (清)沈春華修 民國二年(1913)鉛印本 八册

330000－1705－0008384 新0574 史部/傳記類/總傳之屬/家乘

[浙江鄞縣]鄞邑管江杜氏宗譜十八卷 蔡卿芝纂 民國二十一年(1932)花溪草堂木活字印本 十八册

330000－1705－0008385 新0570 史部/傳記類/總傳之屬/家乘

[浙江鄞縣]鄞東圓墱李氏宗譜五卷首一卷末一卷 陳憲曾等纂修 民國十六年(1927)鳴鳳堂木活字印本 一册 存四卷(首,一、五,末)

330000－1705－0008386 新0589 史部/傳記類/總傳之屬/家乘

[浙江鄞縣]四明章溪邵氏宗譜五卷 邵國裕 邵邦英纂修 民國三十六年(1947)德星堂木活字印本 二册

330000－1705－0008388 新0593 史部/傳記類/總傳之屬/家乘

[浙江鄞縣]四明光溪周氏宗譜□□卷 □□撰 民國承志堂木活字印本 二册 存四卷(三至六)

330000－1705－0008390 新0581 史部/傳記類/總傳之屬/家乘

[浙江慈溪]慈谿師橋沈氏明六房支譜世系四卷 □□撰 民國六年至八年(1917－1919)鉛印本 四册

330000－1705－0008391 新0577 史部/傳記類/總傳之屬/家乘

[浙江寧波]甬上萬壽坊沈氏譜徵世系攷不分卷 沈嘉寀續修 沈杞校訂 民國抄本 一册

330000－1705－0008392 新0571 史部/傳記類/總傳之屬/家乘

[浙江寧波]鄞南李氏宗譜七卷首一卷 李正采修 陳憲曾纂 民國十八年(1929)承惠堂木活字印本 四册

330000－1705－0008394 新0576 史部/傳記類/總傳之屬/家乘

[浙江鄞縣]鄞邑南雷汪氏宗譜十五卷首一卷 汪崇幹修 民國二十六年(1937)敦睦堂木活字印本 一册 存四卷(首,一、五、十五)

330000－1705－0008396 新0582 史部/傳記類/總傳之屬/家乘

[浙江鄞縣]鄞東忻氏老三房支譜十二卷首一卷 戴廷祐纂修 民國八年(1919)木仁堂木活字印本 十二册

330000－1705－0008397 新0578 史部/傳記類/總傳之屬/家乘

[浙江餘姚]續修蘭風沈氏宗譜十四卷首二卷 沈開基纂修 民國二十四年(1935)木活字印本 十一册 存十一卷(首上,一至六、九、十一至十二、十四)

330000－1705－0008398 新0590 史部/傳記類/總傳之屬/家乘

[浙江台州]吾氏宗譜不分卷 民國抄本 一册

330000－1705－0008399 新0602 史部/傳記類/總傳之屬/家乘

[安徽歙縣]周邦頭周氏族譜正宗十八卷 周德爍 周孝侯等纂修 民國十九年(1930)木活字印本 六册

330000－1705－0008401 新0595 史部/傳記類/總傳之屬/家乘

[浙江鄞縣]鄞西周氏宗譜八卷 周士㦸纂修 民國二十年(1931)雲錦堂木活字印本 二册 存三卷(三至四、七)

330000－1705－0008402 新0608 史部/傳記類/總傳之屬/家乘

[浙江寧波]永德堂宗譜二卷 竺士康主修 民國十六年(1927)木活字印本 一册

330000－1705－0008403　新 0606　史部/傳記類/總傳之屬/家乘

[浙江鄞縣]鄞西湖後錫東林家庼林氏後房宗譜四卷首一卷　項世淮纂修　民國十八年(1929)木活字印本　一册

330000－1705－0008405　新 0596　史部/傳記類/總傳之屬/家乘

[浙江鄞縣]鄞蛟川周氏宗譜六卷首一卷末一卷　張琴纂修　民國二十年(1931)崇本堂木活字印本　一册

330000－1705－0008406　新 0607　史部/傳記類/總傳之屬/家乘

[浙江慈溪]慈谿林氏宗譜四卷　林端儀等纂修　民國十二年(1923)鉛印本　四册

330000－1705－0008408　新 0605　史部/傳記類/總傳之屬/家乘

[浙江鄞縣]新江林氏宗譜十卷首一卷　林朝翰等纂修　民國十三年(1924)思敬堂木活字印本　四册

330000－1705－0008410　新 0597　史部/傳記類/總傳之屬/家乘

[浙江鄞縣]鄞蛟川周氏宗譜六卷首一卷末一卷　張琴纂修　民國二十年(1931)崇本堂木活字印本　一册

330000－1705－0008411　新 0612　史部/傳記類/總傳之屬/家乘

[浙江鄞縣]鄞東韓嶺金氏宗譜十二卷首一卷末一卷　金學儀修　金宏伸等纂　民國二十五年(1936)萬松堂木活字印本　十二册

330000－1705－0008412　新 0653　史部/傳記類/總傳之屬/家乘

[浙江鄞縣]鄞東柳氏宗譜不分卷　柳澐卿修　柴永祺纂　民國七年(1918)筆諫堂木活字印本　四册

330000－1705－0008413　新 0636　史部/傳記類/總傳之屬/家乘

[浙江鄞縣]四明俞氏宗譜十卷首一卷末一卷　俞志清纂修　民國三十三年(1944)木活字印本　十一册

330000－1705－0008415　新 0652　史部/傳記類/總傳之屬/家乘

[浙江寧波]鄞東柳氏宗譜不分卷　柴永祺纂修　民國七年(1918)筆諫堂木活字印本　六册

330000－1705－0008416　新 0626　史部/傳記類/總傳之屬/家乘

[浙江鄞縣]鄞東南蕭臯郁氏宗譜四卷末一卷　民國務本堂木活字印本　二册　存三卷(三至四、末)

330000－1705－0008418　新 0611　史部/傳記類/總傳之屬/家乘

[浙江鄞縣]鄞東金氏宗譜四卷首一卷　金學泗纂修　民國四年(1915)萬松堂木活字印本　一册　存一卷(首)

330000－1705－0008420　新 0637　史部/傳記類/總傳之屬/家乘

[浙江寧波]南郊段塘俞氏宗譜三卷首一卷　俞德坤　馮丙然等纂修　民國十四年(1925)詒穀堂木活字印本　四册

330000－1705－0008424　新 0627　史部/傳記類/總傳之屬/家乘

[浙江鄞縣]侯氏支譜不分卷　民國木活字印本　一册

330000－1705－0008425　新 0613　史部/傳記類/總傳之屬/家乘

[浙江鄞縣]鄞東韓嶺金氏宗譜十二卷首一卷末一卷　金學儀修　金宏伸等纂　民國二十五年(1936)萬松堂木活字印本　十一册　缺一卷(首)

330000－1705－0008427　新 0657　史部/傳記類/總傳之屬/家乘

[浙江鄞縣]鄞東柳氏主册不分卷　柳澐卿修　柴永祺纂　民國十一年(1922)筆諫堂木活字印本　一册

330000－1705－0008429　新 0638　史部/傳記類/總傳之屬/家乘

[浙江鄞縣]四明洋山嶴俞氏宗譜六卷首一卷 俞慈濂等纂修 民國十九年(1930)滋德堂木活字印本 五册

330000－1705－0008430 新0620 史部/傳記類/總傳之屬/家乘
[浙江鄞縣]鄮西范氏泰百二十房下翰林房支譜不分卷 (清)范從律纂修 范盈煜補 民國抄本 一册

330000－1705－0008437 新0615 史部/傳記類/總傳之屬/家乘
[浙江鄞縣]清源金氏宗譜七卷首一卷 金德招等纂修 民國十九年(1930)敬承堂木活字印本 一册

330000－1705－0008441 新0621 史部/傳記類/總傳之屬/家乘
[浙江鄞縣]四明范氏家乘二十二卷 范鳳書纂修 民國十一年(1922)崇本堂木活字印本 四册

330000－1705－0008442 新0648 史部/傳記類/總傳之屬/家乘
[浙江寧波]鄮東施氏宗譜八卷首一卷 袁乃彬纂修 民國十九年(1930)木活字印本 四册

330000－1705－0008443 新0639 史部/傳記類/總傳之屬/家乘
[浙江鄞縣]四明洋山嶴俞氏宗譜六卷首一卷 俞慈濂等纂修 民國十九年(1930)滋德堂木活字印本 二册 存三卷(四至六)

330000－1705－0008444 新0640 史部/傳記類/總傳之屬/家乘
[浙江鄞縣]東吴俞氏宗譜八卷 俞文星修 俞武權等重修 俞開型續修 吴之才纂 民國二十一年(1932)桂蔭堂木活字印本 三册

330000－1705－0008448 新0641 史部/傳記類/總傳之屬/家乘
[浙江鄞縣]東吴俞氏宗譜八卷 俞文星修 俞武權等重修 俞開型續修 吴之才纂 民國二十一年(1932)桂蔭堂木活字印本 二册 存二卷(五、八)

330000－1705－0008449 新0667 史部/傳記類/總傳之屬/家乘
[浙江寧波]漢塘洪氏宗譜二十五卷首一卷 洪曰湄纂修 民國著存堂木活字印本 一册 存一卷(二十五)

330000－1705－0008450 新0621－1 史部/傳記類/總傳之屬/家乘
[浙江鄞縣]四明范氏宣義宗譜四卷 范賢祥纂修 民國二十二年(1933)范賢祥抄本 四册

330000－1705－0008452 新0642 史部/傳記類/總傳之屬/家乘
[浙江鄞縣]東吴俞氏宗譜八卷 俞文星修 俞武權等重修 俞開型續修 吴之才纂 民國二十一年(1932)桂蔭堂木活字印本 一册 存一卷(八)

330000－1705－0008454 新0662 史部/傳記類/總傳之屬/家乘
[浙江鄞縣]鄞西石乳橋洪氏家譜四卷首一卷 石華湘 洪應奎纂修 民國二十四年(1935)三瑞堂木活字印本 一册

330000－1705－0008456 新0631 史部/傳記類/總傳之屬/家乘
[浙江鎮海]三山俞氏宗譜不分卷 俞本樋纂修 民國二十二年(1933)永思堂木活字印本 一册

330000－1705－0008457 新0666 史部/傳記類/總傳之屬/家乘
[浙江寧波]漢塘洪氏支譜不分卷 洪曰湄纂修 民國十二年(1923)立本堂木活字印本 一册

330000－1705－0008458 新0675 史部/傳記類/總傳之屬/家乘
[浙江鎮海]慈東田湖胡氏宗譜十三卷首一卷 胡昌龍 胡方鍔修 胡開椿等纂 民國十七年(1928)永言堂木活字印本 十四册

330000－1705－0008459 新0622 史部/傳

記類/總傳之屬/家乘

[浙江鄞縣]范氏支譜不分卷　民國八年(1919)抄本　一冊

330000－1705－0008460　新 0616　史部/傳記類/總傳之屬/家乘

[浙江鄞縣]鄞月湖金氏家乘二卷　金廷法等修　張琴纂　稿本　一冊

330000－1705－0008461　新 0664　史部/傳記類/總傳之屬/家乘

[浙江寧波]漢塘洪氏支譜不分卷　洪曰湄纂修　民國十二年(1923)立本堂木活字印本一冊

330000－1705－0008462　新 0665　史部/傳記類/總傳之屬/家乘

[浙江寧波]漢塘洪氏支譜不分卷　洪曰湄纂修　民國十二年(1923)立本堂木活字印本一冊

330000－1705－0008464　新 0663　史部/傳記類/總傳之屬/家乘

[浙江鎮海]蛟西洪氏宗譜六卷　杜項斯　陳祖詔纂修　民國六年(1917)聽彝堂木活字印本　六冊

330000－1705－0008465　新 0646　史部/傳記類/總傳之屬/家乘

[浙江鄞縣]馬湖宣氏宗譜四卷首一卷　蔣國權纂修　民國十八年(1929)積善堂木活字印本　一冊

330000－1705－0008467　新 0680　史部/傳記類/總傳之屬/家乘

[浙江鄞縣]北渡孫氏新修宗譜十八卷首一卷末一卷　傅毓璇修　孫禮彪等纂　民國八年(1919)可繼堂木活字印本　十七冊

330000－1705－0008468　新 0614　史部/傳記類/總傳之屬/家乘

[浙江寧波]漢塘金氏宗譜二卷　金利鎮　金利華纂修　民國十二年(1923)奉思堂木活字印本　一冊

330000－1705－0008471　新 0678　史部/傳記類/總傳之屬/家乘

[浙江鄞縣]建溪唐氏宗譜六卷　石固纂修　民國三十七年(1948)世德堂木活字印本七冊

330000－1705－0008472　新 0645　史部/傳記類/總傳之屬/家乘

[浙江鄞縣]姚江姜氏追遠世譜八卷首一卷鄞東姜家隴姜氏宗譜六卷首一卷末一卷　何錫冕　陳運鵬纂修　民國十八年(1929)崇本堂木活字印本　十二冊

330000－1705－0008473　新 0634　史部/傳記類/總傳之屬/家乘

[浙江鄞縣]桃義江俞氏宗譜三卷　俞明洲纂修　民國五年(1916)木活字印本　二冊

330000－1705－0008475　新 0624　史部/傳記類/總傳之屬/家乘

[浙江鄞縣]鄞東茅氏創譜一卷首一卷末一卷　吳之才纂修　民國十七年(1928)敦本堂木活字印本　一冊

330000－1705－0008476　新 0677　史部/傳記類/總傳之屬/家乘

[浙江鎮海]鑑橋胡氏宗譜七卷首一卷　董祖羲　陳師蕃纂修　民國七年(1918)立愛堂木活字印本　五冊

330000－1705－0008477　新 0682　史部/傳記類/總傳之屬/家乘

[浙江鄞縣]四明章溪孫氏宗譜十卷首一卷末一卷　周葦漁纂修　民國十七年(1928)敦本堂木活字印本　八冊

330000－1705－0008478　新 0681　史部/傳記類/總傳之屬/家乘

[浙江慈溪]榕邨孫氏家乘四卷首一卷　孫石如纂修　民國十一年(1922)慎德堂木活字印本　一冊

330000－1705－0008479　新 0683　史部/傳記類/總傳之屬/家乘

[浙江鄞縣]鄞東孫氏宗譜三卷　孫賢耿等修　孫可漢等纂　民國十九年(1930)思本堂木

活字印本　二冊

330000－1705－0008482　新0684　史部/傳記類/總傳之屬/家乘

[浙江鎮海]蛟川清水橋孫氏宗譜□□卷　民國二十二年(1933)敦行堂木活字印本　三冊　存三卷(三至四、八)

330000－1705－0008483　新0741　史部/傳記類/總傳之屬/家乘

[浙江寧波]四明倉基陳氏家譜三十二卷首一卷附旌忠錄二卷　陳賢凱等修　陳隆瀘等纂　民國二十三年(1934)遺忠堂木活字印本　十二冊

330000－1705－0008484　新0716　史部/傳記類/總傳之屬/家乘

[浙江慈溪]慈溪秦氏宗譜二十八卷　秦祖澤纂修　民國十五年(1926)木活字印本　二十七冊　缺一卷(二十一)

330000－1705－0008486　新0685　史部/傳記類/總傳之屬/家乘

[浙江鎮海]蛟川清水橋孫氏宗譜□□卷　民國二十二年(1933)敦行堂木活字印本　一冊　存一卷(四)

330000－1705－0008487　新0696－1　史部/傳記類/總傳之屬/家乘

[浙江鄞縣]四明光溪桂林徐氏宗譜八卷首一卷末一卷　張傳保　王九華纂修　民國木活字印本　一冊　存一卷(四之七)

330000－1705－0008489　新0723　史部/傳記類/總傳之屬/家乘

[浙江寧波]鄞邑城南袁氏三修宗譜二十二卷首一卷　袁朝金修　蔡和鏗纂　民國二十五年(1936)進修堂木活字印本　十冊

330000－1705－0008490　新0714　史部/傳記類/總傳之屬/家乘

[浙江慈溪]慈溪秦氏宗譜二十八卷　秦祖澤纂修　民國十五年(1926)木活字印本　二十八冊

330000－1705－0008491　新0739　史部/傳記類/總傳之屬/家乘

[浙江寧波]四明倉基陳氏家譜三十二卷首一卷附旌忠錄二卷　陳賢凱等修　陳隆瀘等纂　民國二十三年(1934)遺忠堂木活字印本　十二冊

330000－1705－0008492　新0740　史部/傳記類/總傳之屬/家乘

[浙江寧波]四明倉基陳氏家譜三十二卷首一卷附旌忠錄二卷　陳賢凱等修　陳隆瀘等纂　民國二十三年(1934)遺忠堂木活字印本　十二冊

330000－1705－0008493　新0729　史部/傳記類/總傳之屬/家乘

[浙江鄞縣]重修馬氏宗譜六卷首一卷末一卷　馬世渭修　呂志鏘纂　民國三十七年(1948)木活字印本　二冊

330000－1705－0008494　新0689　史部/傳記類/總傳之屬/家乘

[浙江寧波]月湖徐氏宗譜八卷首一卷終一卷　徐錫進等纂修　民國十四年(1925)永思堂木活字印本　八冊

330000－1705－0008495　新0724　史部/傳記類/總傳之屬/家乘

[浙江寧波]鄞邑城南袁氏三修宗譜二十二卷首一卷　袁朝金修　蔡和鏗纂　民國二十五年(1936)進修堂木活字印本　十冊

330000－1705－0008496　新0715　史部/傳記類/總傳之屬/家乘

[浙江慈溪]慈溪秦氏宗譜二十八卷　秦祖澤纂修　民國十五年(1926)木活字印本　二十八冊

330000－1705－0008497　新0725　史部/傳記類/總傳之屬/家乘

[浙江鄞縣]鄞東沙家山袁氏宗譜四卷首一卷末一卷　石鴻泰纂修　民國二十三年(1934)汝南堂木活字印本　二冊

330000－1705－0008499　新0688　史部/傳記類/總傳之屬/家乘

[浙江寧波]徐氏宗譜八卷首一卷終一卷 徐錫進等纂修 民國十四年(1925)永思堂木活字印本 四冊 存五卷(二、五、七至八,終)

330000－1705－0008502 新0726 史部/傳記類/總傳之屬/家乘

[浙江鄞縣]鄞東莘橋袁氏宗譜四卷末一卷 石固等纂修 民國三十六年(1947)願豐堂木活字印本 三冊

330000－1705－0008505 新0732 史部/傳記類/總傳之屬/家乘

[浙江鄞縣]鄞南凌氏宗譜八卷首一卷末一卷 凌尊憲 凌仁彝纂修 民國二十年(1931)正本堂木活字印本 四冊

330000－1705－0008507 新0742 史部/傳記類/總傳之屬/家乘

[浙江寧波]四明倉基陳氏家譜三十二卷首一卷附旌忠錄二卷 陳賢凱等修 陳隆瀘等纂 民國二十三年(1934)遺忠堂木活字印本 九冊 存三十卷(一至十八、二十二至三十二,旌忠錄一)

330000－1705－0008512 新0743 史部/傳記類/總傳之屬/家乘

[浙江寧波]四明倉基陳氏家譜三十二卷首一卷附旌忠錄二卷 陳賢凱等修 陳隆瀘等纂 民國二十三年(1934)遺忠堂木活字印本 二冊 存六卷(一至六)

330000－1705－0008513 新0744 史部/傳記類/總傳之屬/家乘

[浙江寧波]四明倉基陳氏家譜三十二卷首一卷附旌忠錄二卷 陳賢凱等修 陳隆瀘等纂 民國二十三年(1934)遺忠堂木活字印本 二冊 存二卷(旌忠錄一至二)

330000－1705－0008514 新0733 史部/傳記類/總傳之屬/家乘

[浙江鄞縣]鄞南凌氏宗譜八卷首一卷末一卷 凌尊憲 凌仁彝纂修 民國二十年(1931)正本堂木活字印本 四冊

330000－1705－0008515 新0731 史部/傳記類/總傳之屬/家乘

[浙江鄞縣]凌氏宗譜不分卷 (清)凌禮是纂修 民國八年(1919)抄本 一冊

330000－1705－0008517 新0745 史部/傳記類/總傳之屬/家乘

[浙江鄞縣]鄞東月浦陳氏家乘四卷首一卷 民國二十年(1931)遺忠堂木活字印本 二冊

330000－1705－0008521 新0746 史部/傳記類/總傳之屬/家乘

[浙江鄞縣]鄞東月浦陳氏家乘四卷首一卷 民國二十年(1931)遺忠堂木活字印本 二冊

330000－1705－0008523 新0749 史部/傳記類/總傳之屬/家乘

[浙江餘姚]姚江雲樓陳氏宗譜八卷 陳福延等纂修 民國二年(1913)毓慶堂木活字印本 八冊

330000－1705－0008524 新0747 史部/傳記類/總傳之屬/家乘

[浙江鄞縣]鄞東月浦陳氏家乘四卷首一卷 民國二十年(1931)遺忠堂木活字印本 二冊

330000－1705－0008527 新0735 史部/傳記類/總傳之屬/家乘

[浙江鄞縣]鄞東韓嶺郭氏宗譜二卷 郭士賚纂修 民國十三年(1924)木活字印本 一冊

330000－1705－0008528 新0750 史部/傳記類/總傳之屬/家乘

[浙江鄞縣]慈東青林陳氏宗譜九卷首一卷 洪曰湄 陳尚彬纂修 民國十三年(1924)親親堂木活字印本 五冊

330000－1705－0008529 新0752 史部/傳記類/總傳之屬/家乘

[浙江上虞]續修陳氏縣前支宗譜二十四卷首一卷末一卷 陳禮法修 陳思詩纂 民國十九年(1930)奉先堂木活字印本 二十冊

330000－1705－0008530 新0699 史部/傳記類/總傳之屬/家乘

[浙江寧波]姚江徐氏續譜十一卷首一卷 (清)徐炎纂修 民國五年(1916)木活字印本

三冊

330000－1705－0008534　新0691　史部/傳記類/總傳之屬/家乘

[浙江鄞縣]鄞東徐氏宗譜不分卷　胡德坊纂修　民國三十六年(1947)東海堂木活字印本　一冊

330000－1705－0008535　新0686　史部/傳記類/總傳之屬/家乘

[浙江寧波]鄞邑甬北樂安孫氏宗譜三卷首一卷　孫柳馨纂修　民國二十三年(1934)裕彥堂木活字印本　四冊

330000－1705－0008536　新0753　史部/傳記類/總傳之屬/家乘

[浙江鄞縣]鄞南十畝漕陳氏宗譜不分卷　戴彥碩　陳子粱纂修　民國十九年(1930)木活字印本　陳愈楣、陳愈菜題記　一冊

330000－1705－0008537　新0751　史部/傳記類/總傳之屬/家乘

[浙江鄞縣]鄞東青林陳氏宗譜二卷　陳君律等纂修　民國十六年(1927)德星堂木活字印本　一冊

330000－1705－0008538　新0692　史部/傳記類/總傳之屬/家乘

[浙江鄞縣]鄞東徐氏宗譜不分卷　胡德坊纂修　民國三十六年(1947)東海堂木活字印本　一冊

330000－1705－0008539　新0754　史部/傳記類/總傳之屬/家乘

[浙江鄞縣]鄞南十畝漕陳氏宗譜不分卷　戴彥碩　陳子粱纂修　民國十九年(1930)木活字印本　陳愈楣、陳愈菜題記　一冊

330000－1705－0008540　新0755　史部/傳記類/總傳之屬/家乘

[浙江鄞縣]鄞南十畝漕陳氏宗譜不分卷　戴彥碩　陳子粱纂修　民國十九年(1930)木活字印本　陳愈楣、陳愈菜題記　一冊

330000－1705－0008541　新0756　史部/傳記類/總傳之屬/家乘

[浙江鄞縣]鄞南十畝漕陳氏宗譜不分卷　戴彥碩　陳子粱纂修　民國十九年(1930)木活字印本　陳愈楣、陳愈菜題記　一冊

330000－1705－0008542　新0759　史部/傳記類/總傳之屬/家乘

[浙江寧波]鄮西陳氏宗譜二十八卷首一卷　陳際盛　陳仰尹纂修　民國二十二年(1933)木活字印本　四冊

330000－1705－0008543　新0698　史部/傳記類/總傳之屬/家乘

[浙江餘姚]餘姚江南徐氏宗譜八卷　(明)徐生祥纂修　民國五年(1916)木活字印本　三冊

330000－1705－0008544　新0762　史部/傳記類/總傳之屬/家乘

[浙江鄞縣]晴江陳氏宗譜四卷首一卷　陳本琅纂修　民國二十四年(1935)垂裕堂木活字印本　二冊

330000－1705－0008545　新0764　史部/傳記類/總傳之屬/家乘

[浙江鄞縣]北渡陳氏宗譜四卷首一卷末一卷　張傳保修　陳友浩等纂　民國三十七年(1948)星聚堂木活字印本　二冊

330000－1705－0008546　新0760　史部/傳記類/總傳之屬/家乘

[浙江寧波]鄮西陳氏宗譜二十八卷首一卷　陳際盛　陳仰尹纂修　民國二十二年(1933)木活字印本　四冊

330000－1705－0008547　新0779　史部/傳記類/總傳之屬/家乘

[浙江鄞縣]四明章溪崔氏宗譜十卷首一卷　崔前育　應廷賡纂修　民國十九年(1930)敦畊堂木活字印本　八冊

330000－1705－0008548　新0700　史部/傳記類/總傳之屬/家乘

[浙江寧波]姚江徐氏再續增修譜十卷首一卷　(清)徐大凝　(清)徐鐘纂修　民國五年(1916)木活字印本　四冊

330000－1705－0008549　新 0711　史部/傳記類/總傳之屬/家乘
[浙江鄞縣]匯水祝氏宗譜二十四卷首一卷　馮俊翰等纂修　民國二十八年(1939)樹德堂木活字印本　四冊

330000－1705－0008550　新 0761　史部/傳記類/總傳之屬/家乘
[浙江寧波]鄮西陳氏宗譜二十八卷首一卷　陳際盛　陳仰尹纂修　民國二十二年(1933)木活字印本　一冊　存三卷(二十六至二十八)

330000－1705－0008552　新 0693　史部/傳記類/總傳之屬/家乘
[浙江鄞縣]鄞東郭家嶼徐氏宗譜二卷首一卷末一卷　徐維科　徐忠壎纂修　民國四年(1915)木活字印本　一冊

330000－1705－0008553　新 0763　史部/傳記類/總傳之屬/家乘
[浙江鄞縣]晴江陳氏宗譜四卷首一卷　陳本琅纂修　民國二十四年(1935)垂裕堂木活字印本　一冊　存三卷(首、一至二)

330000－1705－0008555　新 0775　史部/傳記類/總傳之屬/家乘
[浙江鄞縣]鄞東華家嶴華氏宗譜不分卷　華安興修　王懷忠纂　民國二年(1913)武陵堂木活字印本　一冊

330000－1705－0008556　新 0801　史部/傳記類/總傳之屬/家乘
[浙江鄞縣]槎湖張氏家譜十四卷首一卷　張子淵　陳康黼纂修　張琴續纂　民國二十七年(1938)種德堂木活字印本　八冊

330000－1705－0008557　新 0701　史部/傳記類/總傳之屬/家乘
[浙江寧波]姚江徐氏三續增修宗譜十卷首一卷　徐鼎鎬修　徐華潤　徐懋桂纂　民國五年(1916)木活字印本　四冊

330000－1705－0008558　新 0758　史部/傳記類/總傳之屬/家乘
[浙江鄞縣]鄞陳橫樓後陳陳氏宗譜二卷　張琴纂修　民國二十一年(1932)木活字印本　一冊

330000－1705－0008559　新 0710　史部/傳記類/總傳之屬/家乘
[浙江寧波]遷鄞烏氏盛房支譜二卷　烏顯元　烏人駿纂修　民國四年(1915)永懷堂木活字印本　一冊

330000－1705－0008560　新 0757　史部/傳記類/總傳之屬/家乘
[浙江鄞縣]鄞葑里村鈔堂陳氏家乘二卷首一卷　張琴纂修　民國十九年(1930)木活字印本　一冊

330000－1705－0008561　新 0708　史部/傳記類/總傳之屬/家乘
[浙江鄞縣]鄞東桑氏宗譜□□卷末一卷　□□纂修　民國鐵硯堂木活字印本　二冊　存二卷(五、末)

330000－1705－0008562　新 0766　史部/傳記類/總傳之屬/家乘
[浙江鄞縣]鳴鳳區觀音莊陳氏採訪錄傳記九卷行略十卷附自述一卷　民國抄本　一冊

330000－1705－0008563　新 0776　史部/傳記類/總傳之屬/家乘
[浙江鄞縣]鄞東華家嶴華氏宗譜不分卷　華節法等纂修　民國二十二年(1933)武陵堂木活字印本　一冊

330000－1705－0008564　新 0777　史部/傳記類/總傳之屬/家乘
[浙江鄞縣]鄞東華家嶴華氏宗譜四卷　華節義等修　華家義等纂　民國二十三年(1934)武陵堂木活字印本　一冊

330000－1705－0008565　新 0694　史部/傳記類/總傳之屬/家乘
[浙江鄞縣]鄞南徐氏宗譜五卷　石渭畋纂修　民國五年(1916)敦倫堂木活字印本　二冊

330000－1705－0008568　新 0772　史部/傳記類/總傳之屬/家乘

[浙江寧波]四明月湖陸氏宗譜十二卷首一卷末一卷　王德光　陸本豫等纂修　民國二十四年(1935)繩武堂木活字印本　十冊

330000－1705－0008570　新0709　史部/傳記類/總傳之屬/家乘
[浙江鄞縣]殷隘殷氏宗譜十卷首一卷　柴永祺纂修　民國十二年(1923)餘慶堂木活字印本　六冊

330000－1705－0008571　新0769　史部/傳記類/總傳之屬/家乘
[浙江鄞縣]鄞東韓嶺陸氏宗譜二卷　陸衍聚等纂修　民國二十年(1931)永福堂木活字印本　二冊

330000－1705－0008572　新0773　史部/傳記類/總傳之屬/家乘
[浙江寧波]四明月湖陸氏宗譜十二卷首一卷末一卷　王德光　陸本豫等纂修　民國二十四年(1935)繩武堂木活字印本　六冊　存十卷(首,三至四、六、八至十二,末)

330000－1705－0008575　新0697　史部/傳記類/總傳之屬/家乘
[浙江新昌]鰲峯徐氏宗譜十二卷　徐在紹等修　徐肇康等纂　民國六年(1917)餘慶堂木活字印本　八冊

330000－1705－0008577　新0696　史部/傳記類/總傳之屬/家乘
[浙江鄞縣]四明光溪桂林徐氏宗譜八卷首一卷末一卷　張傳保　王九華纂修　民國木活字印本　十二冊

330000－1705－0008580　新0802　史部/傳記類/總傳之屬/家乘
[浙江鄞縣]槎湖張氏家譜十四卷首一卷　張子淵　陳康黼纂修　張琴續纂　民國二十七年(1938)種德堂木活字印本　八冊

330000－1705－0008581　新0815　史部/傳記類/總傳之屬/家乘
[浙江寧波]梁氏家譜十卷　梁秉年　梁錫瓚輯　稿本　一冊

330000－1705－0008582　新0783　史部/傳記類/總傳之屬/家乘
[浙江鄞縣]章溪崔氏積善堂宗譜不分卷　崔有火修　邵國衛纂　民國三十七年(1948)積善堂抄本　崔功璋、管含芳、楊惠瑜、朱旭、邵覺非、邵國衛題句　一冊

330000－1705－0008585　新0803　史部/傳記類/總傳之屬/家乘
[浙江鄞縣]槎湖張氏家譜十四卷首一卷　張子淵　陳康黼纂修　張琴續纂　民國二十七年(1938)種德堂木活字印本　一冊　存二卷(首、四)

330000－1705－0008587　新0784　史部/傳記類/總傳之屬/家乘
[浙江鄞縣]章溪崔氏積善堂宗譜不分卷　崔有火修　邵國衛纂　民國三十七年(1948)積善堂抄本　崔功璋、管含芳、楊惠瑜、朱旭、邵覺非、邵國衛題句　一冊

330000－1705－0008589　新0842　史部/傳記類/總傳之屬/家乘
[浙江寧波]慈谿鴻門童氏宗譜十七卷首一卷　童賡年等纂修　民國十八年(1929)厚本堂木活字印本　十八冊

330000－1705－0008590　新0804　史部/傳記類/總傳之屬/家乘
[浙江鄞縣]梅墟張氏宗譜十二卷首一卷末一卷　張漢基　張漢培修　張龍章纂　民國三十六年(1947)孝友堂木活字印本　四冊

330000－1705－0008591　新0816　史部/傳記類/總傳之屬/家乘
[浙江寧波]梁氏家乘十卷首一卷　梁秉年　梁錫瓚輯　稿本　一冊　缺四卷(七至十)

330000－1705－0008592　新0800　史部/傳記類/總傳之屬/家乘
[浙江鄞縣]槎湖張氏家譜十四卷首一卷　張子淵　陳康黼纂修　張琴續纂　民國二十七年(1938)種德堂木活字印本　九冊

330000－1705－0008593　新0781　史部/傳

記類/總傳之屬/家乘
[浙江鄞縣]四明章溪崔氏宗譜四卷　崔有英　周權纂修　民國三十六年(1947)仁本堂木活字印本　一冊　存三卷(一至三)

330000－1705－0008595　新0799　史部/傳記類/總傳之屬/家乘
[浙江鄞縣]槎湖張氏家譜十四卷首一卷　張子淵　陳康黼纂修　張琴續纂　民國二十七年(1938)種德堂木活字印本　九冊

330000－1705－0008596　新0816－1　史部/傳記類/總傳之屬/家乘
[浙江寧波]梁氏家乘十卷首一卷　梁秉年　梁錫瓚輯　民國十二年(1923)鉛印本　一冊　缺四卷(七至十)

330000－1705－0008597　新0805　史部/傳記類/總傳之屬/家乘
[浙江鄞縣]梅墟張氏宗譜十二卷首一卷末一卷　張漢基　張漢培修　張龍章纂　民國三十六年(1947)孝友堂木活字印本　三冊　存十一卷(首,一至二、六至十二,末)

330000－1705－0008598　新0826　史部/傳記類/總傳之屬/家乘
[浙江鄞縣]蛟西莊氏宗譜五卷首一卷末一卷　莊子愚纂修　民國十八年(1929)報本堂木活字印本　六冊

330000－1705－0008599　新0795　史部/傳記類/總傳之屬/家乘
[浙江鄞縣]華山張氏宗譜六卷首一卷　張守順修　張為賢等纂　民國十一年(1922)貞忠堂木活字印本　六冊

330000－1705－0008600　新0782　史部/傳記類/總傳之屬/家乘
[浙江鄞縣]四明章溪崔氏宗譜四卷　崔有英　周權纂修　民國三十六年(1947)仁本堂木活字印本　一冊　存三卷(一至三)

330000－1705－0008601　新0806　史部/傳記類/總傳之屬/家乘
[浙江慈溪]慈東張氏宗譜五卷首一卷　張鍾韻　張德祖纂修　民國十三年(1924)觀敬堂木活字印本　四冊

330000－1705－0008603　新0780　史部/傳記類/總傳之屬/家乘
[浙江鄞縣]四明章溪崔氏宗譜十卷首一卷　崔前育　應廷賡纂修　民國十九年(1930)敦睭堂木活字印本　五冊　存七卷(首,一至四、七至八)

330000－1705－0008604　新0796　史部/傳記類/總傳之屬/家乘
[浙江鄞縣]華山張氏宗譜六卷首一卷　張守順修　張為賢等纂　民國十一年(1922)貞忠堂木活字印本　一冊

330000－1705－0008605　新0817　史部/傳記類/總傳之屬/家乘
[浙江鄞縣]梁氏宗譜四卷　梁懷廉修　梁睿祺等纂　民國三十六年(1947)追遠堂木活字印本　二冊

330000－1705－0008606　新0797　史部/傳記類/總傳之屬/家乘
[浙江鄞縣]石路頭張氏宗譜四卷首一卷末一卷　張大同修　陳憲曾纂　民國二十四年(1935)名教堂木活字印本　四冊

330000－1705－0008607　新0818　史部/傳記類/總傳之屬/家乘
[浙江鄞縣]鄞東畢氏宗譜二卷　民國十年(1921)留餘堂木活字印本　二冊

330000－1705－0008608　新0825　史部/傳記類/總傳之屬/家乘
[全國]章氏會譜德慶初編三十卷二編四卷三編十六卷四編十卷　章貽賢纂修　民國八年(1919)鉛印本　二十四冊

330000－1705－0008610　新0840　史部/傳記類/總傳之屬/家乘
[浙江寧波]四明章溪湯氏宗譜四卷　湯忠聖等纂修　民國三十七年(1948)三和堂木活字印本　二冊

330000－1705－0008612　新0807　史部/傳

記類/總傳之屬/家乘

[浙江慈溪]慈東馬徑張氏宗譜十卷首一卷外編一卷　張宏訂　張錫堯纂修　民國十五年(1926)永思堂木活字印本　十冊

330000－1705－0008613　新0808　史部/傳記類/總傳之屬/家乘

[浙江鄞縣]鄞東梅江戚氏宗譜六卷首一卷　戚茂珊　戚茂校修　戚德厚纂　民國十八年(1929)三禮堂木活字印本　戚德載批　六冊

330000－1705－0008614　新0809　史部/傳記類/總傳之屬/家乘

[浙江鄞縣]鄞東梅江戚氏宗譜六卷首一卷　戚茂珊　戚茂校修　戚德厚纂　民國十八年(1929)三禮堂木活字印本　二冊　存三卷(首,一、六)

330000－1705－0008616　新0810　史部/傳記類/總傳之屬/家乘

[浙江鄞縣]鄞東梅江戚氏宗譜六卷首一卷　戚茂珊　戚茂校修　戚德厚纂　民國抄本　一冊　存一卷(三)

330000－1705－0008619　新0794　史部/傳記類/總傳之屬/家乘

[浙江鄞縣]鶴頸漕張氏家譜十六卷首一卷　張道生修　張紹昇纂　民國五年(1916)追遠堂木活字印本　十二冊

330000－1705－0008622　新0820　史部/傳記類/總傳之屬/家乘

[浙江鄞縣]鄞東高塘畢氏家譜不分卷　畢協芳修　王廷翰纂　民國十九年(1930)樹德堂木活字印本　一冊

330000－1705－0008623　新0847　史部/傳記類/總傳之屬/家乘

[浙江鄞縣]四明石橋黃氏宗譜十四卷首一卷末一卷　黄敬賢修　黄端象等纂　民國六年(1917)世錦堂木活字印本　十四冊　存十五卷(首、一至十四)

330000－1705－0008624　新0798　史部/傳記類/總傳之屬/家乘

[浙江鄞縣]鄞東咸祥張氏家譜四卷首一卷　張廷賢　張廷星修　朱旂纂　民國二十四年(1935)恆德堂木活字印本　一冊

330000－1705－0008625　新0844　史部/傳記類/總傳之屬/家乘

[浙江鄞縣]浣溪馮氏宗譜三十六卷首一卷末一卷　馮義圻等纂修　民國十八年(1929)木活字印本　十冊

330000－1705－0008628　新0814　史部/傳記類/總傳之屬/家乘

[浙江奉化]梁氏宗譜四卷　(清)朱紹萊纂修　民國五年(1916)追遠堂木活字印本　一冊　存三卷(二至四)

330000－1705－0008629　新0848　史部/傳記類/總傳之屬/家乘

[浙江寧波]四明黃氏家乘□□卷　稿本　九冊　存二卷(三至四)

330000－1705－0008630　新0827　史部/傳記類/總傳之屬/家乘

[浙江鄞縣]集士港許氏支譜五卷首一卷　許德祺纂修　民國二十四年(1935)月旦堂木活字印本　一冊

330000－1705－0008631　新0771　史部/傳記類/總傳之屬/家乘

[浙江鄞縣]鄮東陸氏宗譜十卷首一卷　陳運鵬纂修　民國二十三年(1934)繼志堂木活字印本　一冊　缺六卷(五至十)

330000－1705－0008632　新0778　史部/傳記類/總傳之屬/家乘

[浙江寧波]櫟陽華氏宗譜不分卷　華康順纂修　民國十九年(1930)慶餘堂木活字印本　一冊

330000－1705－0008633　新0821　史部/傳記類/總傳之屬/家乘

[浙江鄞縣]畢氏宗譜不分卷　畢東陽纂修　民國二十一年(1932)抄本　一冊

330000－1705－0008634　新0822　史部/傳記類/總傳之屬/家乘

［浙江鄞縣］畢氏宗譜不分卷　民國抄本　一冊

330000－1705－0008635　新0846　史部/傳記類/總傳之屬/家乘

［浙江鄞縣］浣溪馮氏宗譜三十六卷首一卷末一卷　馮中㲆纂修　民國三十八年(1949)鉛印本　十冊

330000－1705－0008636　新0845　史部/傳記類/總傳之屬/家乘

［浙江鄞縣］浣溪馮氏宗譜三十六卷首一卷末一卷　馮義圻等纂修　民國十八年(1929)木活字印本　十冊

330000－1705－0008637　新0770　史部/傳記類/總傳之屬/家乘

［浙江鄞縣］清源陸氏宗譜五卷首一卷　陸根土等纂修　民國十七年(1928)敬承堂木活字印本　一冊

330000－1705－0008640　新0813　史部/傳記類/總傳之屬/家乘

［浙江鄞縣］慶元曹氏宗譜六卷末一卷　史濟鏗纂修　民國三十六年(1947)孝思堂木活字印本　五冊　缺一卷(三)

330000－1705－0008641　新0853　史部/傳記類/總傳之屬/家乘

［浙江鄞縣］鄞東葉氏宗譜八卷首一卷　葉富松修　蔡和鏗纂　民國十八年(1929)世卿堂木活字印本　一冊　存二卷(三至四)

330000－1705－0008646　新0833　史部/傳記類/總傳之屬/家乘

［浙江鄞縣］甬上屠氏宗譜三十六卷首一卷末一卷　屠可全等修　張美翊纂　民國八年(1919)既勤堂木活字印本　十六冊

330000－1705－0008647　新0854　史部/傳記類/總傳之屬/家乘

［浙江鄞縣］鄞東葉氏宗譜八卷首一卷　葉貴本等修　莊景仲纂　民國二十二年(1933)世卿堂木活字印本　三冊　缺一卷(五)

330000－1705－0008648　新0852　史部/傳記類/總傳之屬/家乘

［浙江鄞縣］鄞江縣慈葉氏宗譜不分卷　葉名鑣纂修　民國七年(1918)合敬堂抄本　一冊

330000－1705－0008653　新0855　史部/傳記類/總傳之屬/家乘

［浙江鄞縣］鄞古港葉氏西房宗譜十卷　張琴纂修　民國二十七年(1938)文德堂木活字印本　四冊

330000－1705－0008654　新0858　史部/傳記類/總傳之屬/家乘

［浙江鄞縣］石碶雅渡橋舒氏宗譜五卷首一卷　周承祐纂修　民國十二年(1923)惇裕堂木活字印本　一冊

330000－1705－0008656　新0856　史部/傳記類/總傳之屬/家乘

［浙江鄞縣］鄞古港雙井橋葉氏宗譜十卷　張琴纂修　民國二十七年(1938)文德堂木活字印本　一冊　存一卷(一)

330000－1705－0008657　新0832　史部/傳記類/總傳之屬/家乘

［浙江鄞縣］甬上屠氏宗譜三十六卷首一卷末一卷　屠可全等修　張美翊纂　民國八年(1919)既勤堂木活字印本　十六冊

330000－1705－0008658　新0862　史部/傳記類/總傳之屬/家乘

［浙江鄞縣］四明葛氏宗譜四卷　葛廣儀　葛廣珠等修　葛祁福等纂　民國三十五年(1946)抱樸堂木活字印本　一冊

330000－1705－0008659　新0866　史部/傳記類/總傳之屬/家乘

［浙江寧波］四明儒林董氏宗譜二十卷首一卷終一卷　柴永祺纂修　民國七年(1918)木活字印本　十冊

330000－1705－0008660　新0869　史部/傳記類/總傳之屬/家乘

［浙江鄞縣］鄞高塘董氏家譜十四卷補遺一卷　張琴纂修　民國二十四年(1935)種德堂木活字印本　十二冊

330000－1705－0008662　新 0870　史部/傳記類/總傳之屬/家乘

[浙江鄞縣]董氏宗譜不分卷　宋顯煦纂修　民國六年(1917)孝友堂抄本　一冊

330000－1705－0008663　新 0867　史部/傳記類/總傳之屬/家乘

[浙江寧波]四明儒林董氏宗譜二十卷首一卷終一卷　柴永祺纂修　民國七年(1918)木活字印本　九冊　缺一卷(三)

330000－1705－0008664　新 0868　史部/傳記類/總傳之屬/家乘

[浙江鄞縣]湖泊董氏宗譜八卷首一卷　董承黼纂修　民國十五年(1926)木活字印本　二冊　存七卷(首,一至二、五至八)

330000－1705－0008667　新 0833－1　史部/傳記類/總傳之屬/家乘

[浙江鄞縣]甬上屠氏宗譜三十六卷首一卷末一卷　屠可全等修　張美翊纂　民國八年(1919)既勤堂木活字印本　十四冊　缺五卷(九至十一、十四至十五)

330000－1705－0008668　新 0870－1　史部/傳記類/總傳之屬/家乘

[浙江鄞縣]董氏宗譜不分卷　董純芳纂修　民國三十六年(1947)孝友堂抄本　一冊

330000－1705－0008671　新 0875　史部/傳記類/總傳之屬/家乘

[浙江鄞縣]鏡川楊氏宗譜二十七卷似續譜一卷　楊存淇等纂修　民國三十二年(1943)分教堂木活字印本　十三冊

330000－1705－0008674　新 0890　史部/傳記類/總傳之屬/家乘

[浙江慈溪]慈谿赭山楊氏宗譜十二卷首一卷末一卷　楊增濂修　周毓邠纂　民國二十二年(1933)敦睦堂木活字印本　九冊　存十一卷(首、一至十)

330000－1705－0008675　新 0871　史部/傳記類/總傳之屬/家乘

[浙江慈溪]慈谿董氏宗譜三十四卷首一卷　袁漢卿修　董蘭如　董麟蕉纂　民國十七年(1928)木活字印本　三冊　存三卷(五、十四、二十)

330000－1705－0008678　新 0895　史部/傳記類/總傳之屬/家乘

[浙江寧波]四明趙氏宗譜十卷首一卷附卷一卷　趙有丁修　趙毓麒纂　民國十五年(1926)樂善堂木活字印本　六冊

330000－1705－0008680　新 0896　史部/傳記類/總傳之屬/家乘

[浙江寧波]四明趙氏宗譜不分卷　稿本　二冊

330000－1705－0008684　新 0892　史部/傳記類/總傳之屬/家乘

[浙江鄞縣]鄞西石馬塘聞氏家乘十八卷首一卷　張原煒纂修　民國十一年(1922)追遠堂木活字印本　十冊

330000－1705－0008689　新 0905　史部/傳記類/總傳之屬/家乘

[浙江寧波]天封里鄭氏宗譜八卷首一卷　鄭烈承　鄭述承纂修　民國八年(1919)承志堂抄本　二冊

330000－1705－0008690　新 0877　史部/傳記類/總傳之屬/家乘

[浙江鄞縣]鏡川楊氏宗譜二十七卷似續譜一卷　楊存淇等纂修　民國三十二年(1943)分教堂木活字印本　四冊　存六卷(一至六)

330000－1705－0008692　新 0876　史部/傳記類/總傳之屬/家乘

[浙江鄞縣]鏡川楊氏宗譜二十七卷似續譜一卷　楊存淇等纂修　民國三十二年(1943)分教堂木活字印本　十三冊

330000－1705－0008693　新 0897　史部/傳記類/總傳之屬/家乘

[浙江鎮海]鎮北趙氏宗譜六卷　趙學晉等修　趙有信纂　民國六年(1917)積善堂木活字印本　二冊

330000－1705－0008696　新 0898　史部/傳

記類/總傳之屬/家乘

[湖南衡山]趙氏九修族譜□□卷 (清)趙恆垚等纂修 民國十八年(1929)木活字印本 二冊 存二卷(三十三、三十六)

330000-1705-0008698 新0908 史部/傳記類/總傳之屬/家乘

[浙江鄞縣]章溪鄭氏宗譜六卷 周振鵬 聞達纂修 民國二年(1913)聚新堂木活字印本 二冊 存四卷(一至四)

330000-1705-0008701 新0900 史部/傳記類/總傳之屬/家乘

[江西廬陵]歐陽譜圖附譜序不分卷 (宋)歐陽修撰 民國抄本 一冊

330000-1705-0008703 新0909 史部/傳記類/總傳之屬/家乘

[浙江鄞縣]殷灣鄭氏支譜四卷 張崇廉 鄭世潢纂修 民國三年(1914)繼序堂木活字印本 一冊

330000-1705-0008705 新0916 史部/傳記類/總傳之屬/家乘

[浙江鄞縣]懸慈劉氏宗譜七卷 劉祁尹 劉人琮等纂修 民國二十一年(1932)仁本堂木活字印本 二冊 存四卷(一至二、六至七)

330000-1705-0008708 新0910 史部/傳記類/總傳之屬/家乘

[浙江鄞縣]殷灣鄭氏支譜不分卷 鄭懷樫等纂修 民國二十七年(1938)慶襲槐堂木活字印本 一冊

330000-1705-0008709 新0925 史部/傳記類/總傳之屬/家乘

[浙江餘姚]餘姚蔣氏宗譜十二卷首一卷末一卷 蔣維翰 蔣長華等纂修 民國十一年(1922)世德堂木活字印本 五冊 缺二卷(八至九)

330000-1705-0008711 新0899 史部/傳記類/總傳之屬/家乘

[浙江鄞縣]鄞東蔡氏宗譜二十四卷首一卷 蔡協治 蔡和鏗 蔡和鏘纂修 民國二十四年(1935)惇敘堂木活字印本 二十三冊 缺一卷(五)

330000-1705-0008712 新0913 史部/傳記類/總傳之屬/家乘

[浙江慈溪]慈邑灌浦鄭氏宗譜二十四卷首一卷尾一卷 鄭彭齡纂修 民國十二年(1923)新昌石氏復訓堂木活字印本 二十四冊

330000-1705-0008713 新0927 史部/傳記類/總傳之屬/家乘

[浙江鄞縣]鄭隘穆氏後穆宗譜不分卷 穆子湘等纂修 民國三十八年(1949)敦睦堂鉛印本 一冊

330000-1705-0008718 新0924 史部/傳記類/總傳之屬/家乘

[浙江餘姚]餘姚蔣氏宗譜十二卷首一卷末一卷 蔣維翰 蔣長華等纂修 民國十一年(1922)世德堂木活字印本 六冊

330000-1705-0008720 新0938 史部/傳記類/總傳之屬/家乘

[浙江象山]吳越錢氏象派宗譜六十卷首一卷 史翰章纂修 民國十五年(1926)木活字印本 二十冊

330000-1705-0008721 新0911 史部/傳記類/總傳之屬/家乘

[浙江鄞縣]韓嶺鄭氏宗譜四卷首一卷 戴廷祐 鄭孝祚纂修 民國四年(1915)崇德堂木活字印本 三冊 缺一卷(一)

330000-1705-0008722 新0923 史部/傳記類/總傳之屬/家乘

[浙江鄞縣]鄞東蔣家潭蔣氏宗譜不分卷 王信謙纂修 民國三十四年(1945)慎德堂木活字印本 一冊

330000-1705-0008723 新0933 史部/傳記類/總傳之屬/家乘

[浙江新昌]盧氏宗譜十四卷 盧學明修 盧學榮纂 民國三十六年(1947)木活字印本 十一冊

330000-1705-0008724 新0939 史部/傳

記類/總傳之屬/家乘

[浙江鄞縣]鄞東月宮山錢氏宗譜十卷首一卷 黄寶琮纂修 民國二十年(1931)表忠堂木活字印本 六册

330000－1705－0008726 新0912 史部/傳記類/總傳之屬/家乘

[浙江鄞縣]韓嶺鄭氏宗譜四卷首一卷 戴廷祐 鄭孝祚纂修 民國四年(1915)崇德堂木活字印本 一册 存二卷(三至四)

330000－1705－0008727 新0930 史部/傳記類/總傳之屬/家乘

[浙江寧波]甬上盧氏敬睦堂宗譜八卷首一卷 盧大章修 袁廷澤 盧宗侃纂 民國三十六年(1947)敬睦堂木活字印本 八册

330000－1705－0008731 新0941 史部/傳記類/總傳之屬/家乘

[浙江鄞縣]三橋鮑氏宗譜十六卷首一卷 鮑茂燾 鮑茂權纂修 民國二十四年(1935)倫敘堂木活字印本 十三册

330000－1705－0008732 新0936 史部/傳記類/總傳之屬/家乘

[浙江杭州]錢氏家乘不分卷 錢文選輯 民國十三年(1924)鉛印本 六册

330000－1705－0008733 新0931 史部/傳記類/總傳之屬/家乘

[浙江寧波]甬上盧氏敬睦堂宗譜八卷首一卷 盧大章修 袁廷澤 盧宗侃纂 民國三十六年(1947)敬睦堂木活字印本 一册 存一卷(二)

330000－1705－0008734 新0940 史部/傳記類/總傳之屬/家乘

[浙江鄞縣]三橋鮑氏重修宗譜□□卷 鮑傳發 鮑傳銹纂修 民國三年(1914)木活字印本 一册 存一卷(五)

330000－1705－0008737 新0917 史部/傳記類/總傳之屬/家乘

[浙江鄞縣]懸慈劉氏宗譜七卷 劉祁尹 劉人琮等纂修 民國二十一年(1932)仁本堂木活字印本 一册 存三卷(一至三)

330000－1705－0008738 新0944 史部/傳記類/總傳之屬/家乘

[浙江鄞縣]華僑薛氏集和堂宗譜不分卷 薛良鶴 張暐纂修 民國二十三年(1934)集和堂木活字印本 一册

330000－1705－0008739 新0942 史部/傳記類/總傳之屬/家乘

[浙江鄞縣]勾甬鮑氏宗譜十二卷首一卷 袁政襄纂修 民國十三年(1924)正始堂木活字印本 二册

330000－1705－0008740 新0937 史部/傳記類/總傳之屬/家乘

[浙江杭州]錢氏家乘不分卷 錢文選輯 民國十三年(1924)鉛印本 六册

330000－1705－0008741 新0920 史部/傳記類/總傳之屬/家乘

[浙江寧波]甬東樓氏宗譜十二卷首一卷末一卷 樓起橋等纂修 民國三十六年(1947)鉛印本 三册

330000－1705－0008742 新0945 史部/傳記類/總傳之屬/家乘

[浙江鄞縣]四明義門薛氏宗譜六卷 薛福才等修 胡德坊纂 民國三十二年(1943)三鳳堂木活字印本 一册 存二卷(一至二)

330000－1705－0008743 新0943 史部/傳記類/總傳之屬/家乘

[浙江鄞縣]光溪鮑氏宗譜十二卷 鮑瑞亨等修 鮑滋培等纂 民國二十年(1931)木活字印本 十一册 缺二卷(五、十二)

330000－1705－0008746 新0837 史部/傳記類/總傳之屬/家乘

[浙江寧波]高塘高氏宗譜四卷 (清)董大介纂修 民國十七年(1928)木活字印本 二册

330000－1705－0008747 新0967 史部/傳記類/總傳之屬/家乘

[浙江鄞縣]四明桃源戴氏家乘十二卷首一卷 戴敦綱纂修 民國三十六年(1947)永思堂

木活字印本　八册　存十二卷(首,一至六、八至十二)

330000－1705－0008748　新0989　史部/傳記類/總傳之屬/家乘

[浙江鄞縣]鄞邑蒓湖龔氏宗譜三十卷首一卷　龔尊瑗　龔聖治纂修　民國二十五年(1936)寶德堂木活字印本　十二册

330000－1705－0008749　新0992　史部/傳記類/别傳之屬/事狀

寸草廬贈言不分卷　(清)張嘉祿輯　民國影印本　二册

330000－1705－0008751　新0831　史部/傳記類/總傳之屬/家乘

[浙江鄞縣]櫟陽屠氏宗譜五卷　屠繼福修　馮丙然　屠用熚纂　民國四年(1915)木活字印本　四册

330000－1705－0008752　新0971　史部/傳記類/總傳之屬/家乘

[浙江慈溪]慈溪羅氏宗譜三十六卷首一卷　羅國榮　羅賢贊纂修　民國八年(1919)嘉德堂木活字印本　三十八册

330000－1705－0008753　新1027　史部/史抄類

三國志捃華二卷　莊適輯　民國七年(1918)上海商務印書館鉛印本　二册

330000－1705－0008759　新0968　史部/傳記類/總傳之屬/家乘

[浙江鄞縣]四明桃源戴氏家乘十二卷首一卷　戴敦綱纂修　民國三十六年(1947)永思堂木活字印本　四册　存五卷(三至六、十一)

330000－1705－0008761　新0993　史部/傳記類/别傳之屬/事狀

張公約園[壽鏞]逝世周年紀念册不分卷　民國三十五年(1946)鉛印本　一册

330000－1705－0008768　新0984　史部/傳記類/總傳之屬/家乘

[浙江鄞縣]鄞縣顧氏家乘十卷首一卷　顧釗修　吳乾夔　袁堯年　程聖輅纂　民國二十二年(1933)追遠堂木活字印本　四册

330000－1705－0008769　新0994　史部/傳記類/别傳之屬/事狀

蔡芳卿[和鏘]訃告不分卷　蔡同滋等撰　民國二十四年(1935)鉛印本　一册

330000－1705－0008770　新0964　史部/傳記類/總傳之屬/家乘

[浙江寧波]鄞邑江北戴氏宗譜十五卷首一卷　戴廷祐纂修　民國二十一年(1932)固本堂木活字印本　二册

330000－1705－0008771　新0965　史部/傳記類/總傳之屬/家乘

[浙江寧波]鄞邑江北戴氏宗譜十五卷首一卷　戴廷祐纂修　民國二十一年(1932)固本堂木活字印本　二册

330000－1705－0008772　新0966　史部/傳記類/總傳之屬/家乘

[浙江鄞縣]大堰戴氏宗譜不分卷　民國傳禮堂木活字印本　一册

330000－1705－0008774　新0958　史部/傳記類/總傳之屬/家乘

[浙江鄞縣]光溪鍾氏宗譜六卷首一卷末一卷　鍾茂均纂修　民國二十一年(1932)燕貽堂木活字印本　四册　缺一卷(三之三)

330000－1705－0008775　新0995　史部/傳記類/别傳之屬/事狀

蔣母王太夫人[采玉]哀思錄不分卷　葉楚傖輯　蔣中正述　民國十二年(1923)鉛印本　一册

330000－1705－0008776　新1026　史部/史抄類

教科適用漢書精華八卷　中華書局編　民國十三年(1924)上海中華書局鉛印本　八册

330000－1705－0008777　新0983　史部/傳記類/總傳之屬/家乘

[浙江鄞縣]鄞縣顧氏家乘十卷首一卷　顧釗修　吳乾夔　袁堯年　程聖輅纂　民國二十二年(1933)追遠堂木活字印本　四册

330000－1705－0008778　新 0972　史部/傳記類/總傳之屬/家乘

［浙江慈溪］白唐橋羅氏支譜不分卷　羅葆芹纂修　民國九年（1920）慈北師橋鄉養心草廬鉛印本　二冊

330000－1705－0008779　新 1024　史部/史抄類

二十四史輯要六十四卷附二十四史總目一卷二十四史四庫提要一卷　趙華基編　民國中華書局鉛印本　十八冊　存三十四卷（八至十、十六至十七、二十五至四十一、四十三至五十一、六十至六十一，總目）

330000－1705－0008780　新 0996　史部/傳記類/別傳之屬/事狀

蔣母王太夫人［采玉］哀思錄不分卷　蔣中正述　于右任書　民國石印本　一冊

330000－1705－0008785　新 0985　史部/傳記類/總傳之屬/家乘

［浙江寧波］崇邱顧氏宗譜□□卷　民國二十六年（1937）敦本堂木活字印本　一冊　存一卷（二）

330000－1705－0008787　新 0997　史部/傳記類/別傳之屬/事狀

周母葛太夫人訃啟不分卷　周駿耀等輯　民國十九年（1930）石印本　一冊

330000－1705－0008790　新 0998　史部/傳記類/別傳之屬/事狀

諦公老法師訃告不分卷　釋寶靜等撰　民國石印本　一冊

330000－1705－0008793　新 0974　史部/傳記類/總傳之屬/家乘

［浙江鄞縣］鄞明農鄉嚴氏宗譜十卷　張琴纂修　民國二十五年（1936）芳桂堂木活字印本　二冊

330000－1705－0008794　新 0990　史部/地理類/專志之屬/祠墓

建修萬季野先生祠墓捐冊一卷紀念刊一卷徵信錄一卷　建修萬季野先生祠墓事務所輯　民國二十五年（1936）寧波鈞和公司、二十六年（1937）寧波建修萬季野先生祠墓事務所鉛印本　二冊

330000－1705－0008795　新 0982　史部/傳記類/總傳之屬/家乘

［浙江鄞縣］鄞縣顧氏家乘十卷　顧釗修　吳乾夔　袁堯年　程聖輅纂　民國八年（1919）追遠堂木活字印本　一冊　存六卷（五至十）

330000－1705－0008796　新 0961　史部/傳記類/總傳之屬/家乘

［浙江寧波］韓氏宗譜六卷　韓倬茂　周頌清纂修　民國十六年（1927）晝錦堂木活字印本　六冊

330000－1705－0008799　新 0975　史部/傳記類/總傳之屬/家乘

［浙江鄞縣］鄞明農鄉嚴氏宗譜十卷　張琴纂修　民國二十五年（1936）芳桂堂木活字印本　一冊　存八卷（一至四、七至十）

330000－1705－0008800　新 0962　史部/傳記類/總傳之屬/家乘

［浙江寧波］韓氏宗譜六卷　韓倬茂　周頌清纂修　民國十六年（1927）晝錦堂木活字印本　六冊

330000－1705－0008802　新 0991　史部/地理類/專志之屬/祠墓

建修萬季野先生祠墓紀念刊一卷徵信錄一卷　建修萬季野先生祠墓事務所輯　民國二十六年（1937）寧波建修萬季野先生祠墓事務所鉛印本　一冊

330000－1705－0008803　新 1006　史部/傳記類/別傳之屬/事狀

陳謙夫先生［夏常］紀念冊不分卷　胡繩繫編　民國三十六年（1947）鉛印本　一冊

330000－1705－0008804　新 0977　史部/傳記類/總傳之屬/家乘

［浙江鄞縣］鄞竹莊蘇氏宗譜三卷　蘇國茂修　俞廷蘭　胡德坊纂　民國八年（1919）繼緒堂木活字印本　二冊　存二卷（一至二）

330000－1705－0008806　新 0999　史部/傳記類/别傳之屬

王公竹齋治喪委員會公啟不分卷　民國二十三年(1934)鉛印本　一册

330000－1705－0008807　新 0976　史部/傳記類/總傳之屬/家乘

[浙江鄞縣]鄞竹莊蘇氏宗譜三卷　蘇國茂修　俞廷蘭　胡德坊纂　民國八年(1919)繼緒堂木活字印本　三册

330000－1705－0008812　新 1000　史部/傳記類/别傳之屬/事狀

史量才先生赴告不分卷　史必恕輯　民國二十三年(1934)石印本　一册

330000－1705－0008819　新 1001　史部/傳記類/别傳之屬/事狀

史量才先生赴告不分卷　史必恕輯　民國二十三年(1934)石印本　一册

330000－1705－0008820　新 0981　史部/傳記類/總傳之屬/家乘

[浙江奉化]顧氏家譜□□卷　民國十六年(1927)木活字印本　二册　存二卷(三、五)

330000－1705－0008821　新 0953　史部/傳記類/總傳之屬/家乘

[浙江鄞縣]新江鍾氏宗譜八卷首一卷尾一卷　陳錦川纂修　民國二十二年(1933)木活字印本　二册

330000－1705－0008822　新 1005　史部/傳記類/别傳之屬

慈溪陳謙夫先生紀念册一卷　袁思亮撰　民國三十六年(1947)鉛印本　一册

330000－1705－0008823　新 1002　史部/傳記類/别傳之屬/事狀

項松茂先生[世澄]赴告不分卷　項隆漢等輯　民國二十三年(1934)鉛印本　一册

330000－1705－0008831　新 1003　史部/傳記類/别傳之屬/事狀

伯嫂洪孺人[臨諦]家傳一卷　馮貞胥撰　民國三十年(1941)石印本　一册

330000－1705－0008832　新 0950　史部/傳記類/總傳之屬/家乘

[浙江鄞縣]鄞東五路溪謝氏宗譜四卷　謝友皓纂修　民國五年(1916)陳留堂木活字印本　四册

330000－1705－0008834　新 1004　史部/傳記類/别傳之屬/事狀

張伯岸先生[大同]赴告不分卷　張忠鼎等輯　民國三十六年(1947)石印本　一册

330000－1705－0008839　新 0949　史部/傳記類/總傳之屬/家乘

[浙江鄞縣]鄞東繆氏宗譜八卷　史濟鏗纂修　民國二十一年(1932)懷本堂木活字印本　八册

330000－1705－0008843　新 0947　史部/傳記類/總傳之屬/家乘

[浙江鄞縣]甬東湖下應氏文編四卷　應朝光纂　民國木活字印本　四册

330000－1705－0008845　新 1068　史部/地理類/方志之屬/郡縣志

[乾隆]濰縣志六卷首一卷末一卷　(清)張耀璧修　(清)王誦芬纂　清乾隆二十五年(1760)刻民國二十年(1931)重印本　六册

330000－1705－0008846　新 1049　史部/史表類/通代之屬

嘉慶一統志表二十卷　(清)穆彰阿纂修　胡文楷輯　民國二十四年(1935)上海商務印書館影印本　十册

330000－1705－0008853　新 1069　史部/地理類/方志之屬/郡縣志

[民國]太倉州志二十八卷首一卷末一卷　王祖畬纂修　民國八年(1919)刻本　三册　存五卷(七至九、十一至十二)

330000－1705－0008861　新 1050　史部/地理類/總志之屬/斷代

嘉慶重修一統志索引不分卷　上海商務印書館編　民國上海商務印書館鉛印本　十册

330000－1705－0008887　新 1059　史部/目

録類/專録之屬

方志考稿甲集六編　瞿宣穎撰　民國十九年(1930)北平天春書社鉛印本　三冊

330000－1705－0008888　新1060　史部/地理類/方志之屬/郡縣志

[弘治]上海志八卷　(明)郭經修　(明)唐錦纂　民國二十九年(1940)昆明中華書局據明弘治十七年(1504)刻本影印本　二冊

330000－1705－0008889　新1115　史部/地理類/方志之屬/郡縣志

[康熙]桃源鄉誌八卷　(清)杜璋吉　(清)臧麟炳纂　民國二十三年(1934)汪煥章油印本　六冊

330000－1705－0008892　新1114　史部/地理類/方志之屬/郡縣志

[民國]鄞縣通志六志五十一編附圖一函　張傳保　汪煥章修　陳訓正　馬瀛纂　民國二十四年(1935)至一九五一年寧波鄞縣通志館鉛印本　三十六冊

330000－1705－0008894　新1116　史部/地理類/方志之屬/郡縣志

[康熙]桃源鄉誌八卷　(清)杜璋吉　(清)臧麟炳纂　民國二十三年(1934)汪煥章油印本　四冊　存四卷(三、五至七)

330000－1705－0008912　新1143　史部/地理類/方志之屬/郡縣志

[民國]鎮海縣新志備稿二卷　董祖羲纂　民國二十年(1931)上海蔚文印刷局鉛印本　二冊

330000－1705－0008913　新1123　史部/地理類/方志之屬/郡縣志

[光緒]剡源鄉志二十四卷首一卷　(清)趙霈濤纂　民國五年(1916)丹山赤水洞天剡曲草堂鉛印本　十冊

330000－1705－0008914　新1082　史部/地理類/方志之屬/通志

[民國]重修浙江通志初稿不分卷　浙江省通志館修　余紹宋　孫延釗等撰　民國三十七年(1948)鉛印本　三冊

330000－1705－0008915　新1144　史部/地理類/方志之屬/郡縣志

[民國]鎮海縣新志備稿二卷　董祖羲纂　民國二十年(1931)上海蔚文印刷局鉛印本　二冊

330000－1705－0008916　新1145　史部/地理類/方志之屬/郡縣志

[民國]鎮海縣新志備稿二卷　董祖羲纂　民國二十年(1931)上海蔚文印刷局鉛印本　二冊

330000－1705－0008917　新1146　史部/地理類/方志之屬/郡縣志

[民國]鎮海縣新志備稿二卷　董祖羲纂　民國二十年(1931)上海蔚文印刷局鉛印本　二冊

330000－1705－0008927　新1128　史部/地理類/方志之屬/郡縣志

[道光]象山縣志二十二卷首一卷　(清)童立成　(清)吳錫疇修　(清)馮登府等總纂　(清)倪劼繪圖　**象山文類二卷**　(清)邑人編輯　民國四年(1915)張鵬霄木活字印本　八冊

330000－1705－0008928　新1139　史部/地理類/方志之屬/郡縣志

[民國]鎮海縣志四十五卷首一卷　洪錫範　盛鴻燾修　王榮商　楊敏曾纂　民國二十年(1931)上海蔚文印刷局鉛印本　二十二冊

330000－1705－0008930　新1140　史部/地理類/方志之屬/郡縣志

[民國]鎮海縣志四十五卷首一卷鎮海縣地圖一卷　洪錫範　盛鴻燾修　王榮商　楊敏曾纂　民國二十年(1931)上海蔚文印刷局鉛印本　二十三冊

330000－1705－0008933　新1141　史部/地理類/方志之屬/郡縣志

[民國]鎮海縣志四十五卷首一卷鎮海縣地圖一卷　洪錫範　盛鴻燾修　王榮商　楊敏曾

纂　民國二十年(1931)上海蔚文印刷局鉛印本　二十三册

330000－1705－0008934　新1130　史部/地理類/方志之屬/郡縣志

[民國]定海縣志十六卷首一卷　陳訓正　馬瀛纂修　施臯　顔聖介　張紀隆測繪　民國十三年(1924)旅滬同鄉會鉛印本　六册

330000－1705－0008935　新1131　史部/地理類/方志之屬/郡縣志

[民國]定海縣志十六卷首一卷　陳訓正　馬瀛纂修　施臯　顔聖介　張紀隆測繪　民國十三年(1924)旅滬同鄉會鉛印本　六册

330000－1705－0008936　新1121　史部/地理類/方志之屬/郡縣志

[民國]奉化縣補義志十卷　蔣堯裳纂　民國元年(1912)奉化趙氏剡曲草堂木活字印本　二册

330000－1705－0008938　新2915　史部/紀傳類/正史之屬

百衲本二十四史　張元濟輯　民國上海商務印書館影印本　八百二十册

330000－1705－0008941　新1142　史部/地理類/方志之屬/郡縣志

[民國]鎮海縣志四十五卷首一卷　洪錫範　盛鴻燾修　王榮商　楊敏曽纂　民國二十年(1931)上海蔚文印刷局鉛印本　二十一册　缺四卷(三十一至三十四)

330000－1705－0008942　新1132　史部/地理類/方志之屬/郡縣志

[民國]定海縣志十六卷首一卷　陳訓正　馬瀛纂修　施臯　顔聖介　張紀隆測繪　民國十三年(1924)旅滬同鄉會鉛印本　六册

330000－1705－0008945　新1133　史部/地理類/方志之屬/郡縣志

[民國]定海縣志十六卷首一卷　陳訓正　馬瀛纂修　施臯　顔聖介　張紀隆測繪　民國十三年(1924)旅滬同鄉會鉛印本　五册

330000－1705－0008956　新1176　史部/地理類/方志之屬/郡縣志

[民國]歙縣志十六卷　石國柱　樓文釗修　許承堯纂　民國二十六年(1937)歙縣旅滬同鄉會鉛印本　十六册

330000－1705－0008960　新1173　史部/地理類/方志之屬/郡縣志

[民國]麗水縣志十四卷　李鍾嶽　李郁芬修　孫壽芝纂　民國十五年(1926)麗水啓明印刷所鉛印本　九册　缺一卷(四)

330000－1705－0008964　新1172　史部/地理類/方志之屬/郡縣志

[民國]衢縣志三十卷首一卷　鄭永禧纂　民國二十六年(1937)鉛印本　十五册　缺九卷(首,一、三至四、六、九至十二)

330000－1705－0008968　新1166　史部/地理類/方志之屬/郡縣志

[民國]嵊縣志三十二卷首一卷　牛蔭麐　羅穀修　丁謙　余重耀纂　民國二十四年(1935)鉛印本　十三册　存二十一卷(四至七、九至十四、十九至二十九)

330000－1705－0008973　新1156　史部/地理類/方志之屬/郡縣志

[民國]餘姚六倉志四十四卷首一卷末一卷　楊積芳纂　杜志文　張德海測繪　民國九年(1920)鉛印本　七册　存四十一卷(首,一至二十、二十六至四十四,末)

330000－1705－0008974　新1167　史部/地理類/方志之屬/郡縣志

[民國]嵊縣志三十二卷首一卷　牛蔭麐　羅穀修　丁謙　余重耀纂　民國二十四年(1935)鉛印本　劉章新題簽　九册　存十二卷(四至五、八至十、二十至二十一、二十六至三十)

330000－1705－0008983　新1168　史部/地理類/方志之屬/郡縣志

[民國]新昌縣志二十卷附新昌農事調查一卷　金城修　陳畬纂　**沃州詩存一卷**　(宋)潘音撰　**沃州文存一卷**　(宋)徐霖撰　民國八年(1919)鉛印本　十一册　缺一卷(新昌農

事調查）

330000－1705－0008989　新1191、新1192　史部/地理類/方志之屬/郡縣志

[民國]西昌縣志十二卷首一卷　鄭少成等修　楊肇基等纂　馬駘等繪圖題畫　民國三十一年(1942)鉛印本　四冊

330000－1705－0008990　新1169　史部/地理類/方志之屬/郡縣志

[民國]台州府志一百四十卷首一卷　喻長霖等纂修　章梫繪圖　民國二十五年(1936)上海游民習勤所鉛印本　二十五冊　存一百九卷(首,一至八、二十八至三十、四十至六十七、七十二至一百四十)

330000－1705－0008995　新1211　類叢部/叢書類/自著之屬

晨風廬叢刊十八種　周慶雲撰　民國吳興周氏夢坡室刻本　四冊　存一種

330000－1705－0008996　新1208　史部/地理類/山川之屬/山志

靈巖山志八卷首一卷末一卷　張援編述　民國三十七年(1948)上海印公紀念會鉛印本　一冊

330000－1705－0008997　新1158　史部/地理類/雜志之屬

寧海續記二卷　干人俊撰　民國二十五年(1936)石印本　一冊

330000－1705－0008999　新1159　史部/地理類/方志之屬/郡縣志

[民國]岱山鎮志二十卷首一卷　湯濬纂　沈立恭繪圖　民國十六年(1927)定海湯氏一某軒木活字印本　四冊

330000－1705－0009010　新1291　史部/地理類/專志之屬/寺觀

七塔寺志八卷　陳寥士纂　民國二十六年(1937)鉛印本　一冊

330000－1705－0009013　新1231　史部/地理類/山川之屬/山志

招寶山志二卷　(清)陳景沛撰　(清)周道遵修校　民國二十六年(1937)鉛印本　二冊

330000－1705－0009014　新1292　史部/地理類/專志之屬/寺觀

七塔寺志八卷　陳寥士纂　民國二十六年(1937)鉛印本　一冊

330000－1705－0009015　新1214　史部/地理類/山川之屬/山志

東林山志二十四卷首一卷　(清)吳玉樹輯　民國十一年(1922)鉛印本　四冊

330000－1705－0009026　新1233　史部/地理類/山川之屬/山志

天台山方外志三十卷　(明)釋傳燈撰　民國十一年(1922)上海集雲軒鉛印本　八冊

330000－1705－0009027　新1270　史部/地理類/山川之屬/水志

東錢湖志四卷　王榮商纂　陸澍咸　戴彥編　民國五年(1916)刻本　四冊

330000－1705－0009029　新1279　史部/地理類/專志之屬/寺觀

天童寺續志二卷首一卷　釋淨心修　釋蓮萍纂　民國九年(1920)天童寺刻本　二冊

330000－1705－0009030　新1280　史部/地理類/專志之屬/寺觀

天童寺續志二卷首一卷　釋淨心修　釋蓮萍纂　民國九年(1920)天童寺刻本　二冊

330000－1705－0009031　新1271　史部/地理類/山川之屬/水志

東錢湖志四卷　王榮商纂　陸澍咸　戴彥編　民國五年(1916)刻本　二冊　存二卷(一、四)

330000－1705－0009032　新1281　史部/地理類/專志之屬/寺觀

天童寺續志二卷首一卷　釋淨心修　釋蓮萍纂　民國九年(1920)天童寺刻本　二冊

330000－1705－0009033　新1282　史部/地理類/專志之屬/寺觀

天童寺續志二卷首一卷　釋淨心修　釋蓮萍

纂　民國九年(1920)天童寺刻本　佛之跋　二册

330000－1705－0009035　新 1293　史部/地理類/雜志之屬
七塔報恩寺宗譜不分卷　溥常纂修　民國二十五年(1936)鉛印本　一册

330000－1705－0009041　新 1294　史部/地理類/專志之屬/寺觀
三茅普安寺志二卷　釋無住撰　民國二十四年(1935)三茅普安寺鉛印本　一册

330000－1705－0009045　新 1295　史部/地理類/專志之屬/寺觀
三茅普安寺志二卷　釋無住撰　民國二十四年(1935)三茅普安寺鉛印本　一册

330000－1705－0009049　新 1223　史部/地理類/山川之屬/山志
普陀洛迦山志十二卷　王亨彦輯　民國十七年(1928)鉛印本　四册

330000－1705－0009053　新 1224　史部/地理類/山川之屬/山志
普陀洛迦新志十二卷首一卷　許止淨述　王亨彦輯　民國二十三年(1934)鉛印本　二册

330000－1705－0009057　新 1287　史部/地理類/專志之屬/寺觀
重纂保國寺志十卷首一卷遺唱一卷　錢三照編藁　僧一齋參校　稿本　十一册

330000－1705－0009061　新 1273　史部/地理類/水利之屬
東錢湖測量報告書一卷　東錢湖臨時測量隊撰　民國五年(1916)浙江水利委員會鉛印本　一册

330000－1705－0009062　新 1285　史部/地理類/專志之屬/寺觀
金峩寺志六卷　吴振藩輯　釋卓梵鑒定　釋觀蓮盛　釋定得安校訂　民國二十三年(1934)鄞邑丁成章木活字印本　二册

330000－1705－0009070　新 1239　史部/地理類/山川之屬/山志
孤嶼志八卷首一卷　(清)陳舜咨輯　民國二十四年(1935)刻本　二册

330000－1705－0009073　新 1269　史部/地理類/山川之屬/水志
西湖新志十四卷補遺六卷　胡祥翰輯　民國十五年(1926)鉛印本　五册

330000－1705－0009085　新 1287－1　史部/地理類/專志之屬/寺觀
重纂保國寺志十卷首一卷遺唱一卷　錢三照編藁　僧一齋參校　稿本　四册　存七卷(首,一至三、五、七、十)

330000－1705－0009089　新 1241　史部/地理類/山川之屬/山志
峨眉山志八卷首一卷　(清)蔣超纂　釋印光增訂　民國二十三年(1934)蘇州弘化社鉛印本　二册

330000－1705－0009107　新 1336　集部/總集類/郡邑之屬
竹洲文獻二卷　楊貽誠編　民國二十五年(1936)鄞縣縣立女子中學校友會鉛印本　一册

330000－1705－0009109　新 1337　集部/總集類/郡邑之屬
竹洲文獻二卷　楊貽誠編　民國二十五年(1936)鄞縣縣立女子中學校友會鉛印本　一册

330000－1705－0009116　新 1328　史部/地理類/雜志之屬
遼寧隨筆一卷　朱乃一纂輯　民國十八年(1929)鉛印本　一册

330000－1705－0009118　新 1329　史部/地理類/遊記之屬/紀行
瀛洲訪詩記一卷附幽居近作一卷　吕美蓀撰　民國二十五年(1936)木活字印本　吕美蓀題記　一册

330000－1705－0009119　新 1401　史部/政書類/律令之屬

法學叢論初集不分卷附錄雜著三卷　郭雲觀撰　民國鉛印本　一册

330000－1705－0009134　新1374　史部/政書類/公牘檔册之屬

鄞西學山承佃總册四卷　鄞縣縣政府財務委員會編　民國二十八年(1939)抄本　四册

330000－1705－0009139　新1399　史部/政書類/公牘檔册之屬

浙江律師公會聯合會第一次會議始末記一卷　浙江律師公會編　民國鉛印本　一册

330000－1705－0009144　新1368　史部/政書類/考工之屬/營造

營造法式三十四卷看詳一卷附錄一卷　(宋)李誡撰　民國十八年(1929)上海商務印書館據十四年(1925)武進陶氏刻本影印本　二册　存三卷(三十一至三十三)

330000－1705－0009149　新1411　史部/目録類/專録之屬

國立北平圖書館書目目錄類不分卷　蕭璋編　民國二十三年(1934)國立北平圖書館鉛印本　二册

330000－1705－0009155　新1412　史部/目録類/專録之屬

國立北平圖書館方志目錄不分卷索引不分卷二編不分卷索引不分卷　國立北平圖書館編　民國二十二年至二十五年(1933－1936)國立北平圖書館鉛印本　五册

330000－1705－0009159　新1413　史部/目録類/總録之屬/官修

江蘇第一圖書館覆校善本書目四卷　胡宗武　曹掾梁編　民國七年(1918)南京江蘇第一圖書館鉛印本　四册

330000－1705－0009160　新1363　史部/政書類/儀制之屬/典禮

文廟續通考一卷　孫樹義輯　民國二十三年(1934)上海中華書局鉛印本　一册

330000－1705－0009161　新1414　史部/目録類/總録之屬/官修

浙江公立圖書館保存類目錄四卷　浙江公立圖書館編　民國十年(1921)浙江公立圖書館石印本　二册

330000－1705－0009162　新1415　史部/目録類/總録之屬/官修

浙江公立圖書館保存類目錄四卷　浙江公立圖書館編　民國十年(1921)浙江公立圖書館石印本　一册

330000－1705－0009163　新1416　史部/目録類/總録之屬/官修

浙江公立圖書館保存類目錄四卷　浙江公立圖書館編　民國十年(1921)浙江公立圖書館石印本　一册

330000－1705－0009164　新1417　史部/目録類/總録之屬/官修

寧波市立圖書館目錄不分卷　楊鐵夫編　民國二十年(1931)寧波市立圖書館鉛印本　一册

330000－1705－0009166　新1418　史部/目録類/總録之屬/官修

南通圖書館第一次目錄不分卷　南通圖書館編　民國三年(1914)南通翰墨林書局鉛印本　五册

330000－1705－0009168　新1386　史部/政書類/律令之屬/刑制

重詳定刑統三十卷　(宋)竇儀等撰　民國七年(1918)國務院法制局刻本　六册

330000－1705－0009170　新1371　史部/政書類/邦計之屬

治鄞政畧二卷靜庵詩畧一卷治鄞政畧附編二卷　(清)楊懿撰　民國二十四年(1935)木活字印本　一册

330000－1705－0009173　新1372　史部/政書類/邦計之屬

治鄞政畧二卷靜庵詩畧一卷治鄞政畧附編二卷　(清)楊懿撰　民國二十四年(1935)木活字印本　一册

330000－1705－0009176　新1498　史部/金

石類/總志之屬/圖像

新鄭出土古器圖志初編一卷續編一卷附編一卷 靳雲鶚編 民國十二年(1923)漢口新鄭出土古器圖志總發行所影印本暨鉛印本 一册 存一卷(續編)

330000－1705－0009182 新 1450 史部/目録類/總録之屬/私撰

千頃堂書目三十二卷 (清)黄虞稷撰 民國影印本 十六册

330000－1705－0009184 新 1408、新 1409、新 1410 史部/目録類

文淵閣藏書全景不分卷 中國營造學社編輯 民國二十五年(1936)北平中國營造學社影印本 三册

330000－1705－0009191 新 1475 史部/目録類/書志之屬/題跋

藏園羣書題記八卷續集六卷 傅增湘撰 民國鉛印本 七册

330000－1705－0009192 新 1426 史部/目録類/總録之屬/私撰

天一閣見存書目十二卷 (清)劉喜海編 民國張鏡夫抄本 馮貞羣、張鏡夫跋 四册

330000－1705－0009193 新 1427 史部/目録類/總録之屬/私撰

天一閣見存書目稿十二卷 (清)劉喜海編 民國二十六年(1937)抄本 一册 存一卷(史部)

330000－1705－0009195 新 1480 史部/目録類/版本之屬/書影

明代版本圖録初編十二卷 潘承弼 顧廷龍纂 民國三十年(1941)開明書店影印本暨鉛印本 四册

330000－1705－0009197 新 1487、新 1446 類叢部/叢書類/彙編之屬

金陵大學中國文化研究所叢刊 金陵大學中國文化研究所編 民國金陵大學中國文化研究所刻本、鉛印本暨影印本 二册 存二種

330000－1705－0009200 新 1453 史部/目録類/總録之屬/私撰

揚州吴氏測海樓藏書目録七卷 吴引孫藏 富晉書社編 民國二十年(1931)北平富晉書社石印本 四册

330000－1705－0009202 新 1488 史部/傳記類/總傳之屬/姓名

別號索引不分卷 陳乃乾輯 陶毓英編 民國二十五年(1936)共讀樓鉛印本 一册

330000－1705－0009203 新 1421 史部/目録類/專録之屬

天一閣進呈書目不分卷 (清)范懋柱輯 民國抄本 一册

330000－1705－0009204 新 1477 史部/目録類/版本之屬/專考

宋元本行格表二卷附錄一卷補遺一卷 (清)江標輯 劉肇隅編並補 民國三年(1914)上海文瑞樓石印本 二册

330000－1705－0009206 新 1420 史部/目録類/總録之屬/私撰

天一閣書目不分卷 (明)范欽藏並撰 民國抄本 一册

330000－1705－0009208 新 1454 史部/目録類/總録之屬/私撰

測海樓舊本書目四卷附錄一卷 吴引孫藏 陳乃乾輯 民國二十一年(1932)北平富晉書社鉛印本 二册

330000－1705－0009209 新 1478 史部/目録類/通論之屬/掌故瑣記

書林清話十卷 葉德輝撰 民國九年(1920)葉德輝觀古堂刻本 四册

330000－1705－0009214 新 1456 史部/目録類/總録之屬/私撰

郘亭知見傳本書目十六卷 (清)莫友芝撰 民國七年(1918)上海掃葉山房石印本 六册

330000－1705－0009215 新 1472 史部/目録類/總録之屬/私撰

藝風藏書再續記不分卷 繆荃孫撰 民國二十九年(1940)燕京大學圖書館鉛印本 一册

330000－1705－0009216　新 1479　史部/目録類/版本之屬/書影

明代版本圖録初編十二卷　潘承弼　顧廷龍纂　民國三十年(1941)開明書店影印本暨鉛印本　四冊

330000－1705－0009217　新 1458　史部/目録類/總録之屬/私撰

東海藏書樓書目不分卷　徐允中藏並編　民國九年(1920)武林印書館鉛印本　四冊

330000－1705－0009218　新 1473　史部/目録類

中華圖書館協會叢書　民國中華圖書館協會鉛印本　一冊　存一種

330000－1705－0009219　新 1493　史部/金石類/金之屬

寧壽鑑古十六卷　民國二年(1913)上海商務印書館據寧壽宫寫本影印本　七冊　存四卷(十三至十六)

330000－1705－0009223　新 1481　史部/目録類/通論之屬/藏書約

藏書記要一卷　(清)孫從添撰　民國三年(1914)掃葉山房石印本　一冊

330000－1705－0009233　新 1463　史部/目録類/專録之屬

續朱氏彙刻書目十六卷　(清)周兆熊輯　民國二年(1913)藼廬抄本　十六冊

330000－1705－0009234　新 1495　史部/金石類/金之屬

愙齋集古録二十六卷　(清)吳大澂撰　民國六年(1917)上海涵芬樓影印本　八冊

330000－1705－0009241　新 1496　史部/金石類/金之屬/圖像

夢坡室獲古叢編十二卷　周慶雲藏　鄒壽祺編　民國十六年(1927)上海周慶雲夢坡室影印本　十一冊

330000－1705－0009243　新 1474　史部/目録類

約園藏書題識目不分卷　張壽鏞撰　民國抄本　一冊

330000－1705－0009247　新 1432　史部/目録類/總録之屬/私撰

目睹天一閣書錄四卷附錄一卷　林集虛編　民國十七年(1928)藜照廬木活字印本　二冊

330000－1705－0009248　新 1497　史部/金石類/總志之屬/圖像

新鄭古器圖錄不分卷　關百益撰　民國十八年(1929)上海商務印書館影印本　二冊

330000－1705－0009249　新 1506　史部/金石類/金之屬/圖像

河南金石志圖正編四集附編二集　關百益編　民國二十二年(1933)河南通志館影印本　一冊　存一集(正編一)

330000－1705－0009253　新 1449　類叢部/叢書類/彙編之屬

適園叢書七十四種　張鈞衡編　民國二年至六年(1913－1917)烏程張氏刻本(唐大詔令集卷十四至二十四、八十七至九十八原缺)　十二冊　存一種

330000－1705－0009254　新 1433　史部/目録類/總録之屬/私撰

鄞范氏天一閣書目内編十卷　馮貞羣編　民國二十六年至二十九年(1937－1940)寧波重修天一閣委員會鉛印本　四冊

330000－1705－0009256　新 1499　史部/金石類/金之屬/通考

宣鑪彙釋十二卷　邵鋭撰　民國十七年(1928)菰香館鉛印本　二冊

330000－1705－0009257　新 1514　史部/金石類/郡邑之屬/目録

北平金石目一卷　國立北平研究院史學研究會纂　民國二十三年(1934)國立北平研究院史學研究會鉛印本　顧頡剛題記　一冊

330000－1705－0009262　新 1519　史部/金石類/金之屬/文字

積古齋鐘鼎彜器款識十卷　(清)阮元撰　民國上海中華圖書館影印本　六冊

330000－1705－0009264　新 1515　史部/金石類/金之屬/文字

歷代鐘鼎彝器欵識二十卷　(宋)薛尚功撰　民國十四年(1925)上海文瑞樓書局石印本　五册

330000－1705－0009266　新 1434　史部/目録類/總録之屬/私撰

鄞范氏天一閣書目内編十卷　馮貞羣編　民國二十六年至二十九年(1937－1940)寧波重修天一閣委員會鉛印本　四册

330000－1705－0009267　新 1521　史部/金石類/金之屬/文字

鐘鼎款識原器拓片第一一卷　民國五年(1916)有正書局石印本　一册

330000－1705－0009268　新 1522　史部/金石類/金之屬/文字

鐘鼎款識原器拓片第一一卷　民國十二年(1923)有正書局石印本　一册

330000－1705－0009269　新 1436　史部/目録類/總録之屬/私撰

鄞范氏天一閣書目内編十卷　馮貞羣編　民國二十六年至二十九年(1937－1940)寧波重修天一閣委員會鉛印本　四册

330000－1705－0009275　新 1437　史部/目録類/專録之屬

天一閣簡目兩種二卷　馮貞羣編　民國二十五年(1936)鉛印本　一册

330000－1705－0009276　新 1582　子部/儒家類/儒學之屬/蒙學

三字經註解備要一卷　(宋)王應麟撰　(清)賀興思註　民國十四年(1925)上海宏大善書局石印本　一册

330000－1705－0009277　新 1438　史部/目録類/專録之屬

天一閣簡目兩種二卷　馮貞羣編　民國二十五年(1936)鉛印本　一册

330000－1705－0009278　新 1523　史部/金石類/金之屬/通考

綴遺齋彝器款識攷釋三十卷首一卷　(清)方濬益撰　方燕年補編　民國二十四年(1935)上海商務印書館影印本(卷十五原缺)　十四册

330000－1705－0009280　新 1439　史部/目録類/專録之屬

天一閣簡目兩種二卷　馮貞羣編　民國二十五年(1936)鉛印本　一册

330000－1705－0009281　新 1583　類叢部/叢書類/彙編之屬

約園叢書　張壽鏞編　民國四明張氏約園影印本　一册　存一種

330000－1705－0009282　新 1440　史部/目録類/專録之屬

天一閣簡目兩種二卷　馮貞羣編　民國二十五年(1936)鉛印本　一册

330000－1705－0009285　新 1441　史部/目録類/專録之屬

天一閣簡目兩種二卷　馮貞羣編　民國二十五年(1936)鉛印本　一册

330000－1705－0009287　新 1442　史部/目録類/專録之屬

天一閣簡目兩種二卷　馮貞羣編　民國二十五年(1936)鉛印本　一册

330000－1705－0009289　新 1443　史部/目録類/專録之屬

天一閣簡目兩種二卷　馮貞羣編　民國二十五年(1936)鉛印本　一册

330000－1705－0009290　新 1444－1　史部/目録類/專録之屬

天一閣簡目兩種二卷　馮貞羣編　民國二十五年(1936)鉛印本　一册

330000－1705－0009291　新 1444　史部/目録類/專録之屬

天一閣簡目兩種二卷　馮貞羣編　民國二十五年(1936)鉛印本　一册

330000－1705－0009293　新 1445－1　史部/

目録類/專録之屬

天一閣簡目兩種二卷　馮貞羣編　民國二十五年(1936)鉛印本　一册

330000－1705－0009294　新1552　史部/史評類/史學之屬

文史通義註稿不分卷　錢遹鵬撰　稿本　三册

330000－1705－0009295　新1445－2　史部/目録類/專録之屬

天一閣簡目兩種二卷　馮貞羣編　民國二十五年(1936)鉛印本　一册

330000－1705－0009297　新1534　史部/金石類/石之屬/通考

校碑隨筆不分卷　方若撰　民國上海朝記書莊石印本　四册

330000－1705－0009299　新1533　史部/金石類/石之屬/通考

校碑隨筆不分卷　方若撰　民國上海朝記書莊石印本　四册

330000－1705－0009301　新1567　子部/儒家類/儒學之屬/經濟

説苑二十卷　(漢)劉向撰　民國上海涵芬樓鉛印本　四册

330000－1705－0009302　新1535　史部/金石類/石之屬/目録

南北響堂寺及其附近石刻目錄四卷　何士驥　劉厚滋編纂　民國二十五年(1936)國立北平研究院總辦事處出版課鉛印本　一册

330000－1705－0009311　新1530　子部/工藝類/觀賞之屬/奇石

壽山石攷不分卷附閩中印人錄一卷　張俊勛撰　民國二十三年(1934)鉛印本　一册

330000－1705－0009314　新1539　史部/金石類/陶之屬/文字

漢魏六朝塼文不分卷　王樹枏藏　民國二十四年(1935)上海商務印書館影印本　二册

330000－1705－0009318　新1531　子部/工藝類/觀賞之屬/奇石

壽山石攷不分卷附閩中印人錄一卷　張俊勛撰　民國二十三年(1934)鉛印本　上樂老人題記　一册

330000－1705－0009322　新1549　史部/史評類/史論之屬

讀通鑑論十六卷附宋論十五卷　(清)王夫之撰　民國上海商務印書館鉛印本　四册　存十三卷(讀通鑑論三至六、十一至十二,宋論一至七)

330000－1705－0009329　新1775　子部/術數類/占卜之屬

邵彥和先生大六壬斷案二卷附大六壬未悟書一卷王牧夫先生大六壬占驗一卷　(宋)邵彥和撰　民國抄本　三册

330000－1705－0009331　新1632　子部/農家農學類/園藝之屬/花卉

秘傳花鏡六卷　(清)陳淏子撰　民國二年(1913)上海中華圖書館石印本　六册

330000－1705－0009332　新1543　史部/金石類/錢幣之屬/雜著

言錢別錄二卷補錄一卷　方若撰　民國十七年(1928)鉛印本　一册　缺一卷(補錄)

330000－1705－0009335　新1544　史部/金石類/錢幣之屬

古泉雜誌一卷　程文龍等編輯　民國十六年(1927)古泉學社影印本　一册

330000－1705－0009340　新1663　子部/醫家類/本草之屬/歷代綜合本草

本草綱目五十二卷圖三卷瀕湖脈學一卷奇經八脈攷一卷脈訣考證一卷　(明)李時珍撰　**本草萬方鍼線八卷本草藥品總目一卷**　(清)蔡烈先輯　**本草綱目拾遺十卷**　(清)趙學敏輯　民國元年(1912)鴻寶齋石印本　二十四册

330000－1705－0009341　新1683　子部/醫家類/方書之屬/歷代方書

孫真人備急千金要方三十卷　(唐)孫思邈撰　(清)張璐衍義　民國十五年(1926)上海中

原書局石印本　十六册

330000－1705－0009352　新1574　子部/儒家類/儒家之屬

荀子集解二十卷首一卷　(唐)楊倞注　王先謙集解　民國掃葉山房石印本　八册

330000－1705－0009359　新1603　子部/儒家類/儒學之屬/蒙學

重訂三字經一卷　章炳麟重訂　民國二十三年(1934)上海漢文正楷印書局石印本　一册

330000－1705－0009373　新1604　子部/儒家類/儒學之屬/性理

楊園菁華録四卷　(清)張履祥撰　(清)沈志本纂　民國二十四年(1935)楊園學社鉛印本　一册

330000－1705－0009374　新1606　子部/兵家類/兵法之屬

孫子選注不分卷　夏壽田注　何鍵眉按　民國二十一年(1932)石印本　一册

330000－1705－0009375　新1696　子部/醫家類/方書之屬/單方驗方

梅氏驗方新編七卷　(清)梅啓照編　天虚我生重編　民國二十三年(1934)家庭工業社鉛印本　七册

330000－1705－0009376　新1652　子部/醫家類/醫經之屬/内經

羣經見智録三卷　惲鋳樵撰　**古醫經論一卷**　韋格六撰　民國十一年(1922)武進惲氏鉛印本　二册

330000－1705－0009378　新1699　子部/醫家類/方書之屬/成方藥目

觀聚方要補十卷　(日本)丹波元簡輯　民國二十年(1931)上海千頃堂影印本　十册

330000－1705－0009380　新1697　子部/醫家類/類編之屬

上海國醫學院醫學叢書　民國上海國醫學院鉛印本　八册　存一種

330000－1705－0009384　新1698　子部/醫家類/方書之屬/單方驗方

重訂驗方新編十八卷　(清)鮑相璈等輯　民國七年(1918)上海鴻寶齋書局石印本　六册

330000－1705－0009387　新1629　類叢部/叢書類/彙編之屬

遊經樓叢書　民國丹徒陶氏遊經樓鉛印本　一册　存一種

330000－1705－0009390　新1623　子部/法家類

管子二十四卷　(唐)房玄齡注　民國據明刻本影印本　上樂老人跋　六册

330000－1705－0009394　新1702　子部/醫家類/傷寒金匱之屬/傷寒論

傷寒汲古三卷　(漢)張仲景撰　周利川纂録　民國二十二年(1933)鉛印本　一册

330000－1705－0009395　新1804　史部/金石類

藝術叢編十七種　姬佛陀編　民國五年至九年(1916－1920)上海倉聖明智大學影印本　四册　存三種

330000－1705－0009399　新1703　子部/醫家類/傷寒金匱之屬/傷寒論

傷寒汲古三卷　(漢)張仲景撰　周利川纂録　民國二十二年(1933)鉛印本　一册

330000－1705－0009403　新1803　子部/藝術類

美術叢書初集二集三集四集二百七十九種　鄧實輯　黄賓虹續輯　民國二十五年(1936)上海神州國光社鉛印本　一百四十册　存二百六十五種

330000－1705－0009418　新1732　子部/醫家類/針灸之屬/通論

鍼灸大成十二卷　(明)楊繼洲撰　民國上海春明書店石印本　六册

330000－1705－0009422　新1786　子部/術數類/陰陽五行之屬

推背圖説不分卷　題(唐)袁天罡撰　(唐)李淳風注　民國上海石印書局石印本　一册

330000－1705－0009428　新 1843　子部/藝術類/書畫之屬/畫譜
任渭長先生畫傳四種(任渭長四種)　(清)任熊繪　民國四年(1915)上海錦文堂書局石印本　六冊

330000－1705－0009430　新 1722　子部/醫家類/内科之屬/其他内科病證
傅青主男科二卷女科二卷産後編二卷　(清)傅山撰　民國十一年(1922)上海啟新書局石印本　四冊

330000－1705－0009437　新 1813　類叢部/叢書類/彙編之屬
江氏聚珍版叢書四集二十八種　江杏溪輯　民國十三年(1924)蘇州文學山房木活字印本　八冊　存一種

330000－1705－0009439　新 1711　子部/醫家類/類編之屬
上海國醫學院醫學叢書　民國上海國醫學院鉛印本　八冊　存一種

330000－1705－0009441　新 1718　子部/醫家類/方書之屬/成方藥目
葉種德堂丸散膏丹説明書不分卷　葉鴻年編　民國十七年(1928)葉種德堂鉛印本　一冊

330000－1705－0009443　新 1818　子部/藝術類/書畫之屬/總論
平津館鑒藏書畫記一卷　(清)孫星衍撰　民國鉛印本　一冊

330000－1705－0009447　新 1823　史部/傳記類/總傳之屬/技藝
歷代畫史彙傳七十二卷首一卷附錄二卷　(清)彭蘊璨編　民國八年(1919)上海錦章圖書局石印本　十二冊

330000－1705－0009451　新 1435　史部/目録類/總録之屬/私撰
鄞范氏天一閣書目内編十卷　馮貞羣編　民國二十六年至二十九年(1937－1940)寧波重修天一閣委員會鉛印本　四冊

330000－1705－0009452　新 1824　史部/傳記類/總傳之屬/技藝
歷代畫史彙傳七十二卷首一卷附錄二卷　(清)彭蘊璨編　民國十一年(1922)上海錦章圖書局石印本　十二冊

330000－1705－0009455　新 1717　子部/醫家類/方書之屬/單方驗方
治瘋狗咬神方二卷　民國寧波華陞局鉛印本　一冊

330000－1705－0009456　新 1815　子部/藝術類/書畫之屬/總論
江村銷夏錄三卷　(清)高士奇撰　民國十二年(1923)上海有正書局影印本　三冊

330000－1705－0009459　新 1816　史部/傳記類/總傳之屬/技藝
墨林今話十八卷　(清)蔣寶齡撰　**續編一卷**　(清)蔣茝生撰　民國十二年(1923)上海中華書局鉛印本　六冊

330000－1705－0009462　新 1826　史部/傳記類/總傳之屬/技藝
增廣歷代畫史彙傳補編四卷　吳心穀編　民國三十二年(1943)北京京城印書局鉛印本　一冊

330000－1705－0009464　新 1721　子部/醫家類/婦科之屬/通論
婦科不謝方一卷附怡怡書屋婦科醫案一卷　周利川纂錄　民國二十年(1931)甬北寧波印刷公司鉛印本　一冊

330000－1705－0009465　新 1827　史部/傳記類/總傳之屬/技藝
清代畫史增編三十七卷補錄一卷　盛鏞輯　民國十六年(1927)上海有正書局鉛印本　六冊

330000－1705－0009470　新 1882　史部/目録類/專録之屬
西泠印社金石印譜法帖藏書目一卷　西泠印社編　民國十一年(1922)上海西泠印社石印本　一冊

330000－1705－0009472　新 1883　史部/目

録類/專録之屬

西泠印社金石印譜法帖藏書目一卷 西泠印社編 民國五年(1916)上海西泠印社石印本 一冊

330000－1705－0009473 新1887 子部/藝術類/篆刻之屬/印譜

明清名人刻印彙存十二卷 葛昌楹 胡洤編次 方約監拓 民國三十二年(1943)宣和印社鈐拓本 十二冊

330000－1705－0009476 新1884 史部/目録類/專録之屬

西泠印社金石印譜法帖藏書目一卷 西泠印社編 民國九年(1920)上海西泠印社石印本 一冊

330000－1705－0009477 新1885 史部/目録類/專録之屬

西泠印社金石印譜法帖藏書目一卷 西泠印社編 民國上海西泠印社石印本 一冊

330000－1705－0009485 新1903 集部/曲類/曲韻曲譜曲律之屬

京調工尺譜不分卷 慨志生撰 民國三年(1914)天寶書局石印本 一冊

330000－1705－0009491 新1872 子部/藝術類/篆刻之屬/印論

篆刻入門一卷 孔雲白撰 民國二十五年(1936)上海商務印書館影印本 一冊

330000－1705－0009492 新1873 子部/藝術類/篆刻之屬/印論

篆刻入門一卷 孔雲白撰 民國二十六年(1937)上海商務印書館影印本 一冊

330000－1705－0009494 新1866 子部/藝術類/書畫之屬/畫譜

分類畫範自習畫譜大全三集二十四卷 馬駘繪 民國十七年(1928)上海世界書局石印本 十九冊 存十八卷(人物畫範一至二、仙佛圖像畫譜一至二、歷代名將畫譜一至二、花卉草蟲畫法一至二、百花寫生畫譜一至二、花鳥畫譜一至二、蘭竹博古畫譜、魚蟲瓜果畫譜、鳥獸畫法、中外百獸畫譜一至二、古今人物畫譜)

330000－1705－0009496 新1830 子部/藝術類/書畫之屬/畫録

清朝畫徵錄三卷續錄二卷三錄一卷浦山論畫一卷 (清)張庚撰 **清朝畫徵三錄一卷** (清)張寅撰 民國上海朝記書莊鉛印本 二冊

330000－1705－0009497 新1901 子部/藝術類/篆刻之屬/印譜

麋研齋印存重輯本不分卷 王禔篆刻 宣和印社編 民國三十二年(1943)鈐拓本 四冊

330000－1705－0009498 新1867 子部/藝術類/書畫之屬

十竹齋書畫譜八卷 (明)胡正言摹 民國上海江東書局五色珂羅版套印本 八冊

330000－1705－0009502 新1831 子部/藝術類/書畫之屬/畫録

清朝畫徵錄三卷續錄二卷三錄一卷浦山論畫一卷 (清)張庚撰 **清朝畫徵三錄一卷** (清)張寅撰 民國上海朝記書莊鉛印本 二冊

330000－1705－0009511 新1832 子部/藝術類/書畫之屬/畫録

國朝畫徵錄三卷續錄二卷 (清)張庚撰 民國七年(1918)裕記書莊石印本 二冊

330000－1705－0009516 新1893 子部/藝術類/篆刻之屬/印譜

趙撝叔印譜初集不分卷二集不分卷 (清)趙之謙篆刻 吴隱輯 民國六年(1917)西泠印社鈐印本 四冊

330000－1705－0009522 新1908 子部/藝術類/遊藝之屬/雜藝

七巧書譜二卷 (清)嚴恆撰 嚴信厚輯 民國六年(1917)石印本 一冊

330000－1705－0009524 新1870 子部/藝術類/書畫之屬/畫録

曝畫紀餘十二卷 秦潛輯 民國十九年

(1930)梁溪秦氏鉛印本　四册

330000－1705－0009525　新1920　類叢部/叢書類/彙編之屬

廣倉學宭叢書(學術叢編)甲類四十九種乙類十五種　姬佛陀編　民國五年至七年(1916－1918)上海倉聖明智大學鉛印本暨石印本　二册　存二種

330000－1705－0009526　新1909　子部/工藝類/日用器物之屬/雕刻

竹人錄二卷　(清)金元鈺撰　民國二十七年(1938)鄞縣秦康祥睿識閣鉛印本　秦康祥題記　一册

330000－1705－0009536　新1855　子部/藝術類/書畫之屬/畫譜

三希堂畫寶分類大觀十集四十二卷　莫厘山人編　民國十四年(1925)大華書局石印本　四十一册　缺一卷(草蟲花卉二)

330000－1705－0009551　新1898　子部/藝術類/篆刻之屬/印譜

三子合作印草不分卷　葛文歡等篆　民國二十年(1931)鈐印本　一册

330000－1705－0009554　新1968　子部/雜著類/雜考之屬

煙嶼樓讀書志十六卷筆記八卷　(清)徐時棟撰　民國十七年(1928)鄞縣徐方來蘧學齋鉛印本　二册　存八卷(筆記一至八)

330000－1705－0009556　新1840　子部/農家農學類/總論之屬

影印康熙内府藏本耕織圖一卷　(清)聖祖玄燁題詩　(清)熊秉貞繪　民國六年(1917)據清康熙内府藏本影印本　一册

330000－1705－0009558　新1899　史部/金石類/璽印之屬

玉篆樓印學叢書　民國二十一年(1932)西泠印社石印本　一册　存一種

330000－1705－0009560　新1935　類叢部/叢書類/彙編之屬

桐城吴先生羣書點勘　(清)吴汝綸撰　民國蓮池書社鉛印本　三册　存一種

330000－1705－0009561　新1965　子部/雜著類/雜説之屬

隨園隨筆二十八卷　(清)袁枚撰　民國上海校經山房成記書局石印本　一册　存十四卷(十五至二十八)

330000－1705－0009580　新2000　子部/小説家類

古今筆記精華録二十四卷　古今圖書局編譯部編纂　民國四年(1915)上海廣益書局石印本　八册　存二十二卷(一至二十二)

330000－1705－0009587　新2001　集部/小説類/長篇之屬

古佚小説叢刊初集三種　陳乃乾輯　民國十八年(1929)海寧陳氏慎初堂鉛印本　四册　存三種

330000－1705－0009592　新1999　子部/小説家類/雜事之屬

新刊大宋宣和遺事四卷　民國四年(1915)上海商務印書館鉛印本　一册

330000－1705－0009595　新2005　子部/小説家類

筆記小説大觀二百二十二種　進步書局輯　民國上海進步書局石印本　二百六十八册　存一百五十一種

330000－1705－0009596　新2037　集部/小説類/長篇之屬

新編繪圖義俠神怪小説乾坤印初集四卷二集四卷三集四卷四集四卷五集四卷六集四卷七集四卷八集四卷九集四卷十集四卷十一集四卷十二集四卷十三集四卷十四集四卷十五集四卷十六集四卷　史長嘯　紅塵清静　陳掃花編輯　民國十四年至十七年(1925－1928)上海全球書局石印本　九册　存三十二卷(初集一至四、二集一至四、三集一至四、四集一至四、五集一至四、六集一至四、七集一至四、八集一至四)

330000－1705－0009603　新1851　子部/藝

術類/書畫之屬/畫譜

晚笑堂竹莊畫傳不分卷　(明)上官周編繪　民國十年(1921)上海千頃堂書局影印本　一冊

330000－1705－0009605　新 2047　子部/藝術類/書畫之屬/畫譜

武俠叢畫四卷　錢辛繪　民國十四年(1925)上海圖書館石印本　四冊

330000－1705－0009608　新 2008　子部/小說家類/異聞之屬

新式標點閱微草堂筆記二十四卷　(清)紀昀撰　舒屋山人標點　民國十四年(1925)上海錦章圖書局石印本　四冊

330000－1705－0009614　新 1956　子部/藝術類/書畫之屬/總論

畫禪室隨筆四卷　(明)董其昌撰　民國十七年(1928)上海掃葉山房石印本　二冊　存二卷(一至二)

330000－1705－0009615　新 1992　新學/理學

天演論二卷　(英國)赫胥黎撰　嚴復譯　民國三年(1914)商務印書館鉛印本　一冊

330000－1705－0009618　新 2026　子部/小說家類/雜事之屬

瀟湘館筆記四卷　鄒弢撰　民國四年(1915)上海中華圖書館石印本　一冊　存三卷(一至三)

330000－1705－0009619　新 2049　集部/小說類/長篇之屬

上下古今談四卷二十回　吳敬恒撰　民國上海文明書局鉛印本　一冊　存一卷(一)

330000－1705－0009620　新 2027　子部/小說家類/雜事之屬

豔史叢鈔十二種　(清)王韜輯　民國十八年(1929)上海漢文淵書肆石印本　八冊

330000－1705－0009622　新 2002　子部/叢編

清代筆記叢刊四十一種　文明書局編　民國上海文明書局石印本　一百六十冊

330000－1705－0009623　新 1853　子部/藝術類/書畫之屬/畫譜

吳友如先生繪二十四友悌女孝圖說不分卷　(清)吳友如繪　民國石印本　一冊

330000－1705－0009624　新 2018　子部/小說家類/異聞之屬

螢窗異草初編四卷二編四卷三編四卷四編四卷　(清)長白浩歌子撰　(清)隨園老人續評　(清)柳橋居士重訂　民國上海錦章圖書局石印本　六冊　存十二卷(初編一至二、二編一至四、三編一至二、四編一至四)

330000－1705－0009625　新 2018－1　子部/小說家類/異聞之屬

螢窗異草初編四卷二編四卷三編四卷四編四卷　(清)長白浩歌子撰　(清)隨園老人續評　(清)柳橋居士重訂　民國上海錦章圖書局石印本　一冊　存二卷(四編三至四)

330000－1705－0009627　新 2051　史部/傳記類/別傳之屬/年譜

呂祖年譜海山奇遇七卷　(清)火西月編　民國上海江左書林石印本　二冊

330000－1705－0009628　新 1994　子部/小說家類/異聞之屬

酉陽雜俎二十卷續集十卷　(唐)段成式撰　民國元年(1912)鄂官書處刻本　六冊

330000－1705－0009629　新 2022　子部/小說家類/異聞之屬

遯窟讕言十二卷　(清)王韜撰　民國二年(1913)惜陰書屋石印本　六冊

330000－1705－0009631　新 2052　子部/小說家類/諧謔之屬

繪圖諧鐸十二卷　(清)沈起鳳撰　民國十二年(1923)上海錦章圖書局石印本　二冊　存四卷(一至四)

330000－1705－0009634　新 2023　子部/小說家類/雜事之屬

虞初新志二十卷　(清)張潮輯　**虞初續志十**

二卷 (清)鄭澍若編 民國上海文瑞樓石印本 十册

330000－1705－0009638 新 2054 集部/小說類/長篇之屬

精訂綱鑑廿四史通俗衍義二十六卷四十四回首一卷 (清)呂撫撰 民國三十六年(1947)上海鴻寶齋石印本 六册

330000－1705－0009639 新 1856 子部/藝術類/書畫之屬/畫譜

式園時賢書畫集一卷 王鯤徙藏 陸丹林編 民國十九年(1930)上海文華美術圖書印刷公司影印本 一册

330000－1705－0009640 新 2043 集部/小說類/短篇之屬

女聊齋誌異四卷 (清)賈茗輯 民國二年(1913)中華圖書館石印本 四册

330000－1705－0009642 新 1857 子部/藝術類/書畫之屬

上海振青社書畫集不分卷 振青書畫會編 民國上海振青書畫會石印本 一册

330000－1705－0009646 新 2013 子部/小說家類/雜事之屬

金壺七墨六種 (清)黄鈞宰撰 民國九年(1920)上海掃葉山房石印本 四册

330000－1705－0009649 新 2072 集部/小說類/長篇之屬

增評加註全圖紅樓夢十五卷首一卷一百二十回 (清)曹霑 (清)高鶚撰 (清)王希廉 (清)張新之 (清)姚燮評 民國十四年(1925)上海掃葉山房石印本 十六册

330000－1705－0009650 新 2029 子部/小說家類/雜事之屬

騙術奇談四卷 (清)雷君曜編 民國七年(1918)掃葉山房石印本 一册

330000－1705－0009654 新 2030 子部/小說家類/雜事之屬

繪圖上海之騙術世界二卷 雲間顛公撰 民國十三年(1924)掃葉山房影印本 四册

330000－1705－0009655 新 2056 集部/小說類/長篇之屬

東周列國志二十七卷一百八回首一卷 (清)蔡奡評點 民國上海書局石印本 八册

330000－1705－0009656 新 1859 子部/藝術類/書畫之屬/畫譜

芥子園畫傳四集四卷 (清)闞十原繪圖 民國十三年(1924)上海天寶書局石印本 四册

330000－1705－0009657 新 2057 集部/小說類/長篇之屬

東周列國全志二十七卷一百八回 (清)蔡奡評點 民國二年(1913)上海天寶書局石印本 十一册

330000－1705－0009659 新 2118 子部/小說家類/異聞之屬

洞冥記十卷 (清)呂惟一輯 民國二十二年(1933)上海經書流通處鉛印本 六册

330000－1705－0009661 新 1860 子部/藝術類/書畫之屬/畫譜

芥子園畫傳初集六卷 (清)王槩 (清)王蓍 (清)王臬輯 民國上海啟新書局石印本 四册

330000－1705－0009662 新 2012 子部/小說家類/雜事之屬

金壺七墨六種 (清)黄鈞宰撰 民國元年(1912)上海掃葉山房石印本 四册

330000－1705－0009663 新 2064 集部/小說類/長篇之屬

繡像繪圖宋岳武穆公全傳八卷八十回 (清)錢彩撰 袁韜壺增批 民國十二年(1923)上海會文堂書局石印本 八册

330000－1705－0009669 新 2065 集部/小說類/長篇之屬

繪圖校正永樂演義五卷三十四回 (清)空谷老人編 民國四年(1915)上海自強書局北京學古堂石印本 二册

330000－1705－0009672 新 2068 集部/小說類/長篇之屬

繡像神州光復志演義十五卷一百二十回　王雪菴編　民國七年(1918)上海民強書局石印本　十五册

330000－1705－0009674　新 2014　集部/戲劇類/雜劇之屬
隨園戲墨四卷　(清)袁枚編　民國十年(1921)上海益新書社石印本　一册

330000－1705－0009675　新 2079　集部/小說類/長篇之屬
增補齊省堂全圖儒林外史六卷六十回　(清)吳敬梓撰　民國十九年(1930)上海海左書局石印本　六册

330000－1705－0009677　新 2036　子部/小說家類
雨窗欹枕集十二種十二卷　(明)洪楩輯　民國二十三年(1934)鄞縣馬廉平妖堂據天一閣舊藏明嘉靖刻本影印本　二册

330000－1705－0009678　新 2069　集部/小說類/長篇之屬
繪圖增像第五才子書水滸全傳十二卷七十回首一卷　(元)施耐庵撰　(清)金人瑞評釋　民國上海文瑞樓石印本　十二册　存十二卷(首、一至十一)

330000－1705－0009679　新 2067、新 2061　集部/小說類/長篇之屬
繪圖歷朝通俗演義十一種　蔡東帆輯　民國上海會文堂新記書局石印本　二十二册　存二種

330000－1705－0009680　新 2062　集部/小說類/長篇之屬
繪圖歷朝通俗演義十一種　蔡東帆輯　民國上海會文堂新記書局石印本　九册　存一種

330000－1705－0009688　新 2171　類叢部/類書類/通類之屬
宋人小說類編四卷　廣益書局編輯部輯　民國九年(1920)上海廣益書局石印本　四册

330000－1705－0009690　新 2084　集部/小說類/長篇之屬
繪圖天緣巧配十二卷　民國上海文宜書局石印本　四册

330000－1705－0009692　新 2172　類叢部/類書類/通類之屬
雲林別墅新輯酬世錦囊初集八卷二集七卷三集二卷四集二卷　(清)鄒景揚輯　民國十一年(1922)上海普益書局石印本　四册　缺四卷(三集一至二、四集一至二)

330000－1705－0009697　新 2083　集部/小說類/長篇之屬
繡像野草閒花臭姻緣四卷四十回　(清)月湖漁隱撰　民國石印本　一册

330000－1705－0009699　新 2082　集部/小說類/長篇之屬
新編玉燕姻緣傳記六卷七十七回　民國石印本　五册　存六十一回(一至六十一)

330000－1705－0009700　新 2111　集部/小說類/長篇之屬
繪圖封神傳八卷六十八回　通俗小說社編　民國十七年(1928)上海世界書局石印本　八册

330000－1705－0009710　新 2101　集部/小說類/長篇之屬
林蘭香六十四回　(清)隨緣下士編輯　(清)奇旅散人批點　民國石印本　七册

330000－1705－0009713　新 2102　集部/小說類/長篇之屬
醒世小說繪圖九尾龜八卷一百九十二回　張春帆撰　民國十七年(1928)上海大中書局石印本　八册

330000－1705－0009716　新 2098　子部/叢編
清代筆記叢刊四十一種　文明書局編　民國上海文明書局石印本　一册　存一種

330000－1705－0009718　新 2086　集部/戲劇類/雜劇之屬
繡像校正文武相球八卷　民國十三年(1924)蔣春記書局石印本　一册

330000－1705－0009724　新 2089　集部/小說類/短篇之屬

女才子十二卷首一卷　(清)煙水散人撰　民國六年(1917)上海南華書局石印本　四冊

330000－1705－0009734　新 2178　子部/宗教類/佛教之屬/諸宗

龍舒淨土文十卷首一卷末一卷　(宋)王日休撰　民國十六年(1927)上海佛經流通處鉛印本　一冊

330000－1705－0009738　新 2108－1　集部/小說類/長篇之屬

新輯繪圖續彭公案二集四卷八十回　(清)貪夢道人撰　民國上海共和書局石印本　一冊

330000－1705－0009744　新 2180　子部/宗教類/佛教之屬/經疏

三經蕅益解三卷　(清)釋智旭撰　民國影印本　一冊

330000－1705－0009750　新 2235　子部/宗教類/道教之屬/戒律

太上寶筏圖說八卷　(清)黄正元撰　民國七年(1918)上海宏大善書局石印本　八冊

330000－1705－0009751　新 2215　子部/道家類

莊子十卷　(晉)郭象注　(唐)陸德明音義　民國十一年(1922)上海掃葉山房石印本　四冊

330000－1705－0009752　新 2242　子部/宗教類/道教之屬/雜著

張三丰先生全集八卷　(明)張三丰撰　(清)李西月重編　**張三丰祖師無根樹詞註解一卷**　(明)劉悟元註　(清)李西月增解　**靈寶畢法三卷**　題(唐)鍾離權撰　(唐)吕嵓傳　民國八年(1919)上海江左書林石印本　四冊　存八卷(一至八)

330000－1705－0009755　新 2108　集部/小說類/長篇之屬

新輯繪圖彭公案正集四卷一百回續集四卷八十回三集四卷八十回四集四卷八十一回　(清)貪夢道人撰　民國四年(1915)上海天寶書局石印本　十六冊

330000－1705－0009757　新 2103　集部/小說類/長篇之屬

繡像七俠五義傳六卷一百回　(清)石玉崑撰　(清)俞樾重編　民國三年(1914)上海天寶書局石印本　六冊

330000－1705－0009758　新 2189　集部/別集類

大休上人遺著一卷　周冠九輯　民國二十二年(1933)鉛印本　一冊

330000－1705－0009760　新 2099　集部/曲類/彈詞之屬

繪圖安邦志八卷　民國十七年(1928)上海大一統圖書局石印本　八冊

330000－1705－0009761　新 2190　子部/宗教類/佛教之屬

佛教宗派詳注不分卷　(清)楊文會撰　萬鈞注　民國上海醫學書局鉛印本　一冊

330000－1705－0009764　新 2191　子部/宗教類/佛教之屬

佛學叢書□□種　民國上海商務印書館鉛印本　二冊　存一種

330000－1705－0009765　新 2108－2　集部/小說類/長篇之屬

繪圖彭公案續集四卷八十回　(清)貪夢道人撰　民國普新端記書局石印本　一冊　存一卷(四)

330000－1705－0009766　新 2243　子部/宗教類/其他宗教之屬/伊斯蘭教

天方典禮擇要解二十卷後編一卷　(清)劉智撰　民國十一年(1922)鉛印本　一冊

330000－1705－0009769　新 1436－1　史部/目録類/總録之屬/私撰

鄞范氏天一閣書目内編十卷　馮貞羣編　民國二十六年至二十九年(1937－1940)寧波重修天一閣委員會鉛印本　范鹿其、惠霖跋　一冊　存二卷(一至二)

330000－1705－0009772　新 2192　子部/宗教類/佛教之屬

佛教各宗派源流不分卷　釋太虛撰　民國刻本　一册

330000－1705－0009773　新 2104　集部/小説類/長篇之屬

繡像續小五義一百二十四回　(清)石玉崑撰　民國鉛印本　六册

330000－1705－0009788　新 2303　集部/别集類/宋别集

范文正公集十二卷補編四卷年譜一卷年譜補遺一卷鄱陽遺事録一卷義莊規矩一卷遺蹟一卷褒賢集五卷言行拾遺事録四卷　(宋)范仲淹撰　(明)毛一鷺彙編　民國十四年(1925)上海掃葉山房石印本　十二册

330000－1705－0009789　新 2272　集部/别集類/唐五代别集

李太白文集三十卷　(唐)李白撰　民國二十年(1931)上海中原書局據宋刻本影印本　戴行均跋　七册

330000－1705－0009805　新 2355　集部/别集類/元别集

雲莊張文忠公休居自適小樂府一卷　(元)張養浩撰　民國十九年(1930)北平孔德圖書館石印本　一册

330000－1705－0009827　新 2247　集部/楚辭類

楚辭集註八卷後語六卷辯證二卷　(宋)朱熹撰　民國十五年(1926)掃葉山房石印本　一册　存四卷(楚辭集註一至四)

330000－1705－0009834　新 2298　集部/别集類/唐五代别集

諸大名家評點評註柳柳州全集六卷　(唐)柳宗元撰　民國十六年(1927)上海普益書局石印本　六册

330000－1705－0009835　新 2343　集部/别集類/宋别集

四明文獻集五卷　(宋)王應麟撰　(明)鄭真輯　**深寧先生文鈔摭餘編三卷**　(宋)王應麟撰　(清)葉熊輯　**深寧先生年譜一卷**　(清)錢大昕編　**王深寧先生年譜一卷**　(清)陳僅撰　(清)張恕編　**王深寧先生年譜一卷**　(清)張大昌輯　民國五年(1916)仁和王存善鉛印本　四册

330000－1705－0009839　新 2344　集部/别集類/宋别集

四明文獻集五卷　(宋)王應麟撰　(明)鄭真輯　**深寧先生文鈔摭餘編三卷**　(宋)王應麟撰　(清)葉熊輯　**深寧先生年譜一卷**　(清)錢大昕編　**王深寧先生年譜一卷**　(清)陳僅撰　(清)張恕編　**王深寧先生年譜一卷**　(清)張大昌輯　民國五年(1916)仁和王存善鉛印本　四册

330000－1705－0009840　新 2312　集部/别集類/宋别集

臨川集拾遺一卷　(宋)王安石撰　羅振玉輯　民國七年(1918)上海聚珍倣宋印書局鉛印本　一册

330000－1705－0009855　新 2442　類叢部/叢書類/自著之屬

梨洲遺著彙刊(梨洲遺箸彙刊)二十七種續補三種　(清)黄宗羲撰　薛鳳昌編次　民國八年(1919)上海掃葉山房鉛印本(南雷文定三集卷三原缺)　十六册　存十五種續補三種

330000－1705－0009874　新 2547　集部/别集類/清别集

王蘇州遺書十二卷首一卷　(清)王仁堪撰　王孝繩編輯　民國二十三年(1934)鉛印本　王孝綺、王世穎題記　六册

330000－1705－0009902　新 2490　類叢部/叢書類/彙編之屬

嘉業堂叢書五十七種　劉承幹輯　民國吳興劉氏嘉業堂刻本(毛詩正義卷一至七原缺)　六册　存一種

330000－1705－0009905　新 2514　集部/别集類/清别集

章實齋文鈔一卷　(清)章學誠撰　民國六年

(1917)菊飲軒鉛印本　一冊

330000－1705－0009914　新2477　集部/別集類/清別集

道古堂文集四十六卷詩集二十六卷　(清)杭世駿撰　民國上海掃葉山房石印本　十二冊

330000－1705－0009917　新2519　集部/別集類/清別集

校訂定盦全集十卷　(清)龔自珍撰　**定盦年譜藁本一卷**　黄守恆撰　民國二十一年(1932)上海掃葉山房石印本　六冊

330000－1705－0009928　新2548　集部/別集類/清別集

愓齋遺集四卷續集二卷補遺一卷首一卷末一卷　(清)周蘊良撰　民國二十四年(1935)會稽周氏誦清芬館刻本　二冊

330000－1705－0009931　新2534　類叢部/叢書類/自著之屬

詳註曾文正公全集十六種附四種　(清)曾國藩撰　(清)李瀚章編輯　雷瑨　倪錫恩註　民國二十一年(1932)上海掃葉山房石印本　四十八冊

330000－1705－0009933　新2561　類叢部/叢書類/自著之屬

章氏叢書十三種　章炳麟撰　民國六年至八年(1917－1919)浙江圖書館刻本　二十三冊　缺二卷(齊物論釋重定本、太炎文錄補編)

330000－1705－0009934　新2567　集部/別集類

疊秀山房詩鈔六卷　梁錫瓚撰　稿本　一冊

330000－1705－0009940　新2562　集部/別集類/清別集

板橋全集七卷　(清)鄭燮撰　民國二十四年(1935)大衆書局影印本　四冊

330000－1705－0009945　新2552　集部/別集類

靜然齋雜著一卷　呂鳳岐撰　**附清映軒遺稿一卷**　呂賢鍾撰　**附季妹遺稿一卷**　呂賢滿撰　民國二十三年(1934)呂賢鈖鉛印本　呂美蓀題記　一冊

330000－1705－0009946　新2570　集部/別集類/清別集

浮碧山館駢文二卷　(清)馮可鏞撰　民國六年(1917)寧波鈞和公司鉛印本　一冊

330000－1705－0009950　新2571　集部/別集類/清別集

浮碧山館駢文二卷　(清)馮可鏞撰　民國六年(1917)寧波鈞和公司鉛印本　一冊

330000－1705－0009952　新2553　集部/別集類/清別集

僑園詩文集不分卷　(清)姚麟撰　民國二十五年(1936)鉛印本　一冊

330000－1705－0009953　新2556　集部/別集類

畏廬文集一卷　林紓撰　民國三年(1914)上海商務印書館鉛印本　一冊

330000－1705－0009961　新2555　集部/別集類

延秋室詩稿一卷　嚴廷楨撰　民國八年(1919)西泠印社影印本　一冊

330000－1705－0009967　新2544　類叢部/叢書類/自著之屬

晨風廬叢刊十八種　周慶雲撰　民國吳興周氏夢坡室刻本　一冊　存一種

330000－1705－0009968　新2574　集部/別集類/清別集

三香片羽集不分卷　(清)廖道傳撰　民國十五年(1926)廣州大新東中華印務局石印本　一冊

330000－1705－0009976　新2533　集部/別集類/清別集

瑤華閣詩草一卷詞鈔一卷詞補遺一卷　(清)袁綬撰　民國鉛印本　一冊

330000－1705－0009977　新2589　集部/別集類

禮本堂詩集十二卷　林景綬撰　民國七年

(1918)木活字印本　二册

330000－1705－0009978　新 2559　集部/别集類

諶墅文集十二卷　陳星庚撰　稿本　二册

330000－1705－0009980　新 2590　集部/别集類

禮本堂詩集十二卷　林景綬撰　民國七年(1918)木活字印本　一册　存六卷(七至十二)

330000－1705－0009987　新 2592　集部/别集類/清别集

先訓導公遺著一卷　(清)阮慶棟撰　阮紹昌輯　民國十七年(1928)阮性純鉛印本　一册

330000－1705－0009992　新 2593　集部/别集類/清别集

語石居詩鈔二卷　(清)林植三撰　李蠡　陳宗勳編次　民國二十二年(1933)石印本　二册

330000－1705－0009995　新 2645　集部/總集類/選集之屬/通代

文選六十卷　(南朝梁)蕭統輯　(唐)李善注　**文選考異十卷**　(清)胡克家撰　民國上海掃葉山房據胡刻仿宋本影印本　二十四册

330000－1705－0010001　新 2595　集部/别集類

散原精舍詩二卷續集三卷　陳三立撰　民國十一年(1922)上海商務印書館鉛印本　桑文磁跋　四册

330000－1705－0010002　新 2621　集部/别集類

自反錄六卷　蔣中正撰　民國上海中華書局鉛印本　六册

330000－1705－0010004　新 2596　集部/别集類

鶴巢文存四卷　忻江明撰　民國鴻遠書屋抄本　二册

330000－1705－0010005　新 2601　集部/别集類

猥盦詩艸十卷文艸十卷　陳繼訓撰　民國二十七年(1938)鉛印本　六册

330000－1705－0010006　新 2617　集部/總集類/郡邑之屬

四明愚叟拾殘錄二卷　顧釗輯　程聖輅編　民國二十二年(1933)顧釗晚晴廬鉛印本　四册

330000－1705－0010007　新 2609　集部/别集類/清别集

陳忠權遺著一卷　(清)陳以義撰　民國二十五年(1936)鉛印本　一册

330000－1705－0010010　新 2620　集部/别集類

天放樓續文言五卷皖志列傳選存二卷詩續集五卷紅鶴山房詞一卷　金天羽撰　民國二十二年(1933)蘇州國學會鉛印本　二册　缺七卷(皖志列傳選存一至二、詩續集一至五)

330000－1705－0010012　新 2624　集部/别集類

約園演講集一卷　張壽鏞撰　民國鉛印本　一册

330000－1705－0010013　新 2603　集部/别集類

辛亥集一卷　周正爵撰　民國鉛印本　一册

330000－1705－0010015　新 2515　類叢部/叢書類/自著之屬

章氏遺書七種外編十種　(清)章學誠撰　民國十一年(1922)吳興劉氏嘉業堂刻本　九册　存六種

330000－1705－0010018　新 2602　集部/别集類

菀麗園詩一卷續一卷再續一卷四續一卷陽春白雪詞一卷　呂美蓀撰　民國二十年至二十四年(1931－1935)鉛印本　呂美蓀題記　四册

330000－1705－0010023　新 2610　集部/别集類

景廬四十告存詩草二卷告存題畫詩草一卷 朱至誠撰 民國二十五年(1936)鉛印本 一册

330000－1705－0010025 新2622、新2623 集部/别集類

約園雜箸八卷續編八卷三編八卷 張壽鏞撰 民國二十四年至三十四年(1935－1945)鉛印本 三册 存十一卷(續編一至三、三編一至八)

330000－1705－0010026 新2611 集部/别集類

綠天簃詩集一卷詞集一卷 張汝釗撰 民國十四年(1925)鉛印本 鳴之題記 一册

330000－1705－0010027 新2615 集部/别集類

北溟詩藁二卷補遺一卷 江起鯤撰 民國二十二年(1933)寧波鈞和公司鉛印本 一册

330000－1705－0010031 新2636 集部/總集類/尺牘之屬

歷代名人小簡二卷續編二卷 吳曾祺輯 民國六年(1917)上海商務印書館鉛印本 四册

330000－1705－0010033 新2597 集部/别集類/清别集

小倦遊閣文稿二卷 (清)包世臣撰 民國六年(1917)華陽王氏菊飲軒鉛印本 一册

330000－1705－0010035 新2600 集部/别集類

東山先生詩一卷 張天爵撰 民國二十四年(1935)鉛印本 一册

330000－1705－0010036 新2691 集部/總集類/選集之屬/通代

古文範二卷 吳闓生評解 高步瀛集箋 民國八年(1919)上海中華書局鉛印本 四册

330000－1705－0010037 新2612 集部/别集類/清别集

愛吾廬遺稿一卷 (清)陳綸撰 **雙湖漁隱詩草一卷** (清)陳孝徵撰 民國耕心堂鉛印本 一册

330000－1705－0010040 新2598 集部/别集類/清别集

茗香館遺草一卷 (清)祝幼珊撰 民國十八年(1929)祝履中影印本暨鉛印本 一册

330000－1705－0010041 新2616 集部/别集類

國難文錄不分卷 郭閔疇撰 民國鉛印本 一册

330000－1705－0010042 新2599 集部/别集類

蔣觀雲先生遺詩一卷 蔣智由撰 呂美蓀輯 民國二十二年(1933)鉛印本 呂美蓀題記 一册

330000－1705－0010044 新2618 集部/别集類

回風堂文集九卷 馮幵撰 民國抄本 一册

330000－1705－0010048 新2708 子部/藝術類/書畫之屬/法帖

明清名人尺牘墨寶第一集六卷第二集六卷第三集六卷 文明書局輯 民國十一年(1922)上海文明書局影印本 十八册

330000－1705－0010051 新2625 集部/别集類

端夷六十後詩詞一卷 魏友枋撰 民國三十五年(1946)萊緣社鉛印本 一册

330000－1705－0010052 新2603－1 集部/别集類

辛亥集一卷 周正爵撰 民國鉛印本 一册

330000－1705－0010055 新2604 集部/總集類/郡邑之屬

小滄桑館甲子唱和集一卷 費崇高編次 民國十四年(1925)鉛印本 一册

330000－1705－0010056 新2626 集部/别集類

自由詩集一卷 卓梵撰 民國鉛印本 張蓬仙題簽 一册

330000－1705－0010061 新2699 集部/總

集類/選集之屬/通代
十八家詩鈔二十八卷首一卷　(清)曾國藩輯　民國四年(1915)上海國華書局石印本　八冊　存十六卷(一至十六)

330000－1705－0010063　新 2605　集部/別集類
珠巖齋文初編九卷　王宇高撰　民國二十五年(1936)鉛印本　一冊　存五卷(一至五)

330000－1705－0010066　新 2606　集部/別集類
甬山堂詩集六卷　周世棠撰　民國十九年(1930)鉛印本　一冊

330000－1705－0010068　新 2607　集部/別集類
艮園文集十二卷　江五民撰　民國十九年(1930)寧波鉛印本　四冊

330000－1705－0010069　新 2627　集部/別集類
葑里賸稿四卷　張原煒撰　民國三十四年(1945)張氏鉛印本　一冊

330000－1705－0010073　新 2608　集部/別集類
艮園文集十二卷　江五民撰　民國十九年(1930)寧波鉛印本　四冊

330000－1705－0010075　新 2707　集部/總集類/彙編之屬
名流尺牘不分卷　馮昭適編　民國抄本　一冊

330000－1705－0010080　新 2633　集部/別集類/清別集
北萊遺詩三卷　(清)釋廣信撰　**天寥遺稿三卷**　(清)釋空明撰　民國二十四年(1935)煨芋草堂鉛印本　一冊

330000－1705－0010100　新 2746　集部/總集類/氏族之屬
嘉樂齋三蘇文範十八卷　(宋)蘇洵　(宋)蘇軾　(宋)蘇轍撰　(明)楊慎選　(明)袁宏道參閱　民國五年(1916)石印本　八冊

330000－1705－0010108　新 2816　集部/總集類/郡邑之屬
四明清詩略三十二卷首三卷　(清)董沛輯　**續稿八卷**　忻江明輯　**姓氏韻編一卷**　民國十九年(1930)中華書局鉛印本　二十冊

330000－1705－0010126　新 2815　集部/總集類/郡邑之屬
四明清詩略三十二卷首三卷　(清)董沛輯　**續稿八卷**　忻江明輯　**姓氏韻編一卷**　民國十九年(1930)中華書局鉛印本　二十冊

330000－1705－0010128　新 2740　集部/詞類/總集之屬
全唐詞選二卷　民國八年(1919)上海掃葉山房石印本　一冊　存一卷(上)

330000－1705－0010131　新 2806　集部/總集類/郡邑之屬
續甬上耆舊詩一百二十卷首一卷　(清)全祖望輯選　民國七年(1918)四明文獻社鉛印本　二十四冊

330000－1705－0010135　新 2796　集部/總集類/題詠之屬
松聲琴韻集不分卷　方濟川輯　民國三十八年(1949)鉛印本　一冊

330000－1705－0010136　新 2807　集部/總集類/郡邑之屬
續甬上耆舊詩一百二十卷首一卷　(清)全祖望輯選　民國七年(1918)四明文獻社鉛印本　二十四冊

330000－1705－0010138　新 2808　集部/總集類/郡邑之屬
續甬上耆舊詩一百二十卷首一卷　(清)全祖望輯選　民國七年(1918)四明文獻社鉛印本　十三冊　存五十一卷(一至二十一、二十六至五十、五十六至六十)

330000－1705－0010140　新 2829　類叢部/叢書類/家集之屬
顧氏家集十種　顧燮光編　民國十八年(1929)會稽顧氏金佳石好樓鉛印本暨石印本

六冊

330000－1705－0010141　新2810　集部/總集類/郡邑之屬

蛟川詩繫三十一卷首一卷　(清)姚燮輯　**蛟川詩繫續編八卷首一卷**　范鑄編次　民國二年至三年(1913－1914)鉛印本　九冊　缺七卷(首、一至四,續編七至八)

330000－1705－0010144　新2811　集部/總集類/郡邑之屬

蛟川詩繫三十一卷首一卷　(清)姚燮輯　**蛟川詩繫續編八卷首一卷**　范鑄編次　民國二年至三年(1913－1914)鉛印本　四冊　缺二十三卷(首,一至四、十三至十六、二十五至三十一;續編首、一至六)

330000－1705－0010147　新2794　集部/總集類/彙編之屬

百朋集一卷　賀師章輯　民國石印本　一冊

330000－1705－0010149　新2793　子部/藝術類/書畫之屬/法帖

正草隸篆名人楹聯大觀不分卷　民國十八年(1929)上海掃葉山房石印本　四冊

330000－1705－0010152　新2795　史部/傳記類/别傳之屬/事狀

燕喜集七卷首一卷　王文周　王文翰輯　民國二十年(1931)鉛印本　一冊

330000－1705－0010170　新2831　經部/詩類/傳說之屬

放齋詩說四卷首一卷　(宋)曹粹中撰　張壽鏞輯　民國三十三年(1944)鉛印本　一冊

330000－1705－0010172　新2848　集部/詞類/詞譜之屬

白香詞譜箋四卷　(清)舒夢蘭輯　(清)謝朝徵箋　**學宋齋詞韻一卷**　(清)吳烺等輯　民國八年(1919)上海文明書局石印本　三冊　存四卷(一至四)

330000－1705－0010174　新2833　集部/詩文評類/詩評之屬

漁洋詩話二卷　(清)王士禛撰　民國四年(1915)上海掃葉山房石印本　一冊

330000－1705－0010179　新2834　集部/詩文評類/詩評之屬

詩學淵源八卷　丁儀撰　民國十九年(1930)鉛印本　三冊

330000－1705－0010180　新2766　集部/總集類/酬唱之屬

海角潮音集不分卷　王善欽等撰　民國二十四年(1935)上海商務印書館鉛印本　一冊

330000－1705－0010185　新2875　集部/曲類/散曲之屬

曲雅一卷論曲絕句一卷續曲雅一卷　盧前錄　民國二十年至二十二年(1931－1933)上海開明書店影印本　二冊

330000－1705－0010186　新2887　類叢部/叢書類/彙編之屬

說郛一百卷　(元)陶宗儀編　張宗祥重校　民國十六年(1927)上海商務印書館鉛印本　三十冊　存七十九卷(一至二十、四十二至一百)

330000－1705－0010190　新2870　集部/曲類/彈詞之屬

繡像繪圖天雨花二十卷六十回　民國十七年(1928)上海錦章圖書局石印本　七冊　存十四卷(一至十四)

330000－1705－0010191　新2876　集部/戲劇類/總集之屬

永樂大典戲文三種　民國二十年(1931)古今小品書籍印行會鉛印本　一冊

330000－1705－0010194　新2854　集部/戲劇類/雜劇之屬

增批繪像第六才子書八卷　(元)王德信　(元)關漢卿撰　(清)金人瑞評　**六才子西廂文一卷**　**唐六如先生文韻一卷**　(明)祝允明評定　(明)念庵居士輯　民國五年(1916)上海掃葉山房石印本　四冊

330000－1705－0010196　新2853　集部/戲劇類/雜劇之屬

增批繪像第六才子書八卷 （元）王德信（元）關漢卿撰 （清）金人瑞評 **六才子西廂文一卷** **唐六如先生文韻一卷** （明）祝允明評定 （明）念庵居士輯 民國十七年（1928）上海掃葉山房石印本 四冊

330000－1705－0010200 新 2896 類叢部/叢書類/彙編之屬
又滿樓叢書十六種 趙詒琛編 民國九年至十四年（1920－1925）崑山趙氏又滿樓刻本 一冊 存二種

330000－1705－0010204 新 2897 類叢部/叢書類/彙編之屬
涵芬樓祕笈五十一種 孫毓修等輯 民國五年至十五年（1916－1926）上海商務印書館影印本暨鉛印本 二十四冊 存三集（一至三）

330000－1705－0010213 新 2898 類叢部/叢書類/彙編之屬
藜照廬叢書十五種 林集虛編 民國二十四年（1935）木活字印本 六冊

330000－1705－0010214 新 2881 集部/曲類/彈詞之屬
足本大字劉公案全傳四卷 民國上海廣益書局石印本 四冊

330000－1705－0010215 新 2899 類叢部/叢書類/彙編之屬
景印元明善本叢書十種 商務印書館編 民國二十六年至二十九年（1937－1940）上海商務印書館影印本 三百二十冊

330000－1705－0010218 新 2902 類叢部/叢書類/郡邑之屬
四明叢書一百六十七種 張壽鏞編 民國四明張氏約園刻本（安晚堂詩集卷一至五原缺） 五百三十三冊

330000－1705－0010219 新 2910 集部/詞類/別集之屬
寧波十二個月竹枝詞一卷 張延章撰 稿本 一冊

330000－1705－0010220 樵 0454 類叢部/叢書類/彙編之屬
指海一百四十種 （清）錢熙祚編 （清）錢培讓 （清）錢培杰續編 民國二十四年（1935）上海大東書局據清錢氏重編借月山房彙鈔本影印本 一百六十冊

330000－1705－0010221 新 2904 類叢部/叢書類/自著之屬
崇雅堂叢書十四種 楊晨撰 民國二十五年（1936）楊紹翰鉛印本 十四冊 存十二種

330000－1705－0010223 新 2882 集部/戲劇類/雜劇之屬
紅雪樓九種曲 （清）蔣士銓撰 民國十二年（1923）上海朝記書局影印本 三冊 存三種

330000－1705－0010225 新 2903 類叢部/叢書類/郡邑之屬
敬鄉樓叢書三十八種 黃羣編 民國十七年至二十四年（1928－1935）永嘉黃氏鉛印本 七十五冊 存第一輯八種、第二輯八種、第三輯九種、第四輯八種

330000－1705－0010227 新 2869 集部/曲類/寶卷之屬
雙金錠寶卷二卷 民國上海惜陰書局石印本 一冊

330000－1705－0010229 新 2869－1 集部/曲類/寶卷之屬
新編五祖黃梅寶卷二卷 民國上海惜陰書局石印本 一冊

330000－1705－0010230 新 2869－2 集部/曲類/寶卷之屬
太平寶卷二卷 民國上海文益書局石印本 一冊 存一卷（上）

330000－1705－0010231 新 2883 集部/曲類/寶卷之屬
新刻黃糠寶卷前本不分卷 民國二年（1913）石印本 一冊

330000－1705－0010233 新 2892 類叢部/叢書類/彙編之屬
選印宛委別藏四十種 故宮博物院編 民國

二十四年(1935)上海商務印書館影印本　一百五十一册

330000－1705－0010236　新2891　類叢部/叢書類/彙編之屬

四庫全書珍本初集二百三十種　中央圖書館籌備處輯　民國二十三年至二十四年(1934－1935)上海商務印書館據文淵閣本影印本　一百三十二册　存二十一種

330000－1705－0010242　新2914　類叢部/叢書類/自著之屬

周岐隱文稿十三種十八卷　周利川撰　稿本　十册

330000－1705－0010243　新2917　集部/總集類/題詠之屬

姜西溟選詩類鈔題跋不分卷　童藻蓀編　稿本　一册

330000－1705－0010316　楊0076　經部/小學類/文字之屬/説文/傳説

説文釋例二十卷　(清)王筠撰　民國十四年(1925)掃葉山房石印本　八册

330000－1705－0010323　楊0077　經部/小學類/文字之屬/説文

説文通檢十四卷首一卷末一卷　(清)黎永椿編　民國商務印書館據番禺陳氏刻本影印本　二册

330000－1705－0010379　楊0161　史部/史評類/史論之屬

橫山史論一卷　(清)裘璉撰　(清)胡亦堂評選　民國三年(1914)鉛印本　一册

330000－1705－0010381　楊0163　史部/史評類/史論之屬

訂續讀史論略二卷　唐邦治撰　民國二十二年(1933)大東書局三版鉛印本　一册

330000－1705－0010383　楊0241、楊0242、楊0239、楊0240　類叢部/叢書類/彙編之屬

宋人小説二十八種　涵芬樓編　民國上海商務印書館鉛印本　五册　存四種

330000－1705－0010401　樵0004　經部/四書類/孟子之屬/傳説

孟子集註七卷　(宋)朱熹撰　民國鉛印本　七册

330000－1705－0010406　樵0003　經部/叢編

孔子書四種　胡衍鶚述　民國鉛印本　四册

330000－1705－0010432　楊0194　史部/金石類/石之屬/通考

校碑隨筆不分卷　方若撰　民國上海朝記書莊石印本　四册

330000－1705－0010435　楊0195　史部/金石類/郡邑之屬/雜著

曲阜碑碣考四卷　孔祥霖輯　民國四年(1915)上海廣智書局鉛印本　一册

330000－1705－0010444　楊0197　子部/儒家類/儒學之屬/經濟

劉向新序十卷　(漢)劉向撰　民國三年(1914)右文社鉛印本　四册

330000－1705－0010447　楊0198、楊0218　子部/叢編

六子全書　(明)顧春輯　民國三年(1914)右文社據明嘉靖十二年(1533)吳郡顧氏世德堂刻本影印本　五册　存二種

330000－1705－0010487　楊0253、楊0254　子部/雜著類/雜考之屬

煙嶼樓讀書志十六卷筆記八卷　(清)徐時棟撰　民國十七年(1928)鄞縣徐方來蘧學齋鉛印本　八册

330000－1705－0010490　楊0217、楊0263　子部/叢編

六子全書　(明)顧春輯　民國三年(1914)右文社據明嘉靖十二年(1533)吳郡顧氏世德堂刻本影印本　八册　存二種

330000－1705－0010492　楊0234　子部/藝術類/篆刻之屬/印譜

吝飛館印留不分卷　吳澤遺製　秦康祥裒集　張咀英　秦康祥　高廷肅審拓　民國三十

七年(1948)鈐拓本　秦康祥題記　一册

330000－1705－0010494　樵0049　子部/宗教類/其他宗教之屬/伊斯蘭教

古蘭經三十卷　姬覺彌等譯　民國二十年(1931)上海廣倉學宭石印本　八册

330000－1705－0010501　楊0257、楊0259　子部/叢編

六子全書　(明)顧春輯　民國三年(1914)右文社據明嘉靖十二年(1533)吳郡顧氏世德堂刻本影印本　七册　存二種

330000－1705－0010515　楊0236　子部/藝術類/書畫之屬/畫譜

賞奇軒五種合編　民國石印本　一册　存一種

330000－1705－0010516　樵0051　史部/紀傳類/正史之屬

清史稿五百三十六卷目錄五卷　趙爾巽等撰　民國十六年(1927)清史館鉛印本　一百三十一册

330000－1705－0010519　樵0053　史部/紀傳類/正史之屬

新元史二百五十七卷　柯劭忞撰　民國天津徐世昌退耕堂刻本　六十册

330000－1705－0010532　樵0063　史部/編年類/通代之屬

尺木堂綱鑑易知錄九十二卷明鑑易知錄十五卷　(清)吳乘權　(清)周之炯　(清)周之燦輯　民國八年(1919)上海掃葉山房石印本　二十四册

330000－1705－0010548　楊0300　集部/總集類/選集之屬/通代

歷代詩文評註讀本　王文濡編　民國上海文明書局鉛印本　二册　存一種

330000－1705－0010565　楊0307　集部/總集類/選集之屬/通代

續古文辭類纂三十四卷　王先謙輯　民國七年(1918)上海會文堂書局石印本　八册

330000－1705－0010566　楊0308　集部/總集類/選集之屬/通代

評校音註續古文辭類纂三十四卷　王先謙輯　王文濡校注　民國十三年(1924)上海文明書局鉛印本　八册

330000－1705－0010567　楊0310　集部/總集類/選集之屬/通代

古詩源十四卷　(清)沈德潛輯　民國上海商務印書館鉛印本　四册

330000－1705－0010571　樵0074　史部/史表類/斷代之屬

明代建築大事年表四卷　單士元　王璧文撰　民國二十六年(1937)鉛印本　一册

330000－1705－0010583　楊0305　集部/總集類/選集之屬/通代

古文辭類纂評註七十四卷　(清)姚鼐纂輯　沈伯經等評注　民國十一年(1922)上海文明書局鉛印本　八册　存四十四卷(三十一至七十四)

330000－1705－0010603　楊0309　集部/總集類/選集之屬/通代

新古文辭類纂六十卷首一卷　蔣瑞藻纂集　民國十一年(1922)上海中華書局石印本　二十四册

330000－1705－0010604　樵0079　史部/政書類/邦交之屬

清季外交史料六種　(清)王彥威輯　王亮編　民國二十一年至二十四年(1932－1935)北平外交史料編纂處鉛印本　一百五十四册　存五種

330000－1705－0010605　樵0080　史部/政書類/邦交之屬

籌辦夷務始末道光朝八十卷　(清)文慶等撰　**籌辦夷務始末咸豐朝八十卷**　(清)賈楨等撰　**籌辦夷務始末同治朝一百卷**　(清)寶鋆等撰　民國十八年至十九年(1929－1930)故宫博物院據抄本影印本　一百三十册

330000－1705－0010611　樵0078　類叢部/

叢書類

國立暨南大學叢書　民國二十八年(1939)鉛印本　十冊　存一種

330000－1705－0010627　楊 0346　集部/總集類/選集之屬/通代

歷代詩文評註讀本　王文濡編　民國上海文明書局鉛印本　四冊　存一種

330000－1705－0010633　樵 0102　史部/地理類/方志之屬/郡縣志

[民國]定海縣志十六卷首一卷　陳訓正　馬瀛纂修　施臯　顏聖介　張紀隆測繪　民國十三年(1924)旅滬同鄉會鉛印本　六冊

330000－1705－0010639　樵 0092　集部/總集類/郡邑之屬

四明文獻二卷　(明)鄭真輯　民國二十四年(1935)約園鉛印本　二冊

330000－1705－0010650　樵 0093　史部/史表類/通代之屬

中國文學年表第一編四卷　敖士英纂輯　民國二十四年(1935)北平立達書局鉛印本　三冊

330000－1705－0010653　樵 0107　史部/地理類/山川之屬/山志

廬山志副刊六種附圖一卷　吳宗慈輯注　民國二十三年(1934)鉛印本　十二冊

330000－1705－0010654　楊 0352　集部/總集類/郡邑之屬

四明清詩略三十二卷首三卷　(清)董沛輯　**續稿八卷**　忻江明輯　**姓氏韻編一卷**　民國十九年(1930)中華書局鉛印本　二十冊

330000－1705－0010665　樵 0104－1　史部/地理類/方志之屬/郡縣志

[民國]鄞縣通志六志五十一編附圖一函　張傳保　汪煥章修　陳訓正　馬瀛纂　民國二十四年(1935)至一九五一年寧波鄞縣通志館鉛印本　三十五冊

330000－1705－0010666　楊 0369　集部/別集類/宋別集

范文正公書牘不分卷　(宋)范仲淹撰　民國十三年(1924)上海商務印書館鉛印本　二冊

330000－1705－0010671　楊 0353　集部/總集類/酬唱之屬

通藝閣詩錄□□卷　(清)姚椿編　民國鉛印本　一冊　存二卷(一至二)

330000－1705－0010672　樵 0123　類叢部/類書類/通類之屬

永樂大典二萬二千八百七十七卷　(明)解縉等輯　民國影印本　一冊　存二卷(二千六百十至二千六百十一)

330000－1705－0010676　樵 0132、樵 0133　類叢部/叢書類/彙編之屬

適園叢書七十四種　張鈞衡編　民國二年至六年(1913－1917)烏程張氏刻本(唐大詔令集卷十四至二十四、八十七至九十八原缺)　十八冊　存二種

330000－1705－0010678　楊 0367　類叢部/叢書類/彙編之屬

四部備要　中華書局編　民國二十五年(1936)上海中華書局鉛印本(經義考卷二百八十六、二百九十九至三百,東塾讀書記卷十三至十四、十七至二十、二十二至二十五原缺)　一冊　存一種

330000－1705－0010681　楊 0379、楊 0380、楊 0397　類叢部/叢書類/彙編之屬

四部叢刊　張元濟等編　民國上海商務印書館影印本　十二冊　存三種

330000－1705－0010691　樵 0135　史部/目録類/總録之屬/官修

壬子文瀾閣所存書目五卷　錢恂編　**文瀾閣目補一卷**　章箴編　民國元年(1912)浙江圖書館刻十二年(1923)補刻本　四冊

330000－1705－0010692　樵 0131　史部/目録類/總録之屬/官修

欽定四庫全書簡明目錄二十卷　(清)紀昀等撰　民國埽葉山房石印本　八冊

330000－1705－0010695　楊 0372　集部/別

集類/宋別集
蘇東坡尺牘四卷 (宋)蘇軾撰 民國十五年(1926)上海商務印書館鉛印本 四册

330000－1705－0010698 樵0136 史部/目録類/總録之屬/官修
文瀾閣目索引一卷 楊立誠編 民國十八年(1929)浙江省立圖書館鉛印本 一册

330000－1705－0010705 樵0138 史部/目録類/總録之屬/私撰
好古堂書目五卷收藏宋元板書目一卷 (清)姚際恒編 民國十七年(1928)南京中社影印本 一册

330000－1705－0010706 樵0139 類叢部/叢書類/彙編之屬
涵芬樓祕笈五十一種 孫毓修等輯 民國五年至十五年(1916－1926)上海商務印書館影印本暨鉛印本 四册 存一種

330000－1705－0010713 楊0374 集部/別集類/宋別集
黃山谷書牘一卷 (宋)黃庭堅撰 民國三年(1914)上海商務印書館鉛印本 二册

330000－1705－0010716 樵0141 史部/目録類/總録之屬/私撰
郘亭知見傳本書目十六卷 (清)莫友芝撰 民國石印本 四册

330000－1705－0010718 楊0375 類叢部/叢書類/郡邑之屬
四明叢書一百六十七種 張壽鏞編 民國四明張氏約園刻本(安晚堂詩集卷一至五原缺) 二册 存一種

330000－1705－0010723 樵0142 史部/目録類/總録之屬/私撰
韓氏讀有用書齋書目一卷 封文權編 民國二十三年(1934)瑞安陳氏裒殷堂鉛印本 一册

330000－1705－0010724 樵0148 史部/目録類/版本之屬/專考
宋元本行格表二卷附錄一卷補遺一卷 (清)江標輯 劉肇隅編並補 民國三年(1914)上海文瑞樓石印本 四册

330000－1705－0010729 樵0156 史部/目録類/總録之屬/官修
故宮善本書目三卷 張允亮輯 民國二十三年(1934)北平故宮博物院圖書館鉛印本 一册

330000－1705－0010730 樵0146 史部/目録類/書志之屬/提要
滂喜齋藏書記三卷 (清)潘祖蔭藏 葉昌熾撰 **滂喜齋宋元本書目一卷** 陳乃乾輯 民國十三年(1924)海寧陳氏慎初堂鉛印本 二册

330000－1705－0010731 樵0144 史部/目録類/書志之屬/題跋
文祿堂訪書記五卷 王文進撰 民國三十一年(1942)任邱王文進北京文祿堂書籍鋪鉛印本 五册

330000－1705－0010733 樵0147 史部/目録類/總録之屬/私撰
振綺堂書目四卷 (清)汪曾唯輯 民國十六年(1927)鉛印本 一册

330000－1705－0010735 樵0157 史部/目録類/總録之屬
故宮普通書目六卷 故宮博物院圖書館編 民國二十三年(1934)北平故宮博物院圖書館鉛印本 三册

330000－1705－0010737 樵0143 史部/目録類/總録之屬/私撰
書髓樓藏書目八卷附錄一卷 徐世昌撰 民國二十四年(1935)鉛印本 四册

330000－1705－0010740 樵0158 史部/目録類/專録之屬
故宮方志目一卷附錄一卷索引一卷 故宮博物院圖書館編 民國二十年(1931)北平故宮博物院圖書館鉛印本 一册

330000－1705－0010743 樵0159 史部/目録類/專録之屬

國立北平圖書館方志目錄不分卷索引不分卷 國立北平圖書館編 民國二十二年(1933)國立北平圖書館鉛印本 四冊

330000－1705－0010755 樵0155 史部/目録類/總録之屬/官修

內閣大庫書檔舊目一卷 國立中央研究院歷史語言研究所編 民國二十二年(1933)上海商務印書館鉛印本 一冊

330000－1705－0010756 樵0172、樵0173 史部/目録類/總録之屬/官修

江蘇省立國學圖書館圖書總目四十四卷補編十二卷 江蘇省立國學圖書館編 民國二十二年至二十五年(1933－1936)江蘇省立國學圖書館鉛印本 三十冊

330000－1705－0010759 樵0169 史部/目録類/總録之屬/私撰

東海藏書樓書目不分卷 徐允中藏並編 民國九年(1920)武林印書館鉛印本 六冊

330000－1705－0010762 樵0160 史部/目録類/專録之屬

中國地方志綜錄不分卷 朱士嘉撰 民國二十六年(1937)上海商務印書館石印本 三冊

330000－1705－0010763 樵0170 史部/目録類/總録之屬/彙刻

叢書書目彙編不分卷補遺一卷 沈乾一編纂 民國十八年(1929)上海醫學書局鉛印本 四冊

330000－1705－0010766 楊0440 集部/別集類/清別集

霓仙遺稿一卷 (清)葉同春撰 民國十一年(1922)石印本 一冊

330000－1705－0010768 樵0171 史部/目録類/總録之屬/官修

北平圖書館善本書目四卷補遺一卷 趙萬里撰集 民國二十二年(1933)刻本 四冊

330000－1705－0010770 樵0161 史部/目録類/總録之屬/地方

焦山書藏書目六卷補遺一卷 焦山書藏委員會編 民國二十三年(1934)鎮江焦山書藏委員會石印本 四冊

330000－1705－0010772 楊0457 集部/小說類/長篇之屬

增像全圖西遊記二十五卷一百回 (明)吳承恩撰 (清)陳士斌詮解 民國鉛印本 九冊 缺一卷(一)

330000－1705－0010773 樵0174 史部/目録類/總録之屬/私撰

販書偶記二十卷 孫殿起撰 民國二十五年(1936)冀縣孫殿起借閒居鉛印本 八冊

330000－1705－0010774 樵0162 史部/目録類/專録之屬

清華醫室藏書類目二卷 釋清華編 民國二十一年(1932)鉛印本 二冊

330000－1705－0010776 樵0175 史部/目録類/專録之屬

敦煌劫餘錄不分卷 陳垣校錄 民國二十年(1931)北京國立中央研究院歷史語言研究所鉛印本 六冊

330000－1705－0010779 樵0176 史部/目録類/總録之屬/私撰

書目答問五卷別錄一卷國朝箸述諸家姓名略一卷 (清)張之洞撰 民國二十四年(1935)上海掃葉山房石印本 二冊

330000－1705－0010782 樵0164 史部/目録類/總録之屬/官修

江蘇第一圖書館覆校善本書目四卷 胡宗武 曹掾梁編 民國七年(1918)南京江蘇第一圖書館鉛印本 四冊

330000－1705－0010788 楊0445 集部/別集類

寒莊文編二卷外編一卷 虞輝祖撰 民國十年(1921)、十二年(1923)上海聚珍倣宋印書局鉛印本 一冊 存一卷(外編)

330000－1705－0010789 楊0469 子部/藝術類/書畫之屬/法帖

吳篆論語二卷 (清)吳大澂篆書 民國三年

(1914)蘇州振新書社影印本　一冊　存一卷(二)

330000－1705－0010792　樵 0165　史部/目録類/總録之屬/私撰

詒莊樓書目八卷　王修藏並撰　民國十九年(1930)長興王修鉛印本　四冊

330000－1705－0010793　樵 0163　史部/目録類/總録之屬/禁燬

清代禁燬書目四種索引四卷　民國二十年(1931)杭州抱經堂書局鉛印本　四冊

330000－1705－0010798　楊 0446　集部/別集類

艮園文集十二卷　江五民撰　民國十九年(1930)寧波鉛印本　四冊

330000－1705－0010799　樵 0167　史部/目録類/通論之屬/考訂

古文舊書考四卷附訪餘録一卷　(日本)島田翰撰　民國十六年(1927)深縣王雨藻玉堂鉛印本　四冊

330000－1705－0010800　樵 0166　史部/目録類/總録之屬/官修

梁氏飲冰室藏書目録五卷附録二卷補遺一卷　國立北平圖書館編纂　民國二十二年(1933)國立北平圖書館鉛印本　四冊

330000－1705－0010801　楊 0462　類叢部/叢書類/彙編之屬

説郛一百卷　(元)陶宗儀編　張宗祥重校　民國十六年(1927)上海商務印書館鉛印本　十冊

330000－1705－0010807　楊 0451　集部/曲類/曲選之屬

繪圖綴白裘十二集四十八卷　(清)玩花主人輯　(清)錢德蒼增輯　民國上海周月記機器印書處影印本　十二冊

330000－1705－0010809　樵 0238、樵 0240　類叢部/叢書類/彙編之屬

四部備要　中華書局編　民國二十五年(1936)上海中華書局鉛印本(經義考卷二百八十六、二百九十九至三百，東塾讀書記卷十三至十四、十七至二十、二十二至二十五原缺)　十冊　存二種

330000－1705－0010810　樵 0168　史部/目録類/版本之屬/書影

盋山書影第一輯不分卷第二輯不分卷　柳詒徵輯　民國十八年(1929)國學圖書館影印本　三冊

330000－1705－0010817　楊 0454　子部/小説家類/雜事之屬

新刊大宋宣和遺事四卷　民國四年(1915)上海商務印書館鉛印本　玄冰跋　四冊

330000－1705－0010825　樵 0189　史部/金石類/金之屬/文字

嘯堂集古録二卷　(宋)王俅撰　民國刻蘇州振新書社朱印本　二冊

330000－1705－0010832　樵 0181　史部/地理類

浙江圖書館叢書三十種七十九卷　(清)丁謙撰　民國四年(1915)浙江圖書館刻本　十六冊

330000－1705－0010836　樵 0192　史部/金石類/金之屬

西清續鑑乙編二十卷　民國二十年(1931)北平古物陳列所影印本　二十冊

330000－1705－0010841　樵 0222　史部/金石類/總志之屬

清儀閣所藏古器物文十卷　(清)張廷濟輯　民國十四年(1925)上海商務印書館影印本　徐鈞批校並跋　十冊

330000－1705－0010849　樵 0232　類叢部/類書類/通類之屬

永樂大典二萬二千八百七十七卷　(明)解縉等輯　民國二十八年(1939)影印本　一冊　存二卷(三千五百八十四至三千五百八十五)

330000－1705－0010850　樵 0210、樵 0211　史部/金石類/郡邑之屬/目録

江蘇金石志二十四卷待訪目二卷　民國十六

年(1927)影印本　二十六冊

330000－1705－0010852　樵 0223　子部/工藝類/日用器物之屬/陶瓷
匋雅二卷　陳瀏撰　民國二十二年(1933)上海古瓷研究會石印本　四冊

330000－1705－0010858　樵 0234、樵 0235　類叢部/叢書類/彙編之屬
四部叢刊　張元濟等編　民國上海商務印書館影印本　四冊　存二種

330000－1705－0010861　樵 0242、樵 0402、樵 0403　類叢部/叢書類/郡邑之屬
四明叢書一百六十七種　張壽鏞編　民國四明張氏約園刻本(安晚堂詩集卷一至五原缺)　一百四冊　存三種

330000－1705－0010867　樵 0244　史部/傳記類/總傳之屬/儒林
清儒學案二百八卷　徐世昌撰　民國二十八年(1939)北京文楷齋刻本　一百冊

330000－1705－0010872　樵 0229、樵 0349　類叢部/叢書類/彙編之屬
嘉業堂叢書五十七種　劉承幹輯　民國吳興劉氏嘉業堂刻本(毛詩正義卷一至七原缺)　一冊　存二種

330000－1705－0010873　樵 0249　子部/雜著類/雜考之屬
過庭錄十六卷　(清)宋翔鳳撰　民國十九年(1930)北平富晉書社石印本　六冊

330000－1705－0010877　樵 0224　子部/工藝類/日用器物之屬/陶瓷
古月軒瓷考一卷　楊歗谷撰　民國二十二年(1933)北平雅韻齋鉛印本　一冊

330000－1705－0010894　樵 0252　子部/儒家類/儒學之屬/禮教/家訓
治家格言繹義二卷首一卷　(清)戴翊清撰　民國鉛印本　一冊

330000－1705－0010895　樵 0204　史部/金石類/金之屬
寧壽鑑古十六卷　民國二年(1913)上海商務印書館據寧壽宮寫本影印本　三十二冊

330000－1705－0010901　楊 0485　史部/傳記類/別傳之屬/事狀
曾文正公[國藩]大事記四卷　(清)王定安撰　民國二十五年(1936)申報館鉛印本　楊炳翰跋　二冊

330000－1705－0010923　楊 0498　子部/術數類/命書相書之屬
繪圖神相鐵關刀四卷　(清)□□撰　民國石印本　一冊　存二卷(三至四)

330000－1705－0010933　楊 0501　子部/藝術類/遊藝之屬/謎語
酒令全篇四卷　(清)俞敦培輯　民國七年(1918)上海有正書局鉛印本　一冊　存二卷(三至四)

330000－1705－0010970　樵 0284　子部/藝術類/書畫之屬
故宮書畫集四十五集　北平故宮博物院古物館編　民國故宮博物院影印本　易培基題記　四十五冊

330000－1705－0010982　樵 0257　史部/政書類/考工之屬/營造
營造法式三十四卷看詳一卷附錄一卷　(宋)李誡撰　民國十八年(1929)上海商務印書館據十四年(1925)武進陶氏刻本影印本　八冊

330000－1705－0010985　樵 0270　子部/藝術類/書畫之屬/總論
佩文齋書畫譜一百卷　(清)孫岳頒等輯　民國九年(1920)上海同文圖書館石印本　四十冊

330000－1705－0010993　樵 0307　子部/小說家類/異聞之屬
太平廣記五百卷目錄十卷　(宋)李昉等撰　民國二十三年(1934)北平文友堂書坊據明談刻本影印本　五十六冊　缺三十八卷(四百六十三至五百)

330000－1705－0010998　樵0289　史部/地理類/外紀之屬

巴拿馬賽會直隸觀會叢編二十種　嚴智怡等編　民國十年(1921)鉛印本　十六册

330000－1705－0011000　樵0272　子部/藝術類/書畫之屬/總論

大觀録二十卷　(清)吴升輯　民國九年(1920)武進李氏聖譯樓鉛印本　十四册

330000－1705－0011002　樵0315　類叢部/類書類/通類之屬

淵鑑類函四百五十卷目録四卷　(清)張英(清)王士禛等輯　民國二十一年(1932)上海掃葉山房石印本　四十八册

330000－1705－0011011　樵0274　史部/傳記類/總傳之屬/技藝

畫徵録三卷續録二卷明人附録一卷　(清)張庚撰　民國八年(1919)上海有正書局鉛印本　二册

330000－1705－0011013　樵0291　史部/目録類/專録之屬

參加倫敦中國藝術國際展覽會出品目録四卷　倫敦中國藝術國際展覽會籌備委員會編　民國二十四年(1935)鉛印本　一册

330000－1705－0011016　樵0283　史部/傳記類/總傳之屬/技藝

墨林今話十八卷　(清)蔣寶齡撰　**續編一卷**　(清)蔣茝生撰　民國十二年(1923)上海中華書局鉛印本　六册

330000－1705－0011018　樵0292　史部/目録類/專録之屬

百年畫展目録一卷　上海市美術館籌備處編　民國三十六年(1947)鉛印本　一册

330000－1705－0011022　樵0275　史部/目録類/專録之屬

書畫書録解題十二卷　余紹宋撰　民國二十一年(1932)國立北平圖書館鉛印本　六册

330000－1705－0011024　樵0276　子部/藝術類/書畫之屬

胡敬書畫考三種八卷　(清)胡敬輯　民國二十三年(1934)北平來薰閣刻本　四册

330000－1705－0011026　樵0303　史部/目録類

現代圖書館編目法不分卷　俾沙普撰　金敏甫譯　民國十六年(1927)石印本　一册

330000－1705－0011028　樵0317　子部/墨家類

墨經懸解二卷　陳無咎撰　民國二十四年(1935)上海中國揆度學社鉛印本　二册

330000－1705－0011030　樵0269　史部/政書類/考工之屬

天工開物三卷　(明)宋應星撰　民國十九年(1930)上海華通書局據日本菅生堂刻本影印本　九册

330000－1705－0011032　樵0299　史部/政書類/邦計之屬/衡制

權衡度量實驗攷一卷　(清)吴大澂撰　民國四年(1915)上虞羅振玉刻本　一册

330000－1705－0011036　樵0324　集部/别集類/唐五代别集

河東先生集四十五卷外集二卷外集補遺一卷龍城録二卷附録二卷集傳一卷　(唐)柳宗元撰　(宋)廖瑩中注　**廖藥洲事輯一卷**　羅振常撰　民國十二年(1923)蟫隱廬據宋世綵堂本影印本　二十册

330000－1705－0011037　樵0297　子部/工藝類/日用器物之屬/陶瓷

瓷器概説不分卷　郭葆昌撰　民國石印本　一册

330000－1705－0011040　樵0271　子部/藝術類/書畫之屬/總論

續書畫譜十六卷續書畫譜六卷　民國九年(1920)上海同文圖書館石印本　八册　缺六卷(十一至十六)

330000－1705－0011048　樵0298　子部/工藝類/日用器物之屬/器具

校注項氏歷代名瓷圖譜不分卷　(明)項元汴

撰　郭葆昌校注　(美國)福開森參訂　**瓷器概説一卷**　郭葆昌撰　民國二十年(1931)北平觶齋書社影印本　一冊　缺一卷(瓷器概説)

330000－1705－0011049　樵 0323　集部/别集類/唐五代别集

昌黎先生集四十卷外集十卷遺文一卷　(唐)韓愈撰　(唐)李漢編　**韓集點勘四卷**　(清)陳景雲撰　民國十七年(1928)蟫隱廬據宋世綵堂本影印本　十六冊

330000－1705－0011050　樵 0300　子部/工藝類

古董辨疑十四卷　趙汝珍撰　民國三十二年(1943)石印本　二冊

330000－1705－0011059　樵 0373　類叢部/叢書類/自著之屬

曾文正公全集十六種　(清)曾國藩撰　民國鉛印本　七十二冊　缺三卷(曾文正公奏稿三十四至三十六)

330000－1705－0011077　樵 0360　集部/别集類/明别集

陶菴集二十二卷首一卷末一卷　(明)黄淳燿撰　民國十二年(1923)上海掃葉山房石印本　六冊

330000－1705－0011085　樵 0352　集部/别集類/明别集

井丹林先生文集二十卷　(明)林大春撰　民國二十四年(1935)潮陽郭氏雙百鹿齋刻本　十二冊

330000－1705－0011086　樵 0301　史部/地理類/雜志之屬

東南攬勝不分卷　東南交通周覽會宣傳組編輯　民國二十四年(1935)全國經濟委員會東南交通周覽會鉛印本　一冊

330000－1705－0011091　樵 0353　集部/别集類/明别集

遜志齋集三十卷拾遺十卷續拾遺一卷附錄一卷　(明)方孝孺撰　民國十七年(1928)寧海胡氏味善居刻本　十八冊

330000－1705－0011092　樵 0380　集部/别集類/清别集

曾文正公詩集一卷文集三卷　(清)曾國藩撰　民國二十年(1931)上海埽葉山房石印本　四冊

330000－1705－0011108　樵 0420　子部/叢編

六子全書　(明)顧春輯　民國三年(1914)右文社據明嘉靖十二年(1533)吴郡顧氏世德堂刻本影印本　二十冊

330000－1705－0011116　樵 0419　類叢部/叢書類/彙編之屬

津逮祕書十五集　(明)毛晉編　民國十一年(1922)上海博古齋據明汲古閣本影印本　二百冊

330000－1705－0011120　樵 0397　集部/總集類/選集之屬/通代

安越堂古文觀止十二卷　(清)吴乘權　(清)吴大職編　民國十二年(1923)紹興四有書局鉛印本　六冊

330000－1705－0011128　樵 0404　集部/别集類/清别集

古雪齋文集一卷　(清)曹錫寶撰　(清)曹驤編訂　民國鉛印本　一冊

330000－1705－0011130　樵 0405　集部/别集類/清别集

戴南山文鈔六卷首一卷　(清)戴名世撰　民國四年(1915)中國圖書公司和記鉛印本　四冊

330000－1705－0011131　樵 0408　集部/别集類

西港漫藁一卷西林漫稿一卷囊齋文存一卷　朱驤撰　**師箴十則一卷囊齋題語一卷囊齋燕集詞一卷**　民國三十三年(1944)鉛印本　朱驤題詞　一冊

330000－1705－0011133　樵 0437　類叢部/叢書類/彙編之屬

知不足齋叢書一百九十五種　(清)鮑廷博輯　(清)鮑士恭續輯　民國十年(1921)上海古書流通處據清鮑氏刻本影印本　二百四十册

330000－1705－0011134　樵0433　類叢部/叢書類/彙編之屬

抱經堂叢書十六種　(清)盧文弨編　民國十二年(1923)北京直隸書局據清乾隆至嘉慶盧氏刻本影印本　一百册

330000－1705－0011136　樵0435　類叢部/叢書類/彙編之屬

岱南閣叢書十九種　(清)孫星衍輯　民國十三年(1924)上海博古齋據清乾隆至嘉慶蘭陵孫氏刻本影印本(元和郡縣圖志卷十九至二十、二十三至二十四、三十五至三十六原缺)　六十册

330000－1705－0011137　樵0407　子部/藝術類/遊藝之屬/聯語

五沓山館聯語一卷集句一卷集字一卷　楊翰芳撰　民國三十四年(1945)鉛印本　一册

330000－1705－0011141　樵0409　集部/别集類

黃林集一卷傅港集一卷　楊翰芳撰　**閒雲樓遺稿一卷**　楊炅撰　**閒雲樓唱酬一卷**　楊炅等撰　民國三十三年(1944)鉛印本　朱驥題記　一册

330000－1705－0011142　樵0400　集部/總集類/郡邑之屬

四明清詩略三十二卷首三卷　(清)董沛輯　**續稿八卷**　忻江明輯　**姓氏韻編一卷**　民國十九年(1930)中華書局鉛印本　十八册　缺四卷(二十二至二十三、二十八至二十九)

330000－1705－0011143　樵0452　類叢部/叢書類/彙編之屬

守山閣叢書一百十二種　(清)錢熙祚輯　民國十一年(1922)上海博古齋影印清金山錢氏重編增刻墨海金壺本　一百五十八册

330000－1705－0011147　秦0108　類叢部/叢書類/自著之屬

松翁居遼後所箸書三種　羅振玉撰　民國十八年至二十年(1929－1931)上虞羅氏石印本　一册　存一種

330000－1705－0011148　秦0075－2　子部/藝術類/篆刻之屬/印譜

吝飛館印留不分卷　吳澤遺製　秦康祥裒集　張咀英　秦康祥　高廷肅審拓　民國三十七年(1948)鈐拓本　二册

330000－1705－0011149　秦0104　史部/金石類/石之屬

明李文正公石鼓全文硯拓本不分卷　(明)李東陽摹　民國十三年(1924)影印本　一册

330000－1705－0011151　秦0113　子部/藝術類/書畫之屬/畫譜

杏芬老人古稀錄一卷　西湖有美書畫社輯　民國十三年(1924)西湖有美書畫社鉛印本暨影印本　一册

330000－1705－0011154　秦0163　集部/總集類/郡邑之屬

續甬上耆舊詩一百二十卷首一卷　(清)全祖望輯選　民國七年(1918)四明文獻社鉛印本　十八册　缺四十卷(八十一至一百二十)

330000－1705－0011155　秦0122　子部/藝術類/書畫之屬/書法書品

清人書評一卷附錄二卷　王潛剛撰　民國石印本　一册

330000－1705－0011156　秦0072　子部/藝術類/書畫之屬/法帖

王雅宜寫唐六如落花詩册一卷　(明)王寵書　民國上海有正書局影印本　一册

330000－1705－0011158　秦0123　史部/金石類/璽印之屬

匪石居秦漢官私印存不分卷　秦遇賡輯　民國四年(1915)鈐印本　四册

330000－1705－0011160　秦0040　類叢部/叢書類/郡邑之屬

海陵叢刻二十三種　韓國鈞編　民國八年至

十四年(1919－1925)鉛印本、刻本暨石印本　一册　存一種

330000－1705－0011161　樵0413　集部/楚辭類

陳蕭二家繪離騷圖六卷　(明)陳洪綬　(清)蕭雲從繪　羅振常輯　民國十三年(1924)蟫隱廬影印本　四册

330000－1705－0011162　樵0445　類叢部/叢書類/彙編之屬

學津討原二十集一百七十三種　(清)張海鵬編　民國十一年(1922)上海商務印書館據清嘉慶十年(1805)虞山張氏照曠閣刻本影印本　二百册

330000－1705－0011163　樵0415　集部/總集類/彙編之屬

汲古閣景鈔南宋六十家小集　(宋)陳起輯

南宋八家集八種十六卷　(清)鮑廷博輯　民國十年(1921)、十一年(1922)上海古書流通處據明汲古閣鈔宋本影印本(安晚堂詩集卷一至五、十三至六十原缺)　十四册

330000－1705－0011164　樵0453　類叢部/叢書類/彙編之屬

珠叢別錄二十八種　(清)錢熙祚編　民國十一年(1922)上海博古齋據清金山錢氏重編增刻墨海金壺本影印本　十九册　存二十四種

330000－1705－0011165　樵0458　類叢部/叢書類/彙編之屬

別下齋叢書二十七種　(清)蔣光煦編　民國十二年(1923)上海商務印書館據清蔣氏刻本影印本　二十册

330000－1705－0011170　秦0102　子部/藝術類/篆刻之屬/印譜

清代有款銅印集不分卷　民國鈐印本　一册

330000－1705－0011174　秦0164　集部/別集類/清別集

李文忠公尺牘不分卷　(清)李鴻章撰　民國五年(1916)合肥李氏石印本　三十二册

330000－1705－0011175　秦0055　史部/金石類/璽印之屬

濱虹艸堂藏古鉥印不分卷　黄賓虹藏　民國鈐印本　十册

330000－1705－0011180　樵0410　集部/別集類

葑里賸稿四卷　張原煒撰　民國三十四年(1945)張氏鉛印本　一册

330000－1705－0011181　樵0412　類叢部/叢書類/自著之屬

蛾術堂集十四種　(清)沈豫撰　民國二十年(1931)上海蟫隱廬據清道光十八年(1838)刻本影印本　六册

330000－1705－0011183　樵0439　類叢部/叢書類/彙編之屬

士禮居黄氏叢書十九種附四種　(清)黄丕烈輯　民國十一年(1922)上海博古齋據清黄氏刻本增輯影印本　四十册

330000－1705－0011185　樵0459　類叢部/叢書類/彙編之屬

涉聞梓舊二十五種　(清)蔣光煦輯　民國十三年(1924)上海商務印書館影印清海昌蔣氏刻本(陳後山集校卷一原缺)　二十册

330000－1705－0011189　樵0417　類叢部/叢書類/彙編之屬

漢魏叢書三十八種　(明)程榮輯　民國十四年(1925)上海商務印書館據明萬曆程氏刻本影印本　四十册

330000－1705－0011195　孫0422　子部/雜著類/雜說之屬

論古貢疑□□卷　(清)□□輯　民國抄本　一册　存二卷(一、三)

330000－1705－0011197　樵0469　類叢部/叢書類/彙編之屬

百川學海一百一種　(宋)左圭輯　民國十年(1921)上海博古齋據明弘治華氏刻本影印本　四十册

330000－1705－0011200　樵0447　類叢部/叢書類/彙編之屬

借月山房彙鈔十六集一百三十五種　(清)張海鵬輯　民國九年(1920)上海博古齋據清虞山張氏刻本影印本　一百十八册　存一百三十一種

330000－1705－0011209　樵 0467　類叢部/叢書類/彙編之屬

佚存叢書六帙十七種　(日本)林衡編　民國十三年(1924)上海商務印書館據日本寬政至文化刻本影印本　三十册

330000－1705－0011216　樵 0470　類叢部/叢書類/彙編之屬

説郛一百卷　(元)陶宗儀編　張宗祥重校　民國十六年(1927)上海商務印書館鉛印本　四十册

330000－1705－0011217　樵 0476　類叢部/叢書類/彙編之屬

楝亭藏書十二種　(清)曹寅輯　民國十年(1921)上海古書流通處據清康熙揚州詩局刻本影印本　二十册

330000－1705－0011237　孫 0130　史部/傳記類/别傳之屬/年譜

葉天寥[紹袁]年譜一卷續譜一卷别記一卷甲行日注八卷　(明)葉紹袁撰　民國南林劉氏求恕齋刻朱印本　一册　缺八卷(甲行日注一至八)

330000－1705－0011252　孫 0132　史部/傳記類/别傳之屬/事狀

壽言彙錄不分卷　民國抄本　一册

330000－1705－0011258　樵 0486　類叢部/叢書類/郡邑之屬

續金華叢書六十種　胡宗楙編　民國十三年(1924)永康胡氏夢選樓刻本　一百二十册　存五十八種

330000－1705－0011264　樵 0487　類叢部/叢書類/彙編之屬

涵芬樓祕笈五十一種　孫毓修等輯　民國五年至十五年(1916－1926)上海商務印書館影印本暨鉛印本　八十册

330000－1705－0011274　樵 0488　類叢部/叢書類/郡邑之屬

安徽叢書二十五種　安徽叢書編審會輯　民國二十一年至二十五年(1932－1936)影印本　一百三十八册

330000－1705－0011275　樵 0485　類叢部/叢書類/彙編之屬

松鄰叢書二十種　吳昌綬編　民國六年至七年(1917－1918)仁和吳氏雙照樓刻本　十二册

330000－1705－0011289　樵 0494　類叢部/叢書類/自著之屬

船山遺書六十六種附一種　(清)王夫之撰　民國二十二年(1933)上海太平洋書店鉛印本(永曆實錄卷十六原缺)　八十册

330000－1705－0011305　樵 0490　類叢部/叢書類/彙編之屬

選印宛委别藏四十種　故宫博物院編　民國二十四年(1935)上海商務印書館影印本　一百二十八册　存三十六種

330000－1705－0011324　樵 0508　經部/叢編

錢氏四種　(清)錢坫撰　民國中國書店據清嘉慶擁萬堂本影印本　四册

330000－1705－0011352　孫 0203　史部/地理類/山川之屬/山志

泰山道里記一卷　(清)聶鈫撰　民國十一年(1922)鉛印本　一册

330000－1705－0011354　樵 0506　類叢部/叢書類/自著之屬

崔東壁遺書前編十九種附一種　(清)崔述撰　民國十三年(1924)上海古書流通處據清道光陳氏刻本影印本　二十册

330000－1705－0011362　樵 0503　類叢部/叢書類/自著之屬

蘇齋叢書十九種　(清)翁方綱撰　民國十三年(1924)上海博古齋影印本　四十册

330000－1705－0011390　樵 0524　類叢部/

叢書類/自著之屬

章氏叢書十三種　章炳麟撰　民國六年至八年(1917－1919)浙江圖書館刻本　二十四册

330000－1705－0011392　樵0522　類叢部/叢書類

中國學術叢書　民國十四年(1925)上海中國書店影印本　十六册　存一種

330000－1705－0011402　孫0241　史部/金石類

百一廬金石叢書十種　陳乃乾輯　民國十年(1921)海寧陳氏影印本　三册　存三種

330000－1705－0011407　孫0283　子部/醫家類/醫經之屬/難經

古本難經闡注校正四卷　(清)丁錦注　陳頤壽校正　民國十八年(1929)石印本　一册

330000－1705－0011408　孫0243　史部/目録類/總録之屬/私撰

四明天一閣藏書目錄一卷　民國抄本　三册

330000－1705－0011411　孫0293　子部/醫家類/兒科之屬/痘疹

痳症集成四卷　(清)朱載揚撰　民國二十年(1931)鄞縣周羡江、屠時逐鉛印本　一册

330000－1705－0011429　孫0248　史部/目録類/版本之屬/書影

隱拙軒書影四十七卷　稿本　一册　存一卷(一)

330000－1705－0011433　孫0287　子部/醫家類/方書之屬/單方驗方

四時養生常用要方二卷古今錄驗養生必用方三卷　(宋)虞世撰　民國抄本　一册　缺一卷(古今錄驗養生必用方一)

330000－1705－0011444　孫0312　子部/醫家類/婦科之屬/通論

竹林寺女科不分卷　民國抄本　吕月舫題記　一册

330000－1705－0011457　孫0260　子部/儒家類/儒學之屬/禮教/女範

閨範四卷　(明)吕坤注　(清)程夢暘等校　民國十六年(1927)據明刻本影印本　四册

330000－1705－0011470　樵0533　史部/雜史類/斷代之屬

太平天國叢書第一集　蕭一山輯　民國二十五年(1936)國立編譯館影印本　十册

330000－1705－0011485　孫0374　史部/金石類/錢幣之屬/雜著

言錢別錄二卷補錄一卷　方若撰　民國十七年(1928)鉛印本　一册　存一卷(補錄)

330000－1705－0011489　孫0375　史部/金石類/錢幣之屬

古泉雜誌一卷　程文龍等編輯　民國十二年(1923)古泉學社影印本　一册

330000－1705－0011491　樵0536　類叢部/叢書類/郡邑之屬

四明叢書一百六十七種　張壽鏞編　民國四明張氏約園刻藍印本　六十册　存二十六種

330000－1705－0011492　孫0558　子部/藝術類/書畫之屬

清代名人手札甲集六卷附小傳　吳長瑛輯　民國十五年(1926)華南印書社影印本　六册

330000－1705－0011496　孫0513　集部/總集類/選集之屬/通代

沈刻四婦人集　(清)沈綺雲編　民國十二年(1923)海寧陳氏慎初堂據清嘉慶雲間古倪園沈氏刻本影印本　一册

330000－1705－0011498　孫0343　子部/藝術類/書畫之屬/總論

甌鉢羅室書畫過目攷四卷首一卷附卷一卷　(清)李玉棻輯　民國上海朝記書莊鉛印本　一册　存二卷(首、一)

330000－1705－0011538　孫0511　集部/總集類/氏族之屬

三江李氏文編三十二卷首一卷　李㮊輯　**自適齋詩鈔二卷**　(清)李震撰　**顔渠詩鈔二卷**　(清)李黄琮撰　民國九年(1920)借園李氏木活字印本　五册

330000－1705－0011546　孫0610　集部/別集類/宋別集

東觀集七卷　(宋)魏野撰　民國抄本　一冊

330000－1705－0011575　秦0174　類叢部/叢書類/彙編之屬

百川學海一百一種　(宋)左圭輯　民國十年(1921)上海博古齋據明弘治華氏刻本影印本　四十冊

330000－1705－0011578　孫0556　集部/別集類/清別集

石樵詩稿一卷附文稿一卷　(清)王梅生撰　**醒癡詩稿一卷**　(清)王魯存撰　民國八年(1919)鉛印本　一冊

330000－1705－0011605　孫0679　集部/別集類/明別集

沈青門詩集一卷詩餘一卷青門山人文一卷　(明)沈仕撰　**沈青門詩集附錄一卷**　沈祖緜輯　民國七年(1918)西泠印社木活字印本　一冊

330000－1705－0011653　孫0802　集部/別集類/清別集

八磚吟館詩存一卷　(清)李忠鯁撰　民國鉛印本　一冊

330000－1705－0011655　孫0834　類叢部/叢書類/郡邑之屬

四明叢書一百六十七種　張壽鏞編　民國四明張氏約園刻本(安晚堂詩集卷一至五原缺)　一冊　存一種

330000－1705－0011676　孫0848　集部/別集類

天嬰室集四卷　陳訓正撰　民國八年(1919)石印本　一冊

330000－1705－0011678　孫0849　集部/別集類

天嬰室集四卷　陳訓正撰　民國八年(1919)石印本　一冊

330000－1705－0011679　孫0841　集部/別集類/清別集

霓仙遺稿一卷　(清)葉同春撰　民國十一年(1922)石印本　一冊

330000－1705－0011680　孫0847　集部/別集類

歲寒堂詩集二卷首一卷詩餘一卷　王慕蘭撰　民國十五年(1926)甬上鉛印本　一冊

330000－1705－0011682　孫0850　集部/別集類

惺園文鈔二卷詩鈔一卷　王式一撰　民國二十四年(1935)鉛印本　二冊

330000－1705－0011685　孫0845　集部/別集類

秋螢集二卷　葉秉成撰　民國十九年(1930)王文翰等鉛印本　一冊

330000－1705－0011687　孫0846　新學/政治法律/政治

建國詮真一卷　徐樹錚撰　民國十年(1921)影印本　一冊

330000－1705－0011691　孫0844　集部/別集類

續基堂詩稿不分卷　王雲藻撰　稿本　一冊

330000－1705－0011695　孫0877　集部/小說類/長篇之屬

湘子十二度韓昌黎全傳八卷三十回　(明)楊爾曾撰　**金丹大要二卷**　(元)陳致虛撰　民國碧梧山莊影印本　八冊　缺二卷(金丹大要一至二)

330000－1705－0011725　孫0915　類叢部/叢書類/輯佚之屬

叢鈔十四種　(清)□□輯　民國抄本　一冊

330000－1705－0011736　孫0878　類叢部/叢書類/彙編之屬

宋人小說二十八種　涵芬樓編　民國上海商務印書館鉛印本　二十六冊　存十七種

330000－1705－0011773　續0044　經部/易類/傳說之屬

周易本義四卷　(宋)朱熹撰　民國七年

(1918)鴻文書局石印本　一册　存一卷(一)

330000－1705－0011806　續 0080　類叢部/叢書類/彙編之屬
四部叢刊續編七十七種　張元濟等編　民國二十三年(1934)上海商務印書館影印本(儀禮疏卷三十二至三十七、周易要義卷三至六、禮記要義卷一至二、麟臺故事卷四至五原缺)　十二册　存一種

330000－1705－0011812　朱 2652　史部/金石類/甲骨之屬/通考
殷虚書契攷不分卷　翁壽虞撰　稿本　一册

330000－1705－0011820　朱 5121　史部/金石類/陶之屬
鄞古專目五卷　馬廉编　稿本　一册

330000－1705－0011827　朱 4889　集部/曲類/曲評曲話曲目之屬
錄鬼簿新校注二卷續編一卷　馬廉校注　民國二十五年(1936)鉛印本　馬裕藻、朱鼎煦題記　一册

330000－1705－0011833　續 0068　經部/詩類/傳説之屬
詩經集傳八卷　(宋)朱熹撰　民國上海天寶書局石印本　二册　存五卷(三至四、六至八)

330000－1705－0011869　續 0129　史部/政書類/儀制之屬/雜禮
宋氏宗祠祀式不分卷　民國抄本　一册

330000－1705－0011879　續 0163　經部/春秋左傳類/傳説之屬
左傳菁華錄二十四卷　吳曾祺評注　民國十五年(1926)商務印書館鉛印本　一册　存四卷(二十一至二十四)

330000－1705－0011880　續 0152　經部/春秋左傳類/傳説之屬
春秋左傳句解六卷　(清)韓菼重訂　民國上海商務印書館鉛印本　四册　缺二卷(一、三)

330000－1705－0011881　續 0151　經部/春秋左傳類/傳説之屬
春秋左傳句解六卷　(清)韓菼重訂　民國商務印書館鉛印本　二册　存二卷(五至六)

330000－1705－0011882　續 0164　經部/春秋左傳類/傳説之屬
左傳擷華二卷　林紓評選　民國上海商務印書館鉛印本　一册　存一卷(上)

330000－1705－0011884　續 0165　經部/春秋左傳類/傳説之屬
言文對照左傳評註讀本二卷　秦同培選輯　民國十三年(1924)上海世界書局石印本　二册

330000－1705－0011886　續 0153　經部/春秋左傳類/傳説之屬
評點春秋綱目左傳句解彙雋六卷　(清)韓菼重訂　民國上海廣益書局石印本　三册　存三卷(二至四)

330000－1705－0011887　續 0161　經部/春秋左傳類/傳説之屬
左傳菁華錄二十四卷　吳曾祺評注　民國十八年(1929)商務印書館鉛印本　六册

330000－1705－0011888　續 0162　經部/春秋左傳類/傳説之屬
左傳菁華錄二十四卷　吳曾祺評注　民國四年(1915)商務印書館鉛印本　四册　存十六卷(五至十二、十七至二十四)

330000－1705－0011890　續 0154　經部/春秋左傳類/傳説之屬
評點春秋綱目左傳句解彙雋六卷　(清)韓菼重訂　民國九年(1920)上海會文堂書局石印本　一册　存一卷(一)

330000－1705－0011894　續 0148　經部/春秋左傳類/傳説之屬
曲江書屋新訂批註左傳快讀十八卷首一卷　(清)李紹崧輯　民國二十七年(1938)上海錦章圖書局石印本　三册　存三卷(七、十六至十七)

330000－1705－0011902　續0168　經部/春秋穀梁傳類/傳說之屬

穀梁傳精華不分卷　中華書局編　民國十七年(1928)中華書局鉛印本　一冊

330000－1705－0011907　續0169　經部/春秋穀梁傳類/傳說之屬

教科適用穀梁傳精華一卷　中華書局編　民國四年(1915)上海中華書局鉛印本　一冊

330000－1705－0011918　續0192　類叢部/叢書類/彙編之屬

復性書院叢刊二十七種　馬浮編　民國二十九年至三十七年(1940－1948)復性書院刻本暨鉛印本　二冊　存一種

330000－1705－0011920　續0193　經部/孝經類/傳說之屬

孝行經圖不分卷　王震編　民國上海孤兒院影印本　一冊

330000－1705－0011921　續0196　子部/藝術類/書畫之屬/法帖

孝經一卷　(清)吳大澂篆書　民國二年(1913)蘇州振新書社影印本　一冊

330000－1705－0011922　續0195　子部/藝術類/書畫之屬/法帖

孝經一卷　(清)吳大澂篆書　民國二年(1913)蘇州振新書社影印本　一冊

330000－1705－0011934　續0197　經部/孝經類/傳說之屬

孝經一卷附二十四孝圖說一卷　(唐)玄宗李隆基注　王震繪　民國上海大成書社石印本　一冊

330000－1705－0011935　續0239　經部/四書類/總義之屬/傳說

四書集註十九卷　(宋)朱熹撰　民國二年(1913)上海天機書局石印本　三冊　存三種

330000－1705－0011939　續0240　經部/四書類/總義之屬/傳說

言文對照廣註四書讀本　世界書局編輯所編輯　民國十四年(1925)上海世界書局石印本　十四冊

330000－1705－0011941　續0216　經部/四書類/孟子之屬/傳說

孟子集註七卷　(宋)朱熹撰　民國上海商務印書館鉛印本　六冊　缺一卷(三)

330000－1705－0011943　續0241、續0212　經部/四書類/總義之屬

繪圖四書正文七卷　民國石印本　三冊　存三卷(孟子一至三)

330000－1705－0011944　續0206　經部/四書類

四書白文　民國商務印書館鉛印本　二冊　存一種

330000－1705－0011945　續0217　經部/四書類/孟子之屬/傳說

孟子集註七卷　(宋)朱熹撰　民國上海商務印書館鉛印本　袁竹廬批　二冊　存二卷(二、六)

330000－1705－0011947　續0194　史部/傳記類/總傳之屬/忠孝

二十四悌圖一卷　民國石印本　蟄翁題記　一冊

330000－1705－0011958　續0248、續2590　經部/四書類/總義之屬/傳說

四書蕅益解　(清)釋智旭撰　民國九年(1920)刻本　三冊　存三種

330000－1705－0011964　續0227　經部/四書類/大學之屬/傳說

大學備忘錄一卷附錄一卷　李捨幻輯　民國三十二年(1943)餘姚陽明印刷所石印本　朱鼎煦題記　一冊

330000－1705－0011966　續0219　經部/四書類/孟子之屬/傳說

孟子十四卷　(漢)趙岐注　民國上海涵芬樓影印本　三冊

330000－1705－0011967　續0202、續0214　經部/四書類/總義之屬/傳說

四書集註十九卷 （宋）朱熹撰 民國元年（1912）鄂官書局刻本 四冊 存二種

330000－1705－0011996 續0223 經部/四書類/孟子之屬/傳說
增補蘇批孟子二卷 （宋）蘇洵撰 （清）趙大浣增補 **孟子年譜一卷** 民國上海啟新圖書局石印本 二冊

330000－1705－0012030 續0329 經部/詩類/傳說之屬
放齋詩說四卷首一卷 （宋）曹粹中撰 張壽鏞輯 民國三十三年（1944）鉛印本 一冊

330000－1705－0012047 續0352 經部/小學類/文字之屬/說文
說文解字十五卷標目一卷 （漢）許慎撰 （宋）徐鉉等校定 民國石印本 一冊 存四卷（九至十二）

330000－1705－0012060 續0323、續0475、續0496、續0645、續0776、續1480、續2057、續2005、續2496、續2840、續3511 類叢部/叢書類/彙編之屬
四部叢刊 張元濟等編 民國上海商務印書館影印本 五十四冊 存二十種

330000－1705－0012064 續0398 經部/小學類/文字之屬/字書/字體
六書通十卷首一卷附百體福壽全圖 （清）閔齊伋撰 （清）畢弘述篆訂 民國十五年（1926）上海掃葉山房石印本 三冊

330000－1705－0012065 續0353 經部/小學類/文字之屬/說文
說文解字十五卷標目一卷 （漢）許慎撰 （宋）徐鉉等校定 民國石印本 一冊 存七卷（九至十五）

330000－1705－0012067 續0354 經部/小學類/文字之屬/說文
說文解字十五卷標目一卷 （漢）許慎撰 （宋）徐鉉等校定 民國石印本 二冊 存九卷（四至十二）

330000－1705－0012069 續0393 經部/小學類/文字之屬/字書/字典
六書賦音義二十卷 （明）張士佩撰 民國六年（1917）廣倉學窘石印本 七冊

330000－1705－0012070 續0331 經部/小學類/文字之屬/字書/字典
攷正字彙二卷 （清）陳淏子撰 民國寧波學林堂書局石印本 一冊

330000－1705－0012071 續0392 經部/小學類/文字之屬/字書/字典
六書賦不分卷 （明）張士佩撰 民國六年（1917）廣倉學窘石印本 二冊

330000－1705－0012073 續0378 經部/小學類/文字之屬/說文/專著
說文解字研究法不分卷 馬敘倫撰 民國十八年（1929）上海商務印書館石印本 一冊

330000－1705－0012076 續0355 經部/小學類/文字之屬/說文/傳說
說文解字注十五卷附六書音均表五卷 （清）段玉裁撰 **說文部目分韵一卷** （清）陳煥編 **說文通檢十四卷首一卷末一卷** （清）黎永椿編 **說文解字注匡謬八卷** （清）徐承慶撰 民國石印本 一冊 存三卷（十四至十五、部目分韵）

330000－1705－0012077 續0391 經部/小學類/文字之屬/字書/字體
六書分類十二卷首一卷 （清）傅世垚輯 民國十年（1921）上海鴻寶齋石印本 厂𦸈題識 二十四冊

330000－1705－0012079 續0372 經部/小學類/文字之屬/說文
說文提要一卷 （清）陳建侯撰 民國十七年（1928）掃葉山房石印本 朱鼎煦跋 一冊

330000－1705－0012080 續0380 經部/小學類/文字之屬/說文/專著
說文古籀補十四卷補遺一卷附錄一卷 （清）吳大澂撰 民國二年（1913）上海掃葉山房石印本 四冊

330000－1705－0012081 續0389、續0390

經部/小學類/文字之屬/字書/字體

六書分類十二卷首一卷 （清）傅世垚輯　民國十年（1921）上海錦文堂石印本　十一冊　存六卷（四至六、十至十二）

330000－1705－0012085　續0381　經部/小學類/文字之屬/說文/專著

說文古籀三補十四卷坿錄一卷　強運開輯　民國二十四年（1935）上海商務印書館石印本　王選題記　二冊

330000－1705－0012089　續0382　經部/小學類/文字之屬/字書/字體

古籀拾遺三卷附宋政和禮器文字攷一卷（清）孫詒讓撰　民國石印本　二冊

330000－1705－0012090　續0397　子部/藝術類/書畫之屬/法帖

草字彙十二卷附補　（清）石梁輯　民國六年（1917）涵芬樓影印本　六冊

330000－1705－0012093　續0396　子部/藝術類/書畫之屬/法帖

草字彙十二卷附補　（清）石梁輯　民國石印本　一冊　存二卷（戌、亥）

330000－1705－0012095　續0388　經部/小學類/文字之屬/字書/字體

六書通十卷首一卷附百體福壽全圖　（清）閔齊伋撰　（清）畢弘述篆訂　民國三年（1914）掃葉山房石印本　五冊

330000－1705－0012098　續0384　經部/小學類/文字之屬/字書/字體

六書通十卷首一卷附百體福壽全圖　（清）閔齊伋撰　（清）畢弘述篆訂　民國五年（1916）上海掃葉山房石印本　五冊

330000－1705－0012099　續0399　子部/藝術類/篆刻之屬/印論

繆篆分韻五卷補一卷　（清）桂馥輯　民國蘇州振新書社影印本　一冊　存二卷（二至三）

330000－1705－0012104　續0357　經部/小學類/文字之屬/說文

說文解字十五卷標目一卷　（漢）許慎撰　（宋）徐鉉等校定　民國石印本　一冊　存四卷（五至八）

330000－1705－0012105　續0616　新學/理學

天演論二卷　（英國）赫胥黎撰　嚴復譯　民國十六年（1927）上海商務印書館鉛印本　一冊

330000－1705－0012106　續0386　經部/小學類/文字之屬/字書/字體

六書通十卷首一卷附百體福壽全圖　（清）閔齊伋撰　（清）畢弘述篆訂　民國石印本　二冊　存四卷（七至十）

330000－1705－0012113　續0407　經部/小學類/文字之屬/字書/古文

鐘鼎字源五卷附錄一卷　（清）汪立名撰　民國十四年（1925）上海掃葉山房石印本　三冊

330000－1705－0012114　續0422　經部/小學類/文字之屬/字書/古文

名原二卷　（清）孫詒讓撰　民國上海千頃堂書局影印本　一冊

330000－1705－0012120　續0424　經部/小學類/文字之屬/字書/字典

識字捷徑不分卷　王謀增編　民國八年（1919）汲綆書莊石印本　一冊

330000－1705－0012122　續0419　經部/小學類/文字之屬

詞言通釋六卷　鍾歆撰　民國九年（1920）鉛印本　一冊

330000－1705－0012126　續0362　經部/小學類/文字之屬/說文/傳說

說文解字注十五卷附六書音均表五卷　（清）段玉裁撰　**說文通檢十四卷首一卷末一卷**　（清）黎永椿編　**說文解字注匡謬八卷**　（清）徐承慶撰　民國三年（1914）上海文盛書局石印本　八冊

330000－1705－0012130　續0359　經部/小學類/文字之屬/說文

說文解字十五卷標目一卷　（漢）許慎撰

（宋）徐鉉等校定　民國三年（1914）上海商務印書館影印藤花榭刻本　四冊

330000－1705－0012131　續0410　類叢部/叢書類/彙編之屬

嘉草軒叢書十一種　羅振玉編　民國七年（1918）上虞羅氏日本影印本　一冊　存一種

330000－1705－0012134　續0418　經部/小學類/文字之屬

詞言通釋六卷　鍾歆撰　民國九年（1920）鉛印本　一冊

330000－1705－0012138　續0430　經部/小學類/文字之屬/字書/字典

義類白文一卷圖畫註解義類四卷首一卷　徐士楷編輯　民國石印本　十冊

330000－1705－0012148　續0432　集部/別集類

畏廬論文一卷　林紓撰　民國十五年（1926）上海商務印書館鉛印本　一冊

330000－1705－0012159　續0437　經部/小學類/音韻之屬/韻書

自修適用詩韻合璧大全五卷　（清）湯文潞編　**虛字韻藪一卷**　（清）潘維城輯　民國上海廣益書局石印本　二冊　存二卷（一、四）

330000－1705－0012164　續0434　子部/儒家類/儒學之屬/蒙學

新增繪圖幼學故事瓊林四卷首一卷　（清）程登吉撰　（清）鄒聖脈增補　民國石印本　一冊

330000－1705－0012165　續0343　經部/小學類/文字之屬/字書/字典

康熙字典十二集十二卷總目一卷檢字一卷辨似一卷等韻一卷補遺一卷備考一卷　（清）張玉書等纂修　民國八年（1919）上海中華圖書館鉛印本　九冊　存十一卷（丑集、卯集、巳集、午集、未集、申集、酉集、戌集、亥集，補遺，備考）

330000－1705－0012172　續0463、續1180　類叢部/叢書類/彙編之屬

知不足齋叢書一百九十五種　（清）鮑廷博輯　（清）鮑士恭續輯　民國十年（1921）上海古書流通處據清鮑氏刻本影印本　九冊　存九種

330000－1705－0012174　續0451　史部/金石類/璽印之屬/文字

選集漢印分韻二卷　（清）袁日省輯　（清）謝雲生臨摹　民國十三年（1924）上海掃葉山房影印本　一冊

330000－1705－0012175　續0457　經部/小學類/文字之屬/字書/字典

六書賦音義二十卷　（明）張士佩撰　民國六年（1917）廣倉學宭石印本　七冊

330000－1705－0012177　續0458　經部/小學類/文字之屬/字書/字典

六書賦音義二十卷　（明）張士佩撰　民國六年（1917）廣倉學宭石印本　一冊　存四卷（四至七）

330000－1705－0012188　續0472、續1406　類叢部/叢書類/自著之屬

樸學齋叢刊十一種　胡韞玉撰　民國十二年（1923）安吳胡氏鉛印本　二冊　存六種

330000－1705－0012194　新2925　子部/宗教類/佛教之屬/經疏

福國佑民道場一張　民國刻本　一張

330000－1705－0012196　續0462　類叢部/叢書類/彙編之屬

國立中央研究院歷史語言研究所專刊　國立中央研究院歷史語言研究所輯　民國鉛印本、石印本暨刻本　三冊　存一種

330000－1705－0012201　新2927　史部/傳記類/總傳之屬/家乘

[浙江鄞縣]四明樟溪崔氏宗譜不分卷　民國抄本　一冊

330000－1705－0012205　續0485　類叢部/叢書類/彙編之屬

適園叢書七十四種　張鈞衡編　民國二年至六年（1913－1917）烏程張氏刻本（唐大詔令

集卷十四至二十四、八十七至九十八原缺）一冊　存一種

330000－1705－0012206　續0452　經部/小學類/音韻之屬/等韻
韻鏡一卷　（宋）張麟之編　民國木全抄本　一冊

330000－1705－0012210　新2928　史部/政書類/邦計之屬/營田
鄞東李忠盛賬冊不分卷　李忠盛撰　民國二年（1913）稿本　一冊

330000－1705－0012219　續0500、續0917　史部/傳記類/別傳之屬/事狀
寸草廬贈言十卷　（清）張嘉祿輯　民國十二年（1923）四明張氏刻本　二冊

330000－1705－0012220　續0938　史部/傳記類/別傳之屬/事狀
方母鄭夫人行述一卷　江五民撰　**哀啟一卷**　方傳淇　方傳洵　方傳濟撰　民國二十二年（1933）鉛印本　一冊

330000－1705－0012225　續3204　集部/總集類/選集之屬/通代
六朝文絜四卷　（清）許槤輯並評　民國十一年（1922）有正書局石印本　一冊

330000－1705－0012227　續0602　類叢部/叢書類/自著之屬
約園演講集　張壽鏞撰　民國鉛印本　一冊　存一種

330000－1705－0012228　續0603　類叢部/叢書類/自著之屬
約園演講集　張壽鏞撰　民國鉛印本　一冊　存一種

330000－1705－0012231　續0604　類叢部/叢書類/自著之屬
約園演講集　張壽鏞撰　民國鉛印本　一冊　存一種

330000－1705－0012240　續0497　子部/儒家類/儒學之屬/經濟
劉向新序十卷末一卷　（漢）劉向撰　民國三年（1914）右文社鉛印本（末一卷配抄本）一冊

330000－1705－0012253　續0498、續0918　史部/傳記類/別傳之屬/事狀
寸草廬贈言十卷　（清）張嘉祿輯　民國十二年（1923）四明張氏刻本　二冊

330000－1705－0012254　續0533、續2057、續1975　類叢部/叢書類/彙編之屬
別下齋叢書二十七種　（清）蔣光煦編　民國十二年（1923）上海商務印書館據清蔣氏刻本影印本　四冊　存四種

330000－1705－0012258　續0513　集部/總集類/彙編之屬
四婦人集　（清）沈綺雲編　民國十五年（1926）上海掃葉山房石印本　一冊　存一種

330000－1705－0012259　續0499　史部/傳記類/別傳之屬/事狀
寸草廬贈言十卷　（清）張嘉祿輯　民國十二年（1923）四明張氏刻本　一冊　存五卷（六至十）

330000－1705－0012260　續0533－1　類叢部/叢書類/彙編之屬
涉聞梓舊二十五種　（清）蔣光煦輯　民國十三年（1924）上海商務印書館影印清海昌蔣氏刻本（陳後山集校卷一原缺）　一冊　存一種

330000－1705－0012262　續0515　子部/藝術類/書畫之屬/畫法畫品
論畫輯要八種　馬克明輯　民國鉛印本　一冊　存二種

330000－1705－0012268　新2937　史部/傳記類/總傳之屬/家乘
［浙江鎮海］蛟川淩漕陳氏宗譜六卷首一卷　陳性燡　陳道綜纂修　民國十五年（1926）木活字印本　四冊

330000－1705－0012272　續0563　子部/小說家類/雜事之屬
豔史叢鈔十二種　（清）王韜輯　民國十八年

(1929)上海漢文淵書肆石印本　八册

330000－1705－0012277　續0548、續0560、續2154　子部/小説家類
筆記小説大觀二百二十二種　進步書局輯　民國上海進步書局石印本　七十二册　存四十八種

330000－1705－0012280　續0564　子部/醫家類/外科之屬/外科方
馬培之先生批評外科症治全生集四卷　(清)王維德撰　(清)潘士先編次　民國三年(1914)上海鑄記書局石印本　一册

330000－1705－0012281　新2939、新2940　集部/總集類/選集之屬/通代
歷代詩文評註讀本　王文濡編　民國上海文明書局鉛印本　五册　存二種

330000－1705－0012288　續0597　新學/政治法律/制度
雜稿一卷　稿本　一册

330000－1705－0012292　續0576　類叢部/叢書類/彙編之屬
渭南嚴氏孝義家塾叢書十一種　嚴式誨編　民國十四年至二十年(1925－1931)渭南嚴氏刻本　四册　存一種

330000－1705－0012293　新2941　史部/傳記類/總傳之屬/家乘
[浙江湖州]丹陽童氏宗譜六卷　童禮興纂修　民國二十五年(1936)暨陽知義堂木活字印本　六册

330000－1705－0012295　續0526、續2774　類叢部/叢書類/彙編之屬
郎園先生全書一百二十九種　葉啟倬編　民國二十四年(1935)長沙中國古書刻印社彙印本　二册　存四種

330000－1705－0012299　新2942　史部/傳記類/總傳之屬/家乘
[浙江鄞縣]勾甬鮑氏宗譜□□卷　民國鉛印本　一册　存一卷(一)

330000－1705－0012300　新2943　經部/小學類/文字之屬/字書/字典
共和書局攷正字彙二卷　(清)陳淏子撰　民國共和書局石印本　一册

330000－1705－0012304　續0566　子部/醫家類/類編之屬
仲景全書五種　(漢)張機等撰　民國五年(1916)上海千頃堂石印本　四册　存四種

330000－1705－0012310　續0530、續3043、續3044　類叢部/叢書類/自著之屬
止園叢書第一集五種第二集四種　尹昌衡撰　民國七年(1918)南京商務印書館、上海中華書局鉛印本　三册　存三種

330000－1705－0012313　續0588　集部/詩文評類
中國文學概要一卷　袁厚之編　民國二十七年(1938)海雲藝文社鉛印本　一册

330000－1705－0012314　續0568　集部/別集類/清別集
壯悔堂文集十卷遺稿一卷四憶堂詩集六卷遺稿一卷　(清)侯方域撰　(清)賈開宗等評點　民國上海埽葉山房石印本　六册

330000－1705－0012316　續0589　史部/目録類/書志之屬/提要
婁東周氏藝文志略二卷　周慤編　民國十九年(1930)鉛印本　一册　存一卷(上)

330000－1705－0012319　續0569－1　史部/目録類/版本之屬/書影
重印聚珍倣宋版五開大本四部備要樣本不分卷　中華書局編　民國二十二年(1933)上海中華書局鉛印本　一册

330000－1705－0012325　續0585　類叢部/叢書類/彙編之屬
古今説部叢書二百七十二種　國學扶輪社輯　民國四年(1915)中國圖書公司和記鉛印本　十七册　存七十四種

330000－1705－0012326　續0569、續2657、續2527、續2633、續2632、續3173、續3156、續

3550　類叢部/叢書類/彙編之屬
四部備要　中華書局編　民國二十五年(1936)上海中華書局鉛印本(經義考卷二百八十六、二百九十九至三百,東塾讀書記卷十三至十四、十七至二十、二十二至二十五原缺)　五十二册　存八種

330000－1705－0012328　續0549、續1112　子部/小説家類
筆記小説大觀二百二十二種　進步書局輯　民國上海進步書局石印本　一百二十二册　存六十二種

330000－1705－0012331　續0599　新學/政治法律/制度
寧波市政籌備處工程計劃書三章　寧波市政籌備處編　民國十四年(1925)鉛印本　一册

330000－1705－0012348　續0656　史部/史抄類
教科適用漢書精華八卷　中華書局編　民國十二年(1923)上海中華書局鉛印本　鄭大白題記　八册

330000－1705－0012350　續0636、續0637　史部/紀傳類/正史之屬
史記一百三十卷　(漢)司馬遷撰　(南朝宋)裴駰集解　(唐)司馬貞索隱　(唐)張守節正義　**補史記一卷**　(唐)司馬貞撰並注　民國中華圖書館影印本　十二册

330000－1705－0012352　續0627　史部/史評類/史論之屬
歷代名家評註史記集説一百三十卷　(清)程餘慶撰　民國七年(1918)上海交通圖書館石印本(卷十二原缺)　八册

330000－1705－0012354　續0605　集部/詩文評類
中國中古文學史講義一卷　劉師培編　民國九年(1920)北京大學出版部鉛印本　一册

330000－1705－0012355　續0654　史部/史表類/斷代之屬
後漢書補表校錄一卷　(清)錢大昭補　陳漢章校　**南田志略一卷**　陳漢章　民國鉛印本　一册

330000－1705－0012359　續0607　新學/學校
中學國文讀本二集一卷　民國二年(1913)徐匯公學鉛印本　一册

330000－1705－0012369　續0785　類叢部/叢書類/自著之屬
章氏叢書補編七種　章炳麟撰　民國十三年(1924)鉛印本　一册　存一種

330000－1705－0012371　續0668　類叢部/叢書類/郡邑之屬
四明叢書一百六十七種　張壽鏞編　民國四明張氏約園刻本(安晚堂詩集卷一至五原缺)　一册　存一種

330000－1705－0012373　續0716　史部/目録類/版本之屬/書影
百衲本二十四史預約樣本一卷　上海商務印書館編　民國十九年(1930)上海商務印書館鉛印本暨影印本　一册

330000－1705－0012374　續0609　集部/詩文評類
中國文學史六編　錢基博撰　民國鉛印本　一册　存一編(近古文學)

330000－1705－0012377　續0610　新學/雜著
國文法講義九章　民國油印本　一册

330000－1705－0012378　續0611　集部/詩文評類/文評之屬
文學研究法四卷　姚永樸撰　民國八年(1919)上海商務印書館鉛印本　四册

330000－1705－0012382　續0612　新學/商務/商學
銀行學講義十六章　民國哈爾濱東陲商報館印刷公司鉛印本　一册

330000－1705－0012384　新2950　子部/儒家類/儒學之屬/禮教

明心寶鑑不分卷　(清)李琛輯　民國四年(1915)刻本　一冊

330000－1705－0012391　續 0719　類叢部/叢書類/彙編之屬
國立中央研究院歷史語言研究所單刊　國立中央研究院歷史語言研究所編　民國上海商務印書館鉛印本暨影印本　一冊　存一種

330000－1705－0012398　續 0763　史部/編年類/通代之屬
尺木堂明鑑易知錄十五卷　(清)吳乘權　(清)周之炯　(清)周之燦輯　民國十六年(1927)上海掃葉山房石印本　四冊

330000－1705－0012405　新 2975　子部/宗教類/佛教之屬/諸宗
印光法師文鈔四卷附錄一卷　釋聖量撰　民國十六年(1927)浙江印刷公司鉛印本　四冊

330000－1705－0012408　續 0723　史部/編年類/通代之屬
資治通鑑二百九十四卷　(宋)司馬光撰　(元)胡三省音注　**通鑑釋文辯誤十二卷**　(元)胡三省撰　民國上海商務印書館鉛印本　一冊　存五卷(一百七十至一百七十四)

330000－1705－0012423　新 2959、新 2960、新 2961、新 2962、新 2963　子部/宗教類/佛教之屬/諸宗
淨土津梁十三種　(清)釋了慰輯　民國十一年(1922)上海商務印書館據清乾隆北京衍法寺刻本影印本　六冊　存七種

330000－1705－0012427　續 0726　史部/編年類/通代之屬
司馬溫公稽古錄二十卷　(宋)司馬光撰　民國影印本　一冊　存三卷(十一至十三)

330000－1705－0012430　續 0759　史部/編年類/通代之屬
袁王加批綱鑑彙纂三十九卷首一卷　(宋)司馬光通鑑　(宋)朱熹綱目　(明)袁黃　(明)王世貞編纂　**資治明紀綱目二十卷附明紀綱目三編一卷**　(清)張廷玉等撰　民國上海掃葉山房石印本　梁祖光跋　二十四冊

330000－1705－0012433　續 0755　史部/編年類/通代之屬
增修補註歷代通鑑輯覽一百四十卷　王文濡等撰　民國七年(1918)文明書局鉛印本　二十冊　存七十二卷(一至七十二)

330000－1705－0012435　新 2970　集部/詩文評類/文法之屬/函牘格式
言文對照尺牘句解二卷　民國世界書局石印本　一冊

330000－1705－0012438　新 2972　子部/宗教類/佛教之屬/論疏
大乘起信論講義二卷　釋圓瑛述　民國十七年(1928)上海商務印書館鉛印本　一冊　存一卷(下)

330000－1705－0012448　續 0790　史部/雜史類/斷代之屬
戰國策補註三十三卷　吳曾祺撰　民國元年(1912)上海商務印書館鉛印本　四冊

330000－1705－0012451　新 2978　史部/傳記類/總傳之屬/家乘
[浙江鄞縣]吳氏宗譜四卷　吳昆柱纂修　民國二十年(1931)木活字印本　四冊

330000－1705－0012456　續 0765　史部/編年類/通代之屬
尺木堂綱鑑易知錄九十二卷明鑑易知錄十五卷　(清)吳乘權　(清)周之炯　(清)周之燦輯　民國石印本　五冊　存十三卷(綱鑑易知錄三至九、十二至十七)

330000－1705－0012459　續 0791　史部/雜史類/斷代之屬
戰國策補註三十三卷　吳曾祺撰　民國上海商務印書館鉛印本　一冊　存七卷(一至七)

330000－1705－0012462　續 0795－1　史部/雜史類/斷代之屬
明季稗史初編十六種二十七卷　(清)留雲居士輯　民國元年(1912)上海商務印書館鉛印本　一冊　存五卷(八至十二)

330000－1705－0012465　新 2980　史部/傳記類/總傳之屬/家乘
[浙江常山]興田段氏族譜不分卷　段文鑑　劉斯盛纂　民國五年(1916)、三十六年(1947)木活字印本　十四冊

330000－1705－0012466　續 0800　史部/雜史類/斷代之屬
談往一卷　(清)花村看行侍者撰　民國五年(1916)上海有正書局鉛印本　一冊

330000－1705－0012472　新 2981　史部/傳記類/總傳之屬/家乘
[浙江餘姚]嚴氏宗譜不分卷　民國抄本　一冊

330000－1705－0012479　續 0900　史部/政書類/儀制之屬/典禮
文廟全錄從祀年分並生卒攷略一卷　孫鏘撰　民國八年(1919)鉛印本　一冊

330000－1705－0012484　續 0789　史部/雜史類/斷代之屬
戰國策詳註三十三卷　郭希汾輯註　民國十三年(1924)上海文明書局鉛印本　六冊

330000－1705－0012486　續 0798　史部/編年類/斷代之屬
清史攬要六卷　(日本)增田貢撰　民國上海商務印書館鉛印本　一冊　存三卷(四至六)

330000－1705－0012491　續 0967　史部/傳記類/別傳之屬/事狀
傅母湯孺人六秩徵文啟不分卷　韓華等啟　民國鉛印本　一冊

330000－1705－0012493　新 2983　史部/傳記類/總傳之屬/家乘
[浙江遂昌]滎陽鄭氏宗譜五卷　鄭邦鎔纂修　民國二十年(1931)木活字印本　六冊

330000－1705－0012503　續 0847　集部/總集類/尺牘之屬
歷代名人書札註釋四卷　許國英撰　民國十四年(1925)上海商務印書館鉛印本　三冊　缺一卷(三)

330000－1705－0012505　新 2986　史部/傳記類/總傳之屬/家乘
[浙江縉雲]五雲龍溪冠陽應氏重修宗譜□□卷　民國二年(1913)木活字印本　五冊　存五卷(八至十二)

330000－1705－0012512　續 0849　子部/工藝類/日用器物之屬/雕刻
竹人錄二卷　(清)金元鈺撰　民國二十七年(1938)鄞縣秦康祥睿識閣鉛印本　馮貞羣題記　一冊

330000－1705－0012514　續 0812　史部/雜史類/外紀之屬
五大洲宗教中外交際匯覽續編一卷　稿本　一冊

330000－1705－0012515　續 0880　史部/傳記類/總傳之屬/仕宦
光宣列傳四十卷前編二卷附編一卷　金梁輯　民國二十三年(1934)鉛印本　六冊

330000－1705－0012516　續 0850　子部/工藝類/日用器物之屬/雕刻
竹人錄二卷　(清)金元鈺撰　民國二十七年(1938)鄞縣秦康祥睿識閣鉛印本　一冊

330000－1705－0012520　續 0873　史部/傳記類/總傳之屬/通代
校正尚友錄統編二十四卷　(清)錢湖釣徒編　(清)張元聲輯　民國七年(1918)上海國學圖書局石印本　一冊　存二卷(二十一至二十二)

330000－1705－0012525　續 0839　集部/總集類/尺牘之屬
歷代名人小簡二卷　吳曾祺輯　民國十一年(1922)上海商務印書館鉛印本　二冊

330000－1705－0012527　續 0840　集部/總集類/尺牘之屬
歷代名人小簡續編二卷　吳曾祺輯　民國十四年(1925)上海商務印書館鉛印本　二冊

330000－1705－0012530　續 0784　類叢部/叢書類/自著之屬

章氏叢書補編七種　章炳麟撰　民國十三年(1924)鉛印本　一冊　存一種

330000－1705－0012531　續 0815　史部/雜史類/斷代之屬

國語韋解補正二十一卷　吳曾祺撰　朱元善校訂　民國四年(1915)上海商務印書館鉛印本　四冊

330000－1705－0012532　續 0852　史部/傳記類/總傳之屬/郡邑

於越有明一代三不朽圖贊一卷　(清)張岱撰　民國七年(1918)鉛印本　一冊

330000－1705－0012540　續 0816　類叢部/叢書類/自著之屬

梨洲遺著彙刊(梨洲遺箸彙刊)二十七種續補三種　(清)黃宗羲撰　薛鳳昌編次　民國八年(1919)上海掃葉山房鉛印本(南雷文定三集卷三原缺)　一冊　存四種

330000－1705－0012541　續 0889　史部/傳記類/總傳之屬/儒林

學案小識十四卷首一卷末一卷　(清)唐鑑撰　民國上海文瑞樓石印本　六冊

330000－1705－0012542　續 0890　史部/傳記類/總傳之屬/儒林

學案小識十四卷首一卷末一卷　(清)唐鑑撰　民國上海文瑞樓石印本　六冊

330000－1705－0012547　續 0892　史部/傳記類/別傳之屬/事狀

宋侍郎胡忠佑公[則]事跡錄一卷　程鳳山輯　民國十八年(1929)上海新華書局鉛印本　一冊

330000－1705－0012549　續 0817　史部/雜史類/斷代之屬

庚子西狩叢談五卷附年譜一卷　吳永口述　劉治襄筆記　民國三十二年(1943)苕溪漁隱鉛印本　一冊

330000－1705－0012550　新 2989　史部/傳記類/總傳之屬/家乘

[浙江臨海]臨天蔡氏宗譜□□卷　民國二十六年(1937)木活字印本　六冊　存六卷(二至五、十一至十二)

330000－1705－0012555　續 0856　史部/傳記類/總傳之屬/仕宦

陳太僕子龍等不分卷　民國抄本　一冊

330000－1705－0012559　續 0818　史部/地理類/專志之屬/祠墓

成仁祠備錄重編六卷首一卷　孫鳌卿編　民國二十五年(1936)定海中央印書館鉛印本　一冊

330000－1705－0012561　續 0898　子部/小說家類/雜事之屬

秦淮廣紀三卷　繆荃孫撰　民國十三年(1924)上海商務印書館鉛印本　一冊　存一卷(二)

330000－1705－0012562　續 0814　史部/雜史類/斷代之屬

痛史二十一種附九種　樂天居士輯　民國元年(1912)上海商務印書館鉛印本　二冊　存二種

330000－1705－0012568　續 0819　史部/雜史類

己卯天津水災見聞錄二卷　蓮塘老人撰　遯厂居士題咏　三願廬主補編　民國鉛印本　李琴盦題簽　一冊

330000－1705－0012571　新 2991　史部/傳記類/總傳之屬/家乘

[浙江江山]江陽嵩高柴氏宗譜四十四卷附錄三卷　柴長彬修　柴之藩纂　民國三十五年(1946)木活字印本　二十六冊　存二十二卷(一至十六、三十、三十二至三十五、四十)

330000－1705－0012573　續 0968　史部/傳記類/別傳之屬/事狀

訃不分卷　民國石印本　一冊

330000－1705－0012579　續 0821　史部/史評類/史論之屬

左文襄公籌備出兵新疆一卷左文襄公收復新疆一卷左文襄公在西北的財政設施一卷　稿

本　一册

330000－1705－0012585　新2992　史部/傳記類/總傳之屬/家乘

[浙江磐安]東陽陳氏宗譜十四卷　陳恩蓉纂修　民國十七年(1928)木活字印本　二十一册

330000－1705－0012591　新2993　史部/傳記類/總傳之屬/家乘

[浙江淳安]遂安陳氏宗譜十六卷首一卷　陳其烈等纂修　民國八年(1919)世德堂木活字印本　十六册

330000－1705－0012593　續0846　集部/總集類/尺牘之屬

歷代名人書札續編二卷　吴曾祺輯　民國上海商務印書館鉛印本　二册

330000－1705－0012601　續0919　史部/傳記類/别傳之屬/事狀

寸草廬贈言不分卷　(清)張嘉祿輯　民國二十三年(1934)影印本　二册

330000－1705－0012602　續0903　史部/傳記類/總傳之屬/忠孝

祭文不分卷　民國抄本　一册

330000－1705－0012603　續0966　集部/别集類/清别集

翁松禪家書二集　(清)翁同龢撰　民國二十八年(1939)上海商務印書館影印本　一册　存一集(二)

330000－1705－0012606　續0916　史部/傳記類/别傳之屬/事狀

寸草廬贈言十卷　(清)張嘉祿輯　民國十二年(1923)四明張氏刻本　二册

330000－1705－0012607　續0958　史部/傳記類/日記之屬

日記之模範不分卷　(清)李慈銘撰　余慕之選　民國二十二年(1933)影印本　一册

330000－1705－0012610　續0969　史部/傳記類/别傳之屬/事狀

[陳俊伯]哀啓不分卷　陳效撰　民國鉛印本　一册

330000－1705－0012611　續0635　史部/紀傳類/正史之屬

史記一百三十卷　(漢)司馬遷撰　(南朝宋)裴駰集解　(唐)司馬貞索隱　(唐)張守節正義　**補史記一卷**　(唐)司馬貞撰並注　民國中華圖書館影印本　二十册

330000－1705－0012612　續0970　史部/傳記類/别傳之屬/事狀

訃不分卷　民國鉛印本　一册

330000－1705－0012616　續0971　史部/傳記類/别傳之屬/事狀

伯嫂洪孺人[臨諦]家傳一卷　馮貞胥撰　民國三十年(1941)石印本　一册

330000－1705－0012617　續0920　史部/地理類/專志之屬/祠墓

建修萬季野先生祠墓紀念刊一卷徵信錄一卷　建修萬季野先生祠墓事務所輯　民國二十六年(1937)寧波建修萬季野先生祠墓事務所鉛印本　一册

330000－1705－0012621　續0972　史部/傳記類/别傳之屬/事狀

張公約園[壽鏞]逝世周年紀念册不分卷　民國三十五年(1946)鉛印本　一册

330000－1705－0012624　續0973　史部/傳記類/總傳之屬/家乘

[浙江慈溪]四明慈水孔氏三修宗譜二十卷首一卷　孔廣肅編纂　民國二十四年(1935)木活字印本　十一册　存十五卷(一、三至五、八至十、十二至十八、二十)

330000－1705－0012625　續0921　史部/地理類/專志之屬/祠墓

建修萬季野先生祠墓捐册一卷　建修萬季野先生祠墓事務所輯　民國二十五年(1936)寧波鈞和公司鉛印本　一册

330000－1705－0012626　續0948　史部/傳記類/别傳之屬/事狀

徐公胡太夫人訃告一卷哀啟一卷　徐象藩　徐象先述　民國七年(1918)石印本　一冊

330000-1705-0012627　新3018　類叢部/叢書類/郡邑之屬
四明叢書一百六十七種　張壽鏞編　民國四明張氏約園刻本(安晚堂詩集卷一至五原缺)　一百三十九冊　存八十五種

330000-1705-0012629　續0906　史部/傳記類/總傳之屬/姓名
苗氏人物考不分卷　苗啓平編　民國三十八年(1949)南京務本堂鉛印本　一冊

330000-1705-0012633　續0907　史部/傳記類/總傳之屬/姓名
繪圖百家姓考略不分卷　民國石印本　一冊

330000-1705-0012635　續0922　史部/傳記類/別傳之屬/事狀
洞庭席嘏卿先生[素煊]言行錄四卷　席裕康輯　民國七年(1918)石印本　二冊　存二卷(二至三)

330000-1705-0012638　續0976　子部/儒家類/儒學之屬/禮教/家訓
方氏家言二卷　方氏餘慶堂編　民國二十二年(1933)鎮海方氏餘慶堂木活字印本　一冊

330000-1705-0012641　續0981　史部/傳記類/日記之屬
湘綺樓日記不分卷(清同治八年正月至民國五年七月)　王闓運撰　民國十六年(1927)上海商務印書館鉛印本　七冊

330000-1705-0012643　續0923　史部/傳記類/別傳之屬
陳君蓉館[聖佐]訃告不分卷　民國鉛印本　一冊

330000-1705-0012648　續0961　史部/傳記類/日記之屬
抗戰日記不分卷　民國抄本　一冊

330000-1705-0012650　續1147　子部/儒家類/儒學之屬/禮教/女範
金科輯要閨範篇三卷　都劫司　武昌侯輯　顯祿侯定　民國十四年(1925)北京金科流通處鉛印本　一冊

330000-1705-0012652　續0978　史部/傳記類/總傳之屬/郡邑
報德觀節孝姓氏冊不分卷　民國抄本　一冊

330000-1705-0012653　續0986　史部/史抄類
史記菁華錄六卷　(清)姚祖恩輯評　民國上海商務印書館鉛印本　三冊

330000-1705-0012654　續0910　史部/傳記類/職官録之屬/總録
中華民國總統閣員錄不分卷　民國抄本　一冊

330000-1705-0012656　續0979　史部/傳記類/別傳之屬/事狀
奉化王蓤軒先生[序賓]榮哀錄一卷　王洪澤編　民國二十年(1931)鉛印本　一冊

330000-1705-0012659　續0987　史部/史抄類
史記菁華錄六卷　(清)姚祖恩輯評　民國上海商務印書館鉛印本　三冊

330000-1705-0012661　續0980　史部/傳記類/別傳之屬/事狀
朱母汪太夫人六十壽言不分卷　朱孔陽輯　民國十九年(1930)鉛印本　一冊

330000-1705-0012662　續0925　史部/傳記類/別傳之屬/事狀
蔡芳卿[和鏘]訃告不分卷　蔡同滋等撰　民國二十四年(1935)鉛印本　一冊

330000-1705-0012665　續0988　史部/史抄類
史記菁華錄六卷　(清)姚祖恩輯評　民國上海商務印書館鉛印本　三冊

330000-1705-0012666　續0939　史部/傳記類/別傳之屬/事狀
劉母陳太夫人赴告不分卷　劉德裕等撰　民

國十八年(1929)鉛印本　一册

330000－1705－0012667　續1002　史部/目録類/版本之屬/書影

百衲本二十四史預約樣本一卷　上海商務印書館編　民國十九年(1930)上海商務印書館鉛印本暨影印本　一册

330000－1705－0012668　新3017　類叢部/叢書類/郡邑之屬

四明叢書一百六十七種　張壽鏞編　民國四明張氏約園刻本(安晚堂詩集卷一至五原缺)　六十三册　存五十二種

330000－1705－0012670　續0989　史部/史抄類

史記菁華録六卷　(清)姚祖恩輯評　民國上海商務印書館鉛印本　二册　存四卷(一至四)

330000－1705－0012672　續0990　史部/史抄類

史記菁華録六卷　(清)姚祖恩輯評　民國上海商務印書館鉛印本　一册　存二卷(一至二)

330000－1705－0012674　續0926　史部/傳記類/别傳之屬/事狀

蔡芳卿[和鏘]訃告不分卷　蔡同滋等撰　民國二十四年(1935)鉛印本　一册

330000－1705－0012675　續0927　史部/傳記類/别傳之屬/事狀

蔡芳卿[和鏘]訃告不分卷　蔡同滋等撰　民國二十四年(1935)鉛印本　一册

330000－1705－0012676　續0928　史部/傳記類/别傳之屬/事狀

蔡芳卿[和鏘]訃告不分卷　蔡同滋等撰　民國二十四年(1935)鉛印本　一册

330000－1705－0012677　續0929　史部/傳記類/别傳之屬/事狀

蔡芳卿[和鏘]訃告不分卷　蔡同滋等撰　民國二十四年(1935)鉛印本　一册

330000－1705－0012678　續0930　史部/傳記類/别傳之屬/事狀

蔡芳卿[和鏘]訃告不分卷　蔡同滋等撰　民國二十四年(1935)鉛印本　一册

330000－1705－0012679　續0931　史部/傳記類/别傳之屬/事狀

蔡芳卿[和鏘]訃告不分卷　蔡同滋等撰　民國二十四年(1935)鉛印本　一册

330000－1705－0012680　續0932　史部/傳記類/别傳之屬/事狀

蔡芳卿[和鏘]訃告不分卷　蔡同滋等撰　民國二十四年(1935)鉛印本　一册

330000－1705－0012681　續0933　史部/傳記類/别傳之屬/事狀

蔡芳卿[和鏘]訃告不分卷　蔡同滋等撰　民國二十四年(1935)鉛印本　一册

330000－1705－0012682　續0934　史部/傳記類/别傳之屬/事狀

蔡芳卿[和鏘]訃告不分卷　蔡同滋等撰　民國二十四年(1935)鉛印本　一册

330000－1705－0012684　續0991　史部/史抄類

史記菁華録六卷　(清)姚祖恩輯評　民國上海商務印書館鉛印本　一册

330000－1705－0012688　續0992　史部/史抄類

史記菁華録六卷　(清)姚祖恩輯評　民國二十二年(1933)上海商務印書館鉛印本　一册

330000－1705－0012689　續1051　史部/地理類/方志之屬/郡縣志

[民國]嵊縣志三十二卷首一卷　牛蔭麐　羅毅修　丁謙　余重耀纂　民國二十四年(1935)鉛印本　一册　存二卷(九至十)

330000－1705－0012696　續1054　史部/地理類/方志之屬/郡縣志

[民國]寶應縣志三十二卷首一卷　戴邦楨　趙世榮修　馮煦等纂　劉嶽雲測繪　民國二十一年(1932)鉛印本　一册　存三卷(首、一

至二）

330000－1705－0012702　續 1037　史部/地理類/方志之屬/郡縣志
[民國]鎮海縣志四十五卷首一卷　洪錫範　盛鴻燾修　王榮商　楊敏曾纂　民國二十年(1931)上海蔚文印刷局鉛印本　二冊　存四卷(十三至十六)

330000－1705－0012703　新 3016　類叢部/叢書類/郡邑之屬
四明叢書一百六十七種　張壽鏞編　民國四明張氏約園刻本(安晚堂詩集卷一至五原缺)　三十九冊　存十七種

330000－1705－0012706　續 0940　史部/傳記類/別傳之屬/事狀
毛烈婦[楊秀菊]留香錄二卷　江内民輯　民國十一年(1922)鉛印本　一冊

330000－1705－0012709　續 1002－1　史部/目録類/版本之屬/書影
百衲本二十四史預約樣本一卷　上海商務印書館編　民國十九年(1930)上海商務印書館鉛印本暨影印本　一冊

330000－1705－0012712　續 0941　史部/傳記類/別傳之屬/事狀
傅母陳夫人訃告不分卷　傅義清撰　民國二十三年(1934)寧波鈞和公司石印本暨鉛印本　一冊

330000－1705－0012715　續 1039　史部/地理類/方志之屬/郡縣志
[民國]鎮海縣志四十五卷首一卷鎮海縣地圖一卷　洪錫範　盛鴻燾修　王榮商　楊敏曾纂　民國二十年(1931)上海蔚文印刷局鉛印本　十七冊　缺七卷(三至九)

330000－1705－0012716　續 0942　史部/傳記類/別傳之屬/事狀
諦公老法師訃告不分卷　釋寶靜等撰　民國二十一年(1932)鉛印本暨石印本　一冊

330000－1705－0012721　續 0943　史部/傳記類/別傳之屬/事狀
李母陳太宜人訃告不分卷　李慶基　李慶堡撰　民國二十一年(1932)石印本　一冊

330000－1705－0012722　續 0944　史部/傳記類/別傳之屬/事狀
史母張太夫人訃告不分卷　史致瑜撰　民國二十年(1931)石印本　一冊

330000－1705－0012725　續 1040　史部/地理類/方志之屬/郡縣志
[民國]鎮海縣志四十五卷首一卷鎮海縣地圖一卷　洪錫範　盛鴻燾修　王榮商　楊敏曾纂　民國二十年(1931)上海蔚文印刷局鉛印本　二十冊　缺四卷(十三至十六)

330000－1705－0012726　續 1041　史部/地理類/方志之屬/郡縣志
[民國]鎮海縣新志備稿二卷　董祖羲纂　民國二十年(1931)上海蔚文印刷局鉛印本　二冊

330000－1705－0012728　續 0945　史部/傳記類/別傳之屬/事狀
簡太夫人哀思錄不分卷　簡照南輯　民國九年(1920)上海聚珍倣宋印書局石印本暨鉛印本　五冊

330000－1705－0012731　續 0946　史部/傳記類/別傳之屬/事狀
燕喜集七卷首一卷　王文周　王文翰輯　民國二十年(1931)鉛印本　二冊

330000－1705－0012732　續 1042　史部/地理類/方志之屬/郡縣志
[民國]鎮海縣新志備稿二卷　董祖羲纂　民國二十年(1931)上海蔚文印刷局鉛印本　二冊

330000－1705－0012736　續 0947　史部/傳記類/別傳之屬/事狀
燕喜集七卷首一卷　王文周　王文翰輯　民國二十年(1931)鉛印本　一冊　存二卷(六至七)

330000－1705－0012743　續 1075　集部/詩文評類/文評之屬

水經注寫景文鈔不分卷 范文瀾評 民國樸社鉛印本 一冊

330000－1705－0012748 續 1045 史部/地理類/方志之屬/郡縣志

[民國]定海縣志十六卷首一卷 陳訓正 馬瀛纂修 施阜 顔聖介 張紀隆測繪 民國十三年(1924)旅滬同鄉會鉛印本 五冊

330000－1705－0012752 續 1046 史部/地理類/方志之屬/郡縣志

[民國]定海縣志十六卷首一卷 陳訓正 馬瀛纂修 施阜 顔聖介 張紀隆測繪 民國十三年(1924)旅滬同鄉會鉛印本 一冊

330000－1705－0012754 續 1097 史部/地理類/遊記之屬/紀行

游杭紀略二卷 楊祚昌輯 民國十四年(1925)杭州文元堂書莊鉛印本 一冊

330000－1705－0012758 續 1087－1 史部/地理類/專志之屬/寺觀

天童寺續志二卷首一卷 釋淨心修 釋蓮萍纂 民國九年(1920)天童寺刻本 二冊

330000－1705－0012760 續 1098 史部/地理類/山川之屬/山志

峩眉導遊不分卷附錄一卷 鄧少琴編 民國二十七年(1938)成都開明書店鉛印本 一冊

330000－1705－0012761 續 1048 史部/地理類/方志之屬/郡縣志

[民國]川沙縣志二十四卷首一卷 方鴻鎧 陸炳麟修 黃炎培纂 俞乃文 陸修澤 茅人駿測繪 民國二十六年(1937)上海國光書局鉛印本 一冊 存二卷(首、一)

330000－1705－0012768 續 1088 史部/地理類/專志之屬/寺觀

天童寺續志二卷首一卷 釋淨心修 釋蓮萍纂 民國九年(1920)天童寺刻本 一冊 存一卷(上)

330000－1705－0012771 續 1128 經部/書類/專著之屬

尚書職官考畧不分卷 (清)王廷鼎撰 民國抄本 一冊

330000－1705－0012772 續 1094 史部/地理類/專志之屬/書院

敷文書院志略不分卷 魏頌唐輯 民國二十四年(1935)浙江財務學校鉛印本 一冊

330000－1705－0012777 續 1107 史部/地理類/遊記之屬/紀行

蜀輶詩記二卷 俞陛雲撰 民國十年(1921)鉛印本 一冊

330000－1705－0012779 續 1091 集部/總集類/郡邑之屬

竹洲文獻二卷 楊貽誠編 民國二十五年(1936)鄞縣縣立女子中學校友會鉛印本 一冊

330000－1705－0012780 續 1100 史部/傳記類/日記之屬

求闕齋日記類鈔二卷(清道光二十一年正月至同治十年) (清)曾國藩隨筆 (清)王啟原編 民國二十四年(1935)申報館鉛印本 楊賓鏞批語 朱鼎煦題簽 一冊 存一卷(下)

330000－1705－0012781 續 1090 集部/總集類/郡邑之屬

竹洲文獻二卷 楊貽誠編 民國二十五年(1936)鄞縣縣立女子中學校友會鉛印本 一冊

330000－1705－0012783 續 1089 集部/總集類/郡邑之屬

竹洲文獻二卷 楊貽誠編 民國二十五年(1936)鄞縣縣立女子中學校友會鉛印本 一冊

330000－1705－0012784 續 1093 集部/總集類/郡邑之屬

竹洲文獻二卷 楊貽誠編 民國二十五年(1936)鄞縣縣立女子中學校友會鉛印本 一冊

330000－1705－0012785 續 1092 集部/總集類/郡邑之屬

竹洲文獻二卷 楊貽誠編 民國二十五年(1936)鄞縣縣立女子中學校友會鉛印本 一冊

330000－1705－0012802 續1148 子部/宗教類/道教之屬

玉定金科例誅輯要十卷首一卷末一卷特宥輯要十卷首一卷末一卷例賞輯要十卷首一卷末一卷 南天都劫司 桂宮武昌侯輯 民國十三年(1924)北京金科流通處鉛印本 十五冊

330000－1705－0012805 續1103 史部/地理類/外紀之屬

訪英游美心影記不分卷 胡政之撰 民國抄本 一冊

330000－1705－0012808 續0936 史部/傳記類/別傳之屬/事狀

劉母梁太夫人訃告不分卷 劉志陸等撰 民國二十二年(1933)石印本 一冊

330000－1705－0012827 續0937 史部/傳記類/別傳之屬/事狀

方母鄭宜人家傳六卷附哀啟 余德玉等撰 民國十八年(1929)鉛印本 一冊

330000－1705－0012830 續1208 新學/學校

江蘇省立水產學校之刊不分卷 黃守恒撰 民國四年(1915)鉛印本 一冊

330000－1705－0012835 續1115 史部/地理類/外紀之屬

義大利不分卷 民國鉛印本 一冊

330000－1705－0012838 續1146 子部/儒家類/儒學之屬/禮教/女範

金科輯要閨範篇三卷 都劫司 武昌侯輯 顯祿侯定 民國十四年(1925)北京金科流通處鉛印本 一冊

330000－1705－0012850 續1143 史部/史表類/通代之屬

古驪室張氏紀年叢刊 張之銘撰 民國實學通藝館鉛印本 一冊 存一種

330000－1705－0012854 續1207 史部/政書類

選舉電報彙錄不分卷 民國抄本 一冊

330000－1705－0012882 續1181、續1407、續1408 子部/叢編

評註諸子菁華錄十八種十八卷 張之純編纂 民國上海商務印書館鉛印本 三冊 存三卷(十二、十七至十八)

330000－1705－0012883 續1263 史部/目録類/總録之屬/私撰

文學山房書目五卷補遺一卷 民國石印本 一冊

330000－1705－0012884 續1182 史部/政書類/軍政之屬/兵制

英國水師考三卷 (英國)巴那比 (美國)克理撰 (英國)傅蘭雅 鍾天緯譯 民國鉛印本 一冊

330000－1705－0012885 續1265 史部/目録類/總録之屬/私撰

中國書店書目不分卷 中國書店編 民國十六年(1927)上海中國書店鉛印本 一冊

330000－1705－0012887 續1211、續1215 新學/政治法律

浙江鄞縣律師公會 浙江鄞縣律師公會撰 民國鉛印本 五冊 存五種

330000－1705－0012890 續1204 史部/政書類/公牘檔冊之屬

農商部批聯合會公牘不分卷 民國抄本 四冊

330000－1705－0012893 續0935 史部/傳記類/別傳之屬/事狀

方母鄭宜人家傳六卷附哀啟 余德玉等撰 民國十八年(1929)鉛印本 一冊

330000－1705－0012899 續1266 史部/目録類/總録之屬/私撰

中國書店書目□□卷 中國書店編 民國二十四年(1935)石印本 一冊 存一卷(十五)

330000－1705－0012901　續 1184　子部/兵家類/操練之屬

兵役及國民軍事組訓概要不分卷　徐鵬九　陳立森編　民國二十八年(1939)鉛印本　一册

330000－1705－0012902　續 1267　史部/目録類/總録之屬/私撰

中國書店書目□□卷　中國書店編　民國二十一年(1932)石印本　一册　存一卷(七)

330000－1705－0012903　續 1234　史部/政書類/儀制之屬

江蘇編訂禮制會喪禮草案三卷喪服草案五卷　姚文枬撰　民國二十一年(1932)鉛印本　一册　存三卷(江蘇編訂禮制會喪禮草案一至三)

330000－1705－0012908　續 1206　史部/政書類/公牘檔册之屬

電牘彙録不分卷　民國元年(1912)抄本　一册

330000－1705－0012909　續 1272、續 1273　子部/藝術類/書畫之屬/總論

内務部古物陳列所書畫目錄十四卷附三卷補遺二卷　何煜纂　謝剛國　吳瀛編　民國十四年(1925)北京京華印書局鉛印本　十册

330000－1705－0012916　續 1270　史部/目録類/總録之屬/私撰

書目答問五卷别錄一卷國朝箸述諸家姓名略一卷　(清)張之洞撰　民國十五年(1926)上海掃葉山房石印本　二册　缺二卷(五、别錄)

330000－1705－0012924　續 1271　史部/目録類/總録之屬/私撰

書目答問五卷别錄一卷國朝箸述諸家姓名略一卷　(清)張之洞撰　民國四年(1915)上海掃葉山房石印本　二册

330000－1705－0012928　續 1282　史部/目録類/總録之屬/氏族

唐氏先世著述目錄一卷　唐淵輯　**辛未秋中七詩一卷春池館文稿一卷**　唐淵撰　民國二十年(1931)鉛印本　一册

330000－1705－0012931　續 1212、續 1213、續 1216　新學/政治法律

浙江鄞縣律師公會　浙江鄞縣律師公會撰　民國鉛印本　三册　存三種

330000－1705－0012933　續 1286　史部/目録類/總録之屬/私撰

郘亭知見傳本書目十六卷　(清)莫友芝撰　民國十二年(1923)上海掃葉山房石印本　一册　存一卷(十六)

330000－1705－0012934　續 1337　史部/金石類/金之屬/文字

積古齋鐘鼎彝器款識十卷　(清)阮元撰　民國上海中華圖書館影印本　六册

330000－1705－0012941　續 1214　史部/政書類/公牘檔册之屬

浙江律師公會聯合會第一次會議始末記一卷　浙江律師公會編　民國鉛印本　一册

330000－1705－0012942　續 1154　史部/目録類/專録之屬

景印國藏善本叢刊樣本不分卷　景印國藏善本叢刊委員會編　民國二十六年(1937)商務印書館鉛印本暨影印本　一册

330000－1705－0012945　續 1256　史部/目録類/書志之屬/提要

四部叢刊書錄一卷　商務印書館編　民國十五年(1926)上海商務印書館鉛印本　一册

330000－1705－0012950　續 1255　史部/目録類/書志之屬/提要

四部叢刊書錄一卷　商務印書館編　民國十八年(1929)上海商務印書館鉛印本　朱鼎煦跋　一册

330000－1705－0012952　續 1278　史部/目録類/總録之屬/私撰

北平富晋書社新舊書籍碑帖書畫目錄六卷補遺一卷　王富晋編　民國十八年(1929)北平富晋書社鉛印本　一册　缺四卷(一至四)

330000－1705－0012954　續 1331　史部/金石類/金之屬/文字

歷代鐘鼎彝器欵識法帖二十卷　(宋)薛尚功撰　民國影印本　一冊　存四卷(十七至二十)

330000－1705－0012956　續 1360　史部/叢編

思峴廬史學叢著　唐邦治撰　民國大東書局鉛印本　一冊　存一種

330000－1705－0012957　續 1306　史部/目録類/專録之屬

參加倫敦中國藝術國際展覽會出品目錄四卷　倫敦中國藝術國際展覽會籌備委員會編　民國二十四年(1935)鉛印本　一冊

330000－1705－0012958　續 1192　史部/政書類/律令之屬/律例

刑事訴訟律草案六卷　民國元年(1912)法政學社石印本　二冊　存三卷(一至三)

330000－1705－0012959　續 1361　史部/叢編

思峴廬史學叢著　唐邦治撰　民國大東書局鉛印本　一冊　存一種

330000－1705－0012960　續 1332　史部/金石類/金之屬/文字

歷代鐘鼎彝器欵識法帖二十卷　(宋)薛尚功撰　民國上海書局影印本　三冊　存十二卷(一至九、十四至十六)

330000－1705－0012961　續 1193　史部/政書類/律令之屬/律例

大理院現行六法釋例　孫韻武編　民國六年(1917)上海石竹山房石印本　八冊

330000－1705－0012963　續 1307　史部/地理類/方志之屬/通志

[民國]重修浙江通志初稿不分卷　浙江省通志館修　余紹宋　孫延釗等纂　民國三十七年(1948)鉛印本　一冊　存體例綱要及目錄

330000－1705－0012965　續 1308　史部/傳記類/總傳之屬

清代學者象傳樣本不分卷　葉恭綽編　民國十七年(1928)上海商務印書影印本　一冊

330000－1705－0012966　續 1362　史部/叢編

思峴廬史學叢著　唐邦治撰　民國大東書局鉛印本　一冊　存一種

330000－1705－0012967　續 1296　史部/目録類/總録之屬/私撰

郘亭知見傳本書目十六卷　(清)莫友芝撰　民國十二年(1923)上海掃葉山房石印本　八冊

330000－1705－0012968　續 1333　史部/金石類/金之屬/文字

歷代鐘鼎彝器欵識法帖二十卷　(宋)薛尚功撰　民國六年(1917)上海書局影印本　五冊

330000－1705－0012970　續 1035　史部/地理類/方志之屬/郡縣志

鄞縣通志未刊稿節錄不分卷　稿本　一冊

330000－1705－0012972　續 1363　史部/史評類/史論之屬

讀通鑑論十六卷附宋論十五卷　(清)王夫之撰　民國上海商務印書館鉛印本　十冊

330000－1705－0012974　續 1364　史部/紀傳類/正史之屬

百五十名家評註史記一百三十卷補一卷　(漢)司馬遷撰　(南朝宋)裴駰集解　(唐)司馬貞索隱　(唐)張守節正義　民國上海文瑞樓石印本　三冊　存六十七卷(六十一至一百二十七)

330000－1705－0012976　續 1297　史部/目録類/總録之屬/彙刻

四庫全書珍本初集樣本一卷　商務印書館編　民國二十三年(1934)上海商務印書館鉛印本暨影印本　一冊

330000－1705－0012982　續 1303　史部/目録類/版本之屬/專考

宋元本行格表二卷附錄一卷補遺一卷　(清)江標輯　劉肇隅編並補　民國三年(1914)上

海文瑞樓石印本　一册　存一卷(下)

330000－1705－0012983　續 1311　史部/目録類/通論之屬

別號索引一卷補遺一卷　陳乃乾輯　陶毓英編　民國三十二年(1943)開明書店鉛印本　一册

330000－1705－0012986　續 1288　史部/目録類/總録之屬/彙刻

漢文淵書肆書目一卷　漢文淵書肆編　民國上海漢文淵書肆石印本　一册

330000－1705－0012988　續 1300　史部/目録類/總録之屬/私撰

同文書店書目第五期一卷　同文書店編　民國二十一年(1932)上海同文書店石印本　一册

330000－1705－0012992　續 1290　史部/目録類/總録之屬/官修

壬子文瀾閣所存書目五卷　錢恂編　民國元年(1912)浙江圖書館刻本　一册　存一卷(四)

330000－1705－0012993　續 1366　史部/史評類/史論之屬

評選船山史論二卷　林紓撰　民國二年(1913)上海商務印書館鉛印本　一册

330000－1705－0012999　續 1291　史部/目録類/總録之屬/私撰

千頃堂書目三十二卷　(清)黄虞稷撰　民國影印本　一册　存二卷(二十七至二十八)

330000－1705－0013004　續 1305　史部/目録類/專録之屬

國外公私收藏家參加倫敦中國藝展會之展品目錄一卷　民國鉛印本　一册

330000－1705－0013012　續 0924　史部/傳記類/別傳之屬/事狀

蔣太夫人[王采玉]哀思錄不分卷　葉楚傖輯　民國十二年(1923)鉛印本　一册

330000－1705－0013018　續 1219　新學/報章

鄞縣教育年刊不分卷　民國二十年(1931)鉛印本　一册

330000－1705－0013019　續 1344　史部/金石類/石之屬/文字

二銘書屋藏碑錄不分卷　馮貞羣撰　稿本　一册

330000－1705－0013023　續 1330　史部/金石類/金之屬/文字

殷商青銅器銘文研究二卷　郭沫若撰　民國二十年(1931)上海大東書局影印本　二册

330000－1705－0013024　續 1345　史部/金石類/總志之屬

孴古叢編十種　羅振玉輯　民國上虞羅氏影印本　一册　存一種

330000－1705－0013033　續 1405　類叢部/叢書類/自著之屬

約園演講集　張壽鏞撰　民國鉛印本　一册　存一種

330000－1705－0013038　續 1409　子部/叢編

二十二子　(清)浙江書局編　民國三年(1914)世德堂影印本　十七册　存六種

330000－1705－0013040　續 1371　史部/史評類/考訂之屬

王氏漢書補注商榷一卷　稿本　一册

330000－1705－0013045　續 1220　史部/政書類/邦計之屬

寧波和豐紡織股份有限公司十年帳畧彙刊不分卷　民國上海中華書局鉛印本　一册

330000－1705－0013049　新 3000　史部/傳記類/總傳之屬/家乘

[浙江象山]竹山陳氏宗譜不分卷　蔣鳳儀　蔣璉　陳玉輝纂修　民國六年(1917)抄本　二册

330000－1705－0013050　續 1410　子部/雜家類

教科適用管子精華一卷　中華書局編　**教科適用列子精華一卷**　中華書局編　**教科適用韓非子精華一卷**　中華書局編　**教科適用老子精華一卷**　中華書局編　民國四年(1915)上海中華書局鉛印本　四冊

330000－1705－0013055　續1145　類叢部/叢書類/彙編之屬
四部叢刊三編七十一種　張元濟等編　民國二十四年至二十五年(1935－1936)上海商務印書館影印本(長興集卷一至十二、三十一、三十三至四十一原缺)　一冊　存一種

330000－1705－0013069　續1413　子部/儒家類/儒學之屬/性理
子問二卷　(清)劉沅撰　民國北京道德學社鉛印本　二冊

330000－1705－0013072　續1416　子部/儒家類/儒家之屬
荀子二十卷　(唐)楊倞注　**荀子校勘補遺一卷**　(清)謝墉撰　民國十七年(1928)上海掃葉山房石印本　二冊

330000－1705－0013077　續1414　子部/儒家類/儒學之屬/性理
子問二卷　(清)劉沅撰　民國北京道德學社鉛印本　一冊　存一卷(二)

330000－1705－0013088　續1467　子部/儒家類/儒學之屬/禮教/女範
閨範四卷　(明)呂坤注　(清)程夢暘等校　民國十六年(1927)據明刻本影印本　三冊　缺一卷(二)

330000－1705－0013101　續1472　子部/叢編
子書二十八種　育文書局編　民國上海育文書局石印本　三冊　存一種

330000－1705－0013102　續1496　子部/醫家類/類編之屬
士材三書　(清)李中梓撰　(清)尤乘編　民國五年(1916)上海廣益書局石印本　一冊

330000－1705－0013108　續1473　子部/兵家類/兵法之屬
趙註孫子五卷　(明)趙本學撰　民國九年(1920)益新書局石印本　四冊

330000－1705－0013112　續1474　子部/兵家類/兵法之屬
趙註孫子五卷　(明)趙本學撰　民國九年(1920)益新書局石印本　四冊

330000－1705－0013121　續1431　經部/春秋左傳類/傳說之屬
增批輯註東萊博議四卷　(宋)呂祖謙撰　劉鍾英輯注　民國十三年(1924)上海啓新書局石印本　二冊　存二卷(一至二)

330000－1705－0013125　續1482　子部/叢編
大字精校圈點注釋三十六子全書□□種　(清)孫星衍撰　民國上海掃葉山房石印本　四冊　存一種

330000－1705－0013127　續1432　子部/儒家類/儒學之屬/經濟
說苑二十卷　(漢)劉向撰　**末一卷**　(清)盧文弨輯　民國上海涵芬樓鉛印本(卷末配抄本)　四冊

330000－1705－0013130　續1432－1　子部/儒家類/儒學之屬/經濟
說苑二十卷　(漢)劉向撰　**末一卷**　(清)盧文弨輯　民國上海涵芬樓鉛印本(卷末配抄本)　四冊

330000－1705－0013134　續1485　子部/叢編
子書四十八種　五鳳樓主人輯　民國九年(1920)上海五鳳樓石印本　一冊　存三種

330000－1705－0013135　續1488　史部/地理類/方志之屬/郡縣志
[民國]新昌縣志二十卷附新昌農事調查一卷　金城修　陳畬纂　**沃州詩存一卷**　(宋)潘音撰　**沃州文存一卷**　(宋)徐霖撰　民國八年(1919)鉛印本　一冊　存一卷(新昌農事調查)

330000－1705－0013137　續 1466　子部/儒家類/儒學之屬/性理

王學精華二卷　陸基編輯　民國四年(1915)上海商務印書館鉛印本　二册

330000－1705－0013138　續 1433　子部/儒家類/儒學之屬/經濟

説苑二十卷　(漢)劉向撰　民國上海涵芬樓鉛印本　三册　存十五卷(一至十、十六至二十)

330000－1705－0013140　續 1349　史部/金石類/金之屬

愙齋集古録二十六卷　(清)吳大澂撰　民國上海涵芬樓影印本　一册　存一卷(八)

330000－1705－0013144　續 1520　子部/醫家類/醫話醫論之屬

陸氏論醫集四卷　陸彭年撰　沈本琰編纂　民國二十二年(1933)上海陸淵雷醫室鉛印本　一册　存一卷(一)

330000－1705－0013145　續 1468　子部/儒家類/儒學之屬

嘉言類纂不分卷　許亦鳴輯　民國三十三年(1944)鉛印本　一册

330000－1705－0013147　續 1521　子部/醫家類/醫理之屬/病源病機

重刊巢氏諸病源候總論五十卷　(隋)巢元方等撰　民國七年(1918)上海千頃堂石印本　一册　存六卷(三至八)

330000－1705－0013149　新 3001　史部/傳記類/總傳之屬/家乘

[浙江鎮海]鎮邑泰邱陳氏宗譜不分卷　陳慶宰等修　民國十六年(1927)木活字印本　一册

330000－1705－0013151　續 1535　子部/醫家類/醫經之屬/内經

靈樞經合纂十卷　(明)馬蒔　(清)張志聰註　民國十五年(1926)上海錦章圖書局石印本　四册　存四卷(一至二、四、七)

330000－1705－0013152　續 1500　子部/醫家類/綜合之屬/合刻、合抄

六經方証通解　(清)唐宗海撰　民國六年(1917)上海千頃堂書局石印本　二册　存三種

330000－1705－0013154　續 1508　子部/醫家類/醫案之屬

南雅堂醫案八卷　(清)陳念祖撰　民國九年(1920)上海羣學社石印本　八册

330000－1705－0013155　續 1428　子部/儒家類/儒學之屬/禮教/家訓

朱柏廬先生治家格言(朱子家訓)一卷　(清)朱用純撰　王同愈書　民國二十四年(1935)三友實業社石印本　一册

330000－1705－0013156　續 1501　子部/醫家類/醫經之屬/内經

黃帝内經素問合纂十卷靈樞經合纂九卷補遺一卷　(明)馬蒔　(清)張志聰注　民國十一年(1922)上海錦章圖書局石印本　八册　存十卷(一至十)

330000－1705－0013157　續 1501－1　子部/醫家類/醫經之屬/内經

黃帝内經素問合纂十卷靈樞經合纂九卷補遺一卷　(明)馬蒔　(清)張志聰注　民國十一年(1922)上海錦章圖書局石印本　九册　存十卷(一至十)

330000－1705－0013158　續 1429　子部/儒家類/儒學之屬/禮教/家訓

朱子家訓衍義(朱子家訓白話句解)一卷　民國十六年(1927)上海宏大善書局石印本　一册

330000－1705－0013159　新 3002　史部/傳記類/總傳之屬/家乘

[浙江鄞縣]寧郡鄞西天燈下陳氏宗譜不分卷　陳德銓等纂修　民國抄本　一册

330000－1705－0013160　續 1509　子部/醫家類/醫案之屬

古今醫案平議第一種三卷第二種二卷第三種一卷　民國石印本　六册

330000－1705－0013164　續1518　子部/醫家類/類編之屬
陳修園醫書七十種　(清)陳念祖等撰　民國石印本　四冊　存四種

330000－1705－0013167　續1489　子部/醫家類/綜合之屬/通論
編註醫學入門内集八卷首一卷　(明)李梴編　民國上海掃葉山房石印本　七冊　缺二卷(六至七)

330000－1705－0013169　新3003　史部/傳記類/總傳之屬/家乘
[浙江慈溪]大嵩陳氏支譜不分卷　民國木活字印本　一冊

330000－1705－0013170　續1554　子部/醫家類/針灸之屬/經絡腧穴
穴位圖不分卷　民國抄本　一冊

330000－1705－0013171　續1557　子部/醫家類/醫經之屬/内經
羣經見智錄三卷　惲鐵樵撰　**古醫經論一卷**　韋格六撰　民國十一年(1922)武進惲氏鉛印本　六冊

330000－1705－0013172　續1542　子部/醫家類
南坡居士歐陽輯瑞評註二卷　(明)夢覺道人撰　民國二十一年(1932)錦章圖書局鉛印本　一冊

330000－1705－0013175　續1541　子部/醫家類/溫病之屬/瘧痢
痢疾論四卷末一卷　(清)孔毓禮著輯　民國上海千頃堂書局石印本　二冊

330000－1705－0013176　續1512　子部/醫家類/綜合之屬/通論
素仙簡要四卷　(清)奎瑛撰　民國三年(1914)上海石竹山房石印本　三冊　存三卷(一至三)

330000－1705－0013178　續1543　子部/醫家類/外科之屬/癰疽、疗瘡
治疔要訣一卷　(清)應其南撰　**爛喉痧瘀輯要一卷**　(清)金德鑑撰　**林文忠戒煙方一卷**　**諸症急救良方一卷**　民國八年(1919)石印本　一冊

330000－1705－0013180　續1558　子部/醫家類/醫經之屬/内經
羣經見智錄三卷　惲鐵樵撰　**古醫經論一卷**　韋格六撰　民國十一年(1922)武進惲氏鉛印本　一冊

330000－1705－0013181　續1544　子部/醫家類/外科之屬/癰疽、疗瘡
治疔要訣一卷　(清)應其南撰　**爛喉痧瘀輯要一卷**　(清)金德鑑撰　**林文忠戒煙方一卷**　**諸症急救良方一卷**　民國八年(1919)石印本　一冊

330000－1705－0013182　續1526　子部/醫家類/類編之屬
南雅堂醫書全集(陳修園醫書)四十八種　(清)陳念祖等撰　民國上海錦章書局石印本　一冊　存一種

330000－1705－0013183　續1545　子部/醫家類/外科之屬/癰疽、疗瘡
治疔要訣一卷　(清)應其南撰　**爛喉痧瘀輯要一卷**　(清)金德鑑撰　**林文忠戒煙方一卷**　**諸症急救良方一卷**　民國八年(1919)石印本　一冊

330000－1705－0013187　續1499　子部/醫家類/類編之屬
濟世全書　(清)汪啟賢等選注　民國抄本　十八冊　存十七種

330000－1705－0013190　續1539　子部/醫家類/傷寒金匱之屬/綜合
湯液經六卷首一卷末一卷附錄一卷　題(商)伊尹撰　(漢)張機廣論　楊師尹考次　劉復補修　民國三十七年(1948)劉氏一錢閣曾福臻鉛印本　一冊

330000－1705－0013191　續1547　子部/醫家類/類編之屬
世補齋醫書　(清)陸懋修撰　民國元年至三

年(1912－1914)上海江東書局石印本　一冊　存一種

330000－1705－0013192　續1559　子部/醫家類/方書之屬/單方驗方

長沙方歌括六卷首一卷　(清)陳念祖撰　(清)陳蔚注　民國石印本　一冊

330000－1705－0013194　續1548　子部/醫家類/兒科之屬/痘疹

痲症集成四卷　(清)朱載揚撰　民國鉛印本　一冊

330000－1705－0013199　續1549　子部/醫家類/醫經之屬/難經

重訂古本難經闡註一卷　(戰國)扁鵲撰　(清)丁錦集註　徐召南評訂　民國十九年(1930)上海千頃堂書局石印本　一冊

330000－1705－0013201　續1561　子部/醫家類/綜合之屬/合刻、合抄

湯頭歌訣一卷附經絡歌訣一卷　(清)汪昂撰　民國商務印書館鉛印本　一冊

330000－1705－0013203　續1550　子部/醫家類/醫經之屬/内經

素問靈樞類纂約註三卷　(清)汪昂輯註　民國千頃堂書局石印本　一冊

330000－1705－0013209　續1551　子部/醫家類/醫經之屬/難經

難經本義箋三卷首一卷　(戰國)秦越人撰　(元)滑壽本義　(清)周學海增輯　張壽頤箋　民國蘭谿公立中醫學校油印本　三冊　存三卷(一至三)

330000－1705－0013211　續1495　子部/醫家類/綜合之屬/通論

嵩厓尊生書十五卷　(清)景日昣撰　民國上海廣益書局石印本　八冊

330000－1705－0013212　續1575　子部/醫家類/本草之屬/歷代綜合本草

本草從新十八卷　(清)吳儀洛輯　民國石印本　一冊　存四卷(十至十三)

330000－1705－0013214　新3006　史部/傳記類/總傳之屬/家乘

[浙江鄞州]鄞西方家橕王氏宗譜四卷首一卷末一卷　王永祥等修　民國三十七年(1948)三槐堂木活字印本　四冊

330000－1705－0013222　續1593　子部/醫家類/本草之屬/本草藥性

增訂本艸備要藥性八卷　民國楊薦庭抄本　一冊

330000－1705－0013225　續1555　子部/醫家類/針灸之屬/經絡腧穴

經穴起止歌不分卷　民國抄本　一冊

330000－1705－0013226　續1579　子部/醫家類/醫案之屬

葉天士先生教徒法不分卷　(清)葉桂撰　民國抄本　卿鶴跋　一冊

330000－1705－0013227　續1580　子部/醫家類/本草之屬/歷代綜合本草

本草從新十八卷　(清)吳儀洛輯　民國上海姚文海書局石印本　四冊

330000－1705－0013228　新3007　史部/傳記類/總傳之屬/家乘

[浙江餘姚]姚江邵氏宗譜十八卷貽編七卷首一卷　朱元樹纂修　民國二十一年(1932)鉛印本　二十六冊　缺一卷(貽編七)

330000－1705－0013230　續1556　子部/醫家類/醫經之屬/内經

摘錄内經原旨不分卷　(清)薛生白集註　民國抄本　一冊

330000－1705－0013232　續1610　子部/醫家類/外科之屬/癰疽、疔瘡

重刊刺疔捷法一卷　(清)張鏡撰　民國十八年(1929)石印本　一冊

330000－1705－0013234　續1525　子部/醫家類/綜合之屬/合刻、合抄

六經方証通解　(清)唐宗海撰　民國上海千頃堂書局石印本　一冊　存二種

330000－1705－0013237　續1566　子部/醫家類/醫案之屬

風勞鼓隔四證畧不分卷　稿本　一冊

330000－1705－0013238　續1597　子部/醫家類/類編之屬

察病指南三卷　（遼）施政卿撰　民國十四年(1925)上海中華新教育社石印本　一冊

330000－1705－0013240　續1627、續1628　子部/醫家類/傷寒金匱之屬/傷寒論

傷寒來蘇集三種八卷　（清）柯琴撰　民國上海錦章圖書局石印本　二冊　存三卷(傷寒論註一至三)

330000－1705－0013242　新3008　史部/傳記類/總傳之屬/家乘

[浙江奉化]浦口王氏郊房譜六卷首一卷　王顯增纂修　民國十八年(1929)浦曙堂木活字印本　一冊

330000－1705－0013244　續1568　子部/醫家類/類編之屬

醫門棒喝二種　（清）章楠撰　民國十八年(1929)紹興墨潤堂書苑石印本　一冊　存一種

330000－1705－0013246　續1611　子部/醫家類/醫案之屬

孟河丁濟萬醫案集精不分卷　黃聲綱錄　民國二十五年(1936)抄本　一冊

330000－1705－0013248　續1570　子部/醫家類/推拿按摩外治之屬

推拏醫書不分卷　民國抄本　一冊

330000－1705－0013249　續1612　子部/醫家類/診法之屬/脈經脈訣

經脈別論篇五十九卷　民國抄本　一冊　存三十九卷(二十一至五十九)

330000－1705－0013252　續1613　子部/醫家類/喉科口齒之屬/通論

驗舌総圖不分卷　民國抄本　一冊

330000－1705－0013253　續1614　子部/醫家類/外科之屬/癰疽、疔瘡

重刊刺疔捷法一卷　（清）張鏡撰　民國石印本　一冊

330000－1705－0013256　續1638　子部/醫家類/類編之屬

潛齋醫書五種　（清）王士雄纂　（清）楊照藜　（清）汪曰楨評　民國上海千頃堂書局石印本　一冊　存一種

330000－1705－0013258　續1615　子部/醫家類/傷寒金匱之屬/金匱要略

金匱心典三卷　（漢）張仲景撰　（清）尤怡集註　民國二十三年(1934)無錫日升山房刻本　一冊　存一卷(上)

330000－1705－0013259　續1639　子部/醫家類/溫病之屬

溫熱經緯五卷　（清）王士雄纂　（清）楊照藜　（清）汪曰楨評　民國上海廣益書局石印本　二冊

330000－1705－0013264　續1602　子部/醫家類/喉科口齒之屬/白喉

洞主仙師白喉治法忌表抉微一卷附經驗救急諸方一卷　（清）耐修子錄並注　民國六年(1917)石印本　一冊

330000－1705－0013265　續1617　子部/醫家類/傷寒金匱之屬/金匱要略

金匱要略□□卷　（漢）張仲景撰　民國抄本　一冊　存三卷(二十三至二十五)

330000－1705－0013267　續1228　史部/政書類

養民等不分卷　民國抄本　一冊

330000－1705－0013268　續1352　子部/工藝類/日用器物之屬/陶瓷

飲流齋說瓷十卷　許之衡撰　民國上海朝記書莊鉛印本　二冊　存五卷(四至五、八至十)

330000－1705－0013278　新3010　史部/傳記類/總傳之屬/家乘

[浙江鄞縣]古坊馬氏宗譜九卷　馬世鏘等修

民國二十六年(1937)垂裕堂木活字印本　一冊　存一卷(一)

330000－1705－0013279　續 1619　子部/醫家類/傷寒金匱之屬/金匱要略
金匱要略淺註十卷　(漢)張仲景撰　(清)陳念祖集註　民國石印本　一冊　存二卷(一、六)

330000－1705－0013281　續 1648　子部/醫家類/方書之屬
綠槐堂疹症方論不分卷　張原燿撰　民國二十四年(1935)上海蔚文印刷局鉛印本　一冊

330000－1705－0013287　續 1608　子部/醫家類/綜合之屬/通論
辨證奇聞十卷　(清)錢松撰　民國九年(1920)上海江東茂記書局石印本　二冊

330000－1705－0013291　續 1609　子部/醫家類/診法之屬/脈經脈訣
脈經直指七卷　(明)方穀撰　民國抄本　一冊

330000－1705－0013297　續 1668　子部/醫家類/方書之屬/成方藥目
秘本丹方大全一卷　世界書局編　民國十七年(1928)世界書局鉛印本　一冊

330000－1705－0013298　續 1684　子部/宗教類/道教之屬/方法
救時金丹四卷　唐光先纂修　梁志賢編輯　民國五年(1916)上海宏大善書局石印本　一冊

330000－1705－0013299　續 1683　子部/宗教類/道教之屬/方法
救時金丹四卷　唐光先纂修　梁志賢編輯　民國六年(1917)上海宏大善書局石印本　一冊

330000－1705－0013303　續 1651　子部/醫家類/方書之屬/單方驗方
經驗良方二卷　次留編輯　民國六年(1917)上海鍊石齋書局石印本　二冊

330000－1705－0013305　續 1670　子部/醫家類/方書之屬/歷代方書
集驗良方拔萃二卷癸卯年續補集驗拔萃良方一卷　(清)恬素氏輯　民國十六年(1927)上海宏大善書局石印本　一冊

330000－1705－0013307　續 1652　子部/醫家類/方書之屬
中藥驗方不分卷　楊世晶　楊鳳明記　民國二十年(1931)抄本　三冊

330000－1705－0013311　續 1583　子部/醫家類/本草之屬/歷代綜合本草
本草從新十八卷　(清)吳儀洛輯　民國上海錦章圖書局石印本　一冊

330000－1705－0013314　續 1708、續 1709　子部/醫家類/傷科之屬
傷科補要六卷　(清)錢秀昌撰　民國二十年(1931)石印本　三冊　存四卷(一至四)

330000－1705－0013317　續 1653　子部/醫家類/方書之屬/單方驗方
重訂驗方新編十八卷　(清)鮑相璈等輯　民國六年(1917)上海石竹山房石印本　一冊

330000－1705－0013320　續 1654　子部/醫家類/方書之屬/單方驗方
驗方新編十八卷　(清)鮑相璈等輯　民國十八年(1929)芮棣春堂鉛印本　一冊

330000－1705－0013324　續 1662　子部/醫家類/方書之屬/成方藥目
成方便讀四卷　(清)張秉成集選　民國二十二年(1933)上海千頃堂書局石印本　二冊

330000－1705－0013325　續 1675　子部/醫家類/方書之屬/單方驗方
藥方抄不分卷　民國抄本　一冊

330000－1705－0013334　續 1657　子部/醫家類/方書之屬/單方驗方
驗方新編□□卷　(清)鮑相璈輯　民國石印本　二冊　存十卷(六至十五)

330000－1705－0013338　續 1679　子部/醫

家類/方書之屬/成方藥目

丸散膏丹不分卷 陳性全記 民國抄本 一册

330000－1705－0013339 續1687 子部/醫家類/綜合之屬/雜著

心和黄先生用藥酌宜不分卷 民國抄本 一册

330000－1705－0013345 續1664 子部/醫家類/方書之屬/單方驗方

增註古方新解八卷 (清)徐大椿撰 (清)陸士諤編訂 民國十四年(1925)上海世界書局石印本 二册

330000－1705－0013350 續1630 子部/醫家類/傷寒金匱之屬/傷寒論

傷寒集註六卷本義一卷 (清)張志聰註 高世栻輯 民國石印本 五册 缺一卷(六)

330000－1705－0013351 續1665 子部/醫家類/方書之屬/單方驗方

增廣驗方新編十六卷 (清)鮑相璈編輯 (清)張紹棠增輯 **痧症全書三卷** (清)王凱輯 **咽喉秘集二卷** (清)海山仙館輯 民國上海錦章圖書局石印本 八册

330000－1705－0013353 續1690 子部/醫家類/綜合之屬/雜著

萬金良藥不分卷 民國抄本 一册

330000－1705－0013356 續1691 子部/醫家類/綜合之屬/通論

玉楸藥解八卷 (清)黄元御撰 民國四年(1915)海左書局石印本 一册

330000－1705－0013361 續1634 子部/醫家類/傷寒金匱之屬/傷寒論

傷寒瘟疫條辯六卷 (清)楊璿撰 (清)楊鼎編 民國三年(1914)上海廣益書局石印本 一册 存一卷(一)

330000－1705－0013366 續1718 子部/醫家類/喉科口齒之屬/喉痧

喉痧症治概要一卷 (清)丁甘仁撰 民國十六年(1927)鉛印本 一册

330000－1705－0013370 續1693 子部/醫家類/綜合之屬/雜著

指南廣義不分卷 民國抄本 二册

330000－1705－0013371 續1765 子部/天文曆算類/曆法之屬

星命須知一卷附萬年書一卷 (西域)北馬魯丁撰 民國十七年(1928)上海千頃堂書局石印本 一册

330000－1705－0013374 續1741 子部/醫家類/眼科之屬

眼科良方一卷研究良方一卷 (清)葉桂撰 民國八年(1919)石印本 一册

330000－1705－0013375 續1694 子部/醫家類/溫病之屬/瘧痢

痢證匯參十卷 (清)吴道源輯 民國七年(1918)上海千頃堂石印本 二册

330000－1705－0013382 續1720 子部/醫家類/婦科之屬/產科

婦科種子方不分卷 陸仲康記 民國抄本 一册

330000－1705－0013384 續1746 子部/醫家類/養生之屬

養生保命錄一卷 民國八年(1919)上海宏大善書局石印本 一册

330000－1705－0013387 續1747 子部/醫家類/養生之屬

養生保命錄一卷 民國二十三年(1934)上海三友實業社石印本 一册

330000－1705－0013391 續1768 子部/天文曆算類/曆法之屬

新鐫增補時憲臺曆袖裏璇璣星命須知一卷三元甲子年玫一卷三元甲子萬年書三卷續三元甲子萬年書一卷 鍾之模編輯 民國香港統一圖書局石印本 三册

330000－1705－0013396 續1698 子部/醫家類/綜合之屬/雜著

百病消散不分卷 民國抄本 一册

330000－1705－0013398　續 1769　子部/天文曆算類/曆法之屬

新鐫增補時憲臺曆袖裏璇璣星命須知一卷三元甲子年攷一卷三元甲子萬年書三卷續三元甲子萬年書一卷　鍾之模編輯　民國香港統一圖書局石印本　三冊

330000－1705－0013399　續 1699　子部/醫家類/醫話醫論之屬

通俗醫話四卷　陳存仁撰　民國二十八年(1939)遠志精舍鉛印本　一冊

330000－1705－0013406　續 1724　子部/醫家類/婦科之屬/通論

新編女科指掌五卷　(清)葉其蓁編輯　民國上海海左書局石印本　一冊

330000－1705－0013407　續 1701　子部/醫家類/傷科之屬

跌內秘傳□□卷　徐周書錄　民國抄本　一冊　存一卷(下)

330000－1705－0013416　續 1726　子部/醫家類/婦科之屬/通論

濟陰綱目十四卷　(明)武之望　(明)金德生撰　(清)汪淇箋釋　民國上海廣益書局石印本　一冊　存四卷(一至四)

330000－1705－0013418　續 1805　子部/術數類/相宅相墓之屬

地理辨正揭隱不分卷　王邈達撰　民國三十六年(1947)六百金文齋鉛印本　朱鼎煦題記　一冊

330000－1705－0013419　續 1840　子部/藝術類/書畫之屬/畫録

清朝畫徵録三卷續録二卷三録一卷浦山論畫一卷　(清)張庚撰　**清朝畫徵三録一卷**　(清)張寅撰　民國上海朝記書莊鉛印本　二冊

330000－1705－0013421　續 1727　子部/醫家類/婦科之屬/產科

達生編三卷附録一卷保赤編一卷　(清)亟齋居士撰　民國七年(1918)張紹春刻本　一冊

330000－1705－0013424　續 1806　子部/術數類/相宅相墓之屬

重刊人子須知資孝地理心學統宗三十九卷　(明)徐善繼　(明)徐善述撰　民國十一年(1922)上海會文堂書局石印本　七冊　存七卷(一至七)

330000－1705－0013432　續 1829　子部/藝術類/書畫之屬/總論

江村銷夏録三卷　(清)高士奇撰　民國上海有正書局影印本　二冊　缺一卷(一)

330000－1705－0013435　續 1838　子部/藝術類/書畫之屬/總論

庚子銷夏記八卷　(清)孫承澤撰　民國九年(1920)上海掃葉山房石印本　四冊

330000－1705－0013438　續 1839　子部/藝術類/書畫之屬/畫録

清朝畫徵録三卷續録二卷三録一卷浦山論畫一卷　(清)張庚撰　**清朝畫徵三録一卷**　(清)張寅撰　民國上海朝記書莊鉛印本　一冊

330000－1705－0013439　續 1730　子部/醫家類/婦科之屬/通論

竹林寺女科秘方一卷良方集要一卷　(清)竹林寺僧撰　民國二十八年(1939)寧波又新街振華印局石印本　一冊

330000－1705－0013447　續 1731　子部/醫家類/兒科之屬

小兒按摩術四卷　(明)周于蕃撰　民國十一年(1922)上海孚華書局石印本　四冊

330000－1705－0013450　續 1743　子部/醫家類/兒科之屬/痘疹

瘄科二卷　民國抄本　一冊

330000－1705－0013453　續 1732　子部/醫家類/兒科之屬

兒科夏秋症襍著不分卷　陳弈山撰　民國抄本　一冊

330000－1705－0013457　續 1742　新學/醫學

孫鏡陽實驗眼科學三卷　孫鏡陽撰　民國二十九年(1940)抄本　四冊

330000－1705－0013458　續1845　史部/傳記類/總傳之屬/技藝
墨林今話十八卷　(清)蔣寶齡撰　**續編一卷**　(清)蔣茝生撰　民國九年(1920)上海掃葉山房石印本　高廉題記　六冊

330000－1705－0013463　續1846　史部/傳記類/總傳之屬/技藝
墨林今話十八卷　(清)蔣寶齡撰　**續編一卷**　(清)蔣茝生撰　民國十二年(1923)上海中華書局鉛印本　六冊

330000－1705－0013470　續1814　子部/術數類/占候之屬
新輯算命不求人不分卷　民國廣州守經書局刻本　一冊

330000－1705－0013485　續1857　子部/藝術類/書畫之屬/畫譜
吳昌碩畫集一卷　吳昌碩繪　民國石印本　一冊

330000－1705－0013486　續1817　子部/術數類/命書相書之屬
繪圖校正相理衡真十卷首一卷　(清)陳釗撰　民國石印本　一冊

330000－1705－0013489　續1858　子部/藝術類/書畫之屬/畫法畫品
松壺畫憶二卷　(清)錢杜撰　民國上海有正書局石印本　一冊

330000－1705－0013490　續1847、續1952　類叢部/叢書類/彙編之屬
知不足齋叢書一百九十五種　(清)鮑廷博輯　(清)鮑士恭續輯　民國十年(1921)上海古書流通處據清鮑氏刻本影印本　二冊　存四種

330000－1705－0013492　續1859　子部/藝術類/書畫之屬/畫譜
近世一百名家畫集四卷　錢辛編　民國二十一年(1932)上海大東書局石印本　一冊　存一卷(二)

330000－1705－0013494　續1823　子部/藝術類/書畫之屬/畫譜
王一亭先生畫譜不分卷　王震繪　民國二十五年(1936)影印本　一冊

330000－1705－0013496　續1794　子部/術數類/雜術之屬
堪輿易知□□編　民國中華書局鉛印本　一冊　存一編(一)

330000－1705－0013499　續1860　子部/藝術類/書畫之屬/總論
寒松閣談藝瑣錄六卷　(清)張鳴珂撰　民國十二年(1923)上海文明書局鉛印本　一冊

330000－1705－0013501　續1905　子部/藝術類/書畫之屬/畫譜
海上十大名家畫譜二卷　世界書局輯　民國十五年(1926)上海世界書局石印本　一冊

330000－1705－0013508　新3027　子部/醫家類/綜合之屬/合刻、合抄
醫方集解本草備要合編　(清)汪昂撰輯　(清)費伯雄加評　民國上海廣益書局石印本　二冊　存二十三卷(醫方集解一至二十三)

330000－1705－0013509　續1886　子部/藝術類/書畫之屬/畫譜
芥子園畫傳初集六卷二集九卷三集六卷　(清)王槩　(清)王蓍　(清)王臬輯　民國三年(1914)上海共和書局石印本　八冊　存十四卷(初集一至三、二集五至九、三集一至六)

330000－1705－0013512　續1910、續1916　子部/藝術類/書畫之屬/畫譜
分類畫範自習畫譜大全三集二十四卷　馬駘繪　民國十七年(1928)上海世界書局石印本　二冊　缺五卷(詩情畫意畫譜二、歷代名將畫譜二、百花寫生畫譜一、仙佛圖像畫譜二、美人百態畫譜一)

330000－1705－0013513　續1862　子部/藝術類/書畫之屬/畫譜
畫譜一卷　民國寧波大酉山房石印本　一冊

330000－1705－0013519　續 1931　子部/藝術類/遊藝之屬/棋弈
棋譜不分卷　民國抄本　一冊

330000－1705－0013520　續 1912　子部/藝術類/書畫之屬/畫譜
梅花喜神譜二卷　(宋)宋伯仁編　梅王閣藏　民國十七年(1928)上海中華書局影印本　二冊

330000－1705－0013525　續 1832　子部/藝術類/書畫之屬/畫法畫品
桐陰論畫初編二卷首一卷附録一卷二編二卷三編二卷　(清)秦祖永撰　民國七年(1918)上海掃葉山房石印本　四冊

330000－1705－0013526　續 1932　史部/地理類/雜志之屬
揚州畫舫録十八卷　(清)李斗撰　民國古今書室石印本　八冊

330000－1705－0013527　續 1888、續 1904－1　子部/藝術類/書畫之屬/畫譜
芥子園畫傳初集六卷二集九卷三集六卷　(清)王槩　(清)王蓍　(清)王臬輯　民國上海千頃堂書局石印本　八冊　存十五卷(初集一至六、二集一至九)

330000－1705－0013529　新 3028　子部/醫家類/綜合之屬/通論
醫宗金鑑九十卷首一卷　(清)吳謙等撰　民國上海文華書局石印本　二冊　存十六卷(外科一至十六)

330000－1705－0013530　續 1804　子部/術數類/相宅相墓之屬
地理索隱不分卷　(元)無着禪師撰　民國抄本　一冊

330000－1705－0013531　續 1865　子部/藝術類/書畫之屬/畫法畫品
海上九家名人畫寶不分卷　民國二年(1913)上海萃英書局石印本　一冊

330000－1705－0013532　續 1864　子部/藝術類/書畫之屬/畫譜
新新百美圖不分卷　沈伯塵繪　民國二年(1913)石印本　一冊

330000－1705－0013535　續 1944　子部/藝術類/遊藝之屬/雜藝
七巧書譜二卷　(清)嚴恆撰　嚴信厚輯　民國六年(1917)石印本　二冊

330000－1705－0013537　續 1945　子部/藝術類/遊藝之屬/雜藝
七巧書譜二卷　(清)嚴恆撰　嚴信厚輯　民國六年(1917)石印本　一冊

330000－1705－0013542　續 1914　子部/藝術類/書畫之屬/畫譜
古今名人畫譜第五集不分卷　民國石印本　一冊

330000－1705－0013543　續 1867　子部/藝術類/書畫之屬/畫譜
馬駘畫寶十五種二十四卷　馬駘繪　民國石印本　二冊

330000－1705－0013544　續 1963　子部/農家農學類/園藝之屬/花卉
秘傳花鏡全書六卷　(清)陳淏子撰　民國九年(1920)上海廣益書局石印本　四冊

330000－1705－0013545　續 1947　子部/藝術類
美術叢書三集五十九種　鄧實輯　民國四年(1915)上海神州國光社鉛印本　一冊　存三種

330000－1705－0013547　續 1868　子部/藝術類/書畫之屬/畫法畫品
論畫輯要八種　馬克明輯　民國十七年(1928)上海商務印書館鉛印本　黄永法題記　一冊

330000－1705－0013550　續 1889　子部/藝術類/書畫之屬/畫譜
芥子園畫傳初集六卷二集九卷三集六卷　(清)王槩　(清)王蓍　(清)王臬輯　民國二十二年(1933)上海天寶書局石印本　十一冊

330000－1705－0013551　續1948　子部/藝術類/書畫之屬

中國繪畫上的六法論一卷　劉海粟撰　民國二十一年(1932)中華書局鉛印本　一册

330000－1705－0013553　續1869　子部/藝術類/書畫之屬/法帖

唐拓化度寺邕禪師舍利塔銘一卷　民國有正書局珂羅版印本　一册

330000－1705－0013556　續1950　子部/藝術類/篆刻之屬/印譜

印譜不分卷　民國鈐印本　一册

330000－1705－0013563　續1915　子部/藝術類/書畫之屬/畫譜

可竹軒畫譜不分卷　張熊等繪　可竹軒主人編　民國十二年(1923)石印本　一册

330000－1705－0013564　續1871　子部/藝術類/書畫之屬/法帖

趙文敏書洛神賦一卷　(元)趙孟頫書　民國二十九年(1940)上海文明書局石印本　一册

330000－1705－0013565　續1891　子部/藝術類/書畫之屬/畫譜

芥子園畫傳初集六卷二集九卷三集六卷　(清)王槩　(清)王蓍　(清)王臬輯　民國石印本　一册　存一卷(五)

330000－1705－0013568　續1872　子部/藝術類/書畫之屬/畫譜

當代名畫大觀正集六卷續集六卷　王屺編　民國上海碧梧山莊影印本　一册　存一卷(正集六)

330000－1705－0013569　續1968　子部/墨家類

墨子學說一卷商君學說一卷　胡韞玉撰　民國十三年(1924)國光書局鉛印本　一册

330000－1705－0013572　續1911　子部/藝術類/書畫之屬/畫譜

海上名人畫譜六卷　民國石印本　三册　存一卷(六)

330000－1705－0013576　續1938　子部/藝術類/遊藝之屬/雜藝

益智圖二卷燕几圖一卷副本一卷　(清)童叶庚撰　**益智續圖一卷**　(清)童昂　(清)童昶　(清)童晏撰　(清)童叶庚編　**益智字圖一卷附一卷**　(清)祝梅君撰　民國八年(1919)上海商務印書館石印本　六册

330000－1705－0013579　續1873　集部/總集類/尺牘之屬

書札一卷　稿本　一册

330000－1705－0013580　續1908　子部/藝術類/書畫之屬/畫譜

馬駘畫寶十五種二十四卷　馬駘繪　民國石印本　十册　存七種

330000－1705－0013582　續2027　子部/雜著類/雜纂之屬

蛣蜣雜記十二卷　(清)竹勿山石道人撰　民國十三年(1924)中華新教育社石印本　一册

330000－1705－0013584　續1819　子部/術數類

受天之社不分卷　東亞數學研究社撰　民國抄本　一册

330000－1705－0013586　續1937、續1940、續1941　子部/藝術類/遊藝之屬/雜藝

益智圖二卷燕几圖一卷副本一卷　(清)童叶庚撰　**益智續圖一卷**　(清)童昂　(清)童昶　(清)童晏撰　(清)童叶庚編　**益智字圖一卷附一卷**　(清)祝梅君撰　民國八年(1919)上海商務印書館石印本　五册　缺一卷(一)

330000－1705－0013587　續1987　史部/目録類/版本之屬/書影

重印聚珍倣宋版五開大本四部備要樣本不分卷　中華書局編　民國二十三年(1934)中華書局鉛印本　一册

330000－1705－0013597　續1754　子部/宗教類/道教之屬/道藏

道藏輯要　(清)蔣予浦輯　民國十一年(1922)鉛印本　一册　存一種

330000－1705－0013604　續1939　子部/藝術類/遊藝之屬/雜藝

益智圖二卷燕几圖一卷副本一卷　(清)童叶庚撰　**益智續圖一卷**　(清)童昂　(清)童昶　(清)童旻撰　(清)童叶庚編　**益智字圖一卷附一卷**　(清)祝梅君撰　民國六年(1917)上海商務印書館石印本　二冊　存二卷(燕几圖、副本)

330000－1705－0013605　續1991　子部/雜著類/雜說之屬

冷廬雜識八卷　(清)陸以湉撰　民國上海掃葉山房石印本　一冊　存二卷(三至四)

330000－1705－0013609　續1942　子部/藝術類/遊藝之屬/雜藝

七巧書譜二卷　(清)嚴恆撰　嚴信厚輯　民國六年(1917)石印本　一冊

330000－1705－0013610　續1955　子部/雜著類/雜說之屬

骨董瑣記八卷續記四卷　鄧之誠輯　民國鉛印本　一冊　存二卷(三至四)

330000－1705－0013614　續1943　子部/藝術類/遊藝之屬/雜藝

七巧書譜二卷　(清)嚴恆撰　嚴信厚輯　民國六年(1917)石印本　二冊

330000－1705－0013616　續1956　子部/雜著類/雜說之屬

骨董瑣記八卷續記四卷　鄧之誠輯　民國鉛印本　二冊　存四卷(續記一至四)

330000－1705－0013630　續1921　子部/藝術類/音樂之屬/琴學

琴學入門二卷　(清)張鶴輯　民國上海中華圖書館石印本　三冊

330000－1705－0013634　續2021　子部/小說家類/雜事之屬

世說新語六卷　(南朝宋)劉義慶撰　(南朝梁)劉孝標注　民國二十二年(1933)上海商務印書館鉛印本　三冊

330000－1705－0013637　續2020　集部/別集類

悲華經舍文存二卷附聯語一卷　洪允祥撰　民國二十五年(1936)鉛印本　一冊

330000－1705－0013642　續1923　集部/曲類/曲韻曲譜曲律之屬

六也曲譜初集不分卷　張芬編　民國九年(1920)蘇州振新書社石印本　四冊

330000－1705－0013646　續1924　新學/理學

唱歌逸錄不分卷　民國抄本　一冊

330000－1705－0013663　續1831　子部/藝術類/書畫之屬/畫法畫品

桐陰論畫初編二卷首一卷附錄一卷二編二卷三編二卷　(清)秦祖永撰　民國七年(1918)上海掃葉山房石印本　一冊　存二卷(二編一至二)

330000－1705－0013664　續2060　子部/雜著類/雜說之屬

梵天廬叢録三十七卷　柴萼撰　民國上海中華書局石印本　三冊　存十三卷(二十五至三十七)

330000－1705－0013665　續2034　子部/雜著類/雜纂之屬

庸盦筆記六卷　(清)薛福成撰　民國六年(1917)上海掃葉山房石印本　三冊

330000－1705－0013668　續2035　子部/小說家類/雜事之屬

南亭筆記十六卷　(清)李寶嘉撰　民國八年(1919)上海大東書局石印本　四冊

330000－1705－0013671　續2000　史部/目錄類/書志之屬/提要

四庫提要辨證史部四卷子部八卷　余嘉錫撰　民國二十六年(1937)鉛印本　三冊　存六卷(史部三至四、子部五至八)

330000－1705－0013673　續2036　史部/地理類/遊記之屬/紀勝

粵東筆記十六卷附羊城八景全圖一卷　(清)李調元輯　民國石印本　一冊　存五卷(十

二至十六）

330000－1705－0013674　續1821　子部/術數類/相宅相墓之屬
地理玄機不分卷　徐道恒撰　民國抄本　一冊

330000－1705－0013676　續1929　子部/藝術類/遊藝之屬/棋弈
圍棋布局研究一卷　吳定嵩譯　民國二十二年（1933）上海共和書局石印本　一冊

330000－1705－0013679　續2037　子部/雜著類/雜考之屬
煙嶼樓讀書志十六卷筆記八卷　（清）徐時棟撰　民國十七年（1928）鄞縣徐方來蘧學齋鉛印本　五冊　存十三卷（四至十六）

330000－1705－0013680　續2001　子部/雜著類/雜說之屬
嬰寧什箸　陳訓正撰　民國十八年（1929）鉛印本　一冊　存一種

330000－1705－0013681　續2076　子部/雜著類/雜編之屬
初等論說舉隅二卷首一卷　周毓邠撰　民國四年（1915）汲綆齋石印本　一冊　存二卷（一至二）

330000－1705－0013683　續2218－1　集部/小說類/長篇之屬
第一才子書十六卷一百二十回　（明）羅本撰　（清）毛宗崗　（清）金人瑞評　民國石印本　一冊　存一卷（十六）

330000－1705－0013687　續2039　史部/雜史類/斷代之屬
東華瑣錄一卷　沈宗畸撰　朱滌秋編　民國十七年（1928）北洋廣告公司圖書部鉛印本　一冊

330000－1705－0013690　續2078　子部/宗教類/道教之屬/戒律
身世金丹一卷　（清）讀我書屋輯　民國上海宏大善書局石印本　一冊

330000－1705－0013691　續1907　子部/藝術類/書畫之屬/畫譜
馬駘畫寶十五種二十四卷　馬駘繪　民國石印本　十八冊　存十二種

330000－1705－0013692　續2040　集部/別集類
寒莊文編二卷　虞輝祖撰　民國十年（1921）上海聚珍倣宋印書局鉛印本　一冊

330000－1705－0013694　續1906　子部/藝術類/書畫之屬/畫譜
馬駘畫寶十五種二十四卷　馬駘繪　民國石印本　十冊　存七種

330000－1705－0013697　續2041　子部/雜著類
雜錄不分卷　民國抄本　一冊

330000－1705－0013699　續2047　子部/雜著類
吁靁室雜記不分卷　民國抄本　一冊

330000－1705－0013701　續2077　子部/宗教類/佛教之屬
壽鼎山不分卷　稿本　三冊

330000－1705－0013704　續2065　子部/儒家類/儒學之屬/俗訓
格言聯璧二卷　（清）金纓輯　民國上海宏大書局石印本　二冊

330000－1705－0013707　續2042　子部/雜著類
蓬萊館尺牘一卷　戴德堅撰　民國抄本　一冊

330000－1705－0013710　續2043　子部/雜著類
眠陰斋文鈔一卷眠陰斎所見錄一卷眠陰斎襍鈔一卷　民國抄本　四冊

330000－1705－0013712　續2084　集部/小說類/短篇之屬
虞初志七卷　（明）袁宏道評　民國六年（1917）上海掃葉山房石印本　四冊

330000－1705－0013713　續 2145　子部/小說家類/雜事之屬

三異筆談一集四卷　(清)許元仲撰　民國中華圖書館石印本　二冊

330000－1705－0013714　續 1909－1　子部/藝術類/書畫之屬/畫譜

馬駘畫寶十五種二十四卷　馬駘繪　民國石印本　五冊　存五種

330000－1705－0013715　續 1909　子部/藝術類/書畫之屬/畫譜

分類畫範自習畫譜大全三集二十四卷　馬駘繪　民國二十一年(1932)上海世界書局石印本　二冊　存二卷(人物畫範一、百花寫生畫譜二)

330000－1705－0013716　續 2044　子部/藝術類/遊藝之屬/聯語

巧對續錄二卷　(清)梁恭辰輯　民國上海商務印書館鉛印本　一冊　存一卷(一)

330000－1705－0013718　續 2067　子部/儒家類/儒學之屬/俗訓

格言合璧不分卷　(清)金纓輯　民國八年(1919)上海宏大善書總發行所石印本　一冊

330000－1705－0013723　續 2069　子部/藝術類/總論之屬

華南新業特刊第一集五卷　黄賓虹輯　民國十四年(1925)華南印書社鉛印本暨珂羅版印本　一冊

330000－1705－0013725　續 2097、續 2098、續 2099、續 2148、續 2085　子部/叢編

清代筆記叢刊四十一種　文明書局編　民國上海文明書局石印本　十九冊　存五種

330000－1705－0013726　續 2046　集部/別集類

珠巖齋文初編九卷　王宇高撰　民國鉛印本　一冊　存四卷(六至九)

330000－1705－0013734　續 2079　子部/宗教類

坐義通編□□卷　民國鉛印本　一冊　存一卷(上)

330000－1705－0013738　續 2048　集部/別集類

攬翠樓雜鈔□□卷　民國抄本　四冊　存四卷(六至九)

330000－1705－0013742　續 2094　子部/小說家類/雜事之屬

瀟湘館筆記四卷　鄒弢撰　民國上海中華圖書館石印本　一冊　存二卷(三至四)

330000－1705－0013744　續 2049　集部/總集類/彙編之屬

他山集不分卷　民國抄本　一冊

330000－1705－0013745　續 2126　子部/小說家類/雜事之屬

池上草堂筆記八卷　(清)梁恭辰撰　民國十六年(1927)上海受古書店石印本　八冊

330000－1705－0013746　續 2149　子部/小說家類/雜事之屬

茶餘客話十二卷　(清)阮葵生撰　民國十三年(1924)上海掃葉山房石印本　一冊

330000－1705－0013748　續 2127　史部/傳記類/總傳之屬/技藝

江湖異人傳圖詠四卷　孫靜庵編　民國三年(1914)上海國學書室石印本　一冊　存二卷(三至四)

330000－1705－0013749　續 2050　史部/傳記類

守約齋亦是集十一卷隨錄十二卷　江錫撰　民國抄本　一冊

330000－1705－0013755　續 2052　集部/詩文評類/類編之屬

木全手錄不分卷　民國抄本　一冊

330000－1705－0013756　續 2128　史部/傳記類/總傳之屬/技藝

江湖異人傳圖詠四卷　孫靜庵編　民國三年(1914)上海國學書室石印本　一冊　存二卷(三至四)

330000－1705－0013757　續 2129　子部/雜著類/雜纂之屬

平等閣筆記二卷　狄葆賢撰　民國二年(1913)上海有正書局鉛印本　二冊

330000－1705－0013758　續 2108　集部/小說類/短篇之屬

詳註聊齋志異圖詠十六卷　(清)蒲松齡撰　(清)呂湛恩注　民國二年(1913)上海天機書局石印本　二冊

330000－1705－0013759　續 2130　子部/雜著類/雜纂之屬

平等閣筆記六卷　狄葆賢撰　民國上海有正書局鉛印本　一冊　存四卷(一至四)

330000－1705－0013762　續 2150　子部/小說家類/異聞之屬

螢窗異草初編四卷二編四卷三編四卷四編四卷　(清)長白浩歌子撰　(清)隨園老人續評　(清)柳橋居士重訂　民國上海錦章圖書局石印本　一冊　存二卷(四編三至四)

330000－1705－0013763　續 2131　子部/雜著類/雜纂之屬

平等閣筆記六卷　狄葆賢撰　民國上海有正書局鉛印本　四冊　存四卷(一至四)

330000－1705－0013766　續 2151　子部/小說家類/異聞之屬

螢窗異草初編四卷二編四卷三編四卷四編四卷　(清)長白浩歌子撰　(清)隨園老人續評　(清)柳橋居士重訂　民國上海錦章圖書局石印本　一冊　存二卷(四編三至四)

330000－1705－0013767　續 2090　子部/小說家類/異聞之屬

分類廣註閱微草堂筆記五卷　(清)紀昀撰　沈禹鐘編輯　民國上海世界書局石印本　三冊　存三卷(二至四)

330000－1705－0013769　續 2110　集部/小說類/短篇之屬

聊齋志異評註十六卷　(清)蒲松齡撰　(清)王士禛評　(清)呂湛恩注　(清)但明倫新評　民國上海商務印書館鉛印本　一冊　存二卷(三至四)

330000－1705－0013773　續 2091　子部/小說家類/異聞之屬

詳註閱微草堂筆記二十四卷　(清)紀昀撰　謝璿詳註　民國七年(1918)上海會文堂書局石印本　許憩跋並過錄清俞樾春在堂隨筆一則　四明山樵跋　五冊

330000－1705－0013775　續 2111、續 2121　集部/小說類/短篇之屬

詳註聊齋志異圖詠十六卷　(清)蒲松齡撰　(清)呂湛恩注　民國十二年(1923)上海元昌書局石印本　七冊　存七卷(一、三至四、六、八、十四至十五)

330000－1705－0013776　續 2096　子部/小說家類/異聞之屬

遯窟讕言十二卷　(清)王韜撰　民國二年(1913)惜陰書屋石印本　六冊

330000－1705－0013778　續 2132　子部/小說家類/異聞之屬

瓜圃述異二卷補一卷靈感誌異一卷　金梁撰　民國二十五年(1936)鉛印本　一冊

330000－1705－0013779　續 2153　類叢部/叢書類/自著之屬

琴志樓叢書　易順鼎撰　民國鉛印本　一冊　存二種

330000－1705－0013785　續 2143　子部/雜著類/雜纂之屬

兩般秋雨盦隨筆八卷　(清)梁紹壬撰　民國十一年(1922)上海掃葉山房石印本　四冊

330000－1705－0013786　續 2142　子部/雜著類/雜纂之屬

兩般秋雨盦隨筆八卷　(清)梁紹壬撰　民國十八年(1929)上海掃葉山房石印本　四冊

330000－1705－0013792　續 2144　子部/雜著類/雜纂之屬

兩般秋雨盦隨筆八卷　(清)梁紹壬撰　民國十一年(1922)上海文明書局石印本　六冊

330000－1705－0013794　續 2113　集部/小說類/短篇之屬
詳註聊齋志異圖詠十六卷　(清)蒲松齡撰　(清)呂湛恩注　民國上海簡青齋書局石印本　一冊　存二卷(一至二)

330000－1705－0013795　續 2170　子部/小說家類/瑣語之屬
懺因醒囈一卷　程善之編纂　民國十二年(1923)上海有正書局鉛印本　一冊

330000－1705－0013802　續 2217　集部/小說類/長篇之屬
第一才子書十六卷一百二十回首一卷　(明)羅本撰　(清)毛宗崗　(清)金人瑞評　民國十二年(1923)上海會文堂書局石印本　十六冊

330000－1705－0013803　續 2083　子部/小說家類/雜事之屬
世說新語六卷　(南朝宋)劉義慶撰　(南朝梁)劉孝標注　民國六年(1917)商務印書館鉛印本　五冊

330000－1705－0013804　續 2212　集部/小說類/長篇之屬
第一才子書十六卷一百二十回首一卷　(明)羅本撰　(清)毛宗崗　(清)金人瑞評　民國四年(1915)上海中新書局石印本　十冊

330000－1705－0013805　續 2114、續 2122　集部/小說類/短篇之屬
詳註聊齋志異圖詠十六卷　(清)蒲松齡撰　(清)呂湛恩注　民國石印本　三冊　存三卷(十一、十三、十六)

330000－1705－0013806　續 2252　集部/小說類/長篇之屬
全圖貍貓換太子演義八卷八十回　民國石印本　二冊　存四卷(五至八)

330000－1705－0013815　續 2198－1　集部/小說類/長篇之屬
第一才子書六十卷一百二十回首一卷　(明)羅本撰　(清)毛宗崗　(清)金人瑞評　民國錦章書局石印本　九冊　存三十五卷(五至八、十三至二十三、二十九至三十二、三十七至四十四、四十九至五十六)

330000－1705－0013819　續 2117　集部/小說類/短篇之屬
詳註聊齋志異圖詠十六卷　(清)蒲松齡撰　(清)呂湛恩注　民國上海廣益書局石印本　一冊　存二卷(五至六)

330000－1705－0013824　續 2264　集部/小說類/長篇之屬
紅樓夢一百二十回首一卷　(清)曹霑　(清)高鶚撰　(清)王希廉評　(清)姚燮加評　民國鉛印本　八冊　缺六十四回(五十七至一百二十)

330000－1705－0013827　續 2227　集部/小說類/長篇之屬
第一才子書十六卷一百二十回首一卷　(明)羅本撰　(清)毛宗崗　(清)金人瑞評　民國上海鑄記書局石印本　四冊　存四卷(九至十二)

330000－1705－0013830　續 2171　子部/雜著類
最新滑稽雜誌六卷　雲間顛公編輯　民國三年(1914)上海掃葉山房石印本　六冊

330000－1705－0013832　續 2265　集部/小說類/長篇之屬
增評加批金玉緣圖說十六卷首一卷一百二十回　(清)曹霑　(清)高鶚撰　(清)蝶薌仙史評訂　民國石印本　一冊　存一卷(十一)

330000－1705－0013837　續 2173　子部/藝術類/書畫之屬/畫譜
畫報不分卷　民國石印本　一冊

330000－1705－0013838　續 2174　集部/總集類/課藝之屬
目耕齋初集不分卷二集不分卷三集不分卷　(清)徐楷　(清)沈叔眉編　民國石印本　一冊　存初集

330000－1705－0013839　續 2175　集部/總

集類/課藝之屬
目耕齋小題不分卷　(清)沈叔眉編　民國石印本　一册

330000－1705－0013841　續2176　子部/藝術類/書畫之屬/畫譜
畫報不分卷　民國石印本　一册

330000－1705－0013842　續2177　子部/雜著類/雜纂之屬
上海黑幕不分卷　民國六年(1917)鉛印本　一册

330000－1705－0013847　續2219　集部/小說類/長篇之屬
增像全圖三國演義六十卷首一卷一百二十回　(明)羅本撰　(清)毛宗崗評　民國十八年(1929)上海中原書局石印本　十二册

330000－1705－0013852　續2181　集部/小說類/長篇之屬
繪圖增像第五才子書水滸全傳七十回首一回　(元)施耐庵撰　(清)金人瑞評釋　民國石印本　四册　存三十回(一至二十二、五十四至六十一)

330000－1705－0013853　續2254　集部/小說類/長篇之屬
吴三桂演義四卷四十回　民國十二年(1923)天華書局石印本　一册

330000－1705－0013854　續2205－3　集部/小說類/長篇之屬
第一才子書十六卷一百二十回首一卷　(明)羅本撰　(清)毛宗崗　(清)金人瑞評　民國上海中新書局鉛印本　七册　存十一卷(二、五至六、九至十六)

330000－1705－0013855　續2255　集部/小說類/長篇之屬
繡像繪圖乾隆巡幸江南記八卷七十五回　民國三年(1914)上海共和書局石印本　一册

330000－1705－0013856　續2218　集部/小說類/長篇之屬
增像全圖三國演義十六卷首一卷一百二十回　(明)羅本撰　(清)毛宗崗評　民國十二年(1923)上海元昌書局石印本　十五册

330000－1705－0013857　續2256　集部/小說類/長篇之屬
繪圖義和團演義二卷十六回　吴公雄編　民國十四年(1925)上海世界書局石印本　一册　存一卷(二)

330000－1705－0013858　續2123　集部/小說類/短篇之屬
聊齋志異新評十六卷　(清)蒲松齡撰　(清)王士禛評　(清)吕湛恩注　(清)但明倫新評　民國鉛印本　一册　存二卷(九至十)

330000－1705－0013859　續2182　集部/小說類/長篇之屬
繪圖增像第五才子書水滸全傳七十回首一回　(元)施耐庵撰　(清)金人瑞評釋　民國四年(1915)上海同文書局石印本　十二册

330000－1705－0013860　續2267　集部/小說類/長篇之屬
增評加批金玉緣圖說三十三卷　(清)曹霑　(清)高鶚撰　(清)蝶薌仙史評訂　民國石印本　一册　存九卷(二十五至三十三)

330000－1705－0013861　續2257　集部/曲類/彈詞之屬
繪圖定國志八卷　民國十七年(1928)上海大一統圖書局石印本　八册

330000－1705－0013862　續2124　集部/小說類/短篇之屬
詳註聊齋志異圖詠十六卷　(清)蒲松齡撰　(清)吕湛恩注　民國上海商務印書館石印本　一册　存二卷(五至六)

330000－1705－0013863　續2183　集部/小說類/長篇之屬
繪圖增像第五才子書水滸全傳七十回引首一回　(元)施耐庵撰　(清)金人瑞評釋　民國三十八年(1949)上海廣百宋齋鉛印本　六册　存三十二回(二十一至三十二、五十一至七十)

330000－1705－0013864　續2258　集部/小說類/長篇之屬

繪圖快心編全傳初集三卷十回二集三卷十回三集四卷十二回　（清）天花才子編輯　（清）四橋居士評　民國十七年(1928)上海受古書店石印本　一冊　存一卷(二集一)

330000－1705－0013866　續2204－3　集部/小說類/長篇之屬

第一才子書六十卷一百二十回首一卷　（明）羅本撰　（清）毛宗崗　（清）金人瑞評　民國同文書局鉛印本　二冊　存八卷(三十七至四十四)

330000－1705－0013869　續2260　集部/小說類/長篇之屬

聖朝鼎盛萬年清八集七十六回　民國石印本　一冊　存一集(二)

330000－1705－0013871　續2262　集部/小說類/長篇之屬

繪圖中東大戰演義全集二十回　（清）洪興全撰　民國石印本　一冊

330000－1705－0013872　續2238　集部/小說類/長篇之屬

繡像繪圖隋唐演義八卷一百回　民國上海進步書局石印本　一冊

330000－1705－0013875　續2125　集部/小說類/短篇之屬

評註聊齋志異圖詠十六卷　（清）蒲松齡撰　（清）王士禛評　（清）呂湛恩注　（清）但明倫新評　民國上海掃葉山房石印本　一冊　存一卷(十六)

330000－1705－0013876　續2184　集部/小說類/長篇之屬

評註圖像水滸傳十二卷七十回首一卷　（元）施耐庵撰　（清）金人瑞評　民國石印本　一冊　存四卷(九至十二)

330000－1705－0013877　續2269　集部/小說類/長篇之屬

續紅樓夢三十卷　（清）秦子忱撰　民國上海大成書局石印本　五冊　存二十五卷(六至三十)

330000－1705－0013879　續2231　集部/小說類/長篇之屬

第一才子書繡像三國志演義十六卷一百二十回首一卷　（明）羅本撰　（清）毛宗崗　（清）金人瑞評　民國石印本　九冊

330000－1705－0013880　續2185　集部/小說類/長篇之屬

評註圖像水滸傳三十五卷七十回首一卷　（元）施耐庵撰　（清）金人瑞評　民國六年(1917)鉛印本　十二冊

330000－1705－0013881　續2270　集部/小說類/長篇之屬

續紅樓夢三十卷　（清）秦子忱撰　民國上海大成書局石印本　二冊　存十卷(十二至二十一)

330000－1705－0013882　續2157　子部/小說家類/異聞之屬

山海經十八卷　（晉）郭璞注　民國十三年(1924)掃葉山房石印本　鄭瑞生題記　三冊

330000－1705－0013883　續2186　集部/小說類/長篇之屬

繪圖增像第五才子書水滸全傳七十回引首一回　（元）施耐庵撰　（清）金人瑞評釋　民國鉛印本　十冊

330000－1705－0013884　續2271　集部/小說類/長篇之屬

足本大字新紅樓夢六卷四十八回　民國上海廣益書局石印本　二冊

330000－1705－0013888　續2187　集部/小說類/長篇之屬

繪圖水滸傳八卷九十回　（元）施耐庵撰　民國石印本　一冊　存四卷(一至四)

330000－1705－0013889　續2279　集部/小說類/長篇之屬

繪圖鏡花緣全傳六卷一百回　（清）李汝珍撰　民國六年(1917)鴻寶齋書局石印本　一冊

330000－1705－0013890　續 2221　集部/小說類/長篇之屬

第一才子書增像全圖三國志演義十六卷一百二十回首一卷　(明)羅本撰　(清)毛宗崗　(清)金人瑞評　民國石印本　一冊　存五卷(一至五)

330000－1705－0013891　續 2272　集部/小說類/短篇之屬

遊戲娛樂全書　民國十一年(1922)上海新華書局鉛印本　一冊　存一種

330000－1705－0013893　續 2188　集部/小說類/長篇之屬

繪圖水滸傳八卷九十回　(元)施耐庵撰　民國石印本　二冊　存二卷(四至五)

330000－1705－0013895　續 2189　集部/小說類/長篇之屬

繪圖水滸傳八卷九十回　(元)施耐庵撰　民國石印本　五冊　存五卷(三至七)

330000－1705－0013896　續 2191　集部/小說類/長篇之屬

繪圖增像第五才子書水滸全傳七十回首一回　(元)施耐庵撰　(清)金人瑞評釋　民國石印本　十冊

330000－1705－0013898　續 2280　集部/小說類/長篇之屬

圖像鏡花緣全傳六卷一百回　(清)李汝珍撰　民國上海昌文書局石印本　一冊　存一卷(一)

330000－1705－0013899　續 2237　集部/小說類/長篇之屬

新刊全相平話前漢書續集三卷　民國三十年(1941)海虞王古魯據元建安虞氏刻本影印本　一冊

330000－1705－0013900　續 2190　集部/小說類/長篇之屬

繪圖增像第五才子書水滸全傳七十回首一回　(元)施耐庵撰　(清)金人瑞評釋　民國石印本　十冊

330000－1705－0013901　續 2281　集部/小說類/短篇之屬

大字足本全圖今古奇觀八卷四十回　(明)抱甕老人輯　民國十八年(1929)上海掃葉山房石印本　七冊　缺一卷(八)

330000－1705－0013902　續 2274　集部/小說類/長篇之屬

增補齊省堂儒林外史六卷六十回　(清)吳敬梓撰　(清)□□評　民國上海二思堂石印本　五冊　缺一卷(一)

330000－1705－0013903　續 2285　集部/小說類/長篇之屬

繡像繪圖續兒女英雄全傳八卷三十二回　(清)趙子衡撰　民國石印本　一冊

330000－1705－0013904　續 2282　集部/小說類/長篇之屬

醒世小說九尾龜十二卷一百九十二回　張春帆撰　民國六年(1917)上海書局石印本　七冊　存七卷(一、三至五、七至九)

330000－1705－0013905　續 2192　集部/小說類/長篇之屬

繪圖增像第五才子書水滸全傳十二卷七十回首一卷　(元)施耐庵撰　(清)金人瑞評釋　民國上海文瑞樓石印本　一冊　存一卷(十二)

330000－1705－0013907　續 2239　集部/小說類/長篇之屬

繪圖歷朝通俗演義十一種　蔡東帆輯　民國上海會文堂新記書局石印本　四冊　存一種

330000－1705－0013911　續 2283　集部/小說類/長篇之屬

繪圖俠義風月傳四卷十八回　(清)名教中人編次　(清)游方外客批評　民國二年(1913)上海掃葉山房石印本　四冊

330000－1705－0013912　續 2193　集部/小說類/長篇之屬

繪圖增像第五才子書水滸全傳七十回首一回　(元)施耐庵撰　(清)金人瑞評釋　民國石

印本　十一册　存六十八回(三至七十)

330000－1705－0013914　續 2276　集部/小説類/長篇之屬

續二十年目覩之怪現狀四卷三十六回　吴虞公撰　民國十三年(1924)上海世界書局石印本　二册

330000－1705－0013916　續 2194　集部/小説類/長篇之屬

評註圖像水滸傳□□卷七十回　(元)施耐庵撰　(清)金人瑞評　民國石印本　一册　存一卷(三)

330000－1705－0013917　續 2287　集部/曲類/彈詞之屬

增像十美緣圖詠四卷四十回　(清)退居野人校訂　民國上海文元書局石印本　顔慶寶題簽　一册

330000－1705－0013918　續 2194－1　集部/小説類/長篇之屬

繪圖增像第五才子書水滸全傳□□卷七十回　(元)施耐庵撰　(清)金人瑞評釋　民國石印本　二册　存三卷(四至六)

330000－1705－0013920　續 2306　集部/小説類/長篇之屬

新編前明正德白牡丹傳八卷四十六回　(清)石琮編　民國石印本　一册　存二卷(五至六)

330000－1705－0013921　續 2213　集部/小説類/長篇之屬

第一才子書十六卷一百二十回首一卷　(明)羅本撰　(清)毛宗崗　(清)金人瑞評　民國四年(1915)上海中新書局石印本　十六册

330000－1705－0013923　續 2220　集部/小説類/長篇之屬

第一才子書十六卷一百二十回首一卷　(明)羅本撰　(清)毛宗崗　(清)金人瑞評　民國石印本　一册　存二卷(十三至十四)

330000－1705－0013924　續 2288　集部/曲類/彈詞之屬

增像十美緣圖詠四卷四十回　(清)退居野人校訂　民國九年(1920)育文書局石印本　徐厚康題記　一册

330000－1705－0013925　續 2222　集部/小説類/長篇之屬

第一才子書十六卷一百二十回首一卷　(明)羅本撰　(清)毛宗崗　(清)金人瑞評　民國上海天寶書局石印本　一册　存一卷(三)

330000－1705－0013926　續 2211　集部/小説類/長篇之屬

增像全圖三國演義一百十九回　(明)羅本撰　(清)毛宗崗評　民國二年(1913)上海新中華書社石印本　一册

330000－1705－0013928　續 2300　集部/曲類/彈詞之屬

繡像繪圖天雨花二十卷六十回　民國二十一年(1932)上海錦章圖書局石印本　十册

330000－1705－0013930　續 2214　集部/小説類/長篇之屬

增像全圖三國演義十六卷一百二十回　(明)羅本撰　(清)毛宗崗評　民國九年(1920)上海天寶書局石印本　二册

330000－1705－0013932　續 2313　集部/小説類/長篇之屬

繪圖封神演義八卷一百回　(明)許仲琳撰　(明)鍾惺評　民國十二年(1923)錦章書局石印本　十一册

330000－1705－0013935　續 2302　集部/小説類/長篇之屬

新編玉燕姻緣傳記六卷七十七回　民國石印本　一册　存六回(六十二至六十七)

330000－1705－0013936　續 2215　集部/小説類/長篇之屬

增像全圖三國演義十六卷一百二十回　(明)羅本撰　(清)毛宗崗評　民國十二年(1923)上海元昌書局石印本　四册

330000－1705－0013937　續 2223　集部/小説類/長篇之屬

增像全圖三國演義十六卷一百二十回 (明)羅本撰 (清)毛宗崗評 民國上海錦章書局石印本 四册

330000－1705－0013940 續2216 集部/小說類/長篇之屬

增像全圖三國演義十六卷一百二十回 (明)羅本撰 (清)毛宗崗評 民國十二年(1923)上海元昌書局石印本 十四册 存十四卷(一至十四)

330000－1705－0013941 續2290 集部/小說類/長篇之屬

繪圖第十才子綠雲緣四卷二十四回 (清)吳航野客編次 (清)水箬散人評閱 民國石印本 一册 存一卷(四)

330000－1705－0013942 續2224 集部/小說類/長篇之屬

第一才子書十六卷一百二十回 (明)羅本撰 (清)毛宗崗 (清)金人瑞評 民國上海大成書局石印本(卷一至二配民國石印本) 五册 缺一卷(四)

330000－1705－0013947 續2303 集部/小說類/長篇之屬

繡像綺樓重夢六卷四十八回 (清)蘭皐主人撰 民國石印本 一册 存一卷(三)

330000－1705－0013948 續2319 類叢部/叢書類/彙編之屬

說庫一百七十種 王文濡編 民國四年(1915)上海文明書局石印本(浮生六記卷五至六原缺) 一册 存一種

330000－1705－0013949 續2314 集部/小說類/長篇之屬

增像全圖加批西遊記八卷一百回 (明)吳承恩撰 (清)陳士斌詮解 民國九年(1920)上海鑄記書局石印本 二册

330000－1705－0013951 續2293 集部/小說類/長篇之屬

增像續小五義六卷一百二十四回 (清)石玉崑撰 民國上海錦章圖書局石印本 一册

330000－1705－0013956 續2249 集部/小說類/長篇之屬

足本大字南宋飛龍傳四卷五十回 (明)研石山樵訂正 民國上海廣益書局石印本 四册

330000－1705－0013959 續2294 集部/小說類/長篇之屬

增像小五義全傳六卷一百二十四回 (清)石玉崑撰 民國八年(1919)上海昌文書局石印本 一册

330000－1705－0013964 續2295 集部/小說類/長篇之屬

新輯繪圖彭公案初集四卷一百回二集四卷八十回三集四卷八十回四集四卷八十一回 (清)貪夢道人撰 民國普新端記書局石印本 二册 存二卷(三集二至三)

330000－1705－0013975 續2317 集部/小說類/長篇之屬

新編繪圖義俠神怪小說乾坤印初集四卷二集四卷三集四卷四集四卷五集四卷六集四卷七集四卷八集四卷九集四卷十集四卷十一集四卷十二集四卷十三集四卷十四集四卷十五集四卷十六集四卷 史長嘯 紅塵清靜 陳掃花編輯 民國十四年至十七年(1925－1928)上海全球書局石印本 三册 存十二卷(二集一至四、三集一至四、四集一至四)

330000－1705－0013977 續2308 集部/小說類/長篇之屬

增像全圖加批西遊記十二卷一百回 (明)吳承恩撰 民國石印本 一册 存一卷(十)

330000－1705－0013979 續2316 集部/小說類/長篇之屬

演禽言不分卷 民國抄本 十册

330000－1705－0013981 續2374 子部/雜著類

士商日用寶鑑十編 文明書局編 民國七年(1918)上海文明書局石印本 二册

330000－1705－0013985 續2363 子部/藝術類/遊藝之屬/聯語

楹聯叢話十二卷續話四卷巧對錄二卷　(清)梁章鉅輯　民國三年(1914)國民圖書局石印本　一冊

330000－1705－0013987　續2296　集部/小說類/長篇之屬

繡像新編十三續彭公案四卷三十六回　民國石印本　一冊　存二卷(一至二)

330000－1705－0013994　續2297　集部/小說類/長篇之屬

繡像七劍十三俠三集□□卷一百八十回　(清)唐芸洲撰　民國上海中原書局石印本　一冊　存二卷(初集二至三)

330000－1705－0013995　續2364　子部/藝術類/遊藝之屬/聯語

楹聯集古不分卷　(清)楊調元撰　民國雙錫山房鉛印本　一冊

330000－1705－0013999　續2244　集部/小說類/長篇之屬

繡像五女興唐傳四卷四十二回　民國上海廣益書局石印本　四冊

330000－1705－0014010　續2246　集部/小說類/長篇之屬

繪圖歷朝通俗演義十一種　蔡東帆輯　民國上海會文堂新記書局石印本　六冊　存一種

330000－1705－0014021　續2391　史部/政書類/公牘檔冊之屬

國民政府最新現行公文程式詳解五編　邱慕沂編　陳其英鑒定　民國十七年(1928)上海益新書社鉛印本　四冊

330000－1705－0014022　續1511　子部/醫家類/綜合之屬/通論

瀛經堂醫宗必讀十卷　(清)李中梓撰　民國上海會文堂書局石印本　一冊　存二卷(九至十)

330000－1705－0014034　續2434　子部/宗教類/佛教之屬/諸宗

佛說阿彌陀經要解一卷　(後秦)鳩摩羅什譯　(清)釋智旭撰　民國二十一年(1932)金陵刻經處刻本　一冊

330000－1705－0014041　續2640　集部/別集類/宋別集

劍南詩鈔六卷　(宋)陸游撰　(清)楊大鶴選　民國十二年(1923)上海掃葉山房石印本　四冊　存四卷(一至四)

330000－1705－0014044　續2641　集部/別集類/宋別集

蘇東坡尺牘四卷　(宋)蘇軾撰　民國十五年(1926)上海商務印書館鉛印本　弢士題記　四冊

330000－1705－0014045　續2435　子部/宗教類/佛教之屬/諸宗

心燈錄六卷　(清)湛愚老人撰　民國二十三年(1934)上海佛學書局鉛印本　一冊　存三卷(一至三)

330000－1705－0014056　續2403　子部/宗教類/佛教之屬/經

大佛頂如來密因修證了義諸菩薩萬行首楞嚴經十卷　(唐)般剌密帝譯　(唐)彌伽釋迦譯語　(唐)房融筆授　民國十四年(1925)抄本　三冊

330000－1705－0014062　續2437　子部/宗教類/佛教之屬/經疏

佛說阿彌陀經通贊疏三卷　(唐)釋窺基撰　民國四年(1915)金陵刻經處刻本　一冊

330000－1705－0014066　續2647　集部/別集類/宋別集

姜白石全集十六卷　(宋)姜夔撰　民國上海掃葉山房石印本　四冊

330000－1705－0014067　續1753　子部/醫家類/推拿按摩外治之屬

推拿廣意三卷　(清)熊應雄輯　民國蛟川包作民抄本　一冊　存一卷(上)

330000－1705－0014072　續2648　集部/別集類/宋別集

姜白石全集十六卷　(宋)姜夔撰　民國上海掃葉山房石印本　一冊　存一種

330000－1705－0014074　續 2385　子部/雜著類
雜抄不分卷　民國抄本　二冊

330000－1705－0014076　續 2481　子部/宗教類/佛教之屬/經疏
楞嚴說通十卷　(清)劉道開撰　民國十一年(1922)上海中華書局鉛印本　三冊　存八卷(一至八)

330000－1705－0014077　續 2387　子部/雜著類/雜說之屬
訂正增廣酬世寶笈不分卷　民國十三年(1924)寧波汲綆齋石印本　一冊

330000－1705－0014079　續 2450、續 2467、續 2468、續 2475、續 2479、續 2444、續 2509　子部/宗教類/佛教之屬
佛學叢書□□種　丁福保輯　民國上海醫學書局鉛印本暨影印本　七冊　存七種

330000－1705－0014085　續 2478　子部/宗教類/佛教之屬
觀世音菩薩本迹感應頌四卷首一卷　許止淨述　**金剛經功德頌一卷**　許止淨述　劉契淨注　民國十五年(1926)上海中華書局鉛印本　二冊

330000－1705－0014087　續 2451　子部/宗教類/佛教之屬
重訂西方公據二卷　(清)彭紹升輯　民國鉛印本　一冊

330000－1705－0014090　續 2452　子部/宗教類/佛教之屬
往生西方公據不分卷　(清)彭紹升輯　民國十二年(1923)刻本　一冊

330000－1705－0014093　續 2440、續 2522、續 2523、續 2524、續 2521　子部/宗教類/佛教之屬
佛學叢書□□種　丁福保輯　民國上海醫學書局鉛印本暨影印本　十九冊　存八種

330000－1705－0014095　續 2453　子部/宗教類/佛教之屬
重訂西方公據不分卷附經驗良方不分卷　(清)彭紹升輯　民國國光印書局鉛印本　一冊

330000－1705－0014096　續 2483　子部/宗教類/佛教之屬/諸宗
龍舒淨土文十一卷附龍舒直音一卷　(宋)王日休撰　**佛說阿彌陀經一卷**　(後秦)鳩摩羅什譯　民國十五年(1926)鉛印本　一冊

330000－1705－0014097　續 2484　子部/宗教類/佛教之屬/諸宗
念佛鏡三卷　(清)張師誠輯　(清)徐槐廷徵義　民國十八年(1929)上海國光印書局鉛印本　一冊

330000－1705－0014098　續 2482　子部/宗教類/道教之屬/戒律
陰隲文圖證不分卷　(清)費丹旭繪圖　(清)許光清集證　民國十八年(1929)石印本　一冊

330000－1705－0014099　續 2485　子部/宗教類/佛教之屬/經疏
彌陀畧解圓中鈔二卷　(明)釋大佑解　(明)釋傳燈鈔　民國上海佛學書局影印本　二冊

330000－1705－0014103　續 2454　子部/醫家類/養生之屬/導引、氣功
倣照禪宗之靜坐法一卷附錄一卷　劉大心撰　民國八年(1919)武林印書館鉛印本　一冊

330000－1705－0014106　續 2441　子部/宗教類/佛教之屬/經疏
阿彌陀經白話解釋二卷附修行方法一卷　釋印光鑒定　黃智海演述　**蓮池大師西方發願文簡註一卷**　釋印光鑒定　李圓淨編述　民國十九年(1930)鉛印本　一冊

330000－1705－0014107　續 2455　子部/醫家類/養生之屬/導引、氣功
倣照禪宗之靜坐法一卷附錄一卷　劉大心撰　民國八年(1919)武林印書館鉛印本　一冊

330000－1705－0014109　續 2421　子部/宗教類/佛教之屬/經疏

佛說觀無量壽佛經疏四卷 （唐）釋善導集記 民國十二年(1923)上海商務印書館鉛印本 一册

330000－1705－0014112 續2422 子部/宗教類/佛教之屬/經疏
佛說觀無量壽佛經一卷 （南朝宋）畺良耶舍譯 民國佛學書局影印本 一册

330000－1705－0014113 續2442 子部/宗教類/佛教之屬/經疏
佛說阿彌陀經疏三卷 （唐）釋窺基撰 民國四年(1915)金陵刻經處刻本 一册

330000－1705－0014115 續2471 子部/宗教類/佛教之屬/經
梵女首意經一卷 （晉）竺法護譯 **有德女所問大乘經一卷** （唐）菩提流志譯 **佛說七俱胝佛母心大准提陀羅尼經一卷** （唐）地婆訶羅譯 **佛說七俱胝佛母准提大明陀羅尼經一卷** （唐）金剛智譯 **七俱胝佛母所說准提陀羅尼經一卷** （唐）釋不空譯 **種種雜呪經一卷** （北周）闍那崛多譯 民國元年(1912)常州天寧寺刻本 一册

330000－1705－0014121 續2443 子部/宗教類/佛教之屬
佛說阿彌陀經義記一卷 （隋）釋智顗說 （隋）章安記 **佛說阿彌陀經義述一卷** （唐）釋慧淨撰 民國十年(1921)北京刻經處刻本 一册

330000－1705－0014125 續2444 子部/宗教類/佛教之屬
箋經雜記一卷阿彌陀經靈異記一卷 丁福保編纂 **佛說阿彌陀經箋註一卷** （後秦）鳩摩羅什譯 丁福保箋註 民國上海醫學書局鉛印佛學叢書本 馮修慧題跋 一册

330000－1705－0014131 續2424 子部/宗教類/佛教之屬
金剛般若波羅蜜經綫說一卷 （清）陳柱撰 **金剛般若波羅蜜經一卷** （後秦）鳩摩羅什譯 民國十年(1921)上海聚珍仿宋印書局鉛印本 一册

330000－1705－0014134 續2511 子部/宗教類/佛教之屬
修行集要不分卷 周澄輯 民國二年(1913)上海競新書局石印本 一册

330000－1705－0014136 續2494 子部/宗教類/佛教之屬
居士參禪簡錄不分卷 劉大心撰 民國十年(1921)杭州武林印書館鉛印本 一册

330000－1705－0014137 續2487 子部/宗教類/佛教之屬/諸宗
印光法師文鈔四卷附錄一卷 釋聖量撰 民國鉛印本 一册 存一卷(二)

330000－1705－0014145 續2498 子部/宗教類/道教之屬
果報錄不分卷 民國抄本 一册

330000－1705－0014146 續2535 子部/道家類
莊子因六卷 （清）林雲銘撰 民國十六年(1927)上海掃葉山房石印本 一册

330000－1705－0014147 續2527 類叢部/叢書類/彙編之屬
四部備要 中華書局編 民國二十五年(1936)上海中華書局鉛印本(經義考卷二百八十六、二百九十九至三百,東塾讀書記卷十三至十四、十七至二十、二十二至二十五原缺) 一册 存一種

330000－1705－0014150 續2514 子部/小說家類/異聞之屬
羅湖野錄三卷 （宋）釋曉瑩集 民國刻本 一册

330000－1705－0014154 續2516 子部/宗教類/佛教之屬
緇林警策不分卷 懺盦居士編輯 民國二十五年(1936)上海商務印書館鉛印本 一册

330000－1705－0014161 續2510 子部/藝術類/書畫之屬/法帖
林文忠公寫經小楷不分卷 （清）林則徐書 民國二十二年(1933)上海商務印書館影印本

一册

330000－1705－0014163　續 2518　子部/宗教類/佛教之屬

佛學叢書□□種　丁福保輯　民國上海醫學書局鉛印本暨影印本　一册　存一種

330000－1705－0014165　續 2461　子部/宗教類/佛教之屬

楞嚴經說約品目十卷　（明）陸西星述　民國抄本　一册

330000－1705－0014166　續 2500　子部/雜著類/雜纂之屬

唯心訣不分卷　民國抄本　一册

330000－1705－0014174　續 2463　子部/宗教類/佛教之屬/經疏

大方廣佛華嚴經入不思議解脱境界普賢行願品一卷　（唐）釋般若譯　民國影印本　一册

330000－1705－0014175　續 2533　子部/雜著類/雜說之屬

讀莊窮年錄二卷　秦毓鎏撰　民國六年(1917)鉛印本　一册

330000－1705－0014177　續 2464　子部/宗教類/佛教之屬/經疏

佛說阿彌陀經疏鈔擷一卷　（後秦）鳩摩羅什譯　釋自來疏鈔　民國十二年(1923)揚州藏經院刻本　一册

330000－1705－0014180　續 2504　子部/宗教類/佛教之屬

佛學叢書□□種　丁福保輯　民國上海醫學書局鉛印本暨影印本　張淨懷題記　一册　存一種

330000－1705－0014184　續 2960　集部/別集類

飲冰室文集十六卷　梁啓超撰　民國十四年(1925)鴻章書局石印本　十册　存十五卷（一至十三、十五至十六）

330000－1705－0014189　續 2567　子部/宗教類/道教之屬

昭明上帝明聖經一卷　民國石印本　一册

330000－1705－0014197　續 2540　子部/宗教類/道教之屬

陰符經玄解一卷陰符經玄解正義一卷　陳儉編　稿本　陳儉題記　四册

330000－1705－0014202　續 2542、續 2453　子部/宗教類/道教之屬

呂祖三書純一玄藻六卷　（明）朱多鶯集　（明）李自然錄　民國鉛印本　二册

330000－1705－0014203　續 2508　子部/宗教類/佛教之屬

决定生西日課不分卷　歐陽杜撰　民國石印本　一册

330000－1705－0014210　續 2581　子部/宗教類/道教之屬

金仙証論不分卷　（清）柳華陽撰並註　（清）高雙景參訂　民國十五年(1926)上海翼化堂善書局刻本　一册

330000－1705－0014214　續 2619　集部/別集類/唐五代別集

杜詩不分卷　七四老人抄　民國抄本　七四老人題記　一册

330000－1705－0014215　續 2519　子部/宗教類/佛教之屬

佛學叢書□□種　民國上海商務印書館鉛印本　一册　存一種

330000－1705－0014216　續 2620　集部/別集類/唐五代別集

杜詩鏡銓二十卷附諸家論杜一卷杜工部年譜一卷　（清）楊倫輯　**讀書堂杜工部文集註解二卷**　（清）張溍撰　民國三年(1914)著易堂書局石印本　一册　存三卷（一、諸家論杜、年譜）

330000－1705－0014217　續 2520　子部/宗教類/佛教之屬

佛學院講義□□種　民國信記印書館鉛印本　一册　存一種

330000－1705－0014220　續 2621　集部/別集類/唐五代別集
杜工部集二十卷　(清)錢謙益箋註　**附錄一卷唱酬題詠附錄一卷諸家詩話一卷**　民國四年(1915)上海廣益書局鉛印本　二冊　缺十七卷(一至五、九至二十)

330000－1705－0014221　續 2525　子部/宗教類/佛教之屬
佛學叢書□□種　民國上海商務印書館鉛印本　一冊　存一種

330000－1705－0014222　續 2622　集部/別集類/唐五代別集
杜少陵詩選二卷　(清)吳興祚選　民國十一年(1922)上海中華新教育社石印本　一冊

330000－1705－0014227　續 2525－1　子部/宗教類/佛教之屬
印度佛教史略不分卷　呂澂撰　民國十四年(1925)上海商務印書館鉛印本　馬瀛題記　一冊

330000－1705－0014229　續 2525－2　子部/宗教類/佛教之屬
佛典汎論不分卷　呂澂撰　民國十四年(1925)商務印書館鉛印本　一冊

330000－1705－0014230　續 2578　子部/宗教類/佛教之屬/經
白話真宗十講不分卷　(日本)小栗栖香頂口講　(日本)龍藏筆記　釋芝峯校閱　**附真宗教旨不分卷**　(日本)小栗栖香頂編輯　(日本)石川舜台校閱　民國鉛印本　一冊

330000－1705－0014234　續 2599　子部/宗教類/其他宗教之屬/其他
諸教的研究不分卷　謝頌羔　余牧人編　民國二十二年(1933)上海廣學會鉛印本　一冊

330000－1705－0014235　續 2600　子部/宗教類/其他宗教之屬/基督教
理窟九卷　(清)李杕撰　民國鉛印本　一冊　存四卷(一至四)

330000－1705－0014240　續 2583　子部/宗教類/道教之屬
純陽三書□□卷　(明)屠向端編　民國北京天華館鉛印本　一冊　存二卷(五至六)

330000－1705－0014245　續 2584　子部/宗教類/道教之屬/雜著
張三丰先生全集八卷　(明)張三丰撰　(清)李西月重編　**張三丰祖師無根樹詞註解一卷**　(明)劉悟元註　(清)李西月增解　**靈寶畢法三卷**　題(唐)鍾離權撰　(唐)呂嵓傳　民國八年(1919)上海江左書林石印本　二冊　缺八卷(一至八)

330000－1705－0014247　續 2593　子部/宗教類/佛教之屬
道學論衡二卷　釋太虛撰　民國七年(1918)上海覺社鉛印本　一冊　存一卷(下)

330000－1705－0014248　續 2594　子部/宗教類/佛教之屬
道學論衡二卷　釋太虛撰　民國七年(1918)上海覺社鉛印本　二冊

330000－1705－0014250　續 2592　子部/宗教類/佛教之屬
還鄉直指不分卷　心菴頭陀述　民國二十四年(1935)上海明善書局鉛印本　一冊

330000－1705－0014255　續 2606　集部/別集類/漢魏六朝別集
陶集箋注十卷首一卷末一卷　(晉)陶潛撰　(清)顧皜編　民國三年(1914)上海鴻寶齋石印本　四冊

330000－1705－0014257　續 2607　集部/別集類/漢魏六朝別集
陶淵明文集十卷　(晉)陶潛撰　民國六年(1917)上海會文堂書局石印本　四冊

330000－1705－0014260　續 2661　類叢部/叢書類/彙編之屬
四部叢刊　張元濟等編　民國八年(1919)上海商務印書館影印本　一冊　存一種

330000－1705－0014262　續 2595、續 2573　子部/宗教類/道教之屬

道祖真傳輯要四卷　(清)陸興輯　(清)成韶編　(清)李西月註　民國四年(1915)常州味腴齋刻本　二册　存三卷(一至三)

330000－1705－0014264　續 2608　集部/總集類/選集之屬/通代

評註昭明文選十五卷首一卷葉星衛附註一卷　(清)于光華輯　民國上海掃葉山房石印本　二册　存九卷(八至十五、附註)

330000－1705－0014265　續 2549　子部/雜著類/雜說之屬

淮南子精華二卷　中華書局編　民國十七年(1928)上海中華書局鉛印本　二册

330000－1705－0014267　續 2635、續 3487　集部/總集類/尺牘之屬

唐宋十大家尺牘十四卷　文明書局輯　民國上海文明書局石印本　十一册　存九種

330000－1705－0014269　續 2550　子部/宗教類/道教之屬/雜著

真誥二十卷　(南朝梁)陶弘景撰　民國十六年(1927)上海倉學書院鉛印本　二册

330000－1705－0014271　續 2636　集部/總集類/尺牘之屬

唐宋十大家尺牘十四卷　中華圖書館輯　民國上海中華圖書館石印本　一册　存一種

330000－1705－0014277　續 2664　集部/別集類/宋別集

紫薇集二十卷　(宋)呂本中撰　民國抄本　一册　存九卷(十二至二十)

330000－1705－0014279　續 2554　子部/宗教類/道教之屬

孫不二女功內丹次第詩註一卷　陳攖寧撰　民國二十三年(1934)上海翼化堂善書局刻本　一册

330000－1705－0014282　續 2634　集部/總集類/彙編之屬

八家文鈔　(清)陳兆崙編　民國抄本　二册　存二種

330000－1705－0014289　續 2528　子部/叢編

十子全書　(清)王子興編　民國上海著易堂鉛印本　一册

330000－1705－0014296　續 2707　集部/別集類/清別集

煙霞萬古樓詩集二卷仲瞿詩錄一卷　(清)王曇撰　民國十三年(1924)上海掃葉山房石印本　二册　缺一卷(仲瞿詩錄)

330000－1705－0014300　續 2616　集部/別集類/唐五代別集

白香山詩長慶集二十卷後集十七卷別集一卷補遺二卷　(唐)白居易撰　(清)汪立名編訂　**白香山年譜舊本一卷**　(宋)陳振孫撰　**白香山年譜一卷**　(清)汪立名撰　民國十三年(1924)上海光霽書局石印本　六册　存二十卷(後集三至十七、別集、補遺一至二、年譜舊本、年譜)

330000－1705－0014301　續 2613　集部/別集類/唐五代別集

白香山詩長慶集二十卷後集十七卷別集一卷補遺二卷　(唐)白居易撰　(清)汪立名編訂　**白香山年譜舊本一卷**　(宋)陳振孫撰　**白香山年譜一卷**　(清)汪立名撰　民國上海會文堂石印本　六册　存二十卷(後集一至十七、別集、補遺一至二)

330000－1705－0014304　續 2557　子部/道家類

黃庭道德經註合刻四種十一卷　民國十七年(1928)上海掃葉山房石印本　一册　存二種

330000－1705－0014310　續 2615　集部/別集類/唐五代別集

白香山詩長慶集二十卷後集十七卷別集一卷補遺二卷　(唐)白居易撰　(清)汪立名編訂　**白香山年譜舊本一卷**　(宋)陳振孫撰　**白香山年譜一卷**　(清)汪立名撰　民國十三年(1924)上海光霽書局石印本　六册　存二十卷(後集一至十七、別集、補遺一至二)

330000－1705－0014311　續 2618　集部/別

集類/唐五代別集

香山詩選六卷　(唐)白居易撰　(清)曹文埴選　民國十四年(1925)上海掃葉山房石印本　二册

330000－1705－0014320　續2671　集部/別集類/明別集

歸震川書牘一卷　(明)歸有光撰　民國上海商務印書館鉛印本　一册

330000－1705－0014322　續2737　集部/別集類/清別集

鈍吟集三卷　(清)馮班撰　**馮舍人遺詩六卷**　(清)馮廷櫆撰　民國十二年(1923)上海掃葉山房石印本　四册

330000－1705－0014327　續2688　集部/別集類/明別集

疑雨集四卷　(明)王彦泓撰　民國十二年(1923)上海掃葉山房石印本　一册

330000－1705－0014332　續2739　集部/別集類

愛日樓散餘詩稿不分卷　馮炳撰　民國抄本　一册

330000－1705－0014341　續2714　集部/別集類/唐五代別集

杜詩詳註二十五卷首一卷附編二卷　(清)仇兆鰲輯註　民國十七年(1928)上海掃葉山房石印本　七册　存七卷(首、一至六)

330000－1705－0014347　續2724　集部/別集類/清別集

霓仙遺稿一卷　(清)葉同春撰　民國十一年(1922)石印本　一册

330000－1705－0014357　續2687　集部/別集類/明別集

王次回疑雨集註四卷　(明)王彦泓撰　(□)句漏後裔釋　民國九年(1920)上海文明書局石印本　四册

330000－1705－0014361　續2770　集部/別集類/清別集

天真閣外集六卷　(清)孫原湘撰　民國十四年(1925)上海掃葉山房石印本　二册

330000－1705－0014364　續2766　集部/別集類/清別集

劉孟塗全集四十四卷附諸家評語一卷　(清)劉開撰　民國上海掃葉山房石印本　二册　存十三卷(文集五至十、後集十七至二十二，諸家評語)

330000－1705－0014369　續2773　集部/別集類/清別集

海珊詩鈔十一卷補遺二卷　(清)嚴遂成撰　民國七年(1918)上海文明書局石印本　二册

330000－1705－0014371　續2689　集部/別集類/宋別集

朱淑真斷腸詩集十卷補遺一卷後集七卷斷腸詞一卷　(宋)朱淑真撰　(宋)鄭元佐注　民國四年(1915)中華圖書館石印本　二册

330000－1705－0014373　續2775　集部/別集類/清別集

茗香館遺草一卷　(清)祝幼珊撰　民國十八年(1929)祝履中影印本暨鉛印本　一册

330000－1705－0014377　續2596　子部/宗教類/道教之屬

四明道院壇訓錄不分卷　元潔　元育撰　民國二十二年至二十三年(1933－1934)寧波鈞和印書館鉛印本　一册

330000－1705－0014381　續2689－1　集部/別集類/宋別集

朱淑真斷腸詩集十卷補遺一卷後集七卷斷腸詞一卷　(宋)朱淑真撰　(宋)鄭元佐注　民國中華圖書館石印本　二册

330000－1705－0014384　續2731　集部/別集類

回風堂詩七卷前錄二卷　馮幵撰　民國二十二年(1933)鉛印本　子裕、葛夷之題記　二册

330000－1705－0014386　續2768　子部/儒家類/儒學之屬/性理

子問二卷　(清)劉沅撰　民國北京道德學社

鉛印本　一册　存一卷(一)

330000－1705－0014387　續 2732　集部/别集類/清别集

浮碧山館駢文二卷　(清)馮可鏞撰　民國六年(1917)寧波鈞和公司鉛印本　一册

330000－1705－0014389　續 2799　集部/别集類

三借廬詩賸二卷駢文賸一卷詞賸一卷尺牘一卷　鄒弢撰　民國三年(1914)上海文瑞樓鉛印本　一册

330000－1705－0014390　續 2800　集部/别集類

三借廬詩賸二卷駢文賸一卷詞賸一卷尺牘一卷　鄒弢撰　民國三年(1914)上海文瑞樓鉛印本　二册

330000－1705－0014392　續 2733　集部/别集類/清别集

浮碧山館駢文二卷　(清)馮可鏞撰　民國六年(1917)寧波鈞和公司鉛印本　一册

330000－1705－0014394　續 2801　集部/别集類

三借廬駢文賸稿續刊一卷賸稿詩續一卷七十壽言一卷　鄒弢撰　民國十二年(1923)文賢閣鉛印本　一册

330000－1705－0014395　續 2689－2　集部/别集類/宋别集

朱淑真斷腸詩集十卷補遺一卷後集七卷斷腸詞一卷　(宋)朱淑真撰　(宋)鄭元佐注　民國中華圖書館石印本　一册　存十一卷(一至十、補遺)

330000－1705－0014397　續 2734　集部/别集類/清别集

浮碧山館駢文二卷　(清)馮可鏞撰　民國六年(1917)寧波鈞和公司鉛印本　一册

330000－1705－0014406　續 2690　類叢部/叢書類/彙編之屬

有不爲齋叢書　林語堂編　民國上海時代圖書公司鉛印本　二册　存一種

330000－1705－0014413　續 2809　集部/别集類/清别集

沈四山人詩錄六卷附錄一卷　(清)沈謹學撰　民國鉛印本　一册

330000－1705－0014422　續 2836　集部/别集類/清别集

毓蘭軒遺箸一卷　(清)陳昌垂撰　陳漢章輯錄　民國十年(1921)北京公記印書局鉛印本　一册

330000－1705－0014438　續 2561　子部/宗教類/道教之屬/道藏

道藏精華錄一百種　守一子輯　民國無錫丁氏鉛印本　一册　存一種

330000－1705－0014444　續 2906　集部/别集類/清别集

袁文箋正十六卷補注一卷　(清)袁枚撰　(清)石韞玉箋　民國上海文瑞樓石印本　五册

330000－1705－0014456　續 2862、續 2863、續 2864　集部/别集類/清别集

遵義鄭徵君遺著二十一卷　(清)鄭珍撰　**坿屈廬詩稿四卷**　(清)鄭同知撰　民國三年至四年(1914－1915)陳夔龍花近樓刻本　四册　存十五卷(巢經巢文集三至四、巢經巢詩集一至九、巢經巢詩後集一至四)

330000－1705－0014459　續 2884　集部/别集類

觚庵詩存四卷　俞明震撰　民國九年(1920)上海聚珍倣宋印書局鉛印本　一册

330000－1705－0014463　秦 0151－1　史部/金石類/璽印之屬/雜著

秦漢小私印選不分卷　張咀英輯　民國三十三年(1944)會稽王秀仁鈐印本　張咀英題記　二册

330000－1705－0014464　續 2820　集部/别集類

天嬰室集四卷　陳訓正撰　民國八年(1919)石印本　貞伯題記　一册　存一卷(一)

330000－1705－0014469　續2821　集部/別集類

天嬰室叢稿第一輯九卷　陳訓正撰　民國十四年(1925)鉛印本　一冊

330000－1705－0014475　續2909　集部/別集類/清別集

註釋小倉山房文集三十五卷　(清)袁枚撰　雷瑨註釋　民國十三年(1924)上海掃葉山房石印本　六冊　存十八卷(一至十八)

330000－1705－0014486　續2597　子部/宗教類/道教之屬

悟真篇闡幽三卷　朱元育授　潘靜觀述　民國八年(1919)抄本　一冊

330000－1705－0014501　續2927　集部/別集類

水竹邨人集十二卷　徐世昌撰　民國九年(1920)石印本　六冊

330000－1705－0014502　續3106　集部/別集類

月華山詩鈔不分卷　民國抄本　一冊

330000－1705－0014517　續2917　集部/別集類/清別集

錢牧齋尺牘三卷補遺一卷　(清)錢謙益撰　民國上海商務印書館鉛印本　一冊　存一卷(上)

330000－1705－0014523　續2920、續2921　類叢部/叢書類/彙編之屬

嘉業堂叢書五十七種　劉承幹輯　民國吳興劉氏嘉業堂刻本(毛詩正義卷一至七原缺)　二冊　存一種

330000－1705－0014528　續2874　集部/別集類

蓼園詩鈔五卷　柯劭忞撰　廉泉編　**校勘記一卷**　廉泉撰　民國十三年(1924)上海中華書局鉛印本　一冊

330000－1705－0014550　續2952　集部/別集類/清別集

紅樓二百詠二卷　(清)黃昌麟撰　(清)丁日昌　(清)黃釗評　民國六年(1917)石竹山房石印本　二冊

330000－1705－0014552　續2954　集部/總集類/彙編之屬

章譚合鈔二種　章炳麟　(清)譚嗣同撰　民國上海中華圖書館石印本　五冊　存一種

330000－1705－0014554　續2985　集部/別集類/清別集

曾文正公尺牘四卷　(清)曾國藩撰　民國上海商務印書館鉛印本　四冊

330000－1705－0014562　續2955　集部/總集類/彙編之屬

章譚合鈔二種　章炳麟　(清)譚嗣同撰　民國上海中華圖書館石印本　五冊　存一種

330000－1705－0014571　續3018　史部/地理類/雜志之屬

園林春色一卷　任桐撰　民國十七年(1928)鉛印本　一冊

330000－1705－0014575　續3034　集部/別集類

民園詩集四卷首一卷後集四卷末一卷　江五民撰　民國五年(1916)上海鉛印本　一冊　存五卷(後集一至四、末)

330000－1705－0014576　續2935　集部/別集類/清別集

注韓室詩存一卷　(清)梅調鼎撰　民國二十二年(1933)張頤、方能光鉛印本　一冊

330000－1705－0014584　續3026　集部/別集類

望雲樓詩稿□□卷　稿本　一冊　存一卷(四)

330000－1705－0014586　續2854　集部/別集類

辛亥集一卷　周正爵撰　民國鉛印本　一冊

330000－1705－0014594　續3031　集部/別集類

民園詩集四卷首一卷後集四卷末一卷　江五

民撰　民國五年(1916)上海鉛印本　二冊

330000－1705－0014598　續 2938　集部/別集類/清別集

校訂定盦全集十卷　(清)龔自珍撰　**定盦年譜藁本一卷**　黄守恆撰　民國七年(1918)上海掃葉山房石印本　四冊　存七卷(一至七)

330000－1705－0014599　續 3032　集部/別集類

民園詩集四卷首一卷後集四卷末一卷　江五民撰　民國五年(1916)上海鉛印本　二冊

330000－1705－0014600　續 3033　集部/別集類

民園詩集四卷首一卷後集四卷末一卷　江五民撰　民國五年(1916)上海鉛印本　二冊

330000－1705－0014601　續 2980　集部/詩文評類

蘉蘉室詩話一卷詩稿一卷雙鉤一卷　(清)童遜組撰　民國十一年(1922)慈谿嚴子均石印本　一冊　缺一卷(詩話)

330000－1705－0014602　續 3037　集部/別集類

海漚集二卷　張汝釗撰　民國二十三年(1934)四明印局鉛印本　二十八冊

330000－1705－0014603　續 3033－1　集部/別集類

民園詩集四卷首一卷後集四卷末一卷　江五民撰　民國五年(1916)上海鉛印本　二冊

330000－1705－0014604　續 3038　集部/別集類

端夷閣近三年詩詞一卷　魏友枋撰　民國二十三年(1934)菜緣社鉛印本　二冊

330000－1705－0014606　續 3039　集部/別集類

端夷閣近三年詩詞一卷　魏友枋撰　民國二十三年(1934)菜緣社鉛印本　一冊

330000－1705－0014608　續 3040　集部/別集類

端夷六十後詩詞一卷　魏友枋撰　民國三十五年(1946)菜緣社鉛印本　三冊

330000－1705－0014609　續 3041　集部/別集類

怒醉廬初稿一卷　張應皓撰　民國二十四年(1935)甬上華陞印局鉛印本　一冊

330000－1705－0014610　續 3035　集部/別集類/清別集

霓仙遺稿一卷　(清)葉同春撰　民國十一年(1922)石印本　一冊

330000－1705－0014611　續 3060　集部/別集類

青珍館詩集一卷　馮全琪撰　民國七年(1918)鉛印本　一冊

330000－1705－0014612　續 3070　史部/目録類/總録之屬/私撰

蟫隱廬新板書目第五期一卷　蟫隱廬書莊編　民國十九年(1930)石印本　一冊

330000－1705－0014614　續 3057　集部/別集類

樊山詩鈔六卷文鈔四卷　樊增祥撰　民國元年(1912)上海廣益書局石印本　至賢題記　一冊　存四卷(文鈔一至四)

330000－1705－0014619　續 3036　集部/別集類/清別集

霓仙遺稿一卷　(清)葉同春撰　民國十一年(1922)石印本　一冊

330000－1705－0014620　續 3001　集部/別集類/清別集

二百八十峯草堂集一卷　(清)蔡鴻鑑撰　**餐霞僊館集一卷**　(清)蔡和霽撰　民國三十三年(1944)四明墨海樓鉛印本　一冊

330000－1705－0014621　續 3061　集部/別集類

天嬰室叢稿第二輯十卷　陳訓正撰　民國二十年(1931)鉛印本　一冊　存五卷(吉留詞、聖堂集、纜石秋草、纜石幸草、纜石春草)

330000－1705－0014622　續 3045　集部/别集類

秋垞詩賸一卷　王玄冰選　**言志草一卷**　趙志熙撰　民國三十七年(1948)鉛印本　一册

330000－1705－0014625　續 3046　集部/别集類

秋垞詩賸一卷　王玄冰選　**言志草一卷**　趙志熙撰　民國三十七年(1948)鉛印本　一册

330000－1705－0014627　續 3047　集部/别集類

適可居詩集五卷鳳山牧笛譜二卷　胡善曾撰　民國五年(1916)鉛印本　一册

330000－1705－0014628　續 3062　集部/别集類

栩園近稿六卷　陳栩撰　民國漢文書局鉛印本　一册

330000－1705－0014630　續 3063　集部/别集類

栩園近稿六卷　陳栩撰　民國漢文書局鉛印本　一册

330000－1705－0014631　續 3048　集部/别集類

適可居詩集五卷鳳山牧笛譜二卷　胡善曾撰　民國五年(1916)鉛印本　一册

330000－1705－0014632　續 3058　集部/别集類

寒荘文編二卷　虞輝祖撰　民國十年(1921)上海聚珍倣宋印書局鉛印本　馮適題記　一册

330000－1705－0014634　續 3064　集部/别集類

緑野堂詩草八卷　柳璋撰　稿本　一册

330000－1705－0014635　續 3049　集部/别集類

珠巖齋文初編九卷　王宇高撰　民國二十五年(1936)鉛印本　一册　存五卷(一至五)

330000－1705－0014636　續 3051　集部/别集類

悲華經舍詩存五卷　洪允祥撰　民國二十二年(1933)慈谿洪氏慎思軒鉛印本　一册

330000－1705－0014637　續 3050　集部/别集類

珠巖齋文初編九卷　王宇高撰　民國二十五年(1936)鉛印本　一册　存五卷(一至五)

330000－1705－0014639　續 3065　集部/别集類

聽雨樓詩鈔二卷　胡慶榮撰　民國二十一年(1932)鉛印本　一册

330000－1705－0014641　續 3059　集部/别集類

寒荘文編二卷　虞輝祖撰　民國十年(1921)上海聚珍倣宋印書局鉛印本　一册

330000－1705－0014643　續 3052　集部/别集類

悲華經舍詩存五卷　洪允祥撰　民國二十二年(1933)慈谿洪氏慎思軒鉛印本　一册

330000－1705－0014644　續 3042　集部/别集類

怒醉廬初稿一卷　張應皓撰　民國二十四年(1935)甬上華陞印局鉛印本　一册

330000－1705－0014645　續 3053　集部/别集類

悲華經舍文存二卷附聯語一卷　洪允祥撰　民國二十五年(1936)鉛印本　一册

330000－1705－0014648　續 3151　集部/總集類/選集之屬/通代

古文觀止十二卷　(清)吴乘權　(清)吴大職輯　民國上海廣益書局石印本　十一册　缺一卷(七)

330000－1705－0014650　續 3067　集部/别集類

疊秀山房詩鈔五卷　梁錫瓚撰　民國抄本　一册

330000－1705－0014651　續 3054　集部/别

集類

悲華經舍文存二卷附聯語一卷　洪允祥撰　民國二十五年(1936)鉛印本　一冊

330000－1705－0014652　續3072　集部/別集類

黃林集一卷儐港集一卷　楊翰芳撰　**閒雲樓遺稿一卷**　楊炅撰　**閒雲樓唱酬一卷**　楊炅等撰　民國三十三年(1944)鉛印本　一冊

330000－1705－0014653　續3055　集部/別集類

綠天簃詩集一卷詞集一卷　張汝釗撰　民國十四年(1925)鉛印本　七冊

330000－1705－0014655　續3073　集部/別集類

流霞書屋遺集四卷首一卷　鄒銓撰　民國二年(1913)上海國光書局鉛印本　馮芝汀題記　一冊

330000－1705－0014656　續3056　集部/詞類/總集之屬

二家詞鈔五卷　樊增祥輯　民國上海會文堂石印本　二冊

330000－1705－0014657　續3097　集部/別集類/清別集

語石居詩鈔二卷　(清)林植三撰　李鑫　陳宗勅編次　民國二十二年(1933)石印本　一冊　存一卷(下)

330000－1705－0014658　續3146　集部/總集類/選集之屬/通代

增批古文觀止四卷　(清)吳乘權　(清)吳大職評註　(清)章祖泰增輯　民國寧波鈞和印刷所鉛印本　三冊　存三卷(二至四)

330000－1705－0014659　續3144　集部/總集類/選集之屬/通代

古文觀止十二卷　(清)吳乘權　(清)吳大職輯　民國五年(1916)上海鴻寶齋石印本　六冊

330000－1705－0014661　續3154　集部/總集類/選集之屬/通代

名家圈點箋註批評古文辭類纂七十四卷　(清)姚鼐纂　徐斯異等編輯　民國十三年(1924)上海廣益書局石印本　五冊

330000－1705－0014665　續3155　集部/總集類/選集之屬/通代

評校音注古文辭類纂七十四卷　(清)姚鼐輯　王文濡校注　民國二十二年(1933)上海文明書局鉛印本　八冊　存三十七卷(三十八至七十四)

330000－1705－0014676　續3145　集部/總集類/選集之屬/通代

古文觀止十二卷　(清)吳乘權　(清)吳大職輯　民國上海商務印書館鉛印本　三冊　存六卷(五至八、十一至十二)

330000－1705－0014678　續3102　集部/別集類/明別集

石盂集十七卷　(明)汪坦撰　民國抄本　一冊　存一卷(十一)

330000－1705－0014681　續3153　集部/總集類/選集之屬/通代

新體廣註古文觀止十二卷　(清)吳乘權　(清)吳大職輯　黃築巖　劉再蘇註釋　民國十九年(1930)上海世界書局石印本　六冊

330000－1705－0014682　續3160　集部/總集類/選集之屬/通代

箋注批評續古文辭類纂三十四卷　徐斯異等編輯　民國二十一年(1932)上海廣益書局石印本　八冊　存二十二卷(十三至三十四)

330000－1705－0014684　續3152　集部/總集類/選集之屬/通代

古文觀止十二卷　(清)吳乘權　(清)吳大職輯　民國十九年(1930)上海商務印書館鉛印本　六冊

330000－1705－0014685　續3162　集部/總集類/選集之屬/通代

教科適用古文辭類纂精華不分卷　中華書局編　民國四年(1915)上海中華書局鉛印本　四冊

330000－1705－0014690　續3006　集部/別集類/清別集

湘潭譚半農先生詩集三卷附年譜一卷　(清)譚樹青撰　民國三十七年(1948)鉛印本　一冊

330000－1705－0014691　續3074　集部/別集類

晚紅軒詩存二卷附詞抄一卷聯話一卷　鄒文雄撰　民國十八年(1929)上海羣衆圖書公司鉛印本　一冊

330000－1705－0014692　續3166　集部/總集類/選集之屬/通代

古文範二卷　吳闓生評解　高步瀛集箋　民國八年(1919)上海中華書局鉛印本　四冊

330000－1705－0014697　續3188　集部/總集類/選集之屬/通代

唐宋八家文讀本三十卷　(清)沈德潛評點　民國上海著易堂鉛印本　二冊　存二十卷(一至二十)

330000－1705－0014698　續3108　集部/別集類

海漚集二卷　張汝釗撰　民國二十三年(1934)四明印局鉛印本　一冊

330000－1705－0014699　續3170　集部/總集類/選集之屬/通代

古文析義初編六卷二編八卷　(清)林雲銘評註　民國上海錦章圖書局石印本　七冊　缺四卷(初編六、二編四至六)

330000－1705－0014703　續3075　集部/別集類

蟲天詩集不分卷　柳萬撰　民國柳萬鉛印本　一冊

330000－1705－0014706　續3262　集部/總集類/選集之屬/斷代

宋人如話詩選六卷　熊念劬輯　民國十年(1921)念劬廬鉛印本　六冊

330000－1705－0014708　續3069　集部/別集類

自反錄六卷　蔣中正撰　民國上海中華書局鉛印本　六冊

330000－1705－0014714　續3137　集部/總集類/選集之屬/通代

文選六十卷　(南朝梁)蕭統輯　(唐)李善注　**文選考異十卷**　(清)胡克家撰　民國石印本　一冊　存四卷(五十四至五十七)

330000－1705－0014720　續3068　集部/別集類

詩稿一卷　稿本　一冊

330000－1705－0014722　續3077　集部/別集類/清別集

古箸山房殘稿不分卷　(清)雙橋氏撰　民國抄本　一冊

330000－1705－0014723　續3113　集部/別集類

聽鸝山房詩鈔不分卷　盥香輯　民國抄本　一冊

330000－1705－0014724　續3114　集部/別集類

慕嚶詩社雜俎不分卷　民國抄本　一冊

330000－1705－0014725　續2945　類叢部/叢書類/自著之屬

梨洲遺著彙刊(梨洲遺箸彙刊)二十七種續補三種　(清)黃宗羲撰　薛鳳昌編次　民國十六年(1927)上海掃葉山房鉛印本(南雷文定三集卷三原缺)　二冊　存二十四種

330000－1705－0014726　續3078　集部/別集類

夢坡詩存十二卷　周慶雲撰　民國九年(1920)刻藍印本　四冊

330000－1705－0014729　續3079　集部/別集類

歲寒堂詩集二卷首一卷詩餘一卷　王慕蘭撰　民國十五年(1926)甬上鉛印本　善福題記　一冊

330000－1705－0014731　續3171　集部/總

集類/選集之屬/通代
古文筆法百篇二十卷　(清)李扶九編集　民國石印本　一册　存七卷(八至十四)

330000－1705－0014740　續3080　集部/別集類
天放樓詩集九卷　金天羽撰　民國十一年(1922)上海有正書局鉛印本　一册

330000－1705－0014743　續3082　集部/別集類
青蓮花館詩存一卷　陳康壽撰　**附錄一卷**　陳康瑞輯　民國九年(1920)青蓮花館鉛印本　一册

330000－1705－0014746　續3083　集部/別集類
辛夷廬吟稿五卷　李啟沅撰　民國十七年(1928)鉛印本　一册

330000－1705－0014747　續3198　集部/總集類/選集之屬/通代
漢魏六朝文繡四卷續鈔一卷　(清)凌德編次　民國八年(1919)上海掃葉山房石印本　四册

330000－1705－0014750　續3535　集部/總集類/選集之屬/斷代
清朝駢體正宗評本十二卷　(清)曾燠輯　(清)姚燮評　民國石印本　一册　存三卷(四至六)

330000－1705－0014751　續3081　集部/別集類
回風堂詩七卷前錄二卷文五卷　馮幵撰　**婦學齋遺稿一卷**　俞因撰　民國三十年(1941)中華書局鉛印本　四册

330000－1705－0014752　續3254　集部/總集類/選集之屬/斷代
宋詩鈔初集　(清)呂留良　(清)吳之振　(清)吳爾堯輯　民國三年(1914)上海商務印書館據清康熙吳氏刻本影印本　九册　存二十九種

330000－1705－0014753　續3199　集部/總集類/選集之屬/通代
六朝文絜四卷　(清)許槤輯並評　民國四年(1915)上海掃葉山房石印本　二册

330000－1705－0014754　續3256　集部/總集類/選集之屬/斷代
宋詩鈔補八十六卷　(清)管庭芬　(清)蔣光煦編　民國四年(1915)上海商務印書館鉛印本　一册　存五種

330000－1705－0014756　續3084　集部/別集類
仰蒼近草一卷　潘文安撰　民國二十三年(1934)鉛印本　一册

330000－1705－0014758　續3117　集部/別集類/唐五代別集
李長吉詩集四卷外集一卷　(唐)李賀撰　(清)吳汝綸評注　民國十一年(1922)藝文書局刻本　三册

330000－1705－0014759　續3201　集部/總集類/選集之屬/通代
六朝文絜箋注十二卷　(清)許槤輯並評　(清)黎經誥箋注　民國十四年(1925)東陸書局石印本　四册

330000－1705－0014760　續3202　集部/總集類/選集之屬/通代
六朝文絜箋注十二卷　(清)許槤輯並評　(清)黎經誥箋注　民國十一年(1922)上海掃葉山房石印本　一册

330000－1705－0014762　續3203　集部/總集類/選集之屬/通代
六朝文絜箋注十二卷　(清)許槤輯並評　(清)黎經誥箋注　民國上海大成書局石印本　二册

330000－1705－0014765　續3121　集部/別集類
海曲煙村詩集不分卷　倪桂馨撰　民國十四年(1925)抄本　陳□題記　一册

330000－1705－0014766　續3122　集部/別集類/清別集

鞠侯山館詩稿不分卷　(清)汪受礽撰　民國抄本　一冊

330000－1705－0014767　續3123　集部/別集類

瓣香庵七言律詩不分卷　宜山先生撰　民國抄本　二冊

330000－1705－0014768　續3124　集部/別集類

江村即事詩鈔不分卷　民國抄本　一冊

330000－1705－0014772　續3211　集部/總集類/選集之屬/通代

銅琵金縷甲集二卷乙集二卷丙集二卷丁集二卷　上海進步書局編　民國十三年(1924)上海文明書局石印本　一冊

330000－1705－0014774　續3248　集部/總集類/選集之屬/斷代

唐四家詩集　(清)胡鳳丹輯　民國十一年(1922)上海掃葉山房石印本　五冊　存四種

330000－1705－0014776　續3085　類叢部/叢書類/自著之屬

圓瑛法彙　釋圓瑛撰　民國上海佛學書局影印本　一冊　存一種

330000－1705－0014780　續3275　集部/總集類/選集之屬/斷代

合訂天台三聖二和詩集不分卷　(唐)釋寒山　(唐)釋豐干　(唐)釋拾得撰　(明)釋梵琦　(明)釋濟岳和　民國二十年(1931)上海法藏寺刻本　顯道人題記　一冊

330000－1705－0014783　續3126　集部/別集類

甋甗樓詩草不分卷　稿本　二冊

330000－1705－0014785　續3127　集部/別集類

原上草不分卷　李裕撰　民國抄本　一冊

330000－1705－0014786　續3209　史部/目録類/書志之屬/題跋

百衲本已出十八史跋文彙刊一卷　商務印書館輯　民國二十五年(1936)上海商務印書館鉛印本　一冊

330000－1705－0014788　續3086　集部/別集類

葑里賸稿四卷　張原煒撰　民國三十四年(1945)張氏鉛印本　一冊

330000－1705－0014790　續3128　集部/別集類

鋤月居待存草一卷　柳瀛選　民國抄本　一冊

330000－1705－0014791　續3205　集部/總集類/選集之屬/通代

經史百家簡編二卷　(清)曾國藩纂　民國十二年(1923)上海中華圖書館鉛印本　二冊

330000－1705－0014794　續3087　集部/別集類

晚香室唱和詩二卷　張敬效編次　民國九年(1920)晚香室鉛印本　一冊

330000－1705－0014800　續3088　集部/別集類

潮音草舍詩存不分卷附詩餘不分卷　釋太虛撰　釋了空編　民國二十七年(1938)鉛印本　一冊

330000－1705－0014802　續3309　集部/總集類/酬唱之屬

栩園倡和集不分卷　陳栩編　民國七年(1918)交通圖書館石印本　四冊

330000－1705－0014804　續3302　集部/總集類/尺牘之屬

尺牘彙鈔不分卷　民國抄本　一冊

330000－1705－0014805　續3219　集部/總集類/彙編之屬

他山集不分卷　民國抄本　一冊

330000－1705－0014806　續3303　集部/總集類/氏族之屬

城南袁氏文鈔不分卷　民國抄本　二冊

330000－1705－0014811　續3220　集部/總

集類/氏族之屬

小萬柳堂叢刊五種　吴芝瑛輯　民國七年(1918)鉛印本　二冊　存二種

330000－1705－0014813　續 3306　集部/別集類

明湖今雨集八卷　清平山館選輯　民國三十年(1941)油印本　一冊

330000－1705－0014814　續 3089　集部/別集類

覺覺齋簇簇草二集　覺齋撰　稿本　一冊

330000－1705－0014816　續 3307　史部/傳記類/別傳之屬/事狀

輓詩鈔本不分卷　民國抄本　一冊

330000－1705－0014817　續 3297　集部/總集類/選集之屬/斷代

姚氏清朝文録簡編六卷　(清)姚椿原編　張相　莊啟傳選評　民國上海中華書局鉛印本　一冊　存二卷(五至六)

330000－1705－0014818　續 3249　集部/總集類/選集之屬/通代

歷代詩文評註讀本　王文濡編　民國上海文明書局鉛印本　二冊　存一種

330000－1705－0014819　續 3221　集部/別集類

國文摘記不分卷　勵世芮撰　民國抄本　一冊

330000－1705－0014820　續 3222　子部/雜著類/雜纂之屬

益智編序不分卷　民國抄本　一冊

330000－1705－0014832　續 3326　集部/別集類/清別集

陳維崧文集箋注不分卷　(清)陳維崧撰　可鏞箋注　稿本　一冊

330000－1705－0014841　續 3337　集部/別集類

潛厂零集四卷　民國十九年(1930)鉛印本　一冊

330000－1705－0014846　續 3228　集部/總集類/選集之屬/斷代

新體廣註唐詩三百首讀本六卷　世界書局編輯所編輯　民國上海世界書局石印本　一冊　存一卷(一)

330000－1705－0014847　續 3349　子部/雜著類/雜纂之屬

雜録不分卷　民國抄本　一冊

330000－1705－0014852　續 3229　集部/總集類/選集之屬/斷代

註釋唐詩三百首六卷　(清)孫洙編　民國二十四年(1935)商務印書館鉛印本　一冊　存四卷(五言律詩、七言律詩、五言絕句、七言絕句)

330000－1705－0014854　續 3230　集部/總集類/選集之屬/斷代

唐詩三百首註疏六卷　(清)孫洙編　(清)章燮註　民國上海鴻寶齋書局石印本　一冊

330000－1705－0014855　續 3336　集部/總集類/彙編之屬

小寥陽館詩輯不分卷詩選不分卷　姚壽祁録　民國抄本　三冊

330000－1705－0014856　續 3312　集部/別集類/清別集

顔先生文二卷　(清)顔元撰　**李先生文二卷評乙古文一卷**　(清)李塨撰　民國四存學校鉛印本　一冊

330000－1705－0014860　續 3232、續 3233　集部/總集類/選集之屬/斷代

唐詩三百首註疏六卷　(清)孫洙編　(清)章燮註　民國上海鴻寶齋書局石印本　二冊

330000－1705－0014861　續 3231　集部/總集類/選集之屬/斷代

唐詩三百首註疏六卷　(清)孫洙編　(清)章燮註　民國二十年(1931)上海掃葉山房石印本　四冊　存五卷(一至五)

330000－1705－0014862　續 3313　集部/總集類

文鈔不分卷　民國抄本　一冊

330000－1705－0014872　續 3236　集部/總集類/選集之屬/通代

古唐詩合解十二卷古詩四卷　(清)王堯衢注　(清)李模　(清)李桓校　民國石印本　一冊

330000－1705－0014873　續 3334　集部/總集類/選集之屬/斷代

隨園女弟子詩選六卷　(清)袁枚輯　民國八年(1919)上海掃葉山房石印本　一冊　存一種

330000－1705－0014874　續 3261　集部/總集類/選集之屬/斷代

聖宋九僧詩一卷　(宋)陳起輯　**補遺一卷**　(清)毛扆輯　**疇隱廬詩存一卷**　丁福保撰　民國二十二年(1933)上海醫學書局鉛印本　一冊

330000－1705－0014876　續 3270、續 3508　集部/總集類/彙編之屬

五朝詩別裁集　(清)沈德潛等輯　民國掃葉山房石印本　四冊　存二種

330000－1705－0014877　續 3332　集部/總集類

鎮海張鎮峯先生五世稀古咏倡和集不分卷　民國鉛印本　一冊

330000－1705－0014891　續 3253　集部/總集類/選集之屬/斷代

南宋文範簡編四卷　(清)莊仲方原編　張相選評　姚漢章閲訂　民國中華書局鉛印本　一冊　存二卷(一至二)

330000－1705－0014895　續 3412　集部/總集類/酬唱之屬

息園酬唱集不分卷　馮全珙輯　民國鉛印本　一冊

330000－1705－0014896　續 3090　史部/地理類/雜志之屬

申江竹枝詞不分卷　趙鍊編　民國二十九年(1940)抄本　一冊

330000－1705－0014898　續 3091　集部/別集類

梅窗風雪稿一卷　任淑雲撰　民國十七年(1928)鉛印本　一冊

330000－1705－0014900　續 3413　類叢部/叢書類/彙編之屬

巾子居叢刊　民國浙江省立圖書館鉛印本　一冊　存一種

330000－1705－0014902　續 3414　集部/總集類/彙編之屬

袁蔣趙三家詩選三卷　王文濡輯　民國十二年(1923)上海文明書局鉛印本　二冊

330000－1705－0014911　續 3362　集部/別集類

招魂不分卷　民國抄本　一冊

330000－1705－0014912　續 3092　集部/別集類

志厚直言不分卷　孫志厚述　民國十六年(1927)上海宏大善書局石印本　陳平題簽　一冊

330000－1705－0014914　續 3416　集部/別集類/清別集

甈甋樓詩稿二卷　(清)吳文江撰　民國二年(1913)油印本　一冊

330000－1705－0014916　續 3363　集部/總集類/選集之屬/通代

詳訂古文評註全集十卷　(清)過珙　(清)黄越評選　民國石印本　二冊　存三卷(七、九至十)

330000－1705－0014917　續 3417　史部/傳記類/別傳之屬/事狀

方貞惠公[克勤]六百歲紀念贈言録不分卷　方崇義編　民國十四年(1925)明州緱城方裔鉛印本　一冊

330000－1705－0014919　續 3404　史部/傳記類/科舉録之屬/歷科鄉試録

[光緒]庚子辛丑兩科各省鄉試不分卷附癸卯恩科不分卷　民國抄本　一冊

330000－1705－0014921　續3418　集部/總集類/酬唱之屬

江上題襟集一卷　嚴廷楨輯　民國八年(1919)石印本　一冊

330000－1705－0014922　續3093　集部/總集類/選集之屬/斷代

現代十大家文鈔　進步書局編　民國文明書局、中華書局石印本　一冊　存一種

330000－1705－0014925　續3405　集部/總集類/題詠之屬

羽山聽松圖題詠集一卷　蔡心齋等撰　民國二十四年(1935)鉛印本　一冊

330000－1705－0014926　續3372　集部/總集類

目成集一卷　貞伯編　民國抄本　馮幵題記　一冊

330000－1705－0014927　續3094　集部/別集類/唐五代別集

樊紹述集二卷　(唐)樊宗師撰　(清)孫之騄輯　民國八年(1919)上海文明書局石印本　一冊

330000－1705－0014932　續3200　集部/總集類/選集之屬/通代

六朝文絜四卷　(清)許槤輯並評　民國二十五年(1936)上海中華書局鉛印四部備要本　愛棠題記　一冊

330000－1705－0014934　續3367　集部/別集類

難雞志不分卷　陳夏常編　民國二十一年(1932)鉛印本　一冊

330000－1705－0014940　續3369　集部/總集類/氏族之屬

鄂里曾氏十一世詩不分卷　(明)曾熙丙等撰　曾克耑輯　民國三十四年(1945)鉛印本　雪野先生題記　二冊

330000－1705－0014941　續3428　集部/總集類/郡邑之屬

蛟川崇正詩社詩稿二卷　莊綗錦　林脩華編輯　民國二十六年至二十八年(1937－1939)鉛印本　一冊

330000－1705－0014942　續3406　集部/總集類/題詠之屬

羽山聽松圖題詠集一卷　蔡心齋等撰　民國二十四年(1935)鉛印本　一冊

330000－1705－0014944　續3407　集部/總集類/酬唱之屬

蕉園三十徵詩彙刊一卷　張汝釗輯　民國二十二年(1933)張汝釗鉛印本　一冊

330000－1705－0014945　續3408　集部/總集類/酬唱之屬

蕉園三十徵詩彙刊一卷　張汝釗輯　民國二十二年(1933)張汝釗鉛印本　一冊

330000－1705－0014946　續3409　集部/總集類/尺牘之屬

影印名人手札真蹟大全十二種　劉再蘇搜集　民國十四年(1925)上海世界書局影印本　六冊

330000－1705－0014951　續3410　集部/總集類/郡邑之屬

蛟川崇正詩社詩稿二卷　莊綗錦　林脩華編輯　民國二十六年至二十八年(1937－1939)鉛印本　一冊

330000－1705－0014953　續3411　子部/藝術類/遊藝之屬/詩鐘

飯後社叢刻詩鐘之一一卷　阿亮撰　民國六年(1917)浙江印刷公司鉛印本　一冊

330000－1705－0014967　續3431　集部/總集類/酬唱之屬

西崑酬唱集二卷　(宋)楊億輯　民國元年(1912)上海掃葉山房石印本　一冊

330000－1705－0014971　續3433　集部/別集類/清別集

愛吾廬遺稿一卷　(清)陳綸撰　**雙湖漁隱詩草一卷**　(清)陳孝徵撰　民國耕心堂鉛印本　一冊

330000－1705－0014976　續 3398　新學/學校
張大宗師新科考卷不分卷　民國石印本　一冊

330000－1705－0014977　續 3434　集部/別集類
道字號家信稿不分卷　稿本　一冊

330000－1705－0014984　續 3424　集部/總集類/郡邑之屬
蛟川耆舊詩補十二卷　王榮商編　張寅煇參訂　民國七年(1918)刻本　一冊　存二卷(九至十)

330000－1705－0014993　續 3485　子部/儒家類/儒學之屬/性理
陸學精華二卷　(宋)陸九淵撰　陸雨庵輯　民國蘇州振新書社鉛印本　一冊　存一卷(下)

330000－1705－0014999　續 3486　集部/詩文評類/文法之屬/函牘格式
分類句解通用尺牘大觀十二卷　賀群上輯　民國十四年(1925)上海廣益書局石印本　十二冊

330000－1705－0015002　續 3488　集部/別集類/清別集
言文對照分類詳註秋水軒尺牘四卷　(清)許思湄撰　許家恩譯　民國十七年(1928)上海羣學社書局石印本　一冊

330000－1705－0015007　續 3465　集部/總集類/選集之屬
古文讀本不分卷　民國八年(1919)寧波三一中學鉛印本　一冊

330000－1705－0015008　續 3353　集部/總集類/尺牘之屬
影印名人手札真蹟大全十二種　劉再蘇搜集　民國十四年(1925)上海世界書局影印本　六冊　存十種

330000－1705－0015011　續 3354　集部/總集類/尺牘之屬
影印名人手札真蹟大全十二種　劉再蘇搜集　民國十四年(1925)上海世界書局影印本　六冊

330000－1705－0015012　續 3473　集部/總集類/選集之屬/通代
初級古文選本三編二卷　陸基撰　民國元年(1912)中國圖書公司鉛印本　一冊　存一卷(下)

330000－1705－0015018　續 3356　子部/藝術類/遊藝之屬/聯語
楹聯叢話十二卷續話四卷巧對錄二卷　(清)梁章鉅輯　民國三年(1914)國民圖書局石印本　四冊　存十四卷(一至十二、續話三至四)

330000－1705－0015020　續 3471　集部/總集類/選集之屬
掌故時務教科書七卷首一卷　民國競化書局鉛印本　一冊　存三卷(首、一至二)

330000－1705－0015028　續 3514　子部/雜著類/雜考之屬
評點百二十子二十六卷補遺十三卷　(明)歸有光輯　(明)文震孟參訂　民國十四年(1925)上海會文堂書局石印本　四十冊

330000－1705－0015033　續 3475　集部/總集類/彙編之屬
教科適用古今小品精華二卷　中華書局編　民國五年(1916)上海中華書局鉛印本　一冊

330000－1705－0015034　續 3492　集部/詩文評類/文法之屬/函牘格式
新撰普通尺牘詳解一卷　商務印書館編譯所編纂　民國七年(1918)上海商務印書館鉛印本　一冊

330000－1705－0015038　續 3512　集部/詩文評類/文評之屬
韓文研究法一卷柳文研究法一卷　林紓撰　民國四年(1915)上海商務印書館鉛印本　一冊

330000－1705－0015042　續 3513　集部/詩

文評類/詩評之屬
讀杜韓筆記二卷　(清)李黼平撰　民國二十三年(1934)上海中華書局鉛印本　一冊

330000－1705－0015044　續3494　集部/總集類/尺牘之屬
古今名人新體廣註分類文學尺牘全書三十二卷　陳龢祥編　民國十七年(1928)上海掃葉山房石印本　八冊　存十卷(一至十)

330000－1705－0015047　續3516　集部/詩文評類/詩評之屬
批本隨園詩話十六卷補遺十卷附錄一卷　冒廣生撰　民國二十八年(1939)上海商務印書館鉛印本　一冊

330000－1705－0015048　續3479　新學/學校
平民千字課不分卷　平民教育科編輯　民國十二年(1923)青年協會書局石印本　三冊

330000－1705－0015050　續3480　集部/總集類/選集之屬/通代
模範文選甲編三卷　程演生選　民國八年(1919)北京同文印書局鉛印本　二冊

330000－1705－0015054　續3505　集部/總集類/選集之屬/通代
歷代詩文評註讀本　王文濡編　民國上海文明書局鉛印本　二冊　存一種

330000－1705－0015057　續3496　集部/詩文評類/文法之屬/函牘格式
文言對照學生新尺牘不分卷　廣文書局編輯所編輯　民國十三年(1924)上海世界書局石印本　一冊

330000－1705－0015059　續3534　集部/詩文評類/詩評之屬
然脂餘韻六卷　王蘊章輯　民國九年(1920)上海商務印書館鉛印本　一冊

330000－1705－0015060　續3533　集部/總集類/選集之屬/通代
評註昭明文選十五卷首一卷葉星衛附註一卷　(清)于光華輯　民國十二年(1923)上海掃葉山房石印本　十六冊

330000－1705－0015075　續3506　集部/總集類/選集之屬/通代
全漢三國晉南北朝詩五十四卷緒言一卷　丁福保輯　民國四年(1915)無錫丁氏鉛印本　一冊　存一卷(緒言)

330000－1705－0015076　續3537　集部/詩文評類
蘧蘧室詩話一卷詩稿一卷雙鉤一卷　(清)童遜組撰　民國十一年(1922)慈谿嚴子均石印本　一冊　存一卷(詩話)

330000－1705－0015077　續3531　類叢部/叢書類/自著之屬
樊山全集六種　樊增祥撰　民國石印本　一冊　存一種

330000－1705－0015078　續3532　集部/總集類/選集之屬/通代
歷代詩文評註讀本　王文濡編　民國上海文明書局鉛印本　二冊　存一種

330000－1705－0015080　續3484　集部/詩文評類/文法之屬/函牘格式
尺牘函海不分卷　王鼎輯撰　民國十七年(1928)海成書局石印本　張仁恭跋　十冊

330000－1705－0015081　續3498　集部/總集類/選集之屬/斷代
南社叢刻　南社編輯　民國鉛印本　一冊　存一種

330000－1705－0015083　續3499　史部/傳記類/別傳之屬/事狀
燕喜集七卷首一卷　王文周　王文翰輯　民國二十年(1931)鉛印本　一冊　缺二卷(六至七)

330000－1705－0015088　續3507　集部/總集類/選集之屬/通代
八代詩精華錄箋註四卷　丁福保編　民國鉛印本　一冊　存一卷(南北朝詩)

330000－1705－0015089　續3542　集部/詩

文評類/詩評之屬

詩學淵源八卷 丁儀撰 民國鉛印本 二册 存三卷(六至八)

330000－1705－0015090 續3476 子部/雜著類/雜說之屬

人學會講義不分卷 林品三撰 民國油印本 中和居士題記 六册

330000－1705－0015092 續3502 集部/別集類

難雞志不分卷 陳夏常編 民國二十一年(1932)鉛印本 一册

330000－1705－0015093 續3060－1 集部/別集類

青珍館詩集一卷 馮全琪撰 民國七年(1918)鉛印本 一册

330000－1705－0015096 續3552 集部/詞類/總集之屬

南唐二主詞彙箋一卷 (五代)李璟 (五代)李煜撰 唐圭璋輯 民國三十六年(1947)正中書局鉛印本 一册

330000－1705－0015097 續3543 集部/總集類/彙編之屬

古文講義不分卷 王文芹撰 民國十七年(1928)耀華學校鉛印本 一册

330000－1705－0015098 續3060－2 集部/別集類

青珍館詩集一卷 馮全琪撰 民國七年(1918)鉛印本 一册

330000－1705－0015099 續3060－3 集部/別集類

青珍館詩集一卷 馮全琪撰 民國七年(1918)鉛印本 一册

330000－1705－0015102 續3565 集部/詞類/別集之屬

天籟軒詞譜五卷詞韻一卷 葉申薌輯 民國上海埽葉山房石印本 一册 存一卷(二)

330000－1705－0015103 續3545 集部/曲類/彈詞之屬

新編繡像雙連筆全傳四卷三十二回 民國上海文元書莊石印本 一册

330000－1705－0015105 續3566 集部/詞類/詞譜之屬

白香詞譜箋四卷 (清)舒夢蘭輯 (清)謝朝徵箋 **學宋齋詞韻一卷** (清)吳烺等輯 民國八年(1919)上海文明書局石印本 三册 存四卷(一至四)

330000－1705－0015108 續3568 集部/詞類/詞譜之屬

白香詞譜箋四卷 (清)舒夢蘭輯 (清)謝朝徵箋 民國十七年(1928)上海掃葉山房石印本 四册

330000－1705－0015111 續3567 集部/詞類/詞譜之屬

攷正白香詞譜三卷附錄一卷 陳小蝶編 **增訂晚翠軒詞韻一卷** 陳祖耀校正 民國七年(1918)春草軒鉛印本暨石印本 四册

330000－1705－0015112 續3556 集部/別集類

端夷六十後詩詞一卷 魏友枋撰 民國三十五年(1946)菜緣社鉛印本 一册

330000－1705－0015115 續3557 集部/詞類/別集之屬

湘綺樓詞鈔一卷詞選前編一卷續編一卷本編一卷 王闓運撰 民國六年(1917)上海震亞圖書局石印本 二册

330000－1705－0015117 續3569 集部/曲類/曲選之屬

元曲別裁集二卷 盧前編 民國十七年(1928)上海開明書店鉛印本 一册

330000－1705－0015121 秦0006 史部/地理類/山川之屬/水志

東錢湖志四卷 王榮商纂 陸澍咸 戴彥編 民國五年(1916)刻本 四册

330000－1705－0015123 續3549 集部/詞類/別集之屬

珠玉詞一卷補遺一卷 (宋)晏殊撰 林大椿編校 **珠玉詞校記一卷** 林大椿撰 民國二十三年(1934)上海商務印書館鉛印本 一册

330000－1705－0015124 續 3558 集部/別集類

纜石春艸不分卷 陳訓正撰 稿本 一册

330000－1705－0015128 續 3574 集部/戲劇類/傳奇之屬

繡像第七才子琵琶記六卷 (元)高明撰 民國石印本 一册 存一卷(三)

330000－1705－0015129 續 3587 集部/別集類/宋別集

姜白石全集十六卷 (宋)姜夔撰 民國上海掃葉山房石印本 一册 存六種

330000－1705－0015130 續 3559 集部/詞類/別集之屬

莽盧詞稿一卷 吳漢聲撰 民國十九年(1930)上海華豐印刷鑄字所鉛印本 一册

330000－1705－0015134 秦 0012 史部/地理類/方志之屬/郡縣志

[民國]鎮海縣志四十五卷首一卷鎮海縣地圖一卷 洪錫範 盛鴻燾修 王榮商 楊敏曾纂 **[民國]鎮海縣新志備稿二卷** 董祖羲纂 民國二十年(1931)上海蔚文印刷局鉛印本 二十五册 缺四卷(十三至十六)

330000－1705－0015136 續 3581 集部/曲類/彈詞之屬

繡像全圖再生緣全傳二十卷八十回 (清)陳端生撰 民國上海錦章圖書局石印本 一册 存六卷(十五至二十)

330000－1705－0015140 續 3562 集部/詞類/總集之屬

宋詞三百首一卷 朱祖謀編 民國十三年(1924)刻本 一册

330000－1705－0015141 續 3561 集部/詞類/總集之屬

宋詞三百首一卷 朱祖謀編 民國十三年(1924)刻本 一册

330000－1705－0015144 秦 0013 史部/地理類/方志之屬/郡縣志

[民國]鎮海縣新志備稿二卷 董祖羲纂 民國二十年(1931)上海蔚文印刷局鉛印本 二册

330000－1705－0015145 秦 0002 子部/藝術類/篆刻之屬/印譜

雨樓集古印譜不分卷 (清)方清霖輯 民國鈐印本 四册

330000－1705－0015147 續 3582 集部/曲類/彈詞之屬

精繪全圖果報錄一百回不分卷 (清)海芝濤撰 民國十六年(1927)香港賞奇書畫局石印本 七册 存七册(一、三至八)

330000－1705－0015149 秦 0027 子部/藝術類/書畫之屬/畫録

海鹽畫史一卷 朱端纂 民國二十五年(1936)幽芳簃鉛印本 一册

330000－1705－0015150 秦 0015 子部/工藝類/日用器物之屬/雕刻

竹人錄二卷 (清)金元鈺撰 民國二十七年(1938)鄞縣秦康祥睿識閣鉛印本 十册

330000－1705－0015152 秦 0016 史部/傳記類/日記之屬

澗于日記不分卷(清光緒四年十月初一日至二十一年五月三十日) (清)張佩綸撰 民國豐潤張氏澗于草堂石印本 十四册

330000－1705－0015153 秦 0017 集部/詞類/總集之屬

惜陰堂叢書 趙尊嶽輯 民國十三年至十五年(1924－1926)武進趙氏刻本 三册 存一種

330000－1705－0015165 秦 0029 子部/藝術類/書畫之屬/書法書品

君子館論書絕句一百二十首一卷 邊成撰 袁照注 民國三十三年(1944)君子館刻本 一册

330000－1705－0015168 秦 0049 子部/藝

術類/篆刻之屬/印論
繆篆分韻五卷補一卷 （清）桂馥輯 民國十二年（1923）蘇州振新書社影印本 四冊

330000－1705－0015173 秦0076 子部/工藝類/日用器物之屬/陶瓷
飲流齋說瓷十卷 許之衡撰 民國鉛印本 二冊

330000－1705－0015175 秦0051 類叢部/叢書類/家集之屬
樸學齋叢書第二集 胡韞玉編 民國安吳胡氏鉛印本 二冊 存一種

330000－1705－0015176 秦0031 子部/藝術類/書畫之屬/法帖
草字編摘要不分卷 民國十九年（1930）石印本 周由廑題記 一冊

330000－1705－0015177 續3593 集部/曲類/寶卷之屬
雌雄盃寶卷二卷 民國十二年（1923）上海文益書局石印本 一冊

330000－1705－0015181 秦0077 子部/藝術類/篆刻之屬/印譜
古笏廬印譜一卷 民國刻本 一冊

330000－1705－0015184 秦0021 經部/小學類/文字之屬/說文/專著
說文古籀三補十四卷坿錄一卷 強運開輯 民國二十四年（1935）上海商務印書館石印本 二冊

330000－1705－0015185 新3379－1 集部/別集類/清別集
浮碧山館駢文二卷 （清）馮可鏞撰 民國六年（1917）寧波鈞和公司鉛印本 三冊

330000－1705－0015186 秦0081 子部/藝術類/書畫之屬/法帖
李北海書古詩真跡不分卷 （唐）李邕書 民國珂羅印本 一冊

330000－1705－0015187 秦0034 類叢部/叢書類/自著之屬
松翁居遼後所箸書三種 羅振玉撰 民國十八年至二十年（1929－1931）上虞羅氏石印本 一冊 存一種

330000－1705－0015188 秦0052 史部/傳記類
杏蔭堂彙刻三種 許浩基撰 民國二十一年（1932）吳興許氏杏蔭堂刻本 四冊 存一種

330000－1705－0015189 秦0057 子部/藝術類/書畫之屬/法帖
草字編摘要不分卷 民國石印本 一冊

330000－1705－0015190 秦0062 經部/小學類/文字之屬/說文/專著
說文古籀補十四卷補遺一卷附錄一卷 （清）吳大澂撰 民國十九年（1930）蘇州振新書社影印本 心雋題記 四冊 缺一卷（補遺）

330000－1705－0015191 秦0083 史部/傳記類
中國歷代帝后像不分卷 高山澤輯 民國上海有正書局影印本 一冊

330000－1705－0015194 秦0053 子部/宗教類/佛教之屬/總録
興化佛教通志十卷 震華編輯 民國三十三年（1944）上海佛學書局鉛印本 二冊

330000－1705－0015195 秦0085 史部/金石類/璽印之屬
樂只室古璽印存不分卷 高時敷輯 民國三十三年（1944）鈐印本 九冊

330000－1705－0015196 秦0088 子部/藝術類/書畫之屬/法帖
鄧石如篆書十五種不分卷 （清）鄧石如書 民國十一年（1922）上海文明書局石印本 五冊

330000－1705－0015198 秦0036 史部/地理類/專志之屬/古跡
蘭亭志四卷附錄近人題詠一卷 張若霞編 民國二十七年（1938）鉛印本 一冊

330000－1705－0015203 續3595 集部/曲

類/寶卷之屬

雪梅寶卷三官堂二卷　民國三年(1914)上海文益書局石印本　一冊

330000－1705－0015204　秦0058　新學/雜著/雜記

古玩指南續編二十三章　趙汝珍編　民國三十二年(1943)鉛印本　四冊

330000－1705－0015208　秦0023　經部/春秋左傳類/傳說之屬

春秋左傳句解六卷　(清)韓菼重訂　民國上海啟新書局石印本　二冊

330000－1705－0015210　秦0090　史部/金石類/璽印之屬

秦漢古銅印存不分卷　黃吉園輯　民國九年(1920)鈐印本　五冊

330000－1705－0015212　秦0087　子部/藝術類/篆刻之屬/印譜

喬大壯印蛻不分卷　喬大壯篆　民國影印本　二冊

330000－1705－0015213　秦0054　子部/藝術類/篆刻之屬/印譜

壽石山房印譾不分卷　民國鈐印本　趙仲穆跋　一冊

330000－1705－0015214　秦0117　子部/藝術類/篆刻之屬/印譜

諸家印存不分卷　吳澤篆刻　方善境輯　民國鈐印本　二冊

330000－1705－0015217　秦0118　子部/藝術類/篆刻之屬/印譜

印商二卷　(清)林霔鐵筆　(清)陳希甲等參訂　民國二十五年(1936)石印本　一冊

330000－1705－0015218　秦0112、秦0198、秦0199、秦0200、秦0201　子部/藝術類/篆刻之屬

遯盦印學叢書十七種　吳隱輯　民國十年(1921)山陰吳氏西泠印社木活字印本　七冊　存六種

330000－1705－0015220　秦0087－1　子部/藝術類/篆刻之屬/印譜

喬大壯印蛻不分卷　喬大壯篆　民國影印本　二冊

330000－1705－0015221　秦0039　集部/別集類/清別集

瓶廬詩稿八卷　(清)翁同龢撰　翁斌孫輯　民國八年(1919)邵松年武昌刻本　朱德彝題記　四冊

330000－1705－0015224　秦0141　子部/藝術類/書畫之屬/法帖

唐孫過庭書譜集聯一卷　(唐)孫過庭書　葉爾愷撰句　秦文錦輯　民國上海藝苑真賞社珂羅版印本　一冊

330000－1705－0015226　秦0009　史部/傳記類/別傳之屬/事狀

鄞縣鄭紀雲先生[傳縉]家傳一卷　鄭芳楝編　民國二十二年(1933)石印本　一冊

330000－1705－0015228　秦0121　子部/藝術類/篆刻之屬/印譜

鄧印存真不分卷　(清)鄧石如篆　葛昌楹輯　民國三十三年(1944)當湖葛氏傳樸堂鈐拓本　葛昌楹題記　一冊

330000－1705－0015231　秦0119　子部/藝術類/書畫之屬/畫譜

長虹畫社扇集不分卷　海上閒鷗繪　民國珂羅版印本　一冊

330000－1705－0015233　秦0143　集部/總集類/選集之屬/斷代

王章詩存合刻　劉承幹編　民國十五年(1926)吳興劉氏嘉業堂刻本　一冊　存一種

330000－1705－0015235　秦0137　子部/藝術類/書畫之屬/法帖

彝聯集搨　秦絅孫編集　民國上海藝苑真賞社影印本　三冊　存三種

330000－1705－0015237　秦0145　子部/藝術類/篆刻之屬/印譜

丁丑劫餘印存小傳二十卷　丁仁等輯　民國

二十八年(1939)鉛印本　一册

330000－1705－0015238　秦0106　子部/藝術類/書畫之屬/法帖

書譜二卷　(唐)孫過庭撰　民國上海藝苑真賞分社影印本　一册　存一卷(上)

330000－1705－0015240　秦0109　史部/傳記類/别傳之屬/事狀

吴興周夢坡先生[慶雲]訃告一卷年譜一卷墓表一卷墓誌銘一卷畫史一卷　周延礽輯　民國二十三年(1934)影印本暨鉛印本　一册　存一卷(墓表)

330000－1705－0015241　秦0165　子部/藝術類/篆刻之屬/印譜

潛泉印叢　吴隱輯　民國西泠印社鈐印本　四册　存一種

330000－1705－0015242　秦0059　類叢部/叢書類/彙編之屬

國立中央研究院歷史語言研究所單刊　國立中央研究院歷史語言研究所編　民國上海商務印書館鉛印本暨影印本　一册　存一種

330000－1705－0015244　秦0060　史部/金石類/甲骨之屬/文字

甲骨學文字編十四卷附錄二卷補遺一卷　朱芳圃編　民國二十三年(1934)上海商務印書館石印本　二册

330000－1705－0015245　秦0103　子部/藝術類/篆刻之屬/印譜

印集不分卷　馮昭適編　民國十八年(1929)鈐印本　一册

330000－1705－0015246　秦0061　史部/金石類/甲骨之屬/通考

甲骨書錄解題五卷附錄二卷甲骨論文解題三卷附錄一卷甲骨學論著索引一卷　邵子風撰　民國二十四年(1935)上海商務印書館石印本　一册

330000－1705－0015247　秦0115　子部/藝術類/篆刻之屬/印譜

魯盦仿完白山人印譜不分卷　(清)鄧石如篆　張咀英摹刻　民國三十一年(1942)張咀英孝水望雲草堂鈐印本　二册

330000－1705－0015248　秦0147　子部/藝術類/篆刻之屬/印譜

達盦印集不分卷　民國鈐印本　一册

330000－1705－0015250　秦0137－1　子部/藝術類/書畫之屬/法帖

彝聯集搨　秦絅孫編集　民國上海藝苑真賞社影印本　一册　存一種

330000－1705－0015251　秦0069　史部/傳記類/總傳之屬/文苑

中國畫家人名大辭典不分卷　孫˙公撰　民國三十三年(1944)鉛印本　一册

330000－1705－0015252　秦0041　集部/詩文評類/詩評之屬

餘墨偶譚節錄一卷　(清)孫橒撰　民國石印本　一册

330000－1705－0015253　秦0161　史部/傳記類/總傳之屬/家乘

[浙江慈溪]秦氏宗譜二十八卷　秦祖澤纂修　民國十五年(1926)木活字印本　二十八册

330000－1705－0015255　秦0124　子部/藝術類/書畫之屬/法帖

王恂墨蹟不分卷　(晉)王恂書　民國二年(1913)彩色攝影本　一册

330000－1705－0015256　秦0167　子部/藝術類/篆刻之屬/印論

繆篆分韻五卷補一卷　(清)桂馥輯　民國十二年(1923)蘇州振新書社影印本　四册

330000－1705－0015258　秦0043　史部/地理類/方志之屬/郡縣志

鄞縣通志人物編不分卷　陳訓正纂　民國二十七年(1938)鉛印本　二册

330000－1705－0015261　秦0075　子部/藝術類/篆刻之屬/印譜

㚖飛館印留不分卷　吴澤遺製　秦康祥裒集　張咀英　秦康祥　高廷肅審拓　民國三十

七年(1948)鈐拓本　二册

330000－1705－0015262　秦0044　子部/藝術類/篆刻之屬/印譜
瑞安林氏印存不分卷　(清)趙之琛篆　林大同拓　民國瑞安林氏鈐拓本　林大同題記　二册

330000－1705－0015263　秦0044－1　子部/藝術類/篆刻之屬/印譜
瑞安林氏印存不分卷　(清)趙之琛篆　林大同拓　民國瑞安林氏鈐拓本　林大同題記　二册

330000－1705－0015264　秦0074　史部/金石類/總志之屬
湫漻齋叢書十種　陳準輯　民國瑞安陳氏刻本　一册　存一種

330000－1705－0015265　秦0175　子部/藝術類/篆刻之屬/印譜
趙撝叔印存不分卷　(清)趙之謙篆刻　民國有正書局鈐拓本　二册

330000－1705－0015266　秦0157　集部/別集類/明別集
黄石齋先生尺牘一卷　(明)黄道周撰　民國十二年(1923)上海商務印書館影印本　一册

330000－1705－0015268　秦0075－1　子部/藝術類/篆刻之屬/印譜
吝飛館印留不分卷　吳澤遺製　秦康祥裒集　張咀英　秦康祥　高廷肅審拓　民國三十七年(1948)鈐拓本　二册

330000－1705－0015269　秦0137－2　史部/金石類/甲骨之屬/文字
殷虚文字集聯一卷　秦文錦編集　民國上海藝苑真賞社影印本　一册

330000－1705－0015270　秦0047　子部/藝術類/篆刻之屬/印譜
松窗遺印不分卷　褚德彝篆　張咀英輯　民國孝水望雲草堂鈐印本　一册

330000－1705－0015271　秦0155　子部/藝術類/書畫之屬
白華山人詩書畫真蹟彙編不分卷　(清)勵志撰　民國十一年(1922)影印本　一册

330000－1705－0015273　秦0011　史部/傳記類/總傳之屬/技藝
海上墨林四卷續印增錄一卷第二次續印增錄一卷　楊逸編輯　民國八年(1919)上海豫園書畫善會刻十年(1921)、十八年(1929)增刻本　二册

330000－1705－0015274　秦0048　子部/藝術類/篆刻之屬/印譜
瑞安林氏印存不分卷　(清)趙之琛篆　林大同拓　民國瑞安林氏鈐拓本　夷庵題簽並題識　一册

330000－1705－0015275　秦0046　子部/藝術類/書畫之屬/法帖
梁山舟學士書吳中丞貞肅司馬三公傳不分卷　(清)梁同書書　民國十四年(1925)上海商務印書館石印本　一册

330000－1705－0015277　秦0045　子部/藝術類/書畫之屬/畫譜
錢吉生人物畫譜一卷　(清)錢慧安繪　民國十五年(1926)校經山房書局石印本　二册

330000－1705－0015278　秦0158　史部/金石類/錢幣之屬/圖像
古錢幣不分卷　民國上海神州國光社影印本　一册

330000－1705－0015280　秦0075－3　子部/藝術類/篆刻之屬/印譜
吝飛館印留不分卷　吳澤遺製　秦康祥裒集　張咀英　秦康祥　高廷肅審拓　民國三十七年(1948)鈐拓本　二册

330000－1705－0015281　秦0075－4　子部/藝術類/篆刻之屬/印譜
吝飛館印留不分卷　吳澤遺製　秦康祥裒集　張咀英　秦康祥　高廷肅審拓　民國三十七年(1948)鈐拓本　二册

330000－1705－0015282　秦0075－5　子部/

藝術類/篆刻之屬/印譜
吝飛館印留不分卷　吳澤遺製　秦康祥裒集　張咀英　秦康祥　高廷肅審拓　民國三十七年(1948)鈐拓本　二冊

330000－1705－0015283　秦0168　子部/藝術類/篆刻之屬/印譜
徐星洲印存初集不分卷二集不分卷三集不分卷四集不分卷五集不分卷　(清)徐星洲篆　民國宣和印社鈐印本　十冊

330000－1705－0015286　秦0075－6　子部/藝術類/篆刻之屬/印譜
吝飛館印留不分卷　吳澤遺製　秦康祥裒集　張咀英　秦康祥　高廷肅審拓　民國三十七年(1948)鈐拓本　一冊

330000－1705－0015288　秦0173　子部/藝術類/篆刻之屬/印譜
鄧石如印存不分卷　(清)鄧石如篆　民國上海有正書局石印本　二冊

330000－1705－0015291　秦0195　史部/傳記類/總傳之屬/技藝
當湖歷代畫人傳九卷補遺一卷　孫振麟纂　民國二十四年(1935)當湖孫氏雪映廬武林刻本　二冊

330000－1705－0015293　秦0041－1　集部/詩文評類/詩評之屬
餘墨偶譚節錄一卷　(清)孫檉撰　民國石印本　一冊

330000－1705－0015294　秦0075－7　子部/藝術類/篆刻之屬/印譜
吝飛館印留不分卷　吳澤遺製　秦康祥裒集　張咀英　秦康祥　高廷肅審拓　民國三十七年(1948)鈐拓本　一冊

330000－1705－0015297　秦0178　子部/藝術類/篆刻之屬/印譜
黟山人黃牧甫印存不分卷　(清)黃士陵篆　民國二十六年(1937)鈐印本　二冊

330000－1705－0015299　秦0075－8　子部/藝術類/篆刻之屬/印譜
吝飛館印留不分卷　吳澤遺製　秦康祥裒集　張咀英　秦康祥　高廷肅審拓　民國三十七年(1948)鈐拓本　一冊

330000－1705－0015301　秦0179　子部/藝術類/篆刻之屬/印譜
秦漢百壽印譜不分卷　吳隱輯　民國六年(1917)西泠印社鈐印本　二冊

330000－1705－0015304　秦0181　史部/金石類/璽印之屬
周秦古鉨不分卷　民國八年(1919)西泠印社鈐印本　二冊

330000－1705－0015307　秦0182　子部/藝術類/篆刻之屬/印譜
陳曼生印譜不分卷　(清)陳鴻壽篆　民國西泠印社鈐拓本　四冊

330000－1705－0015308　秦0166　子部/藝術類/篆刻之屬/印譜
蕉露館印存不分卷　民國鈐印本　二冊

330000－1705－0015309　秦0114　子部/藝術類/篆刻之屬/印譜
匊隣印賸不分卷　(清)胡钁篆　民國鈐印本　一冊

330000－1705－0015310　秦0183　子部/藝術類/篆刻之屬/印譜
金薤留珍五集　(清)蔣溥輯　民國十五年(1926)北平故宮博物院古物館鈐印本　二十四冊

330000－1705－0015311　秦0194　類叢部/叢書類/郡邑之屬
四明叢書一百六十七種　張壽鏞編　民國四明張氏約園刻本(安晚堂詩集卷一至五原缺)　六十四冊　存二十二種

330000－1705－0015313　秦0187　史部/金石類/金之屬/文字
金文編十四卷附錄二卷檢字一卷　容庚撰集　民國十四年(1925)貽安堂石印本　五冊

330000－1705－0015315　秦0197　子部/藝

術類/篆刻之屬/印譜

魯盦印選不分卷 張咀英編 民國二十八年(1939)張氏孝水望雲草堂鈐拓本 六冊

330000－1705－0015317 新 3356 集部/總集類/選集之屬/斷代

宋詩鈔補八十六卷 (清)管庭芬 (清)蔣光煦編 民國四年(1915)上海商務印書館鉛印本 一冊 存十種

330000－1705－0015318 秦 0033 子部/藝術類/篆刻之屬/印譜

古笏廬印譜一卷 錢世權篆刻 秦康祥輯 民國三十八年(1949)鈐印本 一冊

330000－1705－0015319 秦 0132 子部/藝術類/篆刻之屬

養志軒印存不分卷 民國十九年(1930)鈐印本 漸進齋主人、馮昭適、秦康祥題記 三十一冊

330000－1705－0015321 秦 0188 子部/藝術類/篆刻之屬/印譜

楊龍石印存不分卷 (清)楊澥篆 民國有正書局鈐拓本 二冊

330000－1705－0015329 秦 0133 子部/藝術類/篆刻之屬/印譜

碧葭精舍印存不分卷 (清)張修府輯 民國十六年(1927)鈐印本 四冊

330000－1705－0015334 秦 0189 子部/藝術類/篆刻之屬/印譜

橫雲山民印聚不分卷 (清)胡遠篆刻 張咀英輯 民國二十四年(1935)孝水張咀英望雲草堂鈐拓本 二冊

330000－1705－0015337 秦 0198－1 子部/藝術類/篆刻之屬

遯盦印學叢書十七種 吳隱輯 民國十年(1921)山陰吳氏西泠印社木活字印本 一冊 存一種

330000－1705－0015340 秦 0192 史部/金石類

遯盦金石叢書十五種 吳隱輯 民國三年至十年(1914－1921)山陰吳氏西泠印社木活字印本 一冊 存一種

330000－1705－0015341 秦 0100、秦 0101 史部/金石類/錢幣之屬

古泉叢書十五種 丁福保纂 民國上海醫學書局石印本 一冊 存二種

330000－1705－0015383 新 3077 類叢部/叢書類/彙編之屬

士禮居叢書(士禮居黃氏叢書) (清)黃丕烈輯 民國影印本 一冊 存一種

330000－1705－0015392 新 3104 子部/藝術類/書畫之屬/法帖

御刻三希堂石渠寶笈法帖不分卷 (清)梁詩正等輯 民國上海天成書局石印本 三十冊

330000－1705－0015453 新 3169 類叢部/叢書類/彙編之屬

四部精華一百二十五種 陸翔選輯 民國上海世界書局石印本 二冊 存五種

330000－1705－0015454 新 3176 類叢部/叢書類/彙編之屬

四部叢刊 張元濟等編 民國上海商務印書館影印本 七百十冊 存一百十六種

330000－1705－0015457 新 3170 集部/別集類/清別集

復初齋詩集七十卷 (清)翁方綱撰 民國四年(1915)石印本 五冊 存三十卷(六至三十五)

330000－1705－0015462 新 3171 集部/總集類/選集之屬/通代

蔡氏古文評註補正全集十卷 (清)過珙選 蔡鑄補正 民國上海商務印書館鉛印本 二冊 存二卷(七至八)

330000－1705－0015471 新 3223 史部/紀傳類/正史之屬

史記不分卷 民國文則樓抄本 一冊

330000－1705－0015487 新 3240 類叢部/叢書類/彙編之屬

四部備要　中華書局編　民國二十五年(1936)上海中華書局鉛印本(經義考卷二百八十六、二百九十九至三百,東塾讀書記卷十三至十四、十七至二十、二十二至二十五原缺)　六冊　存一種

330000－1705－0015492　新 3244　子部/藝術類/書畫之屬/總論

甌鉢羅室書畫過目攷四卷首一卷附卷一卷　(清)李玉棻輯　民國上海朝記書莊鉛印本　四冊

330000－1705－0015504　新 3242　史部/地理類/山川之屬/水志

杜白二湖全書一卷　(清)王相能輯　民國七年(1918)吳錦堂鉛印本　一冊

330000－1705－0015508　新 3197　經部/四書類/論語之屬/傳說

論語正義二十四卷　(清)劉寶楠撰　(清)恭冕述　民國據清同治五年(1866)刻本影印本　一冊　存三卷(十八至二十)

330000－1705－0015517　新 3196　類叢部/叢書類/彙編之屬

四部備要　中華書局編　民國二十五年(1936)上海中華書局鉛印本(經義考卷二百八十六、二百九十九至三百,東塾讀書記卷十三至十四、十七至二十、二十二至二十五原缺)　十一冊　存三種

330000－1705－0015528　新 3274　子部/醫家類/養生之屬

各種八段錦華佗五禽戲法一卷　馮昭適輯　民國十九年(1930)抄本　一冊

330000－1705－0015529　新 3237　史部/史表類/通代之屬

歷代帝王紀元表一卷　張之銘撰　民國三十三年(1944)張氏實學通藝館鉛印本　一冊

330000－1705－0015534　新 3297、新 3298、新 3299、新 3300、新 3301　集部/小說類/長篇之屬

繪圖歷朝通俗演義十一種　蔡東帆輯　民國上海會文堂新記書局石印本　三十九冊　存五種

330000－1705－0015551　新 3345　集部/總集類/選集之屬/斷代

太平天國文鈔一卷詩鈔一卷聯語鈔一卷附錄三卷　羅邕　沈祖基輯　民國二十三年(1934)上海商務印書館鉛印本　二冊

330000－1705－0015557　新 3265　子部/儒家類/儒家之屬

孔氏家語十卷　(三國魏)王肅注　民國二年(1913)上海文瑞樓石印本　五冊

330000－1705－0015558　新 3302　集部/小說類/長篇之屬

增像小五義傳二十五卷一百二十四回　(清)石玉崑撰　民國鉛印本　六冊

330000－1705－0015564　新 3304　集部/小說類/長篇之屬

繡像續小五義一百二十四回　(清)石玉崑撰　民國上洋珍藝書局鉛印本　六冊

330000－1705－0015565　新 3266　類叢部/叢書類/彙編之屬

孔子家語摘鈔不分卷　(三國魏)王肅注　**司馬溫公稽古錄摘鈔不分卷**　(宋)司馬光撰　民國抄本　一冊

330000－1705－0015566　新 3305　集部/小說類/長篇之屬

增像全圖東周列國志二十七卷一百八回　(清)蔡奡評點　民國十一年(1922)上海元昌書局石印本　十二冊

330000－1705－0015569　新 3352　集部/楚辭類

楚辭集註八卷後語六卷辯證二卷　(宋)朱熹撰　民國四年(1915)掃葉山房石印本　四冊

330000－1705－0015572　新 3255　史部/目錄類/總錄之屬/徵訪

南獻遺徵箋一卷　鄭文焯輯　范希曾箋　民國二十年(1931)淮陰范氏刻本　一冊

330000－1705－0015574　新 3303　集部/小説類/長篇之屬

增像全圖三國演義六十卷首一卷一百二十回　（明）羅本撰　（清）毛宗崗評　民國上海中原書局石印本　一冊　存五卷（四十一至四十五）

330000－1705－0015578　秦 3356－1　集部/總集類/選集之屬/斷代

宋詩鈔初集　（清）呂留良　（清）吳之振　（清）吳爾堯輯　民國三年（1914）上海商務印書館據清康熙吳氏刻本影印本　七冊　存十四種

330000－1705－0015583　新 3252　史部/史評類/考訂之屬

校史隨筆一卷　張元濟撰　民國二十八年（1939）商務印書館鉛印本　一冊

330000－1705－0015604　新 3268　子部/儒家類/儒學之屬/經濟

歷代尊孔記一卷孔教外論一卷　程淯輯　民國二十三年（1934）上海中國道德會鉛印本　一冊

330000－1705－0015611　新 3289　子部/雜著類/雜纂之屬

清稗類鈔不分卷　徐珂撰　民國抄本　一冊

330000－1705－0015626　新 3362　集部/別集類/漢魏六朝別集

陶詩彙注四卷首一卷末一卷　（晉）陶潛撰　（清）吳瞻泰輯　（清）許印芳增訂　民國十五年（1926）上海大中書局石印本　四冊

330000－1705－0015630　新 3293　子部/醫家類/外科之屬/瘫疽、疔瘡

重刊刺疔捷法一卷　（清）張鏡撰　民國十八年（1929）石印本　一冊

330000－1705－0015635　新 3377　集部/總集類/郡邑之屬

鄞縣先賢集錄不分卷　民國抄本　一冊

330000－1705－0015637　新 3396　集部/別集類/清別集

齊物論齋文集五卷　（清）董士錫撰　民國二年（1913）江西胡思敬問影樓刻本　一冊　存三卷（三至五）

330000－1705－0015641　新 3397　集部/別集類

端夷閣近三年詩詞一卷　魏友枋撰　民國二十三年（1934）菜緣社鉛印本　一冊

330000－1705－0015642　新 3385　集部/別集類/唐五代別集

樊紹述集二卷　（唐）樊宗師撰　（清）孫之騄輯　民國七年（1918）上海文明書局石印本　一冊

330000－1705－0015644　新 3379　集部/別集類/清別集

浮碧山館駢文二卷　（清）馮可鏞撰　民國六年（1917）寧波鈞和公司鉛印本　一冊

330000－1705－0015648　新 3256　史部/目録類/書志之屬/提要

四庫提要辨證史部四卷子部八卷　余嘉錫撰　民國二十六年（1937）鉛印本　二冊　存四卷（子部一至四）

330000－1705－0015656　新 3407　集部/小説類/長篇之屬

新石頭記不分卷　（清）吳趼人撰　民國南方報館鉛印本　一冊

330000－1705－0015682　朱 0203　子部/術數類/命書相書之屬

滴天髓闡微四卷　（明）劉基注　（清）任鐵樵增註　民國二十二年（1933）影印本　四冊

330000－1705－0015695　朱 0425　史部/政書類/考工之屬

天工開物三卷　（明）宋應星撰　民國十九年（1930）上海華通書局據日本菅生堂刻本影印本　九冊

330000－1705－0015698　朱 0605　子部/雜著類/雜說之屬

紫桃軒雜綴四卷又綴二卷　（明）李日華撰　民國十六年（1927）上海有正書局石印本

四冊

330000－1705－0015727　朱0527　史部/政書類/公牘檔冊之屬

浙江省議會第一屆第二年第二次臨時會議事錄不分卷　浙江省議會編　民國鉛印本　一冊

330000－1705－0015731　朱0559　史部/史抄類

三國志捃華二卷　莊適輯　民國八年(1919)上海商務印書館鉛印本　二冊

330000－1705－0015754　朱6820　子部/藝術類/書畫之屬

圖畫見聞誌六卷　(宋)郭若虛撰　民國上海埽葉山房影印本　六冊

330000－1705－0015762　朱0667　子部/宗教類/道教之屬

唱道真言五卷　(清)鶴臞子輯　民國十一年(1922)刻本　傅桐卿記　一冊

330000－1705－0015800　朱0810　史部/目録類/通論之屬/義例

書林揚觶一卷　(清)方東樹撰　民國十四年(1925)中國書店木活字印本　一冊

330000－1705－0015807　朱0818　集部/別集類/唐五代別集

重刊校正笠澤叢書四卷補遺詩一卷續補遺一卷　(唐)陸龜蒙撰　民國影印本　一冊　缺一卷(續補遺)

330000－1705－0015818　朱0759　史部/雜史類/斷代之屬

三江筆記二卷　三江遊客撰　民國鉛印本　一冊

330000－1705－0015819　朱0845　集部/別集類/清別集

名山藏副本初集二卷贈言集一卷　(清)齊周華撰　民國九年(1920)杭州武林印書館鉛印本　二冊

330000－1705－0015827　朱0757　史部/目録類/書志之屬/題跋

黃顧遺書六種十六卷　王大隆輯　民國二十二年至二十九年(1933－1940)秀水王氏學禮齋刻本　朱鼎煦跋　六冊

330000－1705－0015829　朱0853　子部/儒家類/儒學之屬/性理

人格一卷　唐文治撰　民國十二年(1923)無錫國學專修館鉛印本　一冊

330000－1705－0015857　朱0756、朱1977　史部/金石類

遯盦金石叢書十五種　吳隱輯　民國三年至十年(1914－1921)山陰吳氏西泠印社木活字印本　六冊　存二種

330000－1705－0015862　朱0741、朱7411　類叢部/叢書類/家集之屬

武林丁氏家集十三種　丁立誠　丁立中撰　民國錢塘丁氏嘉惠堂鉛印本　二冊　存二種

330000－1705－0015901　朱1205　新學/雜著/雜記

古玩指南續編二十三章　趙汝珍編　民國三十二年(1943)鉛印本　四冊

330000－1705－0015908　朱8073、朱9356、朱7463、朱6613、朱0986、朱4733、朱9365、朱8390、朱7792、朱1033、朱5290、朱5291、朱3387　類叢部/叢書類/彙編之屬

嘉業堂叢書五十七種　劉承幹輯　民國吳興劉氏嘉業堂刻本(毛詩正義卷一至七原缺)張美翊題記　六十冊　存十種

330000－1705－0015915　朱1200、朱9596　子部/宗教類/佛教之屬

佛學叢書□□種　丁福保輯　民國上海醫學書局鉛印本暨影印本　三冊　存二種

330000－1705－0015941　朱1931　子部/醫家類/綜合之屬

病證辨治常識三卷　孔繼華編　民國二十七年(1938)寧海源來書局鉛印本　一冊

330000－1705－0015944　朱1012　子部/儒家類/儒學之屬/蒙學

龍文鞭影初集二卷　(明)蕭良有撰　(明)楊臣諍增訂　(清)李恩綬校補　**二集二卷**　(清)李暉吉　(清)徐瓚輯　民國十四年(1925)上海鴻文書局石印本　朱鼎煦跋　一册

330000－1705－0015966　朱1363　類叢部/叢書類/彙編之屬
四部叢刊　張元濟等編　民國上海商務印書館影印本　二册　存一種

330000－1705－0015975　朱1959　子部/醫家類/類編之屬
潛齋醫學叢書十四種　曹炳章編　民國七年(1918)集古閣石印本　十六册

330000－1705－0015976　朱2004　子部/醫家類/醫經之屬/難經
古本難經闡注校正四卷　(清)丁錦注　陳頤壽校正　民國十七年(1928)石印本　一册

330000－1705－0015978　朱1958　子部/醫家類/醫經之屬/内經
靈素商兑一卷附砭新醫一卷箴病人一卷　余巖撰　民國鉛印本　二册

330000－1705－0015987　朱1954　子部/醫家類/綜合之屬
余氏醫述六卷　余巖撰　民國十七年(1928)上海社會醫報館鉛印本　二册

330000－1705－0015990　朱1975　子部/藝術類/書畫之屬/畫法畫品
蝶野論畫二種　陳邃撰　民國漢文書局鉛印本　一册

330000－1705－0015998　朱2068　子部/叢編
子書四十八種　五鳳樓主人輯　民國九年(1920)上海五鳳樓石印本　一册　存一種

330000－1705－0016023　朱4326　類叢部/叢書類/郡邑之屬
山左先喆遺書　山東省立圖書館編　民國瑞安陳氏裒殷堂鉛印本　一册　存一種

330000－1705－0016025　朱2118　子部/工藝類/日用器物之屬/陶瓷
增補古今瓷器源流考二卷　邵蟄民輯　余棨昌增補　民國二十七年(1938)鉛印本　二册

330000－1705－0016032　朱4638　類叢部/叢書類/彙編之屬
四部叢刊　張元濟等編　民國上海商務印書館影印本　四册　存一種

330000－1705－0016037　朱2059　子部/醫家類/類編之屬
四明周氏醫學三書　周利川輯　民國四明怡怡書屋鉛印本　一册　存一種

330000－1705－0016054　朱2411　經部/小學類/文字之屬/字書/古文
六朝别字記一卷　(清)趙之謙撰　民國十五年(1926)上海商務印書館影印本　一册

330000－1705－0016057　朱2196　類叢部/叢書類/彙編之屬
藜照廬叢書十五種　林集虚編　民國二十四年(1935)木活字印本　六册

330000－1705－0016067　朱2621　史部/傳記類/日記之屬
緣督廬日記抄十六卷(清同治九年閏十月至民國六年九月)　葉昌熾撰　王季烈輯　民國二十二年(1933)上虞羅氏上海蟫隱廬石印本　十六册

330000－1705－0016074　朱2168　類叢部/叢書類/彙編之屬
四部叢刊　張元濟等編　民國上海商務印書館影印本　七册　存一種

330000－1705－0016078　朱9999　史部/目録類/總録之屬/彙刻
續古逸叢書樣本一卷　上海商務印書館編　民國上海商務印書館影印本　一册

330000－1705－0016079　朱2450　子部/藝術類/書畫之屬/法帖
初拓懷素草書自敘帖一卷　(唐)釋懷素撰並書　民國八年(1919)上海有正書局影印本

朱鼎煦題記　公阜社長釋文　一册

330000－1705－0016096　朱 2680　子部/小說家類/瑣語之屬

岐海瑣譚集十六卷　(明)姜準輯　民國二十五年(1936)浙江省永嘉區徵輯鄉先哲遺著委員會鉛印本　四册

330000－1705－0016100　朱 2659　類叢部/叢書類/彙編之屬

國立中央研究院歷史語言研究所單刊　國立中央研究院歷史語言研究所編　民國上海商務印書館鉛印本暨影印本　一册　存一種

330000－1705－0016109　朱 2684　類叢部/叢書類/彙編之屬

東南大學叢書□□種　民國上海商務印書館石印本　一册　存一種

330000－1705－0016115　朱 2703　史部/目録類/版本之屬/通論

書林餘話二卷　葉德輝撰　民國十七年(1928)滬上澹園劉肇隅鉛印本　二册

330000－1705－0016117　朱 2714　類叢部/叢書類/彙編之屬

復廬叢書□□種　姚光輯　民國金山姚氏復廬鉛印本　一册　存一種

330000－1705－0016123　朱 2655　史部/傳記類/總傳之屬/斷代

國學會會員所在地調查表二卷　民國二十五年(1936)鉛印本　一册

330000－1705－0016140　朱 2775　類叢部/叢書類/彙編之屬

宸翰樓叢書八種　羅振玉編　民國三年(1914)上虞羅氏重編刻本　八册

330000－1705－0016141　朱 2763　子部/叢編

六子全書　(明)顧春輯　民國三年(1914)右文社據明嘉靖十二年(1533)吳郡顧氏世德堂刻本影印本　二十册

330000－1705－0016146　朱 2776　史部/金石類/金之屬

愙齋集古録二十六卷　(清)吳大澂撰　民國六年(1917)上海涵芬樓影印本　二十六册

330000－1705－0016153　朱 2794　史部/金石類/總志之屬

清儀閣所藏古器物文十卷　(清)張廷濟輯　民國十四年(1925)上海商務印書館影印本　十册

330000－1705－0016158　朱 2196－1　類叢部/叢書類/彙編之屬

藜照廬叢書十五種　林集虛編　民國二十四年(1935)木活字印本　一册　存四種

330000－1705－0016171　朱 2769　經部/小學類/音韻之屬/韻書

唐寫本王仁昫刊謬補缺切韻一卷　民國三十六年(1947)北平故宮博物院影印本　一册

330000－1705－0016174　朱 2777　子部/藝術類/篆刻之屬/印譜

交泰殿寶譜不分卷　故宮博物院文獻館輯　民國十八年(1929)故宮博物院文獻館影印本　一册

330000－1705－0016175　朱 2803　子部/醫家類/醫經之屬/難經

古本難經闡注校正四卷　(清)丁錦注　陳頤壽校正　民國十七年(1928)石印本　一册

330000－1705－0016181　朱 3084　類叢部/叢書類/彙編之屬

約園叢書　張壽鏞編　民國四明張氏約園影印本　一册　存一種

330000－1705－0016185　朱 2792　史部/金石類/甲骨之屬

殷虛書契菁華一卷　羅振玉編　民國三年(1914)上虞羅振玉影印本　一册

330000－1705－0016186　朱 2786　史部/金石類/石之屬

宋拓漢婁壽碑不分卷　民國八年(1919)上海商務印書館影印本　一册

330000－1705－0016187　朱 2849　經部/小學類/文字之屬/字書/字體

隸辨八卷　（清）顧藹吉撰　民國四年（1915）掃葉山房石印本　七册　缺一卷（六）

330000－1705－0016192　朱 2785　子部/藝術類/書畫之屬/法帖

唐鄭虔艸書大人賦真蹟一卷　（唐）鄭虔書　民國十一年（1922）無錫理工製版所影印本　一册

330000－1705－0016195　朱 2781、朱 2780、朱 2778　類叢部/叢書類/彙編之屬

廣倉學宭叢書（學術叢編）甲類四十九種乙類十五種　姬佛陀編　民國五年至七年（1916－1918）上海倉聖明智大學鉛印本暨石印本　十册　存七種

330000－1705－0016209　朱 2972　子部/藝術類/書畫之屬/總論

盛京故宫書畫記一卷　金梁撰　民國二年（1913）大公報館鉛印本　馬錫靈題記　一册

330000－1705－0016223　朱 3186　史部/紀傳類/正史之屬

影宋百衲本史記一百三十卷　（漢）司馬遷撰（南朝宋）裴駰集解　民國上海商務印書館據湮陽陶氏藏宋百衲本影印本　二十四册

330000－1705－0016230　朱 2779　史部/金石類/石之屬/文字

初拓裴岑紀功刻石一卷　秦絅孫藏　民國十二年（1923）上海藝苑真賞社影印本　一册

330000－1705－0016232　朱 3150　史部/傳記類/别傳之屬/事狀

丁松生先生百年紀念集不分卷　浙江省立圖書館編　民國二十一年（1932）浙江圖書館鉛印本　朱鼎煦題記　一册

330000－1705－0016259　朱 3156　類叢部/叢書類/彙編之屬

涵芬樓祕笈五十一種　孫毓修等輯　民國五年至十五年（1916－1926）上海商務印書館影印本暨鉛印本　八册　存三種

330000－1705－0016262　朱 3160　史部/雜史類/通代之屬

甲乙史二卷書目一卷　（清）劉世瑗編　民國據常熟周左季家寫本影印本　一册

330000－1705－0016265　朱 3201　子部/道家類

莊子集釋十卷　（清）郭慶藩輯　民國上海埽葉山房石印本　八册

330000－1705－0016268　朱 2894　子部/雜著類/雜考之屬

鮚埼亭集謝三賓考六卷　柴德賡撰　民國鉛印本　一册

330000－1705－0016273　朱 3281　史部/傳記類/别傳之屬/事狀

水君澄光遺悼録一卷　楊明曾等撰　民國油印本　一册

330000－1705－0016276　朱 3316　類叢部/叢書類/彙編之屬

雲窗叢刻十種十四卷　羅振玉輯　民國三年（1914）上虞羅氏日本京都東山僑舍影印本　十册

330000－1705－0016278　朱 3028　史部/目録類

室名索引不分卷　陳乃乾輯　陶毓英編　民國二十二年（1933）海寧陳乃乾共讀樓鉛印本　一册

330000－1705－0016279　朱 3226　經部/小學類/文字之屬/説文

説文解字十五卷標目一卷　（漢）許慎撰（宋）徐鉉等校定　民國三年（1914）上海商務印書館影印藤花榭刻本　四册

330000－1705－0016280　朱 3222　子部/雜著類/雜説之屬

避暑録話二卷　（宋）葉夢得撰　民國上海中華圖書館石印本　二册

330000－1705－0016283　朱 3203　史部/金石類/玉之屬/通考

古玉圖考不分卷　（清）吳大澂撰　民國上海

同文書局石印本　四册

330000－1705－0016285　朱3349　子部/雜著類/雜説之屬
粟香隨筆八卷二筆八卷三筆八卷四筆八卷五筆八卷　金武祥撰　民國上海埽葉山房石印本　十六册

330000－1705－0016287　朱3015　子部/藝術類/書畫之屬/法帖
吴清卿書説文解字建首一卷　(清)吴大澂書　民國九年(1920)上海商務印書館石印本　一册

330000－1705－0016295　朱3348　子部/術數類/占卜之屬
未來預知術一卷　題(三國蜀)諸葛亮撰　題(宋)邵雍演　民國九年(1920)上海國粹保存會石印本　一册

330000－1705－0016298　朱3315　子部/小説家類
顧氏文房小説四十種五十八卷　(明)顧元慶輯　民國十四年(1925)上海商務印書館據明刻本影印本　十册

330000－1705－0016300　朱2892　史部/金石類/總志之屬
清儀閣所藏古器物文十卷　(清)張廷濟輯　民國十四年(1925)上海商務印書館影印本　一册　存一卷(一)

330000－1705－0016316　朱9139、朱9151　類叢部/叢書類/彙編之屬
桐城吴先生羣書點勘　(清)吴汝綸撰　民國蓮池書社鉛印本　二册　存五種

330000－1705－0016317　朱3670　史部/雜史類/斷代之屬
賊情彙纂十二卷　(清)張德堅等纂　民國二十一年(1932)南京國學圖書館影印本　六册

330000－1705－0016319　朱3670－1　史部/雜史類/斷代之屬
賊情彙纂十二卷　(清)張德堅等纂　民國二十一年(1932)南京國學圖書館影印本　六册

330000－1705－0016320　朱5203　集部/别集類
詩稿待删□□卷　虞和欽撰　民國八年(1919)蒔薰精舍鉛印本　一册　存五卷(一至五)

330000－1705－0016322　朱3559　史部/紀傳類/正史之屬
史記一百三十卷　(漢)司馬遷撰　(清)吴汝綸點勘　**桐城吴先生史記初校本點識一卷**　(清)吴汝綸撰　吴闓生輯　**桐城吴先生彙録各家史記評語一卷**　(清)吴汝綸輯　民國四年(1915)都門書局鉛印本　十二册

330000－1705－0016325　朱3433　子部/藝術類/書畫之屬/法帖
翁覃溪手札不分卷　(清)翁方綱撰　民國上海有正書局影印本　一册

330000－1705－0016339　朱3656、朱7961、朱2845、朱3399、朱3403、朱3578　類叢部/叢書類/郡邑之屬
吴興叢書六十六種　劉承幹編　民國吴興劉氏嘉業堂刻本　四十册　存六種

330000－1705－0016343　朱3487　子部/藝術類/書畫之屬
石室祕寶二卷　存古學會編　民國有正書局影印本　二册

330000－1705－0016346　朱3427、朱9261　史部/紀傳類/正史之屬
史記一百三十卷　(漢)司馬遷撰　(清)吴汝綸點勘　**桐城吴先生史記初校本點識一卷**　(清)吴汝綸撰　吴闓生輯　**桐城吴先生彙録各家史記評語一卷**　(清)吴汝綸輯　民國三年(1914)南宫邢氏刻本　二十册

330000－1705－0016347　朱3486　子部/藝術類/書畫之屬/法帖
宋搨淳化閣帖不分卷　民國九年(1920)上海文明書局影印本　二册

330000－1705－0016351　朱3609　子部/藝術類/遊藝之屬/雜藝

七巧書譜二卷　(清)嚴恆撰　嚴信厚輯　民國六年(1917)石印本　二冊

330000－1705－0016353　朱3485　經部/群經總義類/石經之屬
三體石經未裂本一卷　民國十三年(1924)上海文明書局影印本暨鉛印本　一冊

330000－1705－0016354　朱7571　類叢部/類書類
小佩文韻府六卷　趙畏三撰　民國十二年(1923)碧梧山莊石印本　六冊

330000－1705－0016360　朱3533　史部/目録類/專録之屬
參加倫敦中國藝術國際展覽會出品目錄四卷　倫敦中國藝術國際展覽會籌備委員會編　民國二十四年(1935)鉛印本　一冊

330000－1705－0016365　朱3553　子部/工藝類/日用器物之屬/器具
禮書通故名物圖不分卷　稿本　二冊

330000－1705－0016368　朱2930、朱5499、朱5498、朱5500、朱7065、朱8251、朱8252、朱8253、朱8254、朱8256　類叢部/叢書類/彙編之屬
宋人小説二十八種　涵芬樓編　民國上海商務印書館鉛印本　十六冊　存十九種

330000－1705－0016382　朱3631　類叢部/叢書類/彙編之屬
古書叢刊十六種　陳琰輯　民國十一年(1922)古書流通處影印本　二十冊　存第二輯八種

330000－1705－0016386　朱3224　類叢部/叢書類/彙編之屬
古今文藝叢書十集　何藻編　民國二年至四年(1913－1915)上海廣益書局鉛印本　一冊　存四種

330000－1705－0016391　朱3672　經部/小學類/文字之屬/説文/專著
説文古籀三補十四卷坿錄一卷　強運開輯　民國二十四年(1935)上海商務印書館石印本　二冊

330000－1705－0016398　朱3879　子部/藝術類/書畫之屬/畫譜
千秋絶豔圖二卷　懺綺生輯　民國影印本　二冊

330000－1705－0016399　朱3671　經部/小學類/文字之屬/字書/字體
古籀彙編十四卷檢字一卷　徐文鏡編　民國二十四年(1935)上海商務印書館石印本　十四冊

330000－1705－0016403　朱3673　經部/春秋總義類/文字音義之屬
春秋小學八卷　(清)莊有可撰　民國二十四年(1935)上海商務印書館影印本　四冊

330000－1705－0016405　朱4030　經部/群經總義類/授受源流之屬
經學歷史一卷　(清)皮錫瑞撰　民國十三年(1924)涵芬樓影印本　一冊

330000－1705－0016407　朱4241　子部/道家類
老解老三卷　蔡廷幹編　民國十一年(1922)鉛印本　一冊

330000－1705－0016408　朱3597　子部/雜家類
公孫龍子注一卷校勘記一卷篇目攷一卷附錄一卷　(清)陳灃撰　民國十四年(1925)番禺汪氏微尚齋刻本　朱鼎煦題記　一冊

330000－1705－0016421　朱4058　史部/傳記類/總傳之屬/斷代
明遺民錄四十八卷　孫靜菴撰　民國元年(1912)上海新中華圖書館鉛印本　十二冊

330000－1705－0016427　朱3865、朱10007　史部/金石類
藝術叢編十七種　姬佛陀編　民國五年至九年(1916－1920)上海倉聖明智大學影印本　十四冊　存九種

330000－1705－0016428　朱3866　史部/金

石類/總志之屬/圖像

草隸存六卷　鄒安　姬覺彌輯　民國十年(1921)上海廣倉學宭影印本　二冊

330000 - 1705 - 0016440　朱 0075　類叢部/叢書類/彙編之屬

遯盦叢編甲集四種乙集七種　吳隱編　民國二年至五年(1913 - 1916)西泠印社木活字印本　一冊　存一種

330000 - 1705 - 0016442　朱 4138　類叢部/叢書類/自著之屬

永豐鄉人雜著八種續編六種附一種　羅振玉撰　民國十一年(1922)刻本　一冊　存一種

330000 - 1705 - 0016454　朱 4303　子部/小說家類

筆記小說大觀二百二十二種　進步書局輯　民國上海進步書局石印本　一冊　存一種

330000 - 1705 - 0016458　朱 4325　子部/術數類/相宅相墓之屬

地理學新義二卷附錄一卷　俞仁宇編輯　民國二十四年(1935)餘姚普文明書局鉛印本　朱鼎煦題記　一冊

330000 - 1705 - 0016476　朱 4093　新學/雜著/叢編

眉語第一卷第十一號　民國鉛印本　一冊

330000 - 1705 - 0016477　朱 3177　子部/藝術類/書畫之屬/總論

式古堂書畫彙考六十卷目錄四卷首二卷　(清)卞永譽纂輯　民國十年(1921)鑑古書社影印本　六十四冊

330000 - 1705 - 0016479　朱 5769　子部/藝術類/書畫之屬/畫録

小萬柳堂王惲畫目不分卷　吳芝瑛編　民國帆影樓影印本　一冊

330000 - 1705 - 0016480　朱 8288　經部/小學類/文字之屬/字書/通論

字義類例不分卷　陳獨秀撰　民國十四年(1925)上海亞東圖書館石印本　一冊

330000 - 1705 - 0016481　朱 4216　類叢部/叢書類/彙編之屬

藜照廬叢書十五種　林集虛編　民國二十四年(1935)木活字印本　六冊

330000 - 1705 - 0016482　朱 4311　新學/理學/文學

文學講義一卷　民國油印本　二冊

330000 - 1705 - 0016483　朱 3988　經部/小學類/文字之屬/字書/通論

字義類例不分卷　陳獨秀撰　民國十四年(1925)上海亞東圖書館石印本　一冊

330000 - 1705 - 0016484　朱 4339　類叢部/叢書類/自著之屬

樊諫議集七家注六種　(唐)樊宗師撰　樊鎮輯　民國十三年(1924)紹興樊氏緜絳書屋刻本　一冊　存一種

330000 - 1705 - 0016495　朱 4345　史部/傳記類/日記之屬

越縵堂日記補不分卷(清咸豐四年三月十四日至同治二年三月三十日)　(清)李慈銘撰　民國二十五年(1936)上海商務印書館影印本　十三冊

330000 - 1705 - 0016516　朱 5015　子部/藝術類/書畫之屬/畫録

虛齋名畫續録四卷補遺一卷　龐元濟撰　民國十三年(1924)吳興龐氏刻十四年(1925)補刻本　四冊

330000 - 1705 - 0016520　朱 4636　子部/藝術類/書畫之屬

書林藻鑑十二卷　馬宗霍輯　民國二十四年(1935)上海商務印書館鉛印本　四冊

330000 - 1705 - 0016522　朱 4639　經部/詩類/傳說之屬

毛詩不分卷　(漢)毛亨傳　民國上海商務印書館鉛印本　一冊

330000 - 1705 - 0016525　朱 4517　史部/雜史類

掌故叢編十輯　故宮博物院文獻館編　民國

十七年至十八年(1928－1929)鉛印本　八冊　存八輯(一至八)

330000－1705－0016534　朱4287　子部/小說家類/雜事之屬
隨園軼事六卷附錄一卷　(清)蔣敦復撰　民國元年(1912)上海國學扶輪社石印本　二冊

330000－1705－0016537　朱4604　經部/春秋左傳類/傳說之屬
春秋左傳讀本三十卷　(清)英和等撰　民國十三年(1924)吳江施肇曾醒園刻十三經讀本　十冊

330000－1705－0016542　朱3858　類叢部/叢書類/彙編之屬
江氏聚珍版叢書四集二十八種　江杏溪輯　民國十三年(1924)蘇州文學山房木活字印本　四冊

330000－1705－0016550　朱4389　類叢部/叢書類/郡邑之屬
六經堂遺事一卷附錄一卷　張壽鏞編　民國張氏約園刻四明叢書本　朱鼎煦題記　一冊

330000－1705－0016557　朱3990　子部/工藝類/日用器物之屬/陶瓷
飲流齋說瓷十卷　許之衡撰　民國十三年(1924)上海朝記書莊鉛印本　四冊

330000－1705－0016565　朱4583　史部/目錄類/通論之屬/掌故瑣記
書舶庸譚四卷　董康撰　民國十九年(1930)上海大東書局影印本　三冊

330000－1705－0016568　朱4691　史部/傳記類/別傳之屬/事狀
魏文節公[杞]事略一卷　魏頌唐輯　民國二十五年(1936)鉛印本　一冊

330000－1705－0016570　朱4684、朱5475、朱3047、朱3446　類叢部/叢書類/彙編之屬
求恕齋叢書三十一種　劉承幹編　民國吳興劉氏嘉業堂刻本　二十七冊　存三種

330000－1705－0016572　朱4651　類叢部/叢書類/彙編之屬
曲石叢書二十種　李根源編　民國鉛印本　一冊　存一種

330000－1705－0016578　朱3539　類叢部/叢書類/彙編之屬
桐城吳先生羣書點勘　(清)吳汝綸撰　民國蓮池書社鉛印本　四冊　存八種

330000－1705－0016582　朱3862　子部/法家類
鄧析子二卷　(春秋)鄧析撰　民國十一年(1922)海寧陳乃乾影印本　一冊

330000－1705－0016584　朱4676　類叢部/叢書類/彙編之屬
適園叢書七十四種　張鈞衡編　民國二年至六年(1913－1917)烏程張氏刻本(唐大詔令集卷十四至二十四、八十七至九十八原缺)　一冊　存一種

330000－1705－0016594　朱5448、朱5449、朱5450、朱5451、朱5452、朱5453、朱5454、朱5455　史部/傳記類/日記之屬
越縵堂日記不分卷(清同治二年四月朔至光緒十五年七月初十)　(清)李慈銘撰　民國九年(1920)北京浙江公會影印本　五十一冊

330000－1705－0016596　朱4968　史部/史表類/通代之屬
歷代帝王紀元表一卷　張之銘撰　民國三十三年(1944)張氏實學通藝館鉛印本　一冊

330000－1705－0016616　朱4551　子部/雜著類/雜說之屬
新唯識論一卷　熊十力撰　民國二十一年(1932)上海神州國光社鉛印本　一冊

330000－1705－0016621　朱4385　經部/春秋左傳類/傳說之屬
左傳十二卷附錄一卷　(清)吳汝綸評點　民國都門印書局鉛印本　八冊

330000－1705－0016631　朱4947　類叢部/叢書類/自著之屬
王靜安先生遺著　王國維撰　民國北平來薰

閣影印本　一册　存一種

330000－1705－0016634　朱5356　子部/雜著類/雜考之屬

煙嶼樓讀書志十六卷筆記八卷　（清）徐時棟撰　民國十七年（1928）鄞縣徐方來蘧學齋鉛印本　三十八册　缺八卷（筆記一至八）

330000－1705－0016650　朱4772　子部/儒家類/儒學之屬/禮教/女範

閨範四卷　（明）吕坤注　（清）程夢暘等校　民國十六年（1927）據明刻本影印本　朱鼎煦題記　四册

330000－1705－0016653　朱4771　經部/叢編

十三經讀本　唐文治輯　民國十三年（1924）吴江施肇曾醒園刻本　八册　存一種

330000－1705－0016655　朱5135　子部/雜著類/雜考之屬

煙嶼樓讀書志十六卷筆記八卷　（清）徐時棟撰　民國十七年（1928）鄞縣徐方來蘧學齋鉛印本　八册

330000－1705－0016660　朱5088　子部/藝術類/書畫之屬/法帖

趙撝叔手札不分卷　（清）趙之謙書　民國上海有正書局影印本　一册　存下册

330000－1705－0016663　朱3902　子部/道家類

南華真經正義不分卷南華真經識餘不分卷　（清）陳壽昌輯　民國上海古書流通處據清光緒刻本影印老莊正義合編本　朱鼎煦批　四册

330000－1705－0016666　朱5135－1　子部/雜著類/雜考之屬

煙嶼樓讀書志十六卷筆記八卷　（清）徐時棟撰　民國十七年（1928）鄞縣徐方來蘧學齋鉛印本　八册

330000－1705－0016667　朱5079　子部/藝術類/書畫之屬/畫法畫品

篛盦畫塵二卷補遺一卷　（清）程庭鷺撰　民國十六年（1927）紫萸香館鉛印本　朱鼎煦題記　一册

330000－1705－0016670　朱5118　類叢部/叢書類

中國學術叢書　民國十四年（1925）上海中國書店影印本　十六册　存一種

330000－1705－0016673　朱5197　史部/地理類/專志之屬/古跡

西泠印社志稿六卷附編一卷　孫志敏　秦康祥編　民國三十六年（1947）油印本　朱鼎煦跋　一册

330000－1705－0016686　朱5200　子部/儒家類/儒學之屬/禮教/家訓

雙節堂庸訓六卷　（清）汪輝祖撰　民國元年（1912）鄂官書處刻本　二册

330000－1705－0016706　朱5394　史部/傳記類/別傳之屬/墓誌

清故淵泉居士[蔡宗沈]墓碣一卷　釋弘一書　民國影印本　一册

330000－1705－0016709　朱7051　子部/雜著類/雜考之屬

煙嶼樓讀書志十六卷筆記八卷　（清）徐時棟撰　民國十七年（1928）鄞縣徐方來蘧學齋鉛印本　六册　缺八卷（筆記一至八）

330000－1705－0016712　朱8287　經部/小學類/音韻之屬/韻書

廣韻五卷　（宋）陳彭年等修　**宋本廣韻校札一卷**　（清）黎庶昌撰　民國上海涵芬樓影印本　五册

330000－1705－0016733　朱5477、朱5477－1　子部/雜著類/雜説之屬

捫燭脞存十二卷首一卷　（清）陳僅撰　民國三年（1914）鄞縣陳氏繼雅堂木活字印本　十二册

330000－1705－0016764　朱5446、朱5447　集部/總集類/尺牘之屬

道咸同光名人手札第一集四卷第二集四卷　商務印書館輯　民國十三年（1924）上海商務

印書館影印本　八册

330000－1705－0016777　朱5306　史部/傳記類/總傳之屬/技藝

箬溪藝人徵畧四卷附錄一卷　王修輯　民國長興王氏刻本　一册　存一卷(三)

330000－1705－0016784　朱5335　子部/藝術類/書畫之屬/畫譜

新羅山人百獸圖一卷　(清)華嵒繪　民國十八年(1929)上海神州國光社影印本　一册

330000－1705－0016785　朱5336　子部/藝術類/書畫之屬/畫譜

金瓶梅全圖十集　曹涵美繪　民國三十一年(1942)國民新聞圖書印刷公司鉛印本　一册　存一集(二)

330000－1705－0016797　朱5204　子部/藝術類/音樂之屬

蒔薰精舍叢著　虞和欽撰　民國十九年(1930)蒔薰精舍鉛印本　一册　存二種

330000－1705－0016799　朱5588　子部/藝術類/書畫之屬/畫法畫品

畫梅辯難初編四卷二編四卷三編四卷　傅崇黻撰　傅煥等記述　民國三年(1914)興業印書局、四年(1915)武林印書館、八年(1919)武林印書館鉛印本　三册

330000－1705－0016812　朱5338　子部/藝術類/書畫之屬/畫譜

中國名畫外集　民國上海有正書局影印本　一册

330000－1705－0016818　朱5719　子部/雜著類/雜說之屬

嬰寧什箸　陳訓正撰　民國十八年(1929)鉛印本　一册　存一種

330000－1705－0016819　朱6060　類叢部/叢書類/彙編之屬

文獻叢書　國立北平故宮博物院輯　民國國立北平故宮博物院鉛印本　一册　存一種

330000－1705－0016821　朱5601　史部/史表類/通代之屬

古驩室張氏紀年叢刊　張之銘撰　民國實學通藝館鉛印本　張之銘題記　朱鼎煦跋　一册　存一種

330000－1705－0016822　朱5691　史部/傳記類/別傳之屬/事狀

魏文節公[杞]事略一卷　魏頌唐輯　民國二十五年(1936)鉛印本　朱鼎煦題記　一册

330000－1705－0016824　朱5732　經部/小學類/音韻之屬/古今韻說

音韻學通論八卷　馬宗霍撰　民國二十六年(1937)上海商務印書館鉛印本　一册　存四卷(五至八)

330000－1705－0016830　朱7320　史部/傳記類/別傳之屬/事狀

張公約園[壽鏞]逝世周年紀念册不分卷　民國三十五年(1946)鉛印本　一册

330000－1705－0016837　朱5745　史部/雜史類/斷代之屬

四朝佚聞二卷　金梁撰　民國二十五年(1936)復東印刷局鉛印本　一册

330000－1705－0016853　朱5266　子部/農家農學類/總論之屬

農書二十二卷　(元)王禎撰　民國石印本　二册

330000－1705－0016858　朱5526　子部/雜著類/雜說之屬

讀莊窮年録二卷　秦毓鎏撰　民國六年(1917)鉛印本　朱鼎煦記　一册

330000－1705－0016863　朱5268　經部/小學類/訓詁之屬/字詁

文始九卷　章炳麟撰　民國二年(1913)浙江圖書館據章炳麟手寫稿本影印本　一册

330000－1705－0016883　朱5269　新學/理學/文學

文章學綱要四卷　顧實講述　民國鉛印本　一册

330000－1705－0016886　朱 7551　經部/小學類/音韻之屬/韻書
唐寫本切韻殘卷三卷　(隋)陸法言撰　民國十年(1921)影印本　一冊

330000－1705－0016888　朱 5221　子部/藝術類/遊藝之屬/詩鐘
飯後社叢刻詩鐘之一一卷　阿亮撰　民國六年(1917)浙江印刷公司鉛印本　一冊

330000－1705－0016898　朱 5217　經部/小學類/文字之屬/字書/字典
龍龕手鑑四卷　(遼)釋行均撰　民國影印本　三冊　存三卷(一至三)

330000－1705－0016904　朱 6629　類叢部/叢書類/彙編之屬
古書叢刊十六種　陳琰輯　民國十一年(1922)古書流通處影印本　二十冊　存第一輯八種

330000－1705－0016916　朱 7599　新學/報章
華西學報第六、七期合刊本　華西聯合大學中國文學系主編　民國三十年(1941)西南印書局鉛印本　一冊

330000－1705－0016920　朱 7600　子部/藝術類/書畫之屬/法帖
文待詔楷書中峯國師梅花百詠不分卷　(明)文徵明書　民國影印本　一冊

330000－1705－0016924　朱 6539　史部/傳記類/日記之屬
秦輶日記一卷　(清)潘祖蔭撰　民國三年(1914)西泠印社木活字印本　二冊

330000－1705－0016955　朱 6468、朱 7729、朱 5102　類叢部/叢書類/彙編之屬
求恕齋叢書三十一種　劉承幹編　民國吳興劉氏嘉業堂刻本　五冊　存三種

330000－1705－0016956　朱 6329　史部/傳記類/別傳之屬/事狀
魏文節公[杞]事略一卷　魏頌唐輯　民國二十五年(1936)鉛印本　一冊

330000－1705－0016958　朱 6430　類叢部/叢書類/郡邑之屬
虞陽說苑甲編二十種乙編十二種　丁祖蔭輯　民國六年(1917)、二十一年(1932)虞山丁氏初園鉛印本　六冊　存甲編十七種

330000－1705－0016975　朱 5271　子部/藝術類/書畫之屬/法帖
草字彙十二卷附補　(清)石梁輯　民國六年(1917)涵芬樓影印本　六冊

330000－1705－0016977　朱 6667　子部/儒家類/儒學之屬/性理
太極圖說一卷　(宋)周敦頤撰　(宋)朱熹注　民國刻本　一冊

330000－1705－0016979　朱 6817　集部/小說類/長篇之屬
增補齊省堂全圖儒林外史六卷六十回　(清)吳敬梓撰　民國十六年(1927)上海受谷書店石印本　六冊

330000－1705－0016982　朱 6821　集部/別集類/清別集
鄭板橋全集七卷　(清)鄭燮撰　民國十五年(1926)上海埽葉山房石印本　四冊

330000－1705－0016998　朱 6782　子部/藝術類/書畫之屬/法帖
海日樓遺墨一卷　沈曾植書　民國石印本　一冊

330000－1705－0017000　朱 6770　子部/藝術類/書畫之屬/法帖
六朝人書左氏傳一卷　民國上海有正書局石印本　一冊

330000－1705－0017001　朱 6631　類叢部/叢書類/家集之屬
諸暨馮氏叢刻五種四十四卷　馮振音編　民國六年(1917)鉛印本　十冊

330000－1705－0017012　朱 6949　史部/傳記類/日記之屬
越縵堂詹詹錄二卷　(清)李慈銘撰　李文糺輯　民國二十二年(1933)李文糺鉛印本

二冊

330000－1705－0017013　朱6645　集部/詩文評類/文評之屬
文學研究法四卷　姚永樸撰　民國三年(1914)京師京華印刷局鉛印本　一冊

330000－1705－0017015　朱6822　集部/總集類/選集之屬/通代
歷代詩文評註讀本　王文濡編　民國上海文明書局鉛印本　四冊　存一種

330000－1705－0017016　朱6803　子部/雜著類/雜纂之屬
平等閣筆記六卷　狄葆賢撰　民國上海有正書局鉛印本　四冊　存四卷(一至四)

330000－1705－0017022　朱6804　史部/地理類/雜志之屬
三吳舊語一卷　(清)顧苓撰　民國五年(1916)神州國光社影印本　一冊

330000－1705－0017051　朱7073　子部/雜著類/雜說之屬
嬰寧什箸　陳訓正撰　民國十八年(1929)鉛印本　一冊　存一種

330000－1705－0017065　朱6969、朱6968　類叢部/叢書類/彙編之屬
宋人小說二十八種　涵芬樓編　民國上海商務印書館鉛印本　二冊　存二種

330000－1705－0017073　朱7234、朱7122、朱3196、朱9137　類叢部/叢書類/彙編之屬
古學彙刊第一集三十四種第二集二十七種　鄧實等編　民國元年至三年(1912－1914)上海國粹學報社鉛印本　朱鼎煦跋　四冊　存第一集七種

330000－1705－0017074　朱7066、朱8255、朱2181　類叢部/叢書類/彙編之屬
宋人小說二十八種　涵芬樓編　民國上海商務印書館鉛印本　六冊　存三種

330000－1705－0017089　朱6998　史部/編年類/斷代之屬
元史弼違二卷　(明)周復俊撰　民國二十五年(1936)崑山趙氏對樹書屋刻對樹書屋叢刻本　朱鼎煦題記　一冊

330000－1705－0017096　朱7260　史部/傳記類/總傳之屬/斷代
明遺民錄四十八卷　孫靜菴撰　民國元年(1912)上海新中華圖書館鉛印本　六冊

330000－1705－0017097　朱7368　子部/雜著類/雜纂之屬
玉照新志五卷　(宋)王明清撰　民國八年(1919)上海商務印書館鉛印本　一冊

330000－1705－0017098　朱6777　子部/藝術類/書畫之屬/書法書品
漢晉書影一卷　羅振玉輯　民國影印本　一冊

330000－1705－0017105　朱6776　類叢部/叢書類/彙編之屬
鳴沙石室佚書(鳴沙石室古佚書)初編十九種　羅振玉編　民國二年(1913)上虞羅氏據唐寫本影印本　一冊　存一種

330000－1705－0017110　朱6772　史部/金石類/金之屬
周金文存六卷補遺六卷　鄒安輯　民國十年(1921)上海廣倉學窘影印本　一冊　存四卷(周金文存四、補遺一至三)

330000－1705－0017113　朱6955　史部/傳記類/別傳之屬/事狀
改建定海縣成仁祠徵文啟不分卷　錢廷爵等啟　民國鉛印本　一冊

330000－1705－0017115　朱7725　史部/傳記類/總傳之屬/郡邑
於越有明一代三不朽圖贊一卷　(清)張岱撰　民國七年(1918)紹興印刷局鉛印本　朱鼎煦校　一冊

330000－1705－0017133　朱7810　子部/雜著類/雜說之屬
無錫國學專修館講演集初編不分卷　無錫國學專修館編　民國十二年(1923)無錫國學專

修館鉛印本　二冊

330000－1705－0017136　朱 6606　史部/傳記類/總傳之屬/郡邑

溫州藏書家考不分卷　孫延釗撰　民國鉛印本　朱鼎煦題記　一冊

330000－1705－0017138　朱 7577　史部/史抄類

三國志捃華二卷　莊適輯　民國七年(1918)上海商務印書館鉛印本　吳澤題記　一冊

330000－1705－0017149　朱 7570　史部/傳記類/總傳之屬/列女

清代閨閣詩人徵略十卷補遺一卷　施淑儀撰　民國十一年(1922)崇明女子師範講習所鉛印本　四冊

330000－1705－0017150　朱 7404　史部/史抄類

史漢選一卷　民國油印本　朱鼎煦批並跋　一冊

330000－1705－0017151　朱 7567　集部/詩文評類/文評之屬

文學研究法四卷　姚永樸撰　民國三年(1914)京師京華印刷局鉛印本　一冊

330000－1705－0017155　朱 7403　集部/小說類/短篇之屬

哀情小說情天決死者一卷　(清)邵逸軒　(清)楊士猷畫　民國三年(1914)石印本　一冊

330000－1705－0017164　朱 7222　史部/傳記類/別傳之屬/墓誌

太傅大學士毅勇侯曾文正公[國藩]神道碑不分卷　民國石印本　一冊

330000－1705－0017165　朱 7817　子部/小說家類/雜事之屬

世說新語六卷首一卷　(南朝宋)劉義慶撰　(南朝梁)劉孝標注　民國元年(1912)鄂官書處刻本　四冊

330000－1705－0017168　朱 6729　史部/雜史類

松漠記聞二卷　(宋)洪皓撰　民國影抄本　一冊

330000－1705－0017169　朱 7382　集部/別集類

太炎文錄續編七卷　章炳麟撰　民國二十七年(1938)章氏國講會鉛印章氏叢書本　朱鼎煦批並跋　三冊　存五卷(一至五)

330000－1705－0017175　朱 7847　史部/傳記類/總傳之屬/技藝

海上墨林四卷　楊逸編輯　民國八年(1919)上海豫園書畫善會刻本　二冊

330000－1705－0017180　朱 6947　子部/藝術類/書畫之屬/法帖

篆文四書四種七卷　民國上海求古齋石印本　二冊　存二卷(孟子上、論語下)

330000－1705－0017189　朱 7385　史部/傳記類/別傳之屬/事狀

伯嫂洪孺人[臨諦]家傳一卷　馮貞胥撰　民國三十年(1941)石印本　朱鼎煦題記　一冊

330000－1705－0017205　朱 7561　子部/雜家類

讀呂氏春秋記一卷　馬敘倫撰　民國二十年(1931)上海商務印書館鉛印本　一冊

330000－1705－0017207　朱 6934　子部/宗教類/佛教之屬

觀世音菩薩本迹感應頌四卷首一卷　許止淨述　**金剛經功德頌一卷**　許止淨述　劉契淨注　民國十五年(1926)上海中華書局鉛印本　二冊

330000－1705－0017215　朱 8023　子部/藝術類/書畫之屬/總論

墨緣彙觀四卷　(清)安岐撰　民國有正書局鉛印本　四冊

330000－1705－0017249　朱 7689、朱 5379、朱 9731　類叢部/叢書類/自著之屬

費氏全集四種附二種　(清)費伯雄撰　民國二年(1913)孟河費氏耕心堂鉛印本　四冊

存三種

330000－1705－0017262　朱8177　史部/傳記類/別傳之屬/事狀
奉化王菉軒先生[序賓]榮哀錄一卷　王洪澤編　民國二十年(1931)鉛印本　一冊

330000－1705－0017288　朱7895　史部/雜史類/斷代之屬
居仁日覽不分卷　阮忠樞等編　民國四年(1915)石印本　二冊

330000－1705－0017293　朱7454　經部/小學類/文字之屬/說文
說文解字羣經正字二十八卷　(清)邵瑛撰　民國六年(1917)邵啟賢影印本　八冊

330000－1705－0017304　朱7562　史部/史評類/考訂之屬
讀兩漢書記一卷　馬敘倫撰　民國十九年(1930)上海商務印書館鉛印本　一冊

330000－1705－0017327　朱9491　史部/傳記類/總傳之屬/斷代
清史列傳八十卷　中華書局編　民國十七年(1928)上海中華書局鉛印本　六十二冊　存六十二卷(一至三十六、三十八至四十八、五十至五十六、六十五至七十二)

330000－1705－0017333　朱8142　史部/傳記類/別傳之屬/年譜
萬年少先生[壽祺]年譜一卷附錄一卷隰西草堂集拾遺一卷續拾一卷年譜補正一卷　羅振玉輯　民國八年(1919)上虞羅氏鉛印本　一冊

330000－1705－0017344　朱8221　史部/傳記類/日記之屬
越縵堂詹詹錄二卷　(清)李慈銘撰　李文糺輯　民國二十二年(1933)李文糺鉛印本　臥雲老人批跋　朱鼎煦題記　二冊

330000－1705－0017356　朱8393　子部/雜著類/雜說之屬
桐城吳先生日記十六卷　(清)吳汝綸撰　吳闓生編　民國十七年(1928)蓮池書社刻本　五冊　存九卷(八至十六)

330000－1705－0017384　朱8416　史部/史評類/史論之屬
讀通鑑論十六卷附宋論十五卷　(清)王夫之撰　民國上海商務印書館鉛印本　十冊

330000－1705－0017392　朱8293　史部/傳記類/總傳之屬/郡邑
滇南碑傳集三十二卷首一卷末一卷　方樹梅輯　民國二十九年(1940)上海開明書店鉛印本　六冊

330000－1705－0017397　朱8456　史部/地理類/專志之屬/祠墓
建修萬季野先生祠墓捐冊一卷　建修萬季野先生祠墓事務所輯　民國二十五年(1936)寧波鈞和公司鉛印本　一冊

330000－1705－0017408　朱8107　子部/雜著類/雜說之屬
改正湘山野錄三卷續一卷　(宋)釋文瑩撰　民國六年(1917)上海有正書局鉛印本　一冊

330000－1705－0017425　朱9009　子部/雜著類/雜考之屬
籀廎述林十卷　(清)孫詒讓撰　民國五年(1916)刻本　四冊

330000－1705－0017436　朱8540　子部/小說家類/異聞之屬
酉陽雜俎二十卷續集十卷　(唐)段成式撰　民國元年(1912)鄂官書處刻本　四冊　缺十卷(續集一至十)

330000－1705－0017440　朱3558、朱3541　類叢部/叢書類/彙編之屬
桐城吳先生羣書點勘　(清)吳汝綸撰　民國蓮池書社鉛印本　十二冊　存十九種

330000－1705－0017449　朱9082　子部/儒家類/儒學之屬/性理
王陽明先生傳習錄集評四卷　(清)孫奇逢等參評　(清)陶潯霍　梁啓超續評　孫鏘輯校　民國三年(1914)上海新學會社鉛印本　二冊

330000－1705－0017460　朱 8502　子部/儒家類/儒學之屬/禮教/家訓

明袁了凡四訓一卷附録俞淨意公遇竈神記一卷　(明)袁黄撰　民國十一年(1922)上海佛學推行社鉛印本　一册

330000－1705－0017469　朱 8503　經部/孝經類/傳説之屬

孝經一卷附二十四孝圖説一卷　(唐)玄宗李隆基注　王震繪　民國上海大成書社石印本　一册

330000－1705－0017477　朱 9081　子部/小説家類/異聞之屬

稽神録六卷拾遺一卷補遺一卷　(宋)徐鉉撰　民國八年(1919)涵芬樓鉛印宋人小説本　朱鼎煦題記　一册

330000－1705－0017478　朱 9229　類叢部/叢書類/彙編之屬

國立北京大學研究所國學門叢書　民國北京大學研究所鉛印本暨影印本　一册

330000－1705－0017483　朱 9253　類叢部/叢書類/自著之屬

章氏叢書續編七種　章炳麟撰　民國二十二年(1933)北平刻本　四册

330000－1705－0017520　朱 7183　新學/工藝/雜工

二九年式改良爐灶圖説一卷　許蟠雲　唐德風撰　民國鉛印本　一册

330000－1705－0017552　朱 6892　子部/藝術類/篆刻之屬/印論

續三十五舉一卷　(清)黄子高撰　民國九年(1920)上海商務印書館石印本　一册

330000－1705－0017571　朱 9856　類叢部/叢書類/彙編之屬

廣倉學窘叢書(學術叢編)甲類四十九種乙類十五種　姬佛陀編　民國五年至七年(1916－1918)上海倉聖明智大學鉛印本暨石印本　三十一册　存四十七種

330000－1705－0017574　朱 9311　類叢部/叢書類/彙編之屬

國立中央研究院歷史語言研究所專刊　國立中央研究院歷史語言研究所輯　民國鉛印本、石印本暨刻本　二册　存一種

330000－1705－0017608　朱 9361　史部/傳記類/總傳之屬/技藝

歷代畫史彙傳七十二卷首一卷附録二卷　(清)彭藴璨編　民國十一年(1922)上海錦章圖書局石印本　六册

330000－1705－0017610　朱 9362　史部/傳記類/總傳之屬/郡邑

滇南碑傳集三十二卷首一卷末一卷　方樹梅輯　民國二十九年(1940)上海開明書店鉛印本　六册

330000－1705－0017642　朱 9536　史部/目録類/專録之屬

參加倫敦中國藝術國際展覽會出品目録四卷　倫敦中國藝術國際展覽會籌備委員會編　民國二十四年(1935)鉛印本　三册　存三卷(二至四)

330000－1705－0017664　朱 10054、朱 3711、朱 3735、朱 4028、朱 3899　類叢部/叢書類/彙編之屬

四部叢刊　張元濟等編　民國上海商務印書館影印本　三百八册　存七十八種

330000－1705－0017667　朱 10052　類叢部/叢書類/彙編之屬

四部叢刊續編七十七種　張元濟等編　民國二十三年(1934)上海商務印書館影印本(儀禮疏卷三十二至三十七、周易要義卷三至六、禮記要義卷一至二、麟臺故事卷四至五原缺)　五百十一册

330000－1705－0017669　朱 3078　史部/雜史類/斷代之屬

滿清稗史十六種附二種　陸保璿輯　民國二年(1913)新中國圖書局鉛印本　十八册

330000－1705－0017675　朱 9474　史部/傳記類/日記之屬

越縵堂日記不分卷(清同治二年四月朔至光緒十五年七月初十) (清)李慈銘撰　民國影印本　九冊　存荀學齋日記甲集至丁集、戊集下

330000－1705－0017684　朱 9838　史部/金石類/金之屬
寧壽鑑古十六卷　民國二年(1913)上海商務印書館據寧壽宮寫本影印本　十四冊　存十一卷(一至二、四至九、十一至十三)

330000－1705－0017692　朱 9395　子部/藝術類/書畫之屬/畫譜
任伯年畫集不分卷　(清)任頤繪　胡郯卿藏　民國十二年(1923)東方美術公司影印本　二冊

330000－1705－0017697　朱 9384　子部/工藝類/文房四寶之屬/叢録
蕉窗九錄一卷　(明)項元汴撰　民國三年(1914)西泠印社木活字印本　二冊

330000－1705－0017704　朱 9946　經部/書類/傳說之屬
東萊先生書説十三卷禹貢圖説一卷　(宋)呂祖謙撰　民國十七年(1928)中社影印本　一冊　存四卷(一至四)

330000－1705－0017719　朱 9952　經部/四書類/論語之屬/傳說
中華學藝社輯印古書　中華學藝社輯　民國十八年(1929)商務印書館影印本　五冊　存一種

330000－1705－0017740　朱 10053　類叢部/叢書類/彙編之屬
四部叢刊三編七十一種　張元濟等編　民國二十四年至二十五年(1935－1936)上海商務印書館影印本(長興集卷一至十二、三十一、三十三至四十一原缺)　四百九十八冊　缺九卷(罪惟錄二至十)

330000－1705－0017746　朱 5755、朱 7313　類叢部/叢書類/郡邑之屬
四明叢書一百六十七種　張壽鏞編　民國四明張氏約園刻本(安晚堂詩集卷一至五原缺)　五冊　存二種

330000－1705－0017793　朱 9584　類叢部/叢書類/彙編之屬
藜照廬叢書十五種　林集虛編　民國二十四年(1935)木活字印本　三冊　存十種

330000－1705－0017802　朱 10051　類叢部/叢書類/彙編之屬
四部叢刊　張元濟等編　民國上海商務印書館影印本　二千一百二十二冊　存三百二十二種

330000－1705－0017821　朱 9909　經部/叢編
十三經單注　民國元年(1912)鄂官書處刻本　四冊　存一種

330000－1705－0017845　朱 1118　史部/傳記類/雜傳之屬
五國故事二卷　(宋)□□輯　民國朱鼎煦抄本　朱鼎煦題記　一冊

330000－1705－0017853　朱 9601　子部/醫家類/外科之屬/癰疽、疔瘡
重刊刺疔捷法一卷　(清)張鏡撰　民國二十年(1931)石印本　一冊

330000－1705－0017861　朱 9600　史部/政書類/律令之屬/判牘
陳官祀贍地歷案一卷附為祭費及墓木等各項案卷一卷　陳聖佐撰　陳武　陳初校　民國十四年(1925)上海交通印書館鉛印本　一冊

330000－1705－0017868　朱 2442　集部/詩文評類/詩評之屬
石林詩話三卷　(宋)葉夢得撰　民國抄本　一冊

330000－1705－0017870　朱 2299　集部/別集類/明別集
韻竹軒和韻麗絕不分卷　(明)陳民俊原韵　(明)王公弼賦賡　(明)孫大猷增目　民國王馥生抄本　一冊

330000－1705－0017878　朱2409　子部/雜著類/雜說之屬

吝飛館述印不分卷　吳澤記　稿本　一冊

330000－1705－0017889　朱4298　經部/易類/傳說之屬

周易要義十卷　(明)魏了翁撰　民國蕭山朱氏香句室油印本　二冊

330000－1705－0017893　朱0010　史部/地理類/專志之屬/園林

蓬萊閣記不分卷　(明)游璉輯　民國朱鼎煦抄本　朱鼎煦批跋　一冊

330000－1705－0017895　朱4633　子部/工藝類/日用器物之屬/陶瓷

瓷器考一卷　民國二年(1913)朱鼎煦抄本　朱鼎煦題記　一冊

330000－1705－0017896　朱4336、朱4337　子部/雜著類/雜編之屬

過夏雜錄六卷續錄一卷　(清)周廣業撰　民國朱氏別宥齋抄本　八冊

330000－1705－0017898　朱2715　史部/地理類/專志之屬/祠墓

越中先賢祠目次一卷　(清)李慈銘撰　稿本　一冊

330000－1705－0017909　朱0085　子部/雜著類/雜說之屬

筆籌不分卷　民國朱鼎煦抄本　一冊

330000－1705－0017911　朱4750　子部/雜著類/雜說之屬

擊劍聲不分卷　(清)包敞禎撰　民國蕭山朱氏抄本　一冊

330000－1705－0017912　朱4420、朱8908　史部/編年類/斷代之屬

流寇編年始終錄四卷　(清)戴耘野撰　民國蕭山朱氏別宥齋抄本　朱鼎煦跋　二冊

330000－1705－0017918　朱5107　史部/史評類/史論之屬

題記不分卷　朱鼎煦撰　稿本　一冊

330000－1705－0017933　朱1273　子部/雜著類/雜纂之屬

琴詠樓姝聊韻藻一卷　(清)姚景夔輯　民國別宥齋抄本　一冊

330000－1705－0017941　朱3834　子部/雜著類/雜說之屬

越縵堂筆記不分卷　民國家駿抄本　一冊

330000－1705－0017956　朱4916　子部/道家類

老子一卷關尹子一卷列子一卷鶡冠子一卷　民國抄本　一冊

330000－1705－0017959　朱4918、朱4919　子部/藝術類/書畫之屬

法書便面集冊不分卷　方舜年撰　稿本　朱鼎煦批　三冊

330000－1705－0017982　朱6449　子部/工藝類/日用器物之屬/器具

猶賢圖解不分卷　翁壽虞撰　稿本　二冊

330000－1705－0017987　朱6778、朱6779、朱6780　集部/總集類

詩文合鈔　朱鼎煦輯　民國朱氏別宥齋抄本　朱鼎煦批　三冊

330000－1705－0017988　朱9940　經部/小學類/音韻之屬/韻書

初學檢韻袖珍二卷附佩文詩韻一卷　(清)姚文登輯　民國十三年(1924)上海掃葉山房石印本　二冊

330000－1705－0017999　朱6748、朱6750　集部/別集類/清別集

詩誦五卷　(清)陳僅撰　**古文雜錄一卷**　民國抄本　二冊

330000－1705－0018003　朱6745　子部/雜著類/雜說之屬

塵談四錄不分卷　(明)沈儀撰　民國抄本　一冊

330000－1705－0018010　朱1342　子部/醫家類/外科之屬

外科理例七卷　(明)汪機撰　民國朱氏別宥齋抄本　二册

330000－1705－0018012　朱 6231　集部/別集類
通光墨妙不分卷　吳澤撰　稿本　朱鼎煦跋　一冊

330000－1705－0018026　朱 6809　子部/藝術類/書畫之屬
圖繪寶鑑不分卷　民國抄本　三冊

330000－1705－0018027　朱 6082　子部/醫家類/診法之屬/其他診法
廣嗣神驗奇方不分卷　小檀欒室鏡景六卷　徐乃昌輯　民國蕭山朱氏別宥齋抄本　一冊

330000－1705－0018032　朱 7013　史部/地理類/雜志之屬
雲南地震考五卷　童振藻纂　民國抄本　一冊

330000－1705－0018033　朱 6958　子部/雜著類
佳佳室筆記不分卷　稿本　一冊

330000－1705－0018034　朱 9707　經部/易類/傳說之屬
周易本義四卷圖說一卷新增圖說一卷卦歌一卷　(宋)朱熹撰　民國元年(1912)鄂官書處刻本　二冊

330000－1705－0018037　朱 7008　史部/傳記類/科舉録之屬/歷科鄉試録
恩科浙江鄉試全錄不分卷　民國抄本　一冊

330000－1705－0018038　朱 2011　子部/雜著類/雜說之屬
石林燕語十卷　(宋)葉夢得撰　民國朱氏別宥齋抄本　二冊

330000－1705－0018042　朱 9689　類叢部/叢書類/自著之屬
素園叢稿八種　姚永樸撰　民國元年(1912)京務印書局石印本(詩鈔卷一至二、文鈔卷一至二、讀經記卷一至六原缺)　朱鼎煦題記　二冊　存五種

330000－1705－0018044　朱 6985　子部/農家農學類/農藝之屬/土壤耕作
區種五種五卷附錄一卷　(清)趙菊齋輯　**國脈民天一卷**　(清)耿蔭樓輯　民國抄本　一冊

330000－1705－0018048　朱 2009　史部/雜史類/斷代之屬
國事三卷　(元)吳世熙校　民國抄本　二冊

330000－1705－0018051　朱 9715　子部/宗教類/佛教之屬/經疏
觀經疏鈔演義二卷　釋諦閑演義　民國十八年(1929)石印本　一冊

330000－1705－0018052　朱 9721　經部/小學類/文字之屬/字書/古文
六朝別字記一卷　(清)趙之謙撰　民國八年(1919)上海商務印書館影印本　一冊

330000－1705－0018054　朱 6918　子部/醫家類/養生之屬
八段錦不分卷　民國抄本　一冊

330000－1705－0018059　朱 6431　史部/雜史類/斷代之屬
太平天國歷史十二卷　(清)周鋸撰　民國抄本　孟海題記　十二冊

330000－1705－0018063　朱 9944　類叢部/叢書類/自著之屬
章氏叢書續編七種　章炳麟撰　民國二十二年(1933)北平刻本　四冊

330000－1705－0018064　朱 7186　子部/雜著類
莫章集句不分卷　稿本　一冊

330000－1705－0018076　朱 2945　史部/金石類/總志之屬/通考
古器說不分卷　□□輯　民國抄本　一冊

330000－1705－0018080　朱 9941　經部/小學類/文字之屬/說文/傳說
說文解字注十五卷附六書音均表五卷　(清)

段玉裁撰　**說文通檢十四卷首一卷末一卷**（清）黎永椿編　**說文解字注匡謬八卷**（清）徐承慶撰　民國上海錦章書局石印本　八册

330000－1705－0018081　朱3005　史部/政書類/律令之屬/律例
懲治漢奸條例不分卷　民國政府佈告　民國抄本　一册

330000－1705－0018082　朱9716　子部/宗教類/佛教之屬/諸宗
宗鏡捷要四卷附清一禪師事錄一卷　幻影禪師選定　民國十年(1921)北京刻本　二册

330000－1705－0018086　朱7048　子部/醫家類/醫理之屬/藏象骨度
檢骨格一卷　民國抄本　一册

330000－1705－0018095　朱7086　經部/小學類/文字之屬
文字學一卷說文十七卷　徐道政編　民國影印本　一册

330000－1705－0018100　朱6707　史部/史評類/史論之屬
侍坐錄不分卷　馮昭適撰　民國蕭山朱氏別宥齋抄本　一册

330000－1705－0018113　朱3909　子部/工藝類/日用器物之屬/陶瓷
瓷史二卷　黄裔編　民國十六年(1927)刻本　一册

330000－1705－0018117　朱7676　子部/藝術類/遊藝之屬/棋弈
日本第一國手圍棋譜四卷　民國上海有正書局石印本　一册　存二卷(三至四)

330000－1705－0018118　朱4747　子部/工藝類/日用器物之屬/雕刻
竹人錄二卷（清）金元鈺撰　民國二十七年(1938)鄞縣秦康祥睿識閣鉛印本　一册

330000－1705－0018122　朱7631　子部/宗教類/佛教之屬/經
心經顯詮不分卷　陳子彝撰　民國林得奇抄本　周子美批　一册

330000－1705－0018125　朱8033　史部/傳記類/總傳之屬/家乘
[浙江紹興]彭城錢氏大宗譜一卷（清）錢世澄修（清）錢培福纂　**吳越脩史刪一卷**　民國抄本　一册

330000－1705－0018128　朱7654　史部/傳記類/別傳之屬/事狀
徐錫麟傳一卷　民國抄本　一册

330000－1705－0018129　朱3918　子部/工藝類/文房四寶之屬/硯
端溪硯坑考一卷附石隱研談一卷墨餘贅稿一卷（清）計楠輯　民國十三年(1924)秀水金氏梅花草堂鉛印本　葛暘、葛□題記　一册

330000－1705－0018130　朱7657　子部/雜著類
時事備忘不分卷閑居錄不分卷　王和之撰　稿本　朱鼎煦題記　六册

330000－1705－0018136　朱4342　史部/金石類/陶之屬/文字
溫州古甓記不分卷（清）孫詒讓撰　民國鉛印本　朱鼎煦題記　一册

330000－1705－0018143　朱6589　子部/藝術類/書畫之屬/畫譜
梅花喜神譜二卷（宋）宋伯仁編　梅王閣藏　民國十七年(1928)上海中華書局影印本　二册

330000－1705－0018149　朱7825　史部/傳記類/別傳之屬/墓誌
惜抱韻文讀本不分卷　民國抄本　朱鼎煦批並跋　一册

330000－1705－0018153　朱0349　子部/工藝類/日用器物之屬/陶瓷
景德鎮陶錄十卷（清）藍浦撰（清）鄭廷桂補輯　民國上海朝記書莊石印本　四册

330000－1705－0018161　朱7435　集部/詩文評類/詩評之屬

太平天國文苑碎錦不分卷　稿本　一冊

330000－1705－0018162　朱8250　史部/地理類/遊記之屬/紀行
使東日錄一卷　（明）董越撰　民國抄本　一冊

330000－1705－0018168　朱7412、朱6875　史部/金石類/總志之屬/圖像
簠齋吉金錄不分卷　（清）陳介祺藏　鄧實輯　民國七年(1918)風雨樓影印本　六冊

330000－1705－0018173　朱6343　子部/工藝類/日用器物之屬/雕刻
竹人錄二卷　（清）金元鈺撰　民國二十七年(1938)鄞縣秦康祥睿識閣鉛印本　夷居士題記　一冊

330000－1705－0018177　朱4029　子部/工藝類/日用器物之屬/陶瓷
匋雅二卷　陳瀏撰　民國上海朝記書莊石印本　四冊

330000－1705－0018179　朱3912　子部/工藝類/日用器物之屬/雕刻
竹人錄二卷　（清）金元鈺撰　民國二十七年(1938)鄞縣秦康祥睿識閣鉛印本　一冊

330000－1705－0018189　朱6743　史部/金石類/金之屬/圖像
簠齋藏鏡二卷　（清）陳介祺藏　民國十四年(1925)蟫隱廬影印本　二冊

330000－1705－0018195　朱8453　集部/別集類
坦園集錦不分卷　稿本　胡良箴題記　一冊

330000－1705－0018209　朱8454　史部/傳記類/總傳之屬/文苑
詞人姓名錄一卷　（清）杜文瀾原編　王和之增輯　民國抄本　一冊

330000－1705－0018213　朱7761　子部/藝術類/篆刻之屬/印譜
恒春閣泉圖不分卷　恒春閣主人編　民國鈐印本　二冊

330000－1705－0018218　朱8174　新學/史志/諸國史
韋爾斯世界史綱英名索引不分卷　馬瀛撰　稿本　二冊

330000－1705－0018225　朱5764　子部/工藝類/日用器物之屬/陶瓷
古月軒瓷考一卷　楊歗谷撰　民國二十二年(1933)北平雅韻齋鉛印本　一冊

330000－1705－0018227　朱6471　史部/金石類/石之屬/目録
崇雅堂碑錄五卷補四卷　甘鵬雲編　民國二十四年(1935)潛江甘氏息園鉛印本　四冊

330000－1705－0018250　朱8891　集部/別集類
大鶴尺牘一卷　鄭文焯撰　民國別宥齋抄本　一冊

330000－1705－0018251　朱2087　史部/目録類/總録之屬/私撰
申報館書目不分卷　（清）尊聞閣主輯　民國蕭山朱氏別宥齋抄本　一冊

330000－1705－0018252　朱6598　史部/金石類
非儒非俠齋金石叢著十種　顧燮光撰　民國會稽顧氏金佳石好樓石印本暨鉛印本　一冊存一種

330000－1705－0018254　朱2694　史部/目録類/總録之屬/私撰
販書偶記二十卷　孫殿起撰　民國二十五年(1936)冀縣孫殿起借閒居鉛印本　八冊

330000－1705－0018258　朱3256　子部/藝術類/篆刻之屬/印譜
蘖殘金石軒印存不分卷　李彥篆　民國鈐印本　五冊

330000－1705－0018262　朱9568　史部/金石類/石之屬/文字
金石文字辨異補編五卷　楊紹廉撰　民國石印本　文若題記　五冊

330000－1705－0018264　朱 4663　子部/農家農學類/園藝之屬/花卉

新鐫江道宗百花藏譜不分卷　(明)江之源增輯　民國油印本　一册

330000－1705－0018271　朱 2937　史部/金石類/石之屬/通考

校碑隨筆六卷續二卷　方若撰　民國十二年(1923)華璋書局石印本　二册

330000－1705－0018273　朱 2713　史部/目録類/專録之屬

海源閣宋元秘本書目四卷　(清)楊保彝編　民國二十年(1931)山東省立圖書館鉛印本　一册

330000－1705－0018278　朱 0768　史部/目録類/總録之屬/私撰

北平富晉書社新舊書目錄四卷碑帖書畫目錄二卷補遺一卷　王富晉編　民國二十二年(1933)北平富晉書社石印本　二册

330000－1705－0018288　朱 2614　史部/目録類/總録之屬/私撰

清吟閣書目四卷　(清)瞿世瑛撰　民國三年(1914)石印本　一册

330000－1705－0018291　朱 2712　史部/目録類/總録之屬/官修

北平圖書館善本書目四卷補遺一卷　趙萬里撰集　民國二十二年(1933)刻本　馬廉題記　四册

330000－1705－0018292　朱 2689　史部/目録類/總録之屬/私撰

讀有用書齋古籍目錄一卷　(清)韓應陛藏　曹元忠撰　**吴縣曹君直先生所著藏書記一卷**　曹元忠撰　民國石印本　一册

330000－1705－0018293　朱 2716　史部/目録類/總録之屬/私撰

測海樓舊本書目四卷附錄一卷　吴引孫藏　陳乃乾輯　民國二十一年(1932)北平富晉書社鉛印本　二册

330000－1705－0018294　朱 2711　史部/目録類/總録之屬/私撰

八千卷樓書目二十卷　(清)丁丙藏　丁立中編　民國十二年(1923)錢塘丁氏鉛印本　八册　缺四卷(五至八)

330000－1705－0018295　朱 0347　子部/藝術類/篆刻之屬/印譜

金樞山人印存不分卷　(清)徐三庚篆刻　吳隱輯　民國西泠印社鈐拓本　二册

330000－1705－0018298　朱 0762、朱 2518　史部/目録類/總録之屬/私撰

萬卷樓書目不分卷　民國抄本　二册

330000－1705－0018302　朱 2584　史部/目録類/總録之屬/禁燬

禁書總録二卷附錄一卷　陳乃乾校輯　民國二十一年(1932)海寧陳乃乾慎初堂鉛印本　二册

330000－1705－0018311　朱 2705　史部/目録類/書志之屬/提要

滂喜齋藏書記三卷　(清)潘祖蔭藏　葉昌熾撰　**滂喜齋宋元本書目一卷**　陳乃乾輯　民國十三年(1924)海寧陳氏慎初堂鉛印本　二册

330000－1705－0018313　朱 2479　子部/藝術類/篆刻之屬/印譜

吝飛館印留不分卷　吴澤遺製　秦康祥裒集　張咀英　秦康祥　高廷肅審拓　民國三十七年(1948)鈐拓本　朱鼎煦題記　二册

330000－1705－0018315　朱 2701　史部/目録類/通論之屬/掌故瑣記

書林清話十卷　葉德輝撰　民國九年(1920)葉德輝觀古堂刻本　四册

330000－1705－0018317　朱 7526　子部/藝術類/篆刻之屬/印譜

玉鏡館藏印不分卷　民國鈐印本　一册

330000－1705－0018318　朱 3488　子部/藝術類/篆刻之屬/印譜

十鐘山房印舉三十卷　(清)陳介祺藏並輯　民國十一年(1922)上海商務印書館涵芬樓影

印本　十二册

330000－1705－0018319　朱2410　子部/藝術類/篆刻之屬/印譜
别宥齋印集不分卷　朱贊卿集　民國鈐印本　三册

330000－1705－0018321　朱2688　史部/目録類/書志之屬/題跋
文禄堂訪書記五卷　王文進撰　民國三十一年(1942)任邱王文進北京文禄堂書籍鋪鉛印本　五册

330000－1705－0018322　朱5224　子部/藝術類/篆刻之屬/印譜
濳泉印叢　吴隱輯　民國西泠印社鈐印本　四册　存一種

330000－1705－0018332　朱2583　史部/目録類/總録之屬/私撰
詒莊樓書目八卷　王修藏並撰　民國十九年(1930)長興王修鉛印本　四册

330000－1705－0018335　朱2755　史部/目録類/專録之屬
中國地方志綜録不分卷　朱士嘉撰　民國二十六年(1937)上海商務印書館石印本　三册

330000－1705－0018337　朱5145、朱9688　史部/金石類/璽印之屬
歷代古印大觀第二集不分卷　汪厚昌輯　民國六年(1917)有正書局鈐印本　葛暘題記　三册

330000－1705－0018338　朱2692　史部/目録類/總録之屬/彙刻
古書流通處舊書目録一卷　古書流通處編　民國十年(1921)古書流通處石印本　朱鼎煦題記　三册

330000－1705－0018341　朱10000　史部/職官類/官制之屬
淳熙玉堂雜記三卷　(宋)周必大撰　民國抄本　一册

330000－1705－0018345　朱2883　史部/目録類/版本之屬/書影
故宫善本書影初編一卷　故宫博物院圖書館編　民國十八年(1929)故宫博物院圖書館影印本　一册

330000－1705－0018346　朱2900　史部/目録類/總録之屬/官修
浙江省立圖書館善本書目甲編四卷　毛春翔編　民國二十五年(1936)浙江省立圖書館鉛印本　一册

330000－1705－0018347　朱2899－2　史部/目録類/書志之屬/題跋
藏園羣書題記續集六卷　傅增湘撰　民國二十七年(1938)江安傅增湘藏園鉛印本　三册

330000－1705－0018348　朱3133、朱3176　史部/目録類/總録之屬
二徐書目合刻　王存善輯　民國四年(1915)仁和王存善鉛印本　陳訓慈題記　六册　存一種

330000－1705－0018351　朱2928　史部/目録類/總録之屬/私撰
鄞范氏天一閣書目内編十卷　馮貞羣編　民國二十六年至二十九年(1937－1940)寧波重修天一閣委員會鉛印本　五册

330000－1705－0018353　朱2905－2　史部/目録類/專録之屬
國立北平圖書館方志目録不分卷索引不分卷　國立北平圖書館編　民國二十二年(1933)國立北平圖書館鉛印本　四册

330000－1705－0018354　朱7173　史部/金石類/石之屬
夢碧簃石言六卷　顧燮光撰　民國十四年(1925)上海科學儀器館鉛印本　張之銘題記　三册

330000－1705－0018355　朱4302　子部/藝術類/篆刻之屬/印譜
趙悲盦印譜不分卷　方善竟摹　民國手影摹本　一册

330000－1705－0018356　朱2884－1　史部/

目録類/版本之屬/書影

重整内閣大庫殘本書影一卷　故宫博物院文獻館輯　民國二十二年(1933)北平故宫博物院文獻館影印本　一册

330000－1705－0018357　朱2863－1　史部/目録類/總録之屬/官修

北平圖書館善本書目乙編四卷　趙録綽編　民國二十四年(1935)鉛印本　一册

330000－1705－0018358　朱3195　史部/目録類/總録之屬/私撰

揚州吴氏測海樓藏書目錄七卷　吴引孫藏　富晉書社編　民國二十年(1931)北平富晉書社石印本　朱鼎煦題記　四册

330000－1705－0018363　朱2885　史部/目録類/版本之屬/書影

嘉業堂善本書影五卷　劉承幹輯　民國十八年(1929)吴興劉氏嘉業堂影印本　六册

330000－1705－0018365　朱3168　史部/目録類/總録之屬

開明書局書目不分卷　民國開明書局鉛印本　一册

330000－1705－0018368　朱2991　史部/目録類/總録之屬/彙刻

續彙刻書目十卷閏集一卷　羅振玉撰　民國三年(1914)連平范氏雙魚室刻本　十册　缺一卷(閏集)

330000－1705－0018369　朱2863　史部/目録類/總録之屬/官修

北平圖書館善本書目乙編四卷　趙録綽編　民國二十四年(1935)鉛印本　朱鼎煦記　一册

330000－1705－0018370　朱3425－1　史部/目録類/總録之屬/官修

江蘇省立國學圖書館圖書總目四十四卷補編十二卷　江蘇省立國學圖書館編　民國二十二年至二十五年(1933－1936)江蘇省立國學圖書館鉛印本　六册　存十二卷(補編一至十二)

330000－1705－0018374　朱2874　史部/目録類/總録之屬/官修

故宫善本書目三卷　張允亮輯　民國二十三年(1934)北平故宫博物院圖書館鉛印本　一册

330000－1705－0018379　朱3075　類叢部/叢書類/彙編之屬

金陵大學中國文化研究所叢刊　金陵大學中國文化研究所編　民國金陵大學中國文化研究所刻本、鉛印本暨影印本　一册　存一種

330000－1705－0018382　朱2872－1　史部/目録類/總録之屬/官修

内閣大庫書檔舊目補七卷　國立中央研究院歷史語言研究所編　民國二十五年(1936)上海商務印書館鉛印本　一册

330000－1705－0018383　朱2856　史部/目録類/總録之屬/私撰

傳書堂善本書目十二卷補遺四卷　蔣汝藻撰　民國抄本　五册

330000－1705－0018386　朱3046　史部/目録類/專録之屬

遂翔所見書目不分卷　宗遂翔編　民國別宥齋抄本　朱鼎煦跋　一册

330000－1705－0018387　朱2851　史部/目録類/總録之屬/彙刻

古書流通處舊書目錄一卷　古書流通處編　民國古書流通處石印本　朱鼎煦題記　一册

330000－1705－0018388　朱2872－2　史部/目録類/總録之屬/官修

内閣大庫書檔舊目補七卷　國立中央研究院歷史語言研究所編　民國二十五年(1936)上海商務印書館鉛印本　一册

330000－1705－0018389　朱3273　史部/目録類/總録之屬/私撰

掃葉山房書目四卷　掃葉山房主人編　民國六年(1917)上海掃葉山房石印本　一册

330000－1705－0018390　朱2934　史部/目録類/總録之屬/私撰

雲間韓氏藏書目不分卷附書影　（清）韓應陛藏並編　民國十九年(1930)影印本　一册

330000－1705－0018392　朱 3167　史部/目録類/總録之屬/私撰

北平富晉書社新舊書目録四卷碑帖書畫目録二卷補遺一卷　王富晉編　民國二十二年(1933)北平富晉書社石印本　二册

330000－1705－0018393　朱 3274　史部/目録類/總録之屬/私撰

錦文堂書目一卷補遺一卷　錦文堂書莊編　民國十五年(1926)上海鉛印本　一册

330000－1705－0018396　朱 3275　史部/目録類/總録之屬/私撰

蟫隱廬書目第五期二卷　蟫隱廬書莊編　民國五年(1916)上海蟫隱廬鉛印本　一册

330000－1705－0018399　朱 2911、朱 2912　史部/目録類/總録之屬/私撰

羣碧樓善本書録六卷寒瘦山房鬻存善本書目七卷　鄧邦述撰　民國十九年(1930)江寧鄧邦述羣碧樓刻本　朱鼎煦跋　五册

330000－1705－0018400　朱 2922　史部/目録類

正德建陽縣志書坊書目二卷　民國抄本　朱鼎煦跋　一册

330000－1705－0018401　朱 3278　史部/目録類/書志之屬/提要

選印宛委別藏四十種書目提要一卷　民國二十四年(1935)商務印書館鉛印本　一册

330000－1705－0018402　朱 3085　史部/目録類/書志之屬/提要

飲虹簃叢書提要一卷附預約定單　民國鉛印本　一册

330000－1705－0018404　朱 3169　史部/目録類/總録之屬/私撰

圖書目録不分卷　廣益書局編　民國十年(1921)上海廣益書局鉛印本　一册

330000－1705－0018405　朱 3164　史部/目録類/書志之屬/提要

四部叢刊書録一卷　商務印書館編　民國十一年(1922)上海商務印書館鉛印本　一册

330000－1705－0018408　朱 3935　史部/目録類/總録之屬/私撰

來薰閣書目不分卷　陳杭編　民國北平琉璃廠來薰閣鉛印本　三册　存第三至第五期

330000－1705－0018410　朱 3276　史部/目録類/總録之屬/私撰

中國通藝館書目一卷中國通藝館碑帖目録一卷　民國二十二年(1933)石印本　一册

330000－1705－0018411　朱 2869　史部/目録類/總録之屬/私撰

粹芬閣珍藏善本書目一卷　沈知方編　民國二十三年(1934)上海世界書局鉛印本　一册

330000－1705－0018412　朱 3279　史部/目録類/總録之屬/彙刻

四庫全書珍本初集樣本一卷　商務印書館編　民國二十三年(1934)上海商務印書館鉛印本暨影印本　一册

330000－1705－0018415　朱 3279－1　史部/目録類/總録之屬/彙刻

四庫全書珍本初集樣本一卷　商務印書館編　民國二十三年(1934)上海商務印書館鉛印本暨影印本　一册

330000－1705－0018416　朱 3623　史部/目録類/總録之屬/官修

浙江公立圖書館附設印行所書目不分卷　浙江公立圖書館編　民國十二年(1923)刻本　一册

330000－1705－0018419　朱 3173、朱 3174　史部/目録類/總録之屬/官修

合衆圖書館藏書分目　合衆圖書館編　民國合衆圖書館鉛印本暨石印本　二册　存二種

330000－1705－0018420　朱 3484　子部/藝術類/書畫之屬/法帖

寐叟題跋一集二卷二集二卷　沈曾植撰並書　民國上海商務印書館石印本　二册　存二

卷(一集一至二)

330000－1705－0018421　朱2992　史部/目録類/書志之屬/題跋

郋園讀書志十六卷　葉德輝撰　民國十七年(1928)上海澹園鉛印本　十六册

330000－1705－0018422　朱3690　類叢部/叢書類/彙編之屬

士禮居叢書(士禮居黄氏叢書)　(清)黄丕烈輯　民國三年(1914)上海掃葉山房石印本　一册　存三種

330000－1705－0018423　朱3623－1　史部/目録類/總録之屬/官修

浙江公立圖書館附設印行所書目不分卷　浙江公立圖書館編　民國十三年(1924)刻本　一册

330000－1705－0018425　朱3275－1、新0302　史部/目録類/總録之屬/私撰

蟫隱廬書目第十一期一卷蟫隱廬舊本書目第十五期一卷　蟫隱廬書莊編　民國上海蟫隱廬書莊石印本　四册

330000－1705－0018426　朱2995　史部/目録類/專録之屬

國立北平圖書館書目目錄類不分卷　蕭璋編　民國二十三年(1934)國立北平圖書館鉛印本　二册

330000－1705－0018427　朱3265　史部/目録類/書志之屬/題跋

士禮居藏書題跋記六卷　(清)黄丕烈撰　**續編五卷**　(清)黄丕烈撰　(清)孫祖烈輯　**文學叢書書目提要一卷**　上海醫學書局編　民國六年(1917)上海醫學書局影印本　五册　存六卷(一至六)

330000－1705－0018428　朱7536　子部/藝術類/篆刻之屬/印譜

拊焦桐館印存不分卷　蔡真篆刻　民國十八年(1929)上海慎修書社石印本　二册

330000－1705－0018429　朱3272　史部/目録類/書志之屬/題跋

士禮居藏書題跋記六卷　(清)黄丕烈撰　**續編五卷**　(清)黄丕烈撰　(清)孫祖烈輯　**文學叢書書目提要一卷**　上海醫學書局編　民國六年(1917)上海醫學書局影印本　三册　存五卷(續編一至五)

330000－1705－0018432　朱3086　史部/目録類/版本之屬/書影

百衲本二十四史預約樣本一卷　上海商務印書館編　民國十九年(1930)上海商務印書館鉛印本暨影印本　一册

330000－1705－0018435　朱2852－1　史部/目録類/總録之屬/私撰

大梅山館藏書目十六卷　(清)姚燮藏並撰　朱鼎煦校　民國別宥齋抄本　二册

330000－1705－0018436　朱3282　史部/目録類/總録之屬/彙刻

古書流通處書目一卷文明書局出版各種圖書一卷　古書流通處編　民國上海文明書局石印本　一册

330000－1705－0018437　朱3698　史部/目録類/總録之屬/私撰

粹雅堂書目第一期不分卷　粹雅堂書店編　民國二十四年(1935)北平粹雅堂書店鉛印本　一册

330000－1705－0018439　朱2860－1、朱2871　史部/目録類/總録之屬/私撰

郘亭知見傳本書目十六卷　(清)莫友芝撰　民國國學扶輪社鉛印本　六册

330000－1705－0018440　朱4308　史部/目録類/總録之屬/私撰

同文書店書目第六期一卷　同文書店編　民國二十二年(1933)上海同文書店石印本　一册

330000－1705－0018442　朱2852－2　史部/目録類/書志之屬/提要

朱氏別宥齋讀書志不分卷　朱鼎煦撰　稿本　一册

330000－1705－0018443　朱2905－1　史部/

目録類/專録之屬

國立北平圖書館方志目錄不分卷索引不分卷 國立北平圖書館編 民國二十二年(1933)國立北平圖書館鉛印本 四冊

330000－1705－0018444 朱4354 史部/目録類/總録之屬/私撰

博野蔣氏寄存書目四卷 朱福榮 劉樹楷輯 民國二十三年(1934)國立北平圖書館鉛印本 一冊

330000－1705－0018445 朱2884－2 史部/目録類/版本之屬/書影

重整内閣大庫殘本書影一卷 故宫博物院文獻館輯 民國二十二年(1933)北平故宫博物院文獻館影印本 一冊

330000－1705－0018446 朱2804 史部/目録類/總録之屬/私撰

中國書店金石拓本目錄一卷 中國書店編 民國十七年(1928)石印本 一冊

330000－1705－0018447 朱3425 史部/目録類/總録之屬/官修

江蘇省立國學圖書館圖書總目四十四卷補編十二卷 江蘇省立國學圖書館編 民國二十二年至二十五年(1933－1936)江蘇省立國學圖書館鉛印本 二十四冊 存四十四卷(一至四十四)

330000－1705－0018448 朱2868 史部/目録類/總録之屬/私撰

韓氏讀有用書齋書目一卷 封文權編 民國二十三年(1934)瑞安陳氏裒殷堂鉛印本 一冊

330000－1705－0018452 朱2522 史部/目録類/專録之屬

石廬金石書志二十二卷 林鈞撰 民國十二年(1923)南昌林氏寶岱閣刻本 十二冊

330000－1705－0018454 朱6104 子部/藝術類/篆刻之屬/印譜

黄小松印存一卷 (清)黄易篆刻 民國上海神州國光社影印本 一冊

330000－1705－0018455 朱4309 史部/目録類/總録之屬/彙刻

漢文淵書肆書目一卷 漢文淵書肆編 民國二十一年(1932)上海漢文淵書肆石印本 一冊

330000－1705－0018458 朱3667、朱4306 史部/目録類/總録之屬/私撰

中國書店書目不分卷中國書店臨時目錄不分卷 中國書店編 民國上海中國書店鉛印本 五冊

330000－1705－0018459 朱4307－1 史部/目録類/總録之屬

保文堂書局書目第六期一卷 保文堂書局編 民國二十二年(1933)南京狀元境保文堂書局石印本 一冊

330000－1705－0018461 朱4307 史部/目録類/總録之屬

南京保文堂書局臨時書目一卷 保文堂書局編 民國十六年(1927)南京保文堂書局石印本 一冊

330000－1705－0018462 朱3678 史部/目録類/總録之屬

直隸書局書目一卷 直隸書局編 民國十七年(1928)北平直隸書局鉛印本 一冊

330000－1705－0018464 朱3685 史部/目録類/總録之屬/私撰

大華書店書目不分卷 大華書店編 民國二十四年(1935)蘇州大華書店石印本 一冊

330000－1705－0018465 朱2908 史部/目録類/書志之屬/提要

晚明史籍考二十卷附通檢一卷 謝國楨輯 民國二十二年(1933)國立北平圖書館鉛印本 馮雄題記 十冊

330000－1705－0018475 朱7495 史部/目録類/專録之屬

補鈔文瀾閣四庫闕簡記錄一卷 張宗祥撰 民國十五年(1926)刻本 一冊

330000－1705－0018478 朱2887 史部/目

録類/通論之屬/藏書約

藏書記要一卷 (清)孫從添撰 **汲古閣珍藏秘本書目一卷** (清)毛扆撰 民國別宥齋抄本 朱鼎煦題記 一冊

330000－1705－0018479 朱 3877 子部/藝術類/書畫之屬/畫譜

中國版畫史圖錄四卷 鄭振鐸輯 民國影印本 四冊

330000－1705－0018481 朱 2909 史部/目録類/專録之屬

琴書存目六卷別錄二卷 周慶雲編 民國三年(1914)烏程周氏夢坡室刻本 四冊

330000－1705－0018484 朱 2899－1 史部/目録類/書志之屬/題跋

藏園羣書題記八卷 傅增湘撰 民國三十二年(1943)企驎軒鉛印本 四冊

330000－1705－0018489 朱 2893 史部/目録類/通論之屬/掌故瑣記

聊城楊氏海源閣藏書之過去現在不分卷 朱鼎煦編 民國別宥齋抄本 一冊

330000－1705－0018493 朱 7428 史部/金石類/總志之屬

湫漻齋叢書十種 陳準輯 民國瑞安陳氏刻本 一冊 存一種

330000－1705－0018496 朱 6341 類叢部/叢書類/彙編之屬

江氏聚珍版叢書四集二十八種 江杏溪輯 民國十三年(1924)蘇州文學山房木活字印本 一冊

330000－1705－0018497 朱 2900－1 史部/目録類/總録之屬/官修

浙江省立圖書館善本書目甲編四卷 毛春翔編 民國二十五年(1936)浙江省立圖書館鉛印本 一冊

330000－1705－0018499 朱 2759 史部/目録類/書志之屬/題跋

五十萬卷樓羣書跋文七卷 莫伯驥撰 民國三十七年(1948)廣州文光館鉛印本 七冊

330000－1705－0018502 朱 3666 史部/目録類/總録之屬/官修

壬子文瀾閣所存書目五卷 錢恂編 民國元年(1912)浙江圖書館刻本 四冊

330000－1705－0018503 朱 5090 史部/目録類/總録之屬/私撰

鄞范氏天一閣書目內編十卷 馮貞羣編 民國二十六年至二十九年(1937－1940)寧波重修天一閣委員會鉛印本 朱鼎煦批 四冊

330000－1705－0018506 朱 3688 類叢部/叢書類/自著之屬

直介堂叢刻初編十種續編五種鼻烟叢刻四種 劉聲木撰 民國十八年(1929)廬江劉氏鉛印本 六冊 存三種

330000－1705－0018512 朱 3687 史部/目録類/總録之屬/私撰

陶浩安書目一卷 民國抄本 朱鼎煦批並跋 一冊

330000－1705－0018515 朱 7723 史部/目録類/總録之屬/私撰

蕘圃藏書題識十卷補遺一卷刻書題識一卷補遺一卷 (清)黃丕烈撰 繆荃孫等輯 民國五年至八年(1916－1919)金陵書局刻本 十冊

330000－1705－0018516 朱 5618 史部/地理類/方志之屬/郡縣志

蕭山縣志考錄一卷補一卷 朱鼎煦撰 稿本 一冊

330000－1705－0018517 朱 5597 史部/目録類/總録之屬/私撰

墨海樓書目不分卷 (清)蔡明存 (清)董貞柯 (清)張禹甸編輯 民國朱氏別宥齋抄本 四冊

330000－1705－0018521 朱 3050 史部/目録類

書目雜鈔一卷 民國抄本 一冊

330000－1705－0018525 朱 3936－3 史部/目録類/總録之屬/私撰

杭州抱經堂書局第四期舊書目録不分卷　杭州抱經堂書局編　民國十八年(1929)杭州抱經堂書局石印本　一册

330000－1705－0018528　朱6628　史部/目録類/總録之屬/私撰

崇雅堂書録十五卷　甘鵬雲編　民國二十四年(1935)潛江甘氏息園用聚珍版鉛印本　六册

330000－1705－0018531　朱3936　史部/目録類/總録之屬/私撰

抱經堂書目不分卷　杭州抱經堂書局編　民國十四年(1925)杭州抱經堂書局石印本　朱鼎煦題記　一册

330000－1705－0018533　朱3936－2　史部/目録類/總録之屬/私撰

杭州抱經堂書局第三期舊書目録不分卷　杭州抱經堂書局編　民國十七年(1928)杭州抱經堂書局鉛印本　一册

330000－1705－0018534　朱5563　史部/目録類/總録之屬/私撰

書目答問補正五卷　范希曾編　民國二十年(1931)江蘇省立國學圖書館鉛印本　二册

330000－1705－0018535　朱3936－6　史部/目録類/總録之屬/私撰

杭州抱經堂書局第十期舊書目録不分卷　杭州抱經堂書局編　民國二十二年(1933)杭州抱經堂書局鉛印本　一册

330000－1705－0018536　朱3936－1　史部/目録類/總録之屬/私撰

抱經堂書局第二期書目不分卷　杭州抱經堂書局編　民國十五年(1926)抱經堂書局鉛印本　二册

330000－1705－0018538　朱4373　史部/目録類/書志之屬/題跋

瓜圃叢刊敘錄一卷續編一卷　金梁輯　民國二十四年(1935)鉛印本　二册

330000－1705－0018540　朱5149、朱7483、朱4975、朱6409、朱9887　史部/目録類

快閣師石山房叢書七種　(清)姚振宗撰　民國二十三年(1934)浙江省立圖書館鉛印本　八册　存五種

330000－1705－0018543　朱7616　史部/目録類

正德建陽縣志書坊書目二卷　民國蕭山朱氏油印本　一册

330000－1705－0018546　朱5150　史部/目録類/總録之屬/官修

浙江省立圖書館善本書目甲編四卷　毛春翔編　民國二十五年(1936)浙江省立圖書館鉛印本　一册

330000－1705－0018547　朱7517　史部/目録類/總録之屬/官修

文瀾閣目索引一卷　楊立誠編　民國十八年(1929)浙江省立圖書館鉛印本　一册

330000－1705－0018548　朱7616－1　史部/目録類

正德建陽縣志書坊書目二卷　民國蕭山朱氏油印本　一册

330000－1705－0018549　朱3936－4　史部/目録類/總録之屬/私撰

杭州抱經堂書局第五期舊書目録不分卷　杭州抱經堂書局編　民國十九年(1930)杭州城站抱經堂書局石印本　二册

330000－1705－0018550　朱3936－5　史部/目録類/總録之屬/私撰

杭州抱經堂書局第七期舊書目録不分卷　杭州抱經堂書局編　民國二十一年(1932)杭州抱經堂書局石印本　一册

330000－1705－0018551　朱3936－7　史部/目録類/總録之屬/私撰

杭州抱經堂書局第十一期舊書目録不分卷　杭州抱經堂書局編　民國二十三年(1934)杭州抱經堂書局石印本　一册

330000－1705－0018552　朱3936－8　史部/目録類/總録之屬/私撰

杭州抱經堂書局第十二期舊書目録不分卷

杭州抱經堂書局編　民國二十三年(1934)杭州抱經堂書局鉛印本　一冊

330000－1705－0018555　朱7359　史部/目録類/總録之屬/私撰

傳書堂善本書目十二卷補遺四卷　蔣汝藻撰　民國抄本　一冊　存四卷(補遺一至四)

330000－1705－0018556　朱7118　史部/目録類/版本之屬/專考

宋元本行格表二卷附錄一卷補遺一卷　(清)江標輯　劉肇隅編並補　民國三年(1914)上海文瑞樓石印本　三冊

330000－1705－0018561　朱0017－1、朱0017－2　史部/目録類/總録之屬/私撰

鄞縣李氏藏書錄不分卷　朱鼎煦撰　**西滬櫂歌不分卷**　(清)姚燮撰　民國別宥齋抄本　二冊

330000－1705－0018565　朱3936－10　史部/目録類/總録之屬/私撰

杭州抱經堂臨時書目不分卷　杭州抱經堂書局編　民國石印本暨鉛印本　七冊

330000－1705－0018567　朱8905－1　史部/目録類/總録之屬/徵訪

徵訪明季遺書目一卷　劉世環編　民國蕭山朱氏別宥齋抄本　一冊

330000－1705－0018568　朱3691　史部/目録類/總録之屬/彙刻

博古齋書目□□期　上海博古齋編　民國上海博古齋石印本　朱鼎煦題記　十一冊　存十一期(五至八、十至十五、十七)

330000－1705－0018569　朱5149－1　史部/目録類

快閣師石山房叢書七種　(清)姚振宗撰　民國二十三年(1934)浙江省立圖書館鉛印本　一冊　存一種

330000－1705－0018570　朱8905　史部/目録類/總録之屬/徵訪

徵訪明季遺書目一卷　劉世環編　民國蕭山朱氏別宥齋抄本　朱鼎煦題記　一冊

330000－1705－0018577　朱4344　史部/目録類/總録之屬/彙刻

叢書書目彙編不分卷補遺一卷　沈乾一編纂　民國十八年(1929)上海醫學書局鉛印本　四冊

330000－1705－0018578　朱4496　類叢部/叢書類/彙編之屬

渭南嚴氏孝義家塾叢書十一種　嚴式誨編　民國十四年至二十年(1925－1931)渭南嚴氏刻本　一冊　存一種

330000－1705－0018583　朱7591　史部/目録類/總録之屬/私撰

雙鑑樓藏書續記二卷　傅增湘撰　民國十九年(1930)江安傅增湘藏園刻本　朱鼎煦題記並批　二冊

330000－1705－0018596　朱8122　史部/目録類/總録之屬/私撰

墨海樓書錄□□卷　民國抄本　一冊　存二卷(九至十)

330000－1705－0018597　朱4490　類叢部/叢書類/自著之屬

崇雅堂叢書十四種　楊晨撰　民國二十五年(1936)楊紹翰鉛印本　一冊　存二種

330000－1705－0018603　朱4358　史部/傳記類/總傳之屬/通代

中國藏書家攷略不分卷　楊立誠　金步瀛編　民國十八年(1929)浙江省立圖書館鉛印本　一冊

330000－1705－0018610　朱4343　史部/目録類/總録之屬/官修

梁氏飲氷室藏書目錄五卷附錄二卷補遺一卷　國立北平圖書館編纂　民國二十二年(1933)國立北平圖書館鉛印本　四冊

330000－1705－0018611　朱地0071　史部/地理類/方志之屬/郡縣志

[民國]盩厔縣志八卷　龐文中修　任肇新　路孝愉纂　民國十四年(1925)西安藝林印書社鉛印本　四冊

330000－1705－0018613　朱 2897　史部/目録類/總録之屬/私撰

中國書店善本書目不分卷　中國書店編　民國油印本　一册

330000－1705－0018616　朱 4521　史部/目録類/版本之屬/專考

雪堂校刊羣書敘錄二卷　羅振玉撰　民國七年(1918)上虞羅振玉鉛印本　二册

330000－1705－0018618　朱 7180　史部/目録類/總録之屬/彙刻

續印續古逸叢書樣本一卷　上海商務印書館編　民國上海商務印書館影印本　一册

330000－1705－0018631　朱地 0200　史部/地理類/方志之屬/郡縣志

[民國]太倉州志二十八卷首一卷末一卷　王祖畬纂修　民國八年(1919)刻本　八册　存十五卷(三至六、十三至十六、二十三至二十八,末)

330000－1705－0018639　朱地 0155－2　史部/地理類/方志之屬/郡縣志

[紹定]吴郡志五十卷　(宋)范成大撰　(宋)汪泰亨增訂　(清)錢熙祚校　民國抄清守山閣叢書本　八册

330000－1705－0018654　朱 2698　史部/目録類/書志之屬/提要

珍書享帚錄一卷　朱長圻編　民國二十五年(1936)南京朱長圻萃文書局鉛印本　一册

330000－1705－0018656　朱地 0251　史部/地理類/方志之屬/郡縣志

[民國]蕭山縣志稿三十三卷首一卷末一卷　彭延慶　陳曾蔭　張宗海修　楊鍾羲　姚瑩俊　楊士龍纂　民國二十四年(1935)鉛印本　朱鼎煦批跋　十六册

330000－1705－0018692　朱地 0288　史部/地理類/方志之屬/郡縣志

[民國]桃源鄉誌八卷　(清)杜璋吉　(清)臧麟炳纂　民國二十三年(1934)油印本　二册　存三卷(三至五)

330000－1705－0018695　朱地 0261　史部/地理類/方志之屬/郡縣志

[民國]梅里備志八卷首一卷　余霖纂　民國十一年(1922)閱滄樓刻本　朱鼎煦題記　三册

330000－1705－0018697　朱地 0289　史部/地理類/方志之屬/郡縣志

[康熙]桃源鄉誌八卷　(清)杜璋吉　(清)臧麟炳纂　民國二十三年(1934)汪煥章油印本　六册

330000－1705－0018701　朱地 0248　史部/地理類/方志之屬/郡縣志

[嘉靖]蕭山縣志六卷　(明)林策編　(明)魏堂續增　民國抄本　四册

330000－1705－0018706　朱地 0314－1　史部/地理類/方志之屬/郡縣志

[光緒]定海廳志三十卷首一卷　(清)史致馴修　(清)陳僑　(清)黄以周纂　民國朱鼎煦別宥齋抄本　一册　存二卷(二十三、二十九)

330000－1705－0018708　朱地 0287－2　史部/地理類/方志之屬/郡縣志

鄞縣通志人物編不分卷　陳訓正纂　民國二十七年(1938)鉛印本　朱鼎煦題記　三册

330000－1705－0018718　朱地 0295－2　史部/地理類/方志之屬/郡縣志

[民國]奉化縣補義志十卷　蔣堯裳纂　民國元年(1912)奉化趙氏剡曲草堂木活字印本　二册

330000－1705－0018721　朱地 0314　史部/地理類/方志之屬/郡縣志

[民國]定海縣志十六卷首一卷　陳訓正　馬瀛纂修　施臯　顏聖介　張紀隆測繪　民國十三年(1924)旅滬同鄉會鉛印本　六册

330000－1705－0018724　朱地 0301　史部/地理類/方志之屬/郡縣志

[民國]鎮海縣志四十五卷首一卷　洪錫範　盛鴻燾修　王榮商　楊敏曾纂　[民國]鎮海

縣新志備稿二卷 董祖義纂 民國二十年(1931)上海蔚文印刷局鉛印本 二十一册 存四十卷(三至九、十三至二十八、三十一至四十五,鎮海縣新志備稿一至二)

330000－1705－0018725 朱地 0306－2 史部/地理類/方志之屬/郡縣志
[道光]**象山縣志二十二卷首一卷** (清)童立成 (清)吳錫疇修 (清)馮登府等總纂 (清)倪劼繪圖 **象山文類二卷** (清)邑人編輯 民國四年(1915)張鵬霄木活字印本 八册

330000－1705－0018743 朱地 0329 史部/地理類/方志之屬/郡縣志
[民國]**嵊縣志三十二卷首一卷** 牛蔭麐 羅毅修 丁謙 余重耀纂 民國二十四年(1935)鉛印本 二十册

330000－1705－0018745 朱地 0332 史部/地理類/方志之屬/郡縣志
[民國]**新昌縣志二十卷附新昌農事調查一卷** 金城修 陳畬纂 **沃州詩存一卷** (宋)潘音撰 **沃州文存一卷** (宋)徐霖撰 民國八年(1919)鉛印本 十一册 缺一卷(新昌農事調查)

330000－1705－0018748 朱地 0277－3 史部/地理類/方志之屬/郡縣志
[開慶]**四明續志十二卷** (宋)吳潛修 (宋)梅應發 (宋)劉錫纂 民國抄本 一册 存二卷(十一至十二)

330000－1705－0018750 朱地 0287 史部/地理類/方志之屬/郡縣志
[民國]**鄞縣通志六志五十一編附圖一函** 張傳保 汪煥章修 陳訓正 馬瀛纂 民國二十四年(1935)至一九五一年寧波鄞縣通志館鉛印本 三十五册 缺三編(政教志癸、子、丑)

330000－1705－0018755 朱地 0297－2 史部/地理類/方志之屬/郡縣志
[光緒]**剡源鄉志二十四卷首一卷** (清)趙霈濤纂 民國五年(1916)丹山赤水洞天剡曲草堂鉛印本 四册

330000－1705－0018756 朱地 0318－1 史部/地理類/方志之屬/郡縣志
乾隆紹興府志校記不分卷 (清)李慈銘撰 民國十八年(1929)鉛印本 朱鼎煦題記 一册

330000－1705－0018761 朱地 0321 史部/地理類/方志之屬/郡縣志
[嘉慶]**山陰縣志校記一卷** (清)李慈銘撰 民國十九年(1930)鉛印本 朱鼎煦跋 一册

330000－1705－0018771 朱地 0282 史部/地理類/輿圖之屬/郡縣
鄞縣全圖 陳開桂繪 民國二十二年(1933)鉛印本 一張

330000－1705－0018785 朱地 0275 史部/地理類/方志之屬/郡縣志
[康熙]**武康縣志八卷** (明)駱文盛修 (清)馮聖澤重修 (清)駱維恭纂 民國抄本 朱鼎煦題記 一册 存二卷(七至八)

330000－1705－0018791 朱地 0370 史部/地理類/方志之屬/郡縣志
[淳熙]**三山志四十二卷** (宋)梁克家纂修 民國抄本 十二册 存三十六卷(五至二十五、二十八至四十二)

330000－1705－0018802 朱地 0336 史部/地理類/方志之屬/郡縣志
[弘治]**溫州府志二十二卷** (明)鄧淮修 (明)王瓚 (明)蔡芳纂 民國朱氏別宥齋抄本 六册

330000－1705－0018810 朱 8268 史部/傳記類/總傳之屬/家乘
[浙江慈溪]**慈谿董氏宗譜三十四卷首一卷** 袁漢卿修 董蘭如 董麟蕉纂 民國十七年(1928)木活字印本 二十三册 缺四卷(十四、二十、三十一至三十二)

330000－1705－0018811 朱地 0339 史部/地理類/方志之屬/郡縣志
[民國]**路橋志略二卷** 楊晨編 民國四年

(1915)石印本　二冊

330000－1705－0018814　朱地0360　史部/地理類/方志之屬/郡縣志
[道光]東陽縣志二十七卷首一卷　(清)党金衡原本　(清)王恩注重訂　民國三年(1914)東陽商務石印公司石印本　一冊　存三卷(十八至二十)

330000－1705－0018823　朱7270　子部/藝術類/篆刻之屬/印譜
別宥齋藏印不分卷　朱鼎煦編　民國鈐印本　十八冊

330000－1705－0018827　朱7272　子部/藝術類/篆刻之屬/印譜
吝飛館印留不分卷　吳澤遺製　秦康祥裒集　張咀英　秦康祥　高廷肅審拓　民國三十七年(1948)鈐拓本　秦康祥題記　二冊

330000－1705－0018828　朱7375　史部/地理類/專志之屬/寺觀
三茅普安寺志二卷　釋無住撰　民國二十四年(1935)三茅普安寺鉛印本　一冊

330000－1705－0018854　朱6734　史部/地理類/遊記之屬/紀勝
游廬山記一卷詩一卷　黃侃撰　民國油印本　黃侃題記　一冊

330000－1705－0018855　朱5692　史部/地理類/山川之屬/合志
浙東山水簿六卷首一卷末一卷　范鑄編　民國十七年(1928)大酉山房林集虛木活字印本　朱鼎煦題記　一冊　存一卷(首)

330000－1705－0018860　朱2948　史部/傳記類/別傳之屬/年譜
朱稊谷自撰年表不分卷　朱嗣奇撰　稿本　一冊

330000－1705－0018870　朱7099　史部/地理類/專志之屬/寺觀
天童寺續志二卷首一卷　釋淨心修　釋蓮萍纂　民國九年(1920)天童寺刻本　二冊

330000－1705－0018874　朱2025　史部/地理類/山川之屬/山志
莫干山志十三卷　周慶雲撰　民國十五年至十六年(1926－1927)吳興周氏刻晨風廬叢刊藍印本　朱鼎煦題記　四冊

330000－1705－0018897　朱0945　史部/地理類/水利之屬
麻溪改壩為橋始末記四卷首一卷　王念祖纂　民國八年(1919)莪社鉛印本　二冊

330000－1705－0018900　朱5786－1　史部/地理類/遊記之屬/紀勝
天台山行記一卷後記一卷　范鑄撰　民國四年(1915)刻本　一冊

330000－1705－0018901　朱5786　史部/地理類/遊記之屬/紀勝
天台山行記一卷後記一卷　范鑄撰　民國四年(1915)刻本　一冊

330000－1705－0018913　朱5390　史部/地理類/專志之屬/寺觀
洛陽伽藍記五卷　(北魏)楊衒之撰　民國四年(1915)武進董氏誦芬室據明如隱堂刻本影印本　四冊

330000－1705－0018925　朱2236　史部/地理類/山川之屬/山志
靈峰志四卷補遺一卷　周慶雲輯　民國元年(1912)周慶雲夢坡室刻本　屈疆題記　二冊

330000－1705－0018934　朱7653　史部/地理類/雜志之屬
寧海六記一卷　干人俊撰　民國二十三年(1934)木活字印本　一冊

330000－1705－0018935　朱2796　類叢部/叢書類/彙編之屬
秀水金氏梅花草堂影印善本二種　金爾珍編　民國影印本　二冊　存一種

330000－1705－0018936　朱8079　史部/地理類/山川之屬/山志
南田山志十四卷首一卷　劉燿東撰　民國二十四年(1935)啓後亭鉛印本　四冊

330000－1705－0018938　朱 9264　史部/地理類/山川之屬/水志

蕭山湘湖志八卷外編一卷續志一卷　周易藻編　民國十六年(1927)周氏鉛印本　五册

330000－1705－0018939　朱 4167　史部/地理類/山川之屬/合志

浙東山水簿六卷首一卷末一卷　范鑄編　民國十七年(1928)大酉山房林集虚木活字印本　一册　存一卷(首)

330000－1705－0018954　朱 8696　史部/地理類/山川之屬/水志

東錢湖志四卷　王榮商纂　陸澍咸　戴彦編　民國五年(1916)刻本　五册

330000－1705－0018960　朱 5686　史部/傳記類/總傳之屬/家乘

[浙江奉化]武嶺蔣氏先系考一卷　陳布雷　沙文若編纂　民國三十七年(1948)鉛印本　一册

330000－1705－0018983　朱 3911　經部/書類/傳說之屬

東萊先生書說十三卷禹貢圖說一卷　(宋)呂祖謙撰　民國十七年(1928)中社影印本　一册　存六卷(五至九、禹貢圖說)

330000－1705－0018999　朱 8386　史部/傳記類/總傳之屬/家乘

[浙江慈溪]慈谿赭山嚴氏宗譜四卷首一卷末一卷　嚴維騶等修　周毓邠纂　民國十一年(1922)奉思堂木活字印本　四册

330000－1705－0019049　朱 0400　類叢部/叢書類/自著之屬

惜抱軒全集七種　(清)姚鼐撰　民國三年(1914)上海會文堂書局石印本　八册

330000－1705－0019057　朱 0208　集部/詩文評類/詩評之屬

詩源撮要不分卷　(明)張懋賢撰　民國朱氏別宥齋影鈔明萬曆刻本　一册

330000－1705－0019069　朱 0417　集部/曲類/彈詞之屬

木皮散人鼓詞一卷　(清)賈鳧西撰　民國十四年(1925)影印本　一册

330000－1705－0019076　朱 0357　集部/詩文評類/詩評之屬

傅與礪詩法四卷　(元)宋應祥點校　(元)傅若川編　民國蕭山朱氏抄本　朱鼎煦校並題記　一册

330000－1705－0019079　朱 0398　集部/別集類/清別集

白香亭詩二卷和陶一卷　(清)鄧輔綸撰　民國四年(1915)刻本　一册　缺一卷(白香亭詩一)

330000－1705－0019081　朱 0401　史部/傳記類/別傳之屬/事狀

錫嘏堂壽言不分卷　謝天錫輯　民國七年(1918)西泠印社木活字印本　一册

330000－1705－0019092　朱 0583　集部/別集類/清別集

述古堂文集十二卷　(清)錢兆鵬撰　民國元年(1912)鄂官書處刻本　四册

330000－1705－0019113　朱 0368　集部/別集類/清別集

明史三字無雙譜樂府一卷　(清)味雪堂主人撰註　民國抄本　一册

330000－1705－0019123　朱 0352　集部/別集類/清別集

苔文館詩存不分卷　(清)劉湝年撰　民國蕭山朱氏抄本　一册

330000－1705－0019127　朱 0351　集部/別集類/清別集

林屋山人漫稿不分卷　(清)俞琰撰　民國蕭山朱氏抄本　一册

330000－1705－0019197　朱 0608　集部/別集類

石遺室文集十二卷　陳衍撰　民國二年(1913)刻本　馮幵批並題記　二册

330000－1705－0019207　朱 0718　集部/總

集類/選集之屬/斷代
皇明蕭山詩集六卷　(明)陳諫編選　(明)魏直批點　民國別宥齋油印本　一册　存二卷(五至六)

330000－1705－0019226　朱 0670、朱 0670－1、朱 0670－2　集部/別集類
雪野堂文稿三卷　袁惠常撰　民國三十八年(1949)鉛印本　三册

330000－1705－0019227　朱 0912　集部/別集類/宋別集
龍川文集三十卷附錄二卷　(宋)陳亮撰　**辨譌考異二卷**　(清)胡鳳丹撰　清光緒元年(1875)湖北崇文書局刻民國元年(1912)鄂官書處重印本　十册

330000－1705－0019235　朱 0963　類叢部/叢書類/自著之屬
樊山全集六種　樊增祥撰　民國石印本　四册　存一種

330000－1705－0019245　朱續 0632　類叢部/叢書類/彙編之屬
漢魏叢書三十八種　(明)程榮輯　民國十四年(1925)上海商務印書館據明萬曆程氏刻本影印本　四十册

330000－1705－0019263　朱 0856、朱 0860、朱 0861、朱 0862、朱 7557　集部/總集類/彙編之屬
書畫名人小集　民國上海聚珍倣宋印書局鉛印本　五册　存五種

330000－1705－0019272　朱 0892　集部/總集類/彙編之屬
宋人集　李之鼎輯　民國南城李氏宜秋館刻本(安晚堂詩集卷一至五、十三至六十原缺)　一册　存一種

330000－1705－0019282　朱 0828　集部/總集類/選集之屬/通代
謝疊山先生文章軌範七卷　(宋)謝枋得輯　清光緒刻民國元年(1912)鄂官書處三色套印本　二册

330000－1705－0019290　朱 0863　集部/別集類
杭州雜詩一卷　王守恂撰　民國鉛印本　一册

330000－1705－0019294　朱 1003　集部/總集類/郡邑之屬
蛟川耆舊詩補十二卷　王榮商編　張寅煇參訂　民國七年(1918)刻本　四册　存八卷(一至八)

330000－1705－0019305　朱續 0635　類叢部/叢書類/自著之屬
章氏叢書初集十二種　章炳麟撰　民國上海右文社鉛印本　二十二册　缺三卷(太炎文錄初編二、別錄,齊物論釋重定本)

330000－1705－0019309　朱續 0634　類叢部/叢書類/自著之屬
章氏叢書十三種　章炳麟撰　民國十三年(1924)上海古書流通處據浙江圖書館刻本影印本　吳澤題記　二十册

330000－1705－0019317　朱 0586　集部/總集類/選集之屬/通代
樂府詩集一百卷目錄二卷　(宋)郭茂倩編　民國元年(1912)鄂官書處刻本　十六册

330000－1705－0019327　朱 0740　集部/詩文評類
蘧蘧室詩話一卷詩稿一卷雙鉤一卷　(清)童遜組撰　民國十一年(1922)慈谿嚴子均石印本　一册　存一卷(詩話)

330000－1705－0019343　朱 0758　集部/總集類/酬唱之屬
江上題襟集一卷　嚴廷楨輯　民國八年(1919)石印本　一册

330000－1705－0019348　朱 1219　集部/詩文評類/詩評之屬
晦菴先生詩話一卷　(宋)朱熹撰　(明)沈爚纂集　民國別宥齋抄本　一册

330000－1705－0019355　朱 1288　集部/別集類/清別集

雜著選不分卷　民國抄本　一冊

330000－1705－0019364　朱1339　集部/別集類

海藏樓詩十三卷　鄭孝胥撰　民國三年至二十六年(1914－1937)武昌刻本　二冊　存八卷(一至八)

330000－1705－0019393　朱1018　集部/別集類/清別集

南山集十四卷補遺三卷　(清)戴名世撰　**南山先生年譜一卷**　民國三十一年(1942)刻本　十冊

330000－1705－0019403　朱2039　集部/小說類/長篇之屬

石頭記八卷八十回　(清)曹霑撰　民國上海有正書局石印本　二十冊

330000－1705－0019412　朱1996　集部/詞類/類編之屬

四印齋所刻詞　(清)王鵬運輯　民國中國書店據清光緒王氏刻本影印本　四冊　存一種

330000－1705－0019442　朱1412　集部/別集類

詠花鳥詩不分卷　民國抄本　一冊

330000－1705－0019443　朱1415　集部/別集類

陳蘭亭先生詩不分卷附稧帖集聯　民國抄本　一冊

330000－1705－0019445　朱2390　集部/別集類

虹月船藏本不分卷　民國抄本　一冊

330000－1705－0019447　朱2389　集部/總集類/選集之屬/斷代

唐詩液不分卷　民國抄本　一冊

330000－1705－0019451　朱1270　集部/別集類/清別集

松鶴山房文集摘錄一卷　(清)陳夢雷撰　民國抄本　一冊

330000－1705－0019469　朱2529、朱4201　集部/總集類/郡邑之屬

永嘉詩人祠堂叢刻十四種　冒廣生輯　民國四年(1915)如皋冒氏刻本　朱鼎煦題記　八冊

330000－1705－0019473　朱2429　集部/戲劇類/總集之屬/雜劇

清人雜劇初集九種　鄭振鐸輯　民國二十年(1931)長樂鄭氏影印本　鄭振鐸題記　十冊

330000－1705－0019475　朱2172　集部/總集類/題詠之屬

紅薇感舊記題詠集四卷補一卷　傅熊湘輯　民國八年(1919)鉛印本　一冊

330000－1705－0019491　朱1995　集部/別集類

寐叟乙卯稿一卷　沈曾植撰　民國六年(1917)四益宧寫刻本　一冊

330000－1705－0019495　朱2051　集部/別集類

王徵君詩藁三卷　王慈撰　民國十年(1921)木活字印本　一冊

330000－1705－0019505　朱3995、朱4024、朱4025、朱4026、朱4027、朱4035、朱4037、朱4038、朱4043、朱3632　類叢部/叢書類/彙編之屬

四部備要　中華書局編　民國二十五年(1936)上海中華書局鉛印本(經義考卷二百八十六、二百九十九至三百,東塾讀書記卷十三至十四、十七至二十、二十二至二十五原缺)　朱鼎煦題記　十七冊　存九種

330000－1705－0019531　朱2891　集部/戲劇類

宋元南戲考不分卷　錢南揚撰　民國十九年(1930)燕京大學鉛印本　一冊

330000－1705－0019535　朱2888　集部/戲劇類/總集之屬

波崙山房劇談不分卷　王孝禹手稿　一香居士裝訂　民國十三年(1924)稿本　老鐵題簽　一冊

330000－1705－0019555　朱 2432　集部/總集類/選集之屬/通代
古文範二卷　吳闓生評解　高步瀛集箋　民國八年(1919)上海中華書局鉛印本　一冊

330000－1705－0019561　朱 2431　類叢部/叢書類/彙編之屬
四部叢刊　張元濟等編　民國上海商務印書館影印本　一冊　存一種

330000－1705－0019568　朱 2920　集部/別集類
爰居閣詩十卷　梁鴻志撰　民國二十七年(1938)刻藍印本　四冊

330000－1705－0019573　朱 2430　集部/戲劇類/傳奇之屬
譚友夏批點想當然傳奇二卷三十八齣　(明)王光魯撰　(明)譚元春評　民國十九年(1930)影印本　二冊

330000－1705－0019589　朱 2665　集部/別集類
端夷閣近三年詩詞一卷　魏友枋撰　民國二十三年(1934)菜緣社鉛印本　一冊

330000－1705－0019593　朱 2492　集部/別集類/宋別集
定宇先生文集不分卷　(宋)陳櫟撰　(明)金德玹編　民國抄本　三冊

330000－1705－0019600　朱 2631　集部/別集類
松鄰遺集十卷　吳昌綬撰　吳蕊圓輯　民國十八年(1929)刻朱印本　一冊

330000－1705－0019619　朱 2626　集部/別集類
觀復堂詩集八卷　蔡寶善撰　民國鉛印本　二冊

330000－1705－0019620　朱 3031　集部/曲類/曲韻曲譜曲律之屬
集成曲譜金集八卷聲集八卷玉集八卷振集八卷　王季烈　劉富樑輯　民國十四年(1925)上海商務印書館石印本　三十二冊

330000－1705－0019632　朱 3342　集部/總集類/選集之屬/通代
評校音註續古文辭類纂三十四卷　王先謙輯　王文濡校注　民國十二年(1923)上海中國書局鉛印本　八冊

330000－1705－0019639　朱 3149　集部/別集類
市隂叢稿一卷　薛元燕撰　民國二十四年(1935)鉛印本　朱鼎煦題記　一冊

330000－1705－0019641　朱 3317　類叢部/叢書類/彙編之屬
知不足齋叢書一百九十五種　(清)鮑廷博輯　(清)鮑士恭續輯　民國十年(1921)上海古書流通處據清鮑氏刻本影印本　三冊　存一種

330000－1705－0019662　朱 3199　集部/總集類/選集之屬/通代
評校音注古文辭類纂七十四卷　(清)姚鼐輯　王文濡校注　民國十二年(1923)上海中華書局鉛印本　十六冊

330000－1705－0019668　朱 2386　集部/別集類/清別集
甌亭小稿不分卷　(清)吳城撰　民國抄本　二冊

330000－1705－0019672　朱 3202　集部/別集類/清別集
復初齋文集三十五卷首一卷　(清)翁方綱撰　民國五年(1916)上海同文圖書館石印本　十二冊

330000－1705－0019679　朱 3204　集部/別集類/清別集
漁洋山人精華錄箋注十二卷補一卷附錄一卷年譜一卷　(清)王士禛撰　(清)金榮箋注　(清)徐淮纂輯　民國影印本　朱鼎煦題記　十二冊

330000－1705－0019681　朱 3232　集部/總集類/選集之屬/通代
歷代詩文評註讀本　王文濡編　民國上海文

明書局鉛印本　二册　存一種

330000－1705－0019684　朱 2950　集部/別集類/清別集

尺木詩集不分卷　(清)傅攀龍撰　民國抄本　一册

330000－1705－0019689　朱 3225　集部/別集類/宋別集

后山詩十二卷　(宋)陳師道撰　(宋)任淵注　民國七年(1918)上海文明書局石印本　六册

330000－1705－0019690　朱續 0015　子部/儒家類/儒學之屬

教科適用孟子精華二卷　中華書局編　民國二十一年(1932)上海中華書局鉛印本　一册

330000－1705－0019693　朱續 0014　類叢部/叢書類/自著之屬

玄嬰什箸　陳訓正撰　民國三十年(1941)鉛印本　一册　存一種

330000－1705－0019710　朱 3206　集部/總集類/選集之屬/通代

新古文辭類纂六十卷首一卷　蔣瑞藻纂集　民國十一年(1922)上海中華書局石印本　二十四册

330000－1705－0019716　朱續 0010　經部/禮記類/分篇之屬

教科適用檀弓精華一卷　中華書局編　民國十七年(1928)上海中華書局鉛印本　朱鼎煦題記　一册

330000－1705－0019720　朱 3490　集部/曲類

飲虹簃所刻曲三十種　盧前編　民國二十五年(1936)金陵盧氏刻本　十二册　存十三種

330000－1705－0019739　朱 3616　集部/總集類/酬唱之屬

櫻雲臺讌集詩文不分卷　(清)黎庶昌等撰　民國鉛印本　一册

330000－1705－0019746　朱 2328　集部/別集類/清別集

亭雲集不分卷　(清)陸競烈撰　民國抄本　一册

330000－1705－0019747　朱 3604　類叢部/叢書類/彙編之屬

巾子居叢刊　民國浙江省立圖書館鉛印本　朱鼎煦題記　一册　存一種

330000－1705－0019748　朱續 0020　經部/小學類/文字之屬/說文/專著

說文古本攷十四卷　(清)沈濤撰　民國十五年(1926)上海醫學書局影印本　五册　存十一卷(一至十一)

330000－1705－0019749　朱 3512　集部/別集類

悔復堂詩一卷外錄一卷　應啟墀撰　**寥陽館詩草一卷附錄一卷**　姚壽祁撰　民國三十一年(1942)鉛印本　范□題記　一册

330000－1705－0019756　朱 3575　集部/別集類/唐五代別集

韓翰林集三卷香奩集三卷補遺一卷　(唐)韓偓撰　(清)吳汝綸評注　民國十一年(1922)武強賀氏刻本　一册

330000－1705－0019767　朱 3584　集部/別集類

蒿盦類稿三十二卷續稿三卷　馮煦撰　民國二年(1913)刻本　一册　存四卷(九至十二)

330000－1705－0019768　朱 3709　集部/戲劇類/傳奇之屬

重校埋劍記二卷三十六齣　(明)沈璟撰　民國十九年(1930)國立北平圖書館據明萬曆金陵陳氏繼志齋刻本影印本　朱鼎煦跋　二册

330000－1705－0019785　朱 3743　集部/別集類/清別集

霓仙遺稿一卷　(清)葉同春撰　民國十一年(1922)石印本　二册

330000－1705－0019787　朱 3689　集部/詞類/總集之屬

宋詞賞心錄一卷　(清)端木埰輯　民國二十

三年(1934)上海開明書店影印本　一册

330000－1705－0019788　朱 3677　集部/曲類/曲選之屬
明代婦人散曲集一卷　(明)王端淑選輯　民國二十六年(1937)上海中華書局鉛印本　一册

330000－1705－0019789　朱續 0026　經部/小學類/訓詁之屬/爾雅
西域爾雅一卷　(清)王初桐撰　民國十八年(1929)國學圖書館影印本　一册

330000－1705－0019790　朱 3676　集部/詞類/詞話之屬
詞謔四卷　(明)□□撰　盧前校　民國二十六年(1937)中華書局鉛印本　一册

330000－1705－0019793　朱 3675　集部/曲類/散曲之屬
楊升庵夫婦散曲八卷　任訥編校　民國二十三年(1934)上海商務印書館鉛印本　一册

330000－1705－0019794　朱 3856　集部/總集類/選集之屬/通代
四家詩　柳詒徵編　民國十七年(1928)影印本　一册　存二種

330000－1705－0019798　朱 3674　集部/總集類/郡邑之屬
滬瀆同聲集不分卷　郁葆青輯　陳詩選　民國二十二年(1933)鉛印本　一册

330000－1705－0019799　朱 3853　集部/詞類/別集之屬
聽潮音館詞集三卷　蔡寶善撰　民國十九年(1930)鉛印本　朱鼎煦題記　一册

330000－1705－0019800　朱 3235　集部/總集類/選集之屬/通代
六朝文絜四卷　(清)許槤輯並評　民國據清道光五年(1825)海昌許氏享金寶石齋刻本影印本　二册

330000－1705－0019807　朱續 0019　經部/小學類/文字之屬/說文
說文提要一卷　(清)陳建侯撰　民國四年(1915)掃葉山房石印本　一册

330000－1705－0019819　朱 3603　集部/別集類/清別集
南車草不分卷　(清)朱彝尊撰　民國抄本　一册

330000－1705－0019821　朱 3733　集部/詞類/別集之屬
鹹酸橋屋詞一卷附庸謹堂歲華紀感一卷　唐詠裳撰　民國十三年至十五年(1924－1926)鉛印本　一册

330000－1705－0019826　朱 3848　集部/詞類/總集之屬
松陵絕妙詞選四卷　(清)周銘輯　**華胥語業一卷**　(清)周銘撰　民國十五年(1926)薛氏邃漢齋鉛印本　一册

330000－1705－0019849　朱 4005、朱 4006　類叢部/叢書類/自著之屬
樊山全集　樊增祥撰　民國二年(1913)上海廣益書局石印本　十二册　存五種

330000－1705－0019851　朱 3844　集部/別集類
繭齋詩存一卷　袁思永撰　民國鉛印本　一册

330000－1705－0019857　朱 4054　集部/詞類/詞韻之屬
學宋齋詞韻不分卷　(清)吳烺等輯　民國石印本　一册

330000－1705－0019861　朱 3833　集部/別集類/清別集
寓庸室詩稿一卷　(清)余坤撰　民國七年(1918)余重耀南昌石印本　朱鼎煦題記　一册

330000－1705－0019864　朱 3663　集部/詞類/詞韻之屬
詞學初桄八卷　吳莽漢輯　民國九年(1920)上海朝記書莊鉛印本　八册

330000－1705－0019865　朱4053　集部/詞類/總集之屬

唐五代詞選三卷　(清)成肇麐輯　民國上海涵芬樓鉛印本　一册

330000－1705－0019877　朱4088　集部/總集類/選集之屬/通代

漢魏六朝百三家集選七十二卷　(明)張溥輯　民國六年(1917)都門書局鉛印本　十二册

330000－1705－0019882　朱4085　子部/宗教類/佛教之屬

法雨晨飛七種　民國刻本　一册　存一種

330000－1705－0019883　朱4091　集部/詞類/别集之屬

一硯齋詞鈔一卷附詩一卷　(清)沈荃撰　民國别宥齋抄本　朱鼎煦校　一册

330000－1705－0019886　朱4092　集部/詞類/别集之屬

蘋夢詞人遺稿不分卷　劍道人録　民國别宥齋抄本　朱鼎煦校　一册

330000－1705－0019894　朱3999　集部/别集類/宋别集

朱淑真斷腸詩集十卷補遺一卷後集七卷斷腸詞一卷　(宋)朱淑真撰　(宋)鄭元佐注　民國四年(1915)中華圖書館石印本　朱鼎煦題記　一册

330000－1705－0019895　朱3638、朱3639、朱3640、朱3641、朱3642、朱3643　集部/戲劇類/總集之屬/傳奇

暖紅室彙刻傳奇　劉世珩編　民國八年(1919)貴池劉氏暖紅室刻本　朱鼎煦題記　十一册　存六種

330000－1705－0019898　朱3997　集部/别集類/清别集

師二宗齋遺集二卷　(清)關棠撰　陳三立輯　民國四年(1915)木活字印本　一册

330000－1705－0019903　朱3872　集部/總集類/郡邑之屬

竹洲文獻二卷　楊貽誠編　民國二十五年(1936)鄞縣縣立女子中學校友會鉛印本　一册

330000－1705－0019907　朱3996　集部/詞類/類編之屬

詞學叢刊　民國二十二年(1933)上海南京書店鉛印本　一册　存一種

330000－1705－0019914　朱3920、朱3921　類叢部/叢書類/自著之屬

琴志樓叢書　易順鼎撰　民國鉛印本　三册　存二種

330000－1705－0019920　朱3993　集部/詞類/别集之屬

柯亭長短句三卷附詞論一卷　蔡嵩雲撰　民國三十七年(1948)上海中華書局鉛印本　一册

330000－1705－0019922　朱4296　集部/詞類/總集之屬

唐五代詞選三卷　(清)成肇麐輯　民國上海涵芬樓鉛印本　一册

330000－1705－0019926　朱4294　集部/詞類/别集之屬

珠玉詞一卷補遺一卷小山詞一卷　(宋)晏殊撰　**珠玉詞校記一卷小山詞校記一卷**　林大椿編校　民國二十三年(1934)上海商務印書館鉛印本　一册

330000－1705－0019930　朱4238　集部/别集類

安樂鄉人詩四卷安樂鄉人詩續一卷安樂鄉人七十後詩一卷藥夢詞二卷藥夢詞續一卷藥夢七十後詞一卷　金兆蕃撰　民國二十年至二十八年(1931－1939)刻本　一册

330000－1705－0019945　朱3674－1　集部/總集類/郡邑之屬

滬瀆同聲續集不分卷　郁葆青輯　陳詩選　民國二十四年(1935)鉛印本　一册

330000－1705－0019947　朱3992　集部/詞類/别集之屬

越縵堂詞録二卷　(清)李慈銘撰　由雲龍校

訂　民國二十年(1931)上海商務書局鉛印本　朱鼎煦題記　一册

330000－1705－0019955　朱 3916　集部/別集類/唐五代別集
少陵詩鈔一卷　(唐)杜甫撰　(清)顧鄭鄉鈔　民國十六年(1927)科學儀器館據顧氏手抄本影印本　朱鼎煦題記　一册

330000－1705－0019964　朱 3915　集部/別集類
醉墨軒詩鈔一卷　周琳撰　民國十年(1921)鉛印本　柳璋題記　一册

330000－1705－0019968　朱 4039　集部/詞類/總集之屬
衆香詞六卷　(清)徐樹敏　(清)錢岳輯　民國二十三年(1934)上海大東書局影印本　六册

330000－1705－0019971　朱 3914　集部/別集類
荇沚遺稿一卷　鄭廷琛撰　民國四年(1915)鉛印本　一册

330000－1705－0019975　朱 4040　集部/總集類/彙編之屬
詩詞雜俎十二種　(明)毛晉輯　民國上海醫學書局據明毛氏汲古閣刻本影印本　三册

330000－1705－0019982　朱 4444　集部/別集類
竹間唫榭集十卷　徐行恭撰　民國十八年(1929)杭州刻本　四册

330000－1705－0019985　朱 4036　集部/詞類/詞話之屬
樂府指迷箋釋一卷附錄一卷　(宋)沈義父撰　蔡嵩雲箋釋　民國三十七年(1948)上海中華書局鉛印本　一册

330000－1705－0019986　朱 4042　集部/別集類/宋別集
黄太史精華録六卷　(宋)黄庭堅撰　(宋)任淵選　民國二十四年(1935)上海商務印書館鉛印本　一册

330000－1705－0019992　朱 3913、朱 9154　類叢部/叢書類/自著之屬
勱堂遺書八種　民國八年至十九年(1919－1930)會稽顧氏鉛印本　朱鼎煦題記　三册　存二種

330000－1705－0019996　朱 4400　集部/總集類/氏族之屬
唐明二翁詩集二卷　(唐)翁承贊　(明)翁萬達撰　翁輝東輯　民國十六年(1927)鉛印本　一册

330000－1705－0020003　朱 3910、朱 3910－1　集部/別集類
畏廬文集一卷續集一卷三集一卷詩存二卷論文一卷瑣記一卷　林紓撰　民國二年(1913)上海商務印書館鉛印本　二册　存二卷(文集、續集)

330000－1705－0020006　朱 4324　集部/別集類
睫巢詩鈔一卷　陳康瑞撰　民國十三年(1924)鉛印本　一册

330000－1705－0020008　朱 4433　集部/別集類
歲寒堂詩集二卷首一卷詩餘一卷　王慕蘭撰　民國十五年(1926)甬上鉛印本　一册

330000－1705－0020016　朱 4376　集部/總集類/郡邑之屬
續甬上耆舊詩一百二十卷首一卷　(清)全祖望輯選　民國七年(1918)四明文獻社鉛印本　二十四册

330000－1705－0020030　朱 4548　類叢部/叢書類/自著之屬
章氏叢書十三種　章炳麟撰　民國六年至八年(1917－1919)浙江圖書館刻本　五册　存一種

330000－1705－0020040　朱 4441　類叢部/叢書類/彙編之屬
蒹葭樓叢書　民國上海商務印書館鉛印本　一册　存一種

330000－1705－0020041　朱4439　集部/别集類

回風堂詩七卷前錄二卷文五卷　馮幵撰　**婦學齋遺稿一卷**　俞因撰　民國三十年(1941)中華書局鉛印本　四册

330000－1705－0020043　朱4392　集部/詞類/别集之屬

稼軒詞六卷　(宋)辛棄疾撰　梁啓超輯　梁啓勳疏證　民國二十年(1931)梁啓勳曼殊室刻本　三册

330000－1705－0020044　朱4539　集部/别集類

觚庵詩存四卷　俞明震撰　民國九年(1920)上海聚珍倣宋印書局鉛印本　一册

330000－1705－0020072　朱續0042　史部/紀傳類/正史之屬

邵氏史記輯評十卷　(清)邵晉涵撰　民國八年(1919)上海會文堂書局石印本　八册

330000－1705－0020082　朱4508　集部/詞類/詞話之屬

詞話叢編六十種　唐圭璋編　民國二十三年(1934)鉛印本　二十四册

330000－1705－0020091　朱續0041　史部/傳記類/總傳之屬/斷代

清史列傳八十卷　中華書局編　民國十七年(1928)上海中華書局鉛印本　八十册

330000－1705－0020093　朱續0038　史部/目録類/書志之屬/題跋

百衲本已出十八史跋文彙刊一卷　商務印書館輯　民國二十五年(1936)上海商務印書館鉛印本　一册

330000－1705－0020097　朱續0039　史部/目録類/版本之屬/書影

百衲本二十四史預約樣本一卷　上海商務印書館編　民國十九年(1930)上海商務印書館鉛印本暨影印本　一册

330000－1705－0020099　朱續0037　史部/目録類/書志之屬/題跋

百衲本漢書後漢書三國志五代史記遼史金史後跋一卷　張元濟撰　民國上海商務印書館鉛印本　朱鼎煦題記　一册

330000－1705－0020106　朱續0037－1　史部/目録類/書志之屬/題跋

百衲本漢書後漢書三國志五代史記遼史金史後跋一卷　張元濟撰　民國上海商務印書館鉛印本　一册

330000－1705－0020113　朱4586　類叢部/叢書類/彙編之屬

小桃花館叢書　民國鉛印本　一册　存一種

330000－1705－0020117　朱4699　集部/别集類

回風堂文集三卷　馮幵撰　民國别宥齋抄本　三册

330000－1705－0020146　朱4609　集部/詩文評類/文法之屬/文法

古人論文大義二卷　唐文治撰　民國九年(1920)無錫國學專修館鉛印本　二册

330000－1705－0020151　朱4314　集部/别集類/清别集

容瓠庵詩鈔不分卷　(清)周開撰　民國抄本　一册

330000－1705－0020173　朱4659　集部/别集類

瞿文慎公詩選遺墨不分卷　瞿鴻禨撰　瞿宣樸　瞿宣治　瞿宣穎編　民國八年(1919)長沙瞿氏超覽樓石印本　四册

330000－1705－0020178　朱4749　集部/别集類

陶令詩零五卷　陶鏞撰　民國石印本　一册

330000－1705－0020185　朱4606　集部/别集類

禮本堂詩集十二卷　林景綬撰　民國七年(1918)木活字印本　二册

330000－1705－0020200　朱4982　集部/别集類

珠巖齋文初編九卷　王宇高撰　民國二十五年(1936)鉛印本　二册

330000-1705-0020203　朱4758　集部/别集類
蒹葭樓詩二卷　黄節撰　民國二十三年(1934)鉛印本　朱鼎煦題記　一册

330000-1705-0020204　朱4643　集部/别集類
賞心集閑樂集合刊不分卷　樊增祥撰並書　民國二年(1913)上海廣益書局石印本　一册

330000-1705-0020207　朱4640　集部/别集類
海藏樓詩十三卷　鄭孝胥撰　民國三年至二十六年(1914-1937)武昌刻本　四册　存九卷(一至九)

330000-1705-0020213　朱4635　集部/總集類/選集之屬/通代
文選六十卷　(南朝梁)蕭統輯　(唐)李善注　**文選考異十卷**　(清)胡克家撰　民國石印本　朱鼎煦、吳澤題記　六册

330000-1705-0020214　朱4722　集部/别集類
坦廬唱和集二卷壽言一卷記一卷坦廬舊稾一卷　洪紹功撰　民國十二年(1923)木活字印本　一册

330000-1705-0020227　朱續0056　史部/史抄類
歐陽文忠公五代史抄二十卷　(宋)歐陽修撰　(明)茅坤輯　民國八年(1919)上海會文堂書局石印本　四册

330000-1705-0020228　朱4032　子部/小説家類
雨窗欹枕集十二種十二卷　(明)洪楩輯　民國二十三年(1934)鄞縣馬廉平妖堂據天一閣舊藏明嘉靖刻本影印本　二册

330000-1705-0020232　朱4031　集部/戲劇類/雜劇之屬
雜劇十段錦十集　(明)朱有燉撰　民國二年(1913)南蘭陵誦芬室據明嘉靖三十七年(1558)紹陶室刻本影印本　四册

330000-1705-0020235　朱續0054　史部/史抄類
史記菁華錄六卷　(清)姚祖恩輯評　民國九年(1920)上海鴻寶齋石印本(卷二、四配民國鉛印本)　一册

330000-1705-0020247　朱5023　集部/别集類/清别集
浮雲集十二卷　(清)陳之遴撰　民國二十二年(1933)南林張乃熊鉛印本　二册

330000-1705-0020251　朱5106　集部/戲劇類/總集之屬
明周憲王樂府三種　(明)朱有燉撰　民國十六年(1927)上海蟫隱廬據明宣德刻本影印本　二册

330000-1705-0020253　朱5104　集部/别集類
蠲戲齋詩編年集八卷避寇集一卷芳杜詞賸一卷　馬浮撰　**蠲戲齋詩前集二卷**　馬浮撰　張立民　楊蔭林輯錄　民國二十九年(1940)、三十六年(1947)刻本　仲修題記　六册

330000-1705-0020254　朱5017　集部/别集類/漢魏六朝别集
曹子建詩注二卷　(三國魏)曹植撰　黄節集注　民國二十二年(1933)上海商務印書館鉛印蒹葭樓叢書本　朱鼎煦跋　一册

330000-1705-0020269　朱5165-1　集部/别集類
回風堂詩六卷前錄二卷　馮开撰　民國蕭山朱氏别宥齋刻一九六〇年油印修補本　二册

330000-1705-0020273　朱5219　類叢部/叢書類/彙編之屬
嘉草軒叢書十一種　羅振玉編　民國七年(1918)上虞羅氏日本影印本　一册　存一種

330000-1705-0020276　朱5164　集部/别集類

雪野堂文稿三卷　袁惠常撰　民國三十八年(1949)鉛印本　朱鼎煦題記　一册

330000－1705－0020278　朱 5148　集部/別集類/清別集
姚惜抱先生文稿一卷　(清)姚鼐撰　民國二十四年(1935)上海商務印書館影印本　一册

330000－1705－0020284　朱 5033　集部/別集類
停雲軒詩詞雜錄不分卷　民國抄本　一册

330000－1705－0020290　朱 5095　集部/別集類
容膝軒詩草八卷　王榮商撰　民國三年(1914)鎮海王氏刻本　三册

330000－1705－0020295　朱 5000　集部/別集類
端夷六十後詩詞一卷　魏友枋撰　民國三十五年(1946)菜緣社鉛印本　一册

330000－1705－0020298　朱 5458　集部/別集類/宋別集
蘇東坡詩集注三十二卷　(宋)蘇軾撰　(宋)呂祖謙編　(宋)王十朋集注　**東坡先生年譜一卷**　(宋)王宗稷編　**失編一卷**　(清)朱從延補注　民國四年(1915)上海掃葉山房石印本　二十册

330000－1705－0020302　朱 5457　集部/小說類/短篇之屬
清平山堂話本十五種　(明)洪楩輯　民國十八年(1929)古今小品書籍印行會據明嘉靖洪楩刻本影印本　三册

330000－1705－0020311　朱 5283　子部/藝術類/遊藝之屬/聯語
影印名人楹聯真蹟大全不分卷附屏條堂幅不分卷　劉再蘇搜集　民國十四年(1925)上海世界書局影印本　吳澤題記　二册

330000－1705－0020318　朱 5187　集部/別集類/明別集
沈青門詩集一卷詩餘一卷青門山人文一卷　(明)沈仕撰　**沈青門詩集附錄一卷**　沈祖緜輯　民國七年(1918)西泠印社木活字印本　一册

330000－1705－0020325　朱 5406　集部/別集類
北江文集七卷　吳闓生撰　民國十三年(1924)刻本　七册

330000－1705－0020326　朱 5309　集部/詞類/總集之屬
宋詞三百首箋一卷　朱祖謀編　唐圭璋箋　民國二十三年(1934)上海神州國光社鉛印本　一册

330000－1705－0020329　朱 5202　集部/別集類
薌江小草一卷　王敬身撰　民國二十四年(1935)鉛印本　一册

330000－1705－0020335　朱 5305　集部/總集類/選集之屬/斷代
雁後合鈔五卷　詹勵吾輯　民國三十六年(1947)鉛印本　一册

330000－1705－0020342　朱 5395　集部/別集類
悲華經舍文存二卷附聯語一卷　洪允祥撰　民國二十五年(1936)鉛印本　陳廖士題記　一册

330000－1705－0020349　朱 5196　集部/別集類
學製齋駢文二卷　李詳撰　民國四年(1915)江寧蔣國榜鉛印本　二册

330000－1705－0020352　朱續 0072　新學/學校
高一歷史不分卷　□□編　稿本　一册

330000－1705－0020356　朱續 0073　史部/傳記類/總傳之屬/文苑
中國畫家人名綜錄一卷歷代畫史大觀一卷　陳同纂　稿本　一册

330000－1705－0020358　朱 5442　集部/別集類

王徵君詩藁三卷　王慈撰　民國十年(1921)木活字印本　一冊

330000－1705－0020389　朱續0068　史部/傳記類/別傳之屬/事狀
約園記事不分卷　民國鉛印本　一冊

330000－1705－0020391　朱5471　集部/小說類/短篇之屬
清平山堂話本十五種　(明)洪楩輯　民國十八年(1929)古今小品書籍印行會據明嘉靖洪楩刻本影印本　一冊　存五種

330000－1705－0020392　朱5238　集部/別集類/漢魏六朝別集
陶淵明詩箋注四卷　(晉)陶潛撰　丁福保編　民國十六年(1927)上海醫學書局鉛印本　一冊

330000－1705－0020406　朱5364　集部/總集類/氏族之屬
先澤殘存八種　王元增輯　民國九年(1920)嘉定王元增鉛印本　一冊

330000－1705－0020407　朱5114、朱5115　集部/別集類/清別集
焚餘一卷涕餘一卷蟲唫一卷影語一卷　(清)包啟禎撰　民國蕭山朱氏抄本　三冊

330000－1705－0020414　朱續0063　史部/地理類/雜志之屬
滄洲紀事一卷　(清)程正揆記　**做指南錄一卷**　(明)安福康撰　民國有正書局鉛印本　一冊

330000－1705－0020434　朱5312　集部/總集類/選集之屬/斷代
唐四家詩集　(清)胡鳳丹輯　民國鄂官書局刻本　一冊　存一種

330000－1705－0020440　朱5396　集部/別集類/清別集
筆歌二卷首一卷　(清)張潮山撰　民國抄本　二冊

330000－1705－0020456　朱5508　類叢部/叢書類/自著之屬
彊邨遺書六種外編二種附一種　朱祖謀撰　民國二十二年(1933)刻本　朱鼎煦題記　一冊　存一種

330000－1705－0020470　朱4418　集部/總集類/彙編之屬
古今歲時雜詠四十六卷　(宋)蒲積中輯　民國抄本　一冊　存五卷(一至五)

330000－1705－0020471　朱續0082　史部/傳記類/總傳之屬/釋道
國清高僧傳一卷附寒山子詩一卷　釋蘊光編　民國二十五年(1936)鉛印本　澹雲題記　一冊

330000－1705－0020476　朱續0081　史部/傳記類/總傳之屬/姓名
別號索引不分卷　陳乃乾輯　陶毓英編　民國二十五年(1936)共讀樓鉛印本　一冊

330000－1705－0020487　朱5630　集部/詞類/別集之屬
蕤紅詞一卷　宋伯魯撰　民國三年(1914)海棠仙館鉛印本　沁水廬主題記　一冊

330000－1705－0020489　朱5570　集部/總集類/氏族之屬
笙磬集二種二卷　王兆雷　王石渠撰　民國十年(1921)慕雲山房王氏木活字印本　一冊

330000－1705－0020493　朱續0078　史部/傳記類/日記之屬
雙韭草堂日記不分卷(民國十二年一月一日至)　葛暘撰　稿本　一冊

330000－1705－0020500　朱5505　史部/傳記類/別傳之屬/事狀
寸草廬贈言十卷　(清)張嘉祿輯　民國十二年(1923)四明張氏刻本　一冊　存五卷(一至五)

330000－1705－0020505　朱5770　集部/別集類
龐檗子遺集二卷　龐樹柏撰　民國六年(1917)鉛印本　一冊

330000－1705－0020511　朱5472　集部/楚辭類
離騷集傳一卷　(宋)錢杲之撰　民國七年(1918)海虞鐵琴銅劍樓據宋本影印本　朱鼎煦、張美翊題記　一册

330000－1705－0020513　朱5473　集部/別集類/宋別集
友林乙藁一卷　(宋)史彌寧撰　民國六年(1917)華陽高氏蒼茫齋據宋刻本影印本　朱鼎煦題記　一册

330000－1705－0020517　朱5664　集部/別集類
一山文存十二卷　章梫撰　民國七年(1918)吳興劉氏嘉業堂刻本　四册

330000－1705－0020519　朱續0135　史部/目録類/總録之屬/官修
壬子文瀾閣所存書目五卷　錢恂編　**文瀾閣目補一卷**　章箴編　民國元年(1912)浙江圖書館刻十二年(1923)補刻本　二册　存三卷(一至二、五)

330000－1705－0020520　朱續0076　史部/傳記類/日記之屬
湘綺樓日記不分卷(清同治八年正月至民國五年七月)　王闓運撰　民國十六年(1927)上海商務印書館鉛印本　八册

330000－1705－0020531　朱6031　集部/別集類/唐五代別集
杜詩註解節鈔一卷　(唐)杜甫撰　(清)顧淳慶輯注　民國十六年(1927)上海科學儀器館影印本　一册

330000－1705－0020532　朱5761　集部/別集類
寒匡集四卷　孫道毅撰　民國十三年(1924)上海中華書局鉛印本　朱鼎煦題記　一册

330000－1705－0020545　朱5697　集部/別集類/清別集
二百八十峯草堂集一卷　(清)蔡鴻鑑撰　**餐霞僊館集一卷**　(清)蔡和霽撰　民國三十三年(1944)四明墨海樓鉛印本　朱鼎煦題記　一册

330000－1705－0020550　朱6096　集部/別集類/清別集
南豐劉先生文集四卷補遺一卷　(清)劉孚京撰　民國十四年(1925)湘潭袁思亮鉛印本　朱鼎煦題記並批　四册

330000－1705－0020555　朱續0094　史部/傳記類/總傳之屬/姓名
程氏人物志八卷　(清)程之康撰　民國三十六年(1947)鉛印本　四册

330000－1705－0020559　朱6096－1　集部/別集類/清別集
南豐劉先生文集四卷補遺一卷　(清)劉孚京撰　民國十四年(1925)湘潭袁思亮鉛印本　朱鼎煦題記並批　四册

330000－1705－0020571　朱5749　集部/別集類
青珍館詩集一卷　馮全琪撰　民國七年(1918)鉛印本　一册

330000－1705－0020574　朱5486　集部/別集類/清別集
浮碧山館駢文二卷　(清)馮可鏞撰　民國六年(1917)寧波鈞和公司鉛印本　馮貞契題記　一册

330000－1705－0020591　朱6053　集部/別集類
悲華經舍文存二卷附聯語一卷　洪允祥撰　民國二十五年(1936)鉛印本　陳寥士題記　一册

330000－1705－0020594　朱5672　集部/總集類/郡邑之屬
小滄桑館甲子唱和集一卷　費崇高編次　民國十四年(1925)鉛印本　一册

330000－1705－0020597　朱6056　集部/別集類/清別集
寓庸室詩稿一卷　(清)余坤撰　民國七年(1918)余重耀南昌石印本　一册

330000－1705－0020605　朱5165　集部/別集類

回風堂詩六卷前錄二卷　馮幵撰　民國蕭山朱氏別宥齋刻一九六〇年油印修補本　二冊

330000－1705－0020611　朱5165－2　集部/別集類

回風堂詩六卷前錄二卷　馮幵撰　民國蕭山朱氏別宥齋刻一九六〇年油印修補本　二冊

330000－1705－0020624　朱5546　集部/別集類/清別集

穉澥詩集六卷附錄一卷　(清)毛澂撰　民國六年(1917)京師鉛印本　二冊

330000－1705－0020643　朱6621　集部/別集類

玄嬰先生手寫詩藁不分卷　陳訓正撰　稿本　一冊

330000－1705－0020648　朱6090　集部/別集類/清別集

二琴居詩鈔四卷　(清)王迪中撰　民國十年(1921)盟鷗別墅木活字印本　二冊

330000－1705－0020668　朱6063　集部/總集類/酬唱之屬

浦陽唱酬錄百疊韻一卷　喻信厚撰　民國二十五年(1936)鉛印本　一冊

330000－1705－0020669　朱續0105　史部/地理類/方志之屬/郡縣志

[民國]崇明鄉土志畧二十四節　昝元愷撰　黃南翹校勘　民國十三年(1924)石印本　一冊

330000－1705－0020672　朱6062　集部/詩文評類/詩評之屬

合肥詩話三卷　李家孚撰　民國十八年(1929)蘇州鉛印本　一冊

330000－1705－0020673　朱續0104　史部/地理類/方志之屬/郡縣志

[民國]定海縣志十六卷首一卷　陳訓正　馬瀛纂修　施臯　顏聖介　張紀隆測繪　民國十三年(1924)旅滬同鄉會鉛印本　五冊

330000－1705－0020677　朱6554　集部/別集類/清別集

九曲山房詩鈔十六卷續集一卷　(清)宗聖垣撰　**偶然吟一卷**　(清)宗聖堂撰　民國三年(1914)吳下鉛印本　三冊　缺二卷(續集、偶然吟)

330000－1705－0020681　朱續0103　史部/地理類/方志之屬/郡縣志

[民國]鄞縣通志六志五十一編附圖一函　張傳保　汪煥章修　陳訓正　馬瀛纂　民國二十四年(1935)至一九五一年寧波鄞縣通志館鉛印本　二冊　存二編(文獻志庚、戊)

330000－1705－0020689　朱6433　集部/詞類/詞譜之屬

周詞訂律十卷補遺二卷　楊易霖撰　民國二十六年(1937)開明書店鉛印本　朱鼎煦跋　四冊

330000－1705－0020703　朱6416　集部/詩文評類/詩評之屬

遼詩紀事十二卷　陳衍輯　民國二十五年(1936)上海商務印書館鉛印本　朱鼎煦跋　一冊

330000－1705－0020704　朱6661　集部/別集類/清別集

惕齋遺集四卷續集二卷補遺一卷首一卷末一卷　(清)周蘊良撰　民國二十四年(1935)會稽周氏誦清芬館刻朱印本　二冊

330000－1705－0020709　朱6069　集部/別集類/清別集

寒碧齋詩稿一卷　(清)徐棠撰　(清)王定祥編　王和之錄　**秋�室賸藁一卷**　(清)馮楫撰　王和之錄　民國抄本　王和之題記　一冊

330000－1705－0020720　朱6427　類叢部/叢書類/彙編之屬

煙畫東堂小品二十三種　繆荃孫編　民國九年(1920)江陰繆氏刻本　二冊

330000－1705－0020721　朱6275　集部/別

集類
青珍館詩集一卷 馮全琪撰 民國七年(1918)鉛印本 一册

330000－1705－0020745 朱6581 類叢部/叢書類/彙編之屬
墨巢叢刻 李宣龔輯 民國鉛印本 一册 存一種

330000－1705－0020747 朱6544 集部/總集類/選集之屬/通代
六朝文絜四卷 (清)許槤輯並評 民國六年(1917)上海掃葉山房石印本 一册

330000－1705－0020759 朱6929 集部/詞類/總集之屬
惜陰堂叢書 趙尊嶽輯 民國十三年至十五年(1924－1926)武進趙氏刻本 一册 存一種

330000－1705－0020768 朱6834 集部/總集類/選集之屬/斷代
近代詩鈔不分卷 陳衍輯 民國十二年(1923)上海商務印書館鉛印本 二十四册

330000－1705－0020770 朱6046 集部/總集類/選集之屬/斷代
瓊貽副墨 (清)姚燮輯 民國朱氏別宥齋抄本 一册 存五卷(蘭如集一至五)

330000－1705－0020771 朱6027 集部/總集類/選集之屬/斷代
瓊貽副墨 (清)姚燮輯 民國朱氏別宥齋抄本 一册 存三卷(蘭如集二至四)

330000－1705－0020774 朱6868 集部/別集類/明別集
楊忠愍公全集四卷首一卷 (明)楊繼盛撰 民國十年(1921)古越積善堂石印本 一册

330000－1705－0020776 朱6866 子部/藝術類/遊藝之屬/聯語
集殷虛文字楹帖不分卷 羅振玉輯 民國十年(1921)上虞羅氏貽安堂影印本 一册

330000－1705－0020780 朱6842 集部/戲劇類/雜劇之屬
西廂記五卷首一卷末一卷 (元)王德信(元)關漢卿撰 (清)毛奇齡論定 **會真記一卷** (唐)元稹撰 民國誦芬室影印本 四册 缺一卷(首)

330000－1705－0020781 朱6114 類叢部/叢書類/彙編之屬
煙畫東堂小品二十三種 繆荃孫編 民國九年(1920)江陰繆氏刻本 一册 存四卷(十至十三)

330000－1705－0020787 朱6899 集部/戲劇類/總集之屬
永樂大典戲文三種三卷 葉恭綽輯 民國二十年(1931)古今小品書籍印行會鉛印本 一册

330000－1705－0020789 朱6860 集部/別集類/清別集
浮碧山館駢文二卷 (清)馮可鏞撰 民國六年(1917)寧波鈞和公司鉛印本 馮幵、朱鼎煦跋 馮毓孳校 一册

330000－1705－0020793 朱6897 集部/別集類/清別集
橫山文集十六卷詩集六卷 (清)裘璉撰 **橫山先生年譜一卷** (清)裘姚崇原編 (清)王家振節鈔 民國三年(1914)甬上旅遯軒鉛印本 四册

330000－1705－0020797 朱6883 集部/別集類/清別集
浮碧山館駢文二卷 (清)馮可鏞撰 民國六年(1917)寧波鈞和公司鉛印本 一册

330000－1705－0020799 朱6883－1 集部/別集類/清別集
浮碧山館駢文二卷 (清)馮可鏞撰 民國六年(1917)寧波鈞和公司鉛印本 一册

330000－1705－0020816 朱3472、朱3480、朱3481 類叢部/叢書類/彙編之屬
續古逸叢書四十七種 張元濟等編 民國十一年(1922)至一九五七年上海商務印書館影

印本　四十六冊　存二十二種

330000－1705－0020827　朱 6627　集部/別集類

畸園第三次手定詩稿十七種三十二卷　陳遹聲撰　民國十一年(1922)影印本　二十三冊

330000－1705－0020841　朱 7020　史部/傳記類/別傳之屬/事狀

陶廬伉儷五十壽言不分卷　朱榮溥等輯　民國八年(1919)上海聚珍倣宋印書局鉛印本　一冊

330000－1705－0020856　朱 6991　集部/別集類/元別集

柳貫上京紀行詩一卷　(元)柳貫撰　民國十九年(1930)北平故宮博物院圖書館影印本　一冊

330000－1705－0020861　朱 7407　集部/總集類/郡邑之屬

續甬上耆舊詩一百二十卷首一卷　(清)全祖望輯選　民國七年(1918)四明文獻社鉛印本　二十四冊

330000－1705－0020881　朱 7027　史部/傳記類/別傳之屬/事狀

簡太夫人哀思錄不分卷　簡照南輯　民國九年(1920)上海聚珍倣宋印書局石印本暨鉛印本　五冊

330000－1705－0020892　朱 7132　集部/別集類/清別集

濂亭文集八卷　(清)張裕釗撰　(清)查燕緒編次　民國十二年(1923)上海掃葉山房石印本　一冊

330000－1705－0020900　朱 7625　集部/總集類/郡邑之屬

四明清詩略三十二卷首三卷　(清)董沛輯　**續稿八卷**　忻江明輯　**姓氏韻編一卷**　民國十九年(1930)中華書局鉛印本　二十冊

330000－1705－0020906　朱 7121　集部/曲類/曲韻曲譜曲律之屬

曲譜十二卷首一卷末一卷　民國十三年(1924)上海掃葉山房石印本　八冊

330000－1705－0020907　朱 7614　集部/別集類

葑里賸稿四卷　張原煒撰　民國三十四年(1945)張氏鉛印本　朱鼎煦題記　一冊

330000－1705－0020915　朱 7369　集部/總集類/酬唱之屬

寵兒編三卷五十自述一卷　陸鍾渭編　民國杭州浙江彙商印刷公司鉛印本　一冊

330000－1705－0020919　朱 7419　類叢部/叢書類/彙編之屬

冒氏叢書　冒廣生編　民國二十五年(1936)上海商務印書館鉛印本　三冊　存一種

330000－1705－0020920　朱 6960　集部/詩文評類/詩評之屬

詩品注三卷　(南朝梁)鍾嶸撰　陳延傑注　**詩選一卷**　陳延傑選　民國十六年(1927)上海開明書店鉛印本　一冊

330000－1705－0020926　朱 7569　集部/小說類/短篇之屬

詳註聊齋志異圖詠十六卷　(清)蒲松齡撰　(清)呂湛恩注　民國上海交通圖書館石印本　八冊

330000－1705－0020947　朱續 0115　史部/地理類/遊記之屬/紀行

病驥旅行記□□種　侯鴻鑑撰　民國無錫競志女學校鉛印本　一冊　存一種

330000－1705－0020954　朱 7652　集部/別集類/宋別集

宋詹元善先生遺集二卷首一卷　(宋)詹體仁撰　民國十九年(1930)鉛印本　一冊

330000－1705－0020978　朱 7575　集部/別集類/清別集

容甫先生遺詩五卷補遺一卷附錄一卷　(清)汪中撰　民國三年(1914)上海有正書局石印本　一冊

330000－1705－0020982　朱 7080　集部/詞

類/總集之屬
宋詞三百首一卷　朱祖謀編　民國十三年(1924)刻本　馮幵、朱鼎煦題記　一冊

330000－1705－0020984　朱7445、朱9128　集部/別集類/清別集
遵義鄭徵君遺著二十一卷　(清)鄭珍撰
坿屈廬詩稿四卷　(清)鄭同知撰　民國三年至四年(1914－1915)陳夔龍花近樓刻本　二冊　存六卷(巢經巢遺詩、附錄,屈廬詩稿一至四)

330000－1705－0020991　朱續0109　史部/地理類/專志之屬/書院
敷文書院志略不分卷　魏頌唐輯　民國二十四年(1935)浙江財務學校鉛印本　一冊

330000－1705－0020995　朱7556　集部/總集類/選集之屬/斷代
近代文評註讀本三卷　王文濡評選　沈鎔等註釋　民國十八年(1929)上海文明書局鉛印本　三冊

330000－1705－0021000　朱7601　集部/別集類/明別集
萬卷樓遺集六卷　(明)豐坊撰　(明)蔡獻臣選　民國抄本　一冊　存三卷(一至三)

330000－1705－0021002　朱7643　集部/曲類/曲選之屬
詞曲選六種　民國油印本　一冊

330000－1705－0021011　朱7552　集部/別集類
悔復堂詩一卷外錄一卷　應啟墀撰　**寥陽館詩草一卷附錄一卷**　姚壽祁撰　民國三十一年(1942)鉛印本　朱鼎煦題記　一冊

330000－1705－0021019　朱續0120　類叢部/叢書類/彙編之屬
別下齋叢書二十七種　(清)蔣光煦編　民國據清海昌蔣氏刻本影印本　一冊　存一種

330000－1705－0021034　朱7937　集部/別集類/宋別集
臨川集拾遺一卷　(宋)王安石撰　羅振玉輯　民國七年(1918)上海聚珍倣宋印書局鉛印本　一冊

330000－1705－0021045　朱7741　集部/詩文評類
薳薳室詩話一卷詩稿一卷雙鉤一卷　(清)童遜組撰　民國十一年(1922)慈谿嚴子均石印本　一冊　存一卷(詩話)

330000－1705－0021046　朱7738　集部/別集類
延秋室詩稿一卷　嚴廷楨撰　民國八年(1919)西泠印社影印本　一冊

330000－1705－0021053　朱7739　集部/總集類/酬唱之屬
江上題襟集一卷　嚴廷楨輯　民國八年(1919)石印本　二冊

330000－1705－0021054　朱7964　集部/別集類/明別集
遜志齋集三十卷拾遺十卷續拾遺一卷附錄一卷　(明)方孝孺撰　民國十七年(1928)寧海胡氏味善居刻本　十八冊

330000－1705－0021060　朱7695　集部/戲劇類/雜劇之屬
今樂攷證十二卷　(清)姚燮撰　民國二十四年(1935)北京大學影印本　馬裕藻題記　五冊

330000－1705－0021078　朱7962　類叢部/叢書類/彙編之屬
求恕齋叢書三十一種　劉承幹編　民國吳興劉氏嘉業堂刻本　十二冊　存一種

330000－1705－0021089　朱續0126　新學/政治法律/律例
現行章程規則不分卷　黃浦撰　民國鉛印本　一冊

330000－1705－0021091　朱續0133　子部/藝術類/書畫之屬/畫録
秘殿珠林二十四卷　(清)張照等輯　民國上海有正書局石印本　八冊

330000－1705－0021094　朱 7229　集部/總集類/選集之屬/斷代

白意齋雜著不分卷　樊增祥編　民國二年(1913)影印樊增祥手抄本　一冊

330000－1705－0021095　朱續 0127　新學/政治法律/律例

民事訴訟法講義不分卷　朱潤南編　民國鉛印本　一冊

330000－1705－0021104　朱續 0128　新學/政治法律/律例

司法圭臬二卷　民國會文堂石印本　八冊

330000－1705－0021108　朱續 0129　史部/政書類/律令之屬

浙江杭鄞金永律師公會報告錄不分卷　浙江杭鄞金永律師公會編　民國鉛印本　一冊

330000－1705－0021111　朱 7219　集部/別集類/唐五代別集

河東先生集四十五卷外集二卷外集補遺一卷龍城錄二卷附錄二卷集傳一卷　(唐)柳宗元撰　(宋)廖瑩中注　**廖藥洲事輯一卷**　羅振常撰　民國十二年(1923)蟫隱廬據宋世綵堂本影印本　二十冊

330000－1705－0021113　朱 6919　集部/總集類/選集之屬

詩悅不分卷　(清)羅坤選　民國抄本　一冊

330000－1705－0021117　朱 7217　集部/總集類/選集之屬/斷代

南社湘集第一期三卷第二期三卷　南社湘集編　民國十三年(1924)、十四年(1925)長沙南社湘集通訊處鉛印本　二冊

330000－1705－0021124　朱 7516　集部/別集類

寒莊文編二卷　虞輝祖撰　民國十年(1921)上海聚珍倣宋印書局鉛印本　一冊

330000－1705－0021125　朱續 0132　史部/目録類/總録之屬/私撰

郘亭知見傳本書目十六卷　(清)莫友芝撰　**紀元編三卷**　(清)李兆洛撰　民國石印本　五冊

330000－1705－0021128　朱 7518　類叢部/叢書類/自著之屬

湖濱補讀廬叢刻五種十三卷　鍾廣生撰　民國二十年(1931)鉛印本　一冊　存一種

330000－1705－0021136　朱 6993　子部/藝術類/書畫之屬/法帖

大鶴山人手寫詩槀小冊一卷　鄭文焯書　民國六年(1917)震亞圖書局石印本　葛夷之題記　一冊

330000－1705－0021139　朱 7996　集部/別集類

天嬰室叢稿第一輯九卷　陳訓正撰　民國十四年(1925)鉛印本　四冊

330000－1705－0021140　朱續 0131　史部/目録類/總録之屬/私撰

千頃堂書目三十二卷　(清)黃虞稷撰　民國影印本　十四冊　缺四卷(一至二、十七至十八)

330000－1705－0021143　朱續 0130　史部/目録類/總録之屬/私撰

千頃堂書目三十二卷　(清)黃虞稷撰　民國影印本　十四冊　缺四卷(三至四、二十七至二十八)

330000－1705－0021154　朱 8179　集部/別集類

蓼園詩鈔五卷　柯劭忞撰　廉泉編　**校勘記一卷**　廉泉撰　民國十三年(1924)上海中華書局鉛印本　一冊

330000－1705－0021155　朱 7527　集部/別集類

聯語錄存不分卷　馮幵選　民國抄本　朱鼎煦題記　一冊

330000－1705－0021157　朱 8187　集部/總集類/酬唱之屬

稀齡贈言三卷　錢綬棨輯　民國三年(1914)海上寄廬刻本　一冊

330000－1705－0021163　朱 8101　集部/別集類

適可居詩集五卷鳳山牧笛譜二卷　胡善曾撰　民國五年(1916)鉛印本　一冊

330000－1705－0021164　朱續 0141　史部/目録類/總録之屬/彙刻

增訂叢書舉要八十卷附校誤記一卷重訂徵刻南北宋人集小啓一卷　楊守敬原編　李之鼎補編　民國七年(1918)宜秋館鉛印本　三十七冊　缺五卷(近代一至二、五至七)

330000－1705－0021165　朱 8059　集部/別集類

秋螢集二卷　葉秉成撰　民國十九年(1930)王文翰等鉛印本　一冊

330000－1705－0021170　朱續 0160　史部/目録類/總録之屬/私撰

書目舉要一卷　周貞亮　李之鼎編　民國九年(1920)南城李之鼎宜秋館刻本　一冊

330000－1705－0021177　朱續 0142　史部/目録類/總録之屬/彙刻

四部叢刊目錄一卷　商務印書館編　民國上海商務印書館鉛印本暨影印本　一冊

330000－1705－0021185　朱 7830　集部/總集類/選集之屬/斷代

三唐人集　繆荃孫輯　民國四年至五年(1915－1916)刻本　二冊　存一種

330000－1705－0021187　朱續 0157　史部/目録類/版本之屬/書影

鐵琴銅劍樓書影不分卷識語四卷刊誤一卷　瞿良士編　民國十一年(1922)影印本　九冊

330000－1705－0021209　朱 8041　集部/別集類

回風堂詩七卷前録二卷文五卷　馮幵撰　**婦學齋遺稿一卷**　俞因撰　民國三十年(1941)中華書局鉛印本　四冊

330000－1705－0021220　朱 7885、朱 9198　集部/別集類

天嬰室叢稿第一輯九卷第二輯十卷　陳訓正撰　民國十四年(1925)、二十年(1931)鉛印本　馮幵題記　六冊

330000－1705－0021221　朱續 0156　史部/目録類/版本之屬/書影

盋山書影第一輯不分卷第二輯不分卷　柳詒徵編　民國十八年(1929)國學圖書館影印本　三冊

330000－1705－0021225　朱 8145　集部/別集類

祝蘐廬吟草一卷　湯銘篆撰　民國十一年(1922)鉛印本　一冊

330000－1705－0021254　朱 7877　集部/別集類

珠巖齋文初編九卷　王宇高撰　民國二十五年(1936)鉛印本　一冊　存五卷(一至五)

330000－1705－0021270　朱續 0152　集部/總集類/彙編之屬

汲古閣景鈔南宋六十家小集　(宋)陳起輯　民國十年(1921)上海古書流通處據明汲古閣景鈔宋本影印本(安晚堂詩集卷一至五、十三至六十原缺)　一冊　存一種

330000－1705－0021287　朱續 0158　史部/目録類/版本之屬/專考

樂毅論翻刻表一卷　(清)翁方綱撰並書　民國影印本　一冊

330000－1705－0021295　朱 8343　集部/別集類

馮回風先生壯年詩文藁不分卷　馮幵撰　稿本　朱鼎煦記　一冊

330000－1705－0021296　朱續 0161　史部/目録類/專録之屬

續藏經目錄不分卷　(日本)中野達慧編　民國十一年(1922)商務印書館鉛印本　一冊

330000－1705－0021303　朱續 0162　史部/目録類/專録之屬

范經輝藏書目不分卷　□□編　稿本　一冊

330000－1705－0021307　朱續 0163　史部/

目録類/總録之屬/私撰

別宥珍本書目不分卷　□□編　稿本　一册

330000－1705－0021317　朱 9019　集部/別集類/清別集

越縵堂文集十二卷　(清)李慈銘撰　民國十九年(1930)國立北平圖書館鉛印本　朱鼎煦題記　四册

330000－1705－0021322　朱續 0164　史部/目録類/專録之屬

別宥齋經部叢刻目不分卷　民國抄本　一册

330000－1705－0021328　朱續 0165　史部/目録類/總録之屬/私撰

別宥齋書目分部不分卷　朱鼎煦撰　稿本　一册

330000－1705－0021336　朱續 0166　史部/目録類/總録之屬/官修

浙江省立圖書館善本書目續編不分卷　浙江省立圖書館編　民國鉛印本　一册

330000－1705－0021338　朱續 0167　史部/目録類/總録之屬/官修

浙江公立圖書館保存類目錄四卷　浙江公立圖書館編　民國十年(1921)浙江公立圖書館石印本　一册　存二卷(三至四)

330000－1705－0021339　朱 9035　史部/傳記類/雜傳之屬

戬壽堂百卅合慶壽言不分卷　姬覺彌編　民國十二年(1923)上海愛儷園鉛印本　八册

330000－1705－0021341　朱續 0168　史部/目録類/總録之屬/官修

南洋中學校藏書目不分卷補遺一卷　陳乃乾撰　民國八年(1919)鉛印本　一册

330000－1705－0021342　朱 9061　集部/總集類/選集之屬/通代

天下才子必讀書十五卷　(清)金人瑞選評　民國二年(1913)廣益書局石印本　六册

330000－1705－0021345　朱 8857　集部/別集類

西樓集一卷　遠覺撰　民國二十四年(1935)稿本　一册

330000－1705－0021351　朱 8427　集部/別集類/清別集

愛吾廬遺稿一卷　(清)陳綸撰　**雙湖漁隱詩草一卷**　(清)陳孝徵撰　民國耕心堂鉛印本　一册

330000－1705－0021355　朱續 0170　史部/目録類/專録之屬

京師圖書展覽會陳列之書籍不分卷　朱鼎煦編　民國蕭山朱氏抄本　一册

330000－1705－0021363　朱續 0143　史部/目録類/專録之屬

中國地方志綜錄不分卷　朱士嘉撰　民國二十四年(1935)上海商務印書館石印本　三册

330000－1705－0021369　朱續 0144　史部/目録類/版本之屬/專考

宋元本行格表二卷附錄一卷補遺一卷　(清)江標輯　劉肇隅編並補　民國三年(1914)上海文瑞樓石印本　四册

330000－1705－0021373　朱續 0145　史部/目録類/專録之屬

復初齋書局第一期書目一卷第二期廉價書目一卷　復初齋書局編　民國二十三年(1934)杭州復初齋書局鉛印本　二册

330000－1705－0021378　朱續 0146　史部/傳記類/總傳之屬/技藝

書林紀事四卷　馬宗霍撰　民國二十四年(1935)上海商務印書館鉛印本　一册

330000－1705－0021388　朱續 0147　史部/目録類/總録之屬/私撰

受古書店舊書□□卷　受古書店編　民國石印本　三册　存三卷(戊辰第二期、庚午第二期、辛未第一期)

330000－1705－0021392　朱續 0148　史部/目録類/總録之屬/私撰

蟫隱廬書目不分卷　羅振常編　民國上海蟫隱廬石印本　六册

330000－1705－0021411　朱 8536　史部/地理類/專志之屬/園林
蓬萊閣記不分卷　(明)游璉輯　民國朱氏別宥齋抄本　一冊

330000－1705－0021440　朱續 0623　類叢部/叢書類/彙編之屬
古學彙刊第一集三十四種第二集二十七種　鄧實等編　民國元年至三年(1912－1914)上海國粹學報社鉛印本　二冊　存第一集六種

330000－1705－0021442　朱續 0239　子部/藝術類/書畫之屬/題跋
蘇黃題跋八卷　民國上海朝記書莊石印本　一冊　存四卷(山谷題跋一至四)

330000－1705－0021473　朱續 0660　類叢部/叢書類/彙編之屬
四庫全書珍本初集二百三十種　中央圖書館籌備處輯　民國二十三年至二十四年(1934－1935)上海商務印書館據文淵閣本影印本　九冊　存五種

330000－1705－0021479　朱續 0661　類叢部/叢書類/自著之屬
師伏堂遺書□□種　(清)皮錫瑞撰　民國上海商務印書館影印本　五冊　存二種

330000－1705－0021481　朱 8923　集部/別集類
回風堂詩不分卷　馮幵撰　民國馮氏抄本　朱鼎煦題記　一冊

330000－1705－0021486　朱 9076　集部/別集類/清別集
汪穰卿遺著八卷　(清)汪康年撰　汪詒年輯　首一卷　汪詒年等撰　民國九年(1920)錢塘汪詒年鉛印本　四冊

330000－1705－0021498　朱 8028　類叢部/叢書類/彙編之屬
抱經堂叢書十六種　(清)盧文弨編　民國十二年(1923)北京直隸書局據清乾隆至嘉慶盧氏刻本影印本　九十九冊

330000－1705－0021499　朱續 0652　類叢部/叢書類/彙編之屬
抱經堂叢書十六種　(清)盧文弨編　民國十二年(1923)北京直隸書局據清乾隆至嘉慶盧氏刻本影印本　一冊　存一種

330000－1705－0021516　朱續 0651－1　子部/雜著類/雜說之屬
齊物論釋一卷　章炳麟撰　民國上海右文社鉛印章氏叢書初集本　須從老人題記並批　一冊

330000－1705－0021520　朱 9160　集部/別集類
晚綠居詩藁四卷首一卷詩餘一卷　周茂榕撰　方積鈺　江五民編次　民國五年(1916)寧波鈞和公司鉛印本　二冊

330000－1705－0021531　朱 9108　集部/總集類/郡邑之屬
姚江詩錄八卷　謝寶書編　民國二十年(1931)中華書局鉛印本　六冊

330000－1705－0021551　朱 9200　類叢部/叢書類/彙編之屬
娟鏡樓叢刻七種　張祖廉輯　民國九年(1920)嘉善張氏鉛印本　三冊

330000－1705－0021552　朱 9315、朱 9316　集部/總集類/氏族之屬
經進三蘇文集事略本　羅振常輯　民國十五年(1926)上海蟫隱廬鉛印本　二十六冊

330000－1705－0021617　朱 9478　集部/總集類/郡邑之屬
續甬上耆舊詩一百二十卷首一卷　(清)全祖望輯選　民國七年(1918)四明文獻社鉛印本　九冊　缺六十三卷(六至六十八)

330000－1705－0021621　朱續 0188　史部/紀傳類
越縵堂讀史札記十一種三十卷　(清)李慈銘撰　民國國立北平北海圖書館鉛印本　一冊　存四種

330000－1705－0021624　朱續 0184　史部/金石類/璽印之屬/雜著

沙邨印話不分卷　沙文若撰　民國周樂抄本　一册

330000－1705－0021632　朱續 0189　史部/史評類/史論之屬

夏史三論不分卷　顧頡剛　童書業撰　民國鉛印本　童書業題記　一册

330000－1705－0021636　朱 9140　集部/別集類

杭州雜詩一卷　王守恂撰　民國鉛印本　一册

330000－1705－0021648　朱 9543　集部/總集類/郡邑之屬

四明清詩略三十二卷首三卷　(清)董沛輯　**續稿八卷**　忻江明輯　**姓氏韻編一卷**　民國十九年(1930)中華書局鉛印本　十三册　缺十六卷(十四至二十一、三十至三十二,續稿四至八)

330000－1705－0021656　朱續 0173　史部/政書類/公牘檔册之屬

重整天一閣募捐册不分卷　朱鼎煦撰　民國鉛印本　一册

330000－1705－0021660　朱續 0172　史部/政書類/公牘檔册之屬

朱家賬册不分卷　朱鼎煦撰　稿本　二册

330000－1705－0021670　朱續 0175　子部/藝術類/篆刻之屬/印譜

匋齋藏印初集不分卷二集不分卷　(清)端方藏　民國有正書局影印本　八册

330000－1705－0021680　朱續 0177　史部/金石類/石之屬/通考

校碑隨筆六卷續二卷　方若撰　民國十二年(1923)華璋書局石印本　二册

330000－1705－0021682　朱 8892　集部/總集類/氏族之屬

四明李氏文詩詞鈔不分卷　民國別宥齋抄本　朱鼎煦題記　一册

330000－1705－0021704　朱續 0181　子部/工藝類/文房四寶之屬/硯

寶硯堂硯辨一卷　(清)何傳瑤撰　民國朱鼎煦抄本　一册

330000－1705－0021707　朱 8869　集部/別集類

憶存草一卷　王和之撰　稿本　一册

330000－1705－0021722　朱 3823　集部/總集類/選集之屬/通代

樂府詩集一百卷目錄二卷　(宋)郭茂倩編　民國元年(1912)鄂官書處刻本　十六册

330000－1705－0021728　朱 3708、朱 3707、朱 3431　集部/戲劇類/總集之屬

奢摩他室曲叢　吳梅輯　民國十七年(1928)上海商務印書館影印本暨鉛印本　三册　存六種

330000－1705－0021730　朱續 0247　史部/傳記類/總傳之屬/技藝

箬溪藝人徵畧四卷附錄一卷　王修輯　民國長興王氏刻本　一册　存一卷(一)

330000－1705－0021739　朱 3430　集部/總集類/彙編之屬

潛社彙刊二十集　吳梅編　民國二十五年(1936)鉛印本　一册

330000－1705－0021747　朱 9621　集部/別集類

悲華經舍詩存五卷　洪允祥撰　民國二十二年(1933)慈谿洪氏慎思軒鉛印本　朱鼎煦題記　一册

330000－1705－0021748　朱 9892　集部/戲劇類/雜劇之屬

桃花源傳奇一卷懶閒天籟一卷　劉龍贍撰　民國八年(1919)刻本　一册

330000－1705－0021754　朱續 0260　子部/藝術類/遊藝之屬/棋弈

新桃花泉三卷　民國上海有正書局石印本　三册

330000－1705－0021756　朱續 0251　史部/

傳記類/總傳之屬/技藝

清朝書畫家筆錄四卷 竇鎮輯 民國九年(1920)上海自強書局石印本 一冊 存一卷(一)

330000－1705－0021758 朱3436 集部/別集類/元別集

雲莊張文忠公休居自適小樂府一卷 (元)張養浩撰 民國十九年(1930)北平孔德圖書館石印本 朱鼎煦題記 一冊

330000－1705－0021759 朱續0263 子部/工藝類/日用器物之屬/雕刻

竹人續錄一卷 褚德彝撰 民國十九年(1930)鉛印本 一冊

330000－1705－0021760 朱9613 集部/別集類/清別集

錢牧齋文鈔不分卷 (清)錢謙益撰 民國三年(1914)國學扶輪社鉛印本 四冊

330000－1705－0021766 朱續0252 子部/藝術類/書畫之屬/總論

中國文人畫之研究不分卷 (日本)大邨西崖述 陳衡恪譯 民國三十年(1941)中華書局鉛印本 一冊

330000－1705－0021771 朱9861 類叢部/叢書類/郡邑之屬

赤城遺書彙刊十六種 金嗣獻編 民國四年(1915)太平金氏木活字印本 二冊 存一種

330000－1705－0021795 朱續0261 子部/藝術類/書畫之屬/題跋

雜鈔三種 朱鼎煦輯 民國別宥齋抄本 一冊

330000－1705－0021799 朱續0390、朱0659 類叢部/叢書類/彙編之屬

四部備要 中華書局編 民國二十五年(1936)上海中華書局鉛印本(經義考卷二百八十六、二百九十九至三百,東塾讀書記卷十三至十四、十七至二十、二十二至二十五原缺) 七冊 存四種

330000－1705－0021804 朱續0658 類叢部/叢書類/彙編之屬

四部叢刊 張元濟等編 民國上海商務印書館影印本 五冊 存一種

330000－1705－0021813 朱9727 集部/別集類/清別集

霓仙遺稿一卷 (清)葉同春撰 民國十一年(1922)石印本 一冊

330000－1705－0021821 朱9732 集部/詞類/別集之屬

己未秋詞不分卷 (清)吳駿撰 民國江西省民生印刷第一廠鉛印本 朱鼎煦題記 一冊

330000－1705－0021824 朱3373 集部/別集類/清別集

習苦齋詩集八卷集外詩一卷筆記一卷題跋一卷雜攷一卷 (清)戴熙撰 民國九年(1920)戴克敦鉛印本 朱鼎煦題記 四冊

330000－1705－0021825 朱續0242 子部/藝術類/書畫之屬/總論

寒松閣談藝瑣錄六卷 (清)張鳴珂撰 民國十三年(1924)上海文明書局鉛印本 一冊

330000－1705－0021833 朱續0244 子部/藝術類/書畫之屬/畫法畫品

松壺畫憶二卷 (清)錢杜撰 民國上海有正書局石印本 一冊

330000－1705－0021838 朱續0244－1 子部/藝術類/書畫之屬/畫法畫品

松壺畫憶二卷 (清)錢杜撰 民國上海有正書局石印本 一冊

330000－1705－0021841 朱9687 集部/別集類/清別集

九曲山房詩鈔十六卷續集一卷 (清)宗聖垣撰 **偶然吟一卷** (清)宗聖堂撰 民國三年(1914)吳下鉛印本 一冊 缺十六卷(一至十六)

330000－1705－0021848 朱續0204 子部/醫家類/養生之屬

別宥膳經不分卷 朱鼎煦撰 民國抄本 一冊

330000 - 1705 - 0021880　朱 3790　集部/詞類/總集之屬

銷魂詞一卷　畢振達輯　民國三年(1914)上海夏星雜誌社鉛印本　一冊

330000 - 1705 - 0021881　朱 3799　集部/詞類/別集之屬

玉琴齋詞不分卷　(清)余懷撰　民國十七年(1928)國學圖書館影印本　二冊

330000 - 1705 - 0021900　朱續 0193　類叢部/叢書類/彙編之屬

約園叢書　張壽鏞編　民國四明張氏約園影印本　一冊　存一種

330000 - 1705 - 0021914　朱續 0215　子部/天文曆算類/曆法之屬

繼成堂陰陽合曆不分卷　民國鉛印本　朱鼎煦題記　五冊

330000 - 1705 - 0021917　朱續 0217　子部/天文曆算類/曆法之屬

中華民國三十六年歲在丁亥農曆通書不分卷　民國三十五年(1946)石印本　一冊

330000 - 1705 - 0021919　朱續 0218　子部/天文曆算類/曆法之屬

中華民國三十八年歲在己丑農曆通書不分卷　民國三十八年(1949)石印本　一冊

330000 - 1705 - 0021921　朱 3784　集部/詞類/別集之屬

吳漚煙語一卷　張上龢撰　民國四年(1915)刻本　一冊

330000 - 1705 - 0021932　朱 4179　子部/藝術類/遊藝之屬/聯語

宋詞集聯一卷　程柏堂撰　民國二十三年(1934)鎮江江南印書館影印本　一冊

330000 - 1705 - 0021936　朱 4112　集部/總集類/選集之屬/通代

古文辭類纂七十四卷　(清)姚鼐纂輯　民國五年(1916)都門書局鉛印本　十六冊

330000 - 1705 - 0021942　朱 4177　子部/藝術類/遊藝之屬/聯語

宋詞集聯一卷　趙祖望撰　民國二十年(1931)上海西泠印社影印本　一冊

330000 - 1705 - 0021946　朱 4141　史部/史評類/詠史之屬

清宮詞一卷　吳士鑑撰　民國鉛印本　一冊

330000 - 1705 - 0021948　朱 3773　集部/別集類

龐檗子遺集二卷　龐樹柏撰　民國六年(1917)鉛印本　朱鼎煦題記　馮幵批　一冊

330000 - 1705 - 0021951　朱續 0235　經部/小學類/文字之屬/字書/字體

漢碑隸體舉要不分卷　(清)蔣和撰　潘淩書　民國十八年(1929)上海商務印書館石印本　朱鼎煦跋　一冊

330000 - 1705 - 0021961　朱續 0221　子部/天文曆算類/曆法之屬

中華民國十九年新曆書不分卷　上海特別市社會局編　民國十九年(1930)上海特別市政府鉛印本　一冊

330000 - 1705 - 0021975　朱續 0225　子部/術數類/占卜之屬

未來預知術一卷　題(三國蜀)諸葛亮撰　題(宋)邵雍演　民國八年(1919)上海國粹保存會石印本　一冊

330000 - 1705 - 0021976　朱 4217　集部/曲類

元劇聯套述例一卷　蔡瑩撰　民國二十二年(1933)上海商務印書館鉛印本　一冊

330000 - 1705 - 0021981　朱 3769　集部/詞類/總集之屬

樂府補題後集二卷　徐致章等撰　民國十七年(1928)白雪詞社刻本　一冊　存一卷(甲編)

330000 - 1705 - 0021982　朱續 0212　子部/醫家類/推拿按摩外治之屬

推拿廣意三卷　(清)熊應雄輯　民國十四年(1925)上海宏大善書局石印本　一冊

330000－1705－0021989　朱 3387　類叢部/叢書類/彙編之屬

嘉業堂叢書五十七種　劉承幹輯　民國吳興劉氏嘉業堂刻朱印本　二册　存一種

330000－1705－0021991　朱 4118　類叢部/叢書類/自著之屬

勱堂遺書八種　民國八年至十九年(1919－1930)會稽顧氏鉛印本　一册　存一種

330000－1705－0021994　朱續 0228　子部/藝術類/書畫之屬/總論

江村銷夏錄三卷　(清)高士奇撰　民國上海有正書局影印本　三册

330000－1705－0021995　朱 3767　集部/詞類/別集之屬

韋莊詞注不分卷　(唐)韋莊撰　胡鳴盛注　民國石印本　朱鼎煦題記並跋　一册

330000－1705－0021997　朱 4116　集部/詞類/別集之屬

和小山詞一卷　趙尊嶽撰　民國十二年(1923)刻本　一册

330000－1705－0022001　朱 4115　集部/詞類/別集之屬

吷盦詞四卷　夏敬觀撰　民國二十八年(1939)中華書局鉛印本　一册

330000－1705－0022003　朱 9422　類叢部/叢書類/彙編之屬

嘉業堂叢書五十七種　劉承幹輯　民國吳興劉氏嘉業堂刻本(毛詩正義卷一至七原缺)　二册　存一種

330000－1705－0022005　朱續 0213　子部/醫家類/婦科之屬/產科

西醫產科圖說一卷　民國石印本　一册

330000－1705－0022007　朱續 0374　類叢部/叢書類/彙編之屬

嘉業堂叢書五十七種　劉承幹輯　民國吳興劉氏嘉業堂刻本(毛詩正義卷一至七原缺)　一册　存一種

330000－1705－0022016　朱 4133　集部/詞類/別集之屬

清寂詞錄五卷　林思進撰　民國三十二年(1943)成都刻本　一册

330000－1705－0022036　朱 3364　集部/別集類/清別集

乙丙集二卷　(清)江藩撰　民國朱氏別宥齋抄本　一册

330000－1705－0022053　朱 5637　集部/總集類/郡邑之屬

竹洲文獻二卷　楊貽誠編　民國二十五年(1936)鄞縣縣立女子中學校友會鉛印本　朱鼎煦題記　二册

330000－1705－0022054　朱續 0359　集部/別集類

鶴柴詩存五卷　陳詩撰　民國十三年(1924)尊瓠室刻本　一册　存三卷(三至五)

330000－1705－0022060　朱續 0234　子部/藝術類/書畫之屬/題跋

題畫集錦不分卷　李公毅輯　民國抄本　一册

330000－1705－0022062　朱續 0233　子部/藝術類/書畫之屬/書法書品

唐吳郡孫過庭書譜不分卷　(唐)孫過庭撰　民國抄本　一册

330000－1705－0022066　朱 2613　史部/傳記類/總傳之屬/文苑

杭州西溪奉祀歷代兩浙詞人姓氏錄一卷　周慶雲輯　民國鉛印本　朱鼎煦題記　一册

330000－1705－0022068　朱續 0223　子部/術數類/占卜之屬

三才靈課不分卷　(明)姚廣孝撰　民國抄本　一册

330000－1705－0022074　朱續 0605　集部/小說類/長篇之屬

石頭記八卷八十回　(清)曹霑撰　民國上海有正書局石印本　十册　存四卷(一至四)

330000－1705－0022086　朱續 0333　子部/宗教類/佛教之屬
雲棲法彙二十九種　(明)釋袾宏撰　(明)王宇春等輯　民國上海有正書局鉛印本　三册　存一種

330000－1705－0022096　朱續 0504　集部/詩文評類/詩評之屬
石林詩話三卷　(宋)葉夢得撰　民國上海中華圖書館石印本　一册

330000－1705－0022098　朱續 0508　集部/詩文評類/詩評之屬
浩然齋雅談三卷　(宋)周密撰　民國廣益書局石印本　二册

330000－1705－0022107　朱續 0337　子部/宗教類/佛教之屬/諸宗
印光法師嘉言錄不分卷　李圓淨編　民國十八年(1929)上海大中書局鉛印本　一册

330000－1705－0022110　朱續 0286　子部/雜著類/雜纂之屬
人海記二卷　(清)查慎行輯　民國四年(1915)掃葉山房石印本　二册

330000－1705－0022112　朱 2582　新學/報章
文瀾學報不分卷　浙江省立圖書館編　民國浙江省立圖書館鉛印本　一册

330000－1705－0022116　朱續 0287　子部/雜著類/雜説之屬
勸世迂談一卷　守拙子撰　**精選各書經驗良方一卷**　民國十三年(1924)寧波華陞局鉛印本　一册

330000－1705－0022121　朱續 0338　子部/宗教類/道教之屬
三聖經讀本一卷　民國二十二年(1933)上海明善書局鉛印本　一册

330000－1705－0022125　朱續 0292　子部/雜著類/雜考之屬
東塾讀書記二十五卷　(清)陳澧撰　民國十七年(1928)掃葉山房石印本(卷十三至十四、十七至二十、二十二至二十五原缺)　三册

330000－1705－0022128　朱續 0339　子部/宗教類/佛教之屬/律
四分比丘戒相表記不分卷　釋曇昉輯　民國影印本　一册

330000－1705－0022129　朱續 0564　集部/曲類/寶卷之屬
雙金錠寶卷二卷　民國上海惜陰書局石印本　一册

330000－1705－0022130　朱續 0565　集部/曲類/寶卷之屬
新編還金鐲寶卷一卷　民國上海惜陰書局石印本　一册

330000－1705－0022133　朱續 0566　集部/曲類/寶卷之屬
新刻下關東私訪同三虎困龍全傳一卷　民國杭州聚元堂書局石印本　一册

330000－1705－0022138　朱續 0489　集部/總集類/尺牘之屬
分類箋註文辭大尺牘二十六卷　(明)鍾惺纂輯　(明)馮夢龍訂釋　(清)王鼎增輯　民國十年(1921)上海求古齋鉛印本　十六册

330000－1705－0022142　朱續 0567　集部/曲類/寶卷之屬
太華山紫金鎮兩世修行劉香寶卷全集二卷　民國十九年(1930)寧波學林堂書局石印本　一册

330000－1705－0022147　朱續 0568　集部/曲類/寶卷之屬
鍼心寶卷一卷　民國十三年(1924)上海翼化堂善書局石印本　一册

330000－1705－0022149　朱續 0569　集部/曲類/寶卷之屬
喜鵲橋寶卷二卷　民國二十五年(1936)寧波學林堂書局石印本　一册

330000－1705－0022159　朱續 0319　經部/小學類/文字之屬/字書/字典

分類辭源三十卷 世界書局編輯所編 民國十五年(1926)上海世界書局石印本 十一册

330000－1705－0022162 朱續0571 集部/曲類/寶卷之屬

繪圖梅花戒寶卷二卷 民國文元書局石印本 一册

330000－1705－0022166 朱續0572 集部/曲類/寶卷之屬

大明嘉靖江蘇蘇州府玉蜻蜓寶卷二卷 民國上海惜陰書局石印本 二册

330000－1705－0022169 朱續0495 集部/總集類/郡邑之屬

滬瀆同聲續集不分卷 郁葆青輯 陳詩選 民國二十四年(1935)鉛印本 一册

330000－1705－0022170 朱續0573 集部/曲類/寶卷之屬

雪梅寶卷三官堂二卷 民國三年(1914)上海文益書局石印本 一册

330000－1705－0022172 朱續0574 集部/曲類/寶卷之屬

繪圖秦雪梅三元記寶卷二卷 民國上海惜陰書局石印本 一册

330000－1705－0022173 朱續0283 子部/工藝類/日用器物之屬/陶瓷

飲流齋説瓷十卷 許之衡撰 民國十三年(1924)上海朝記書莊鉛印本 二册

330000－1705－0022174 朱續0575 集部/曲類/寶卷之屬

趙千金烈女寶卷二卷 民國十三年(1924)上海文益書局石印本 一册

330000－1705－0022176 朱續0496 集部/總集類/酬唱之屬

耋齡唱和集不分卷 周明道等撰 民國油印本 朱鼎煦題記 一册

330000－1705－0022177 朱續0285 類叢部/叢書類/自著之屬

曾文正公全集十六種 (清)曾國藩撰 民國四年(1915)鉛印本 朱鼎煦題記 二册 存一種

330000－1705－0022178 朱續0576 集部/曲類/寶卷之屬

雙花寶卷二卷 民國二年(1913)上海文益書局石印本 二册

330000－1705－0022181 朱續0577 集部/曲類/寶卷之屬

新編合同記寶卷二卷 民國上海惜陰書局石印本 一册

330000－1705－0022184 朱續0514 集部/詞類/總集之屬

御選歷代詩餘一百二十卷 (清)聖祖玄燁定 (清)沈辰垣等輯 民國上海蟫隱廬影印本 四十八册

330000－1705－0022185 朱續0578 集部/曲類/寶卷之屬

新編白鶴圖寶卷二卷 民國上海惜陰書局石印本 一册

330000－1705－0022186 朱續0282 子部/工藝類/文房四寶之屬/硯

秋樹庵漫抄不分卷 民國抄本 一册

330000－1705－0022188 朱續0479 集部/別集類/宋別集

黄山谷書牘一卷 (宋)黄庭堅撰 民國二年(1913)上海商務印書館鉛印本 二册

330000－1705－0022191 朱7355 集部/別集類

坐春風廬詩稿不分卷 民國朱氏別宥齋抄本 一册

330000－1705－0022192 朱續0524 類叢部/叢書類/彙編之屬

潛泉叢鈔 吴隱輯 民國西泠印社刻本暨石印本 二册 存四種

330000－1705－0022193 朱續0280 子部/雜著類/雜纂之屬

雜録不分卷 民國抄本 一册

330000－1705－0022194　朱續 0348　集部/別集類/宋別集

黃山谷全集三十九卷　（宋）黃庭堅撰　（宋）任淵　（宋）史容　（宋）史季溫注　民國八年(1919)上海著易堂書局據清光緒二十一年至二十五年(1895－1899)刻宣統二年(1910)印本影印本　二十冊

330000－1705－0022195　朱續 0580　集部/曲類/寶卷之屬

繪圖玉連環寶卷二卷　民國上海惜陰書局石印本　一冊　存一卷(一)

330000－1705－0022196　朱 7356　子部/雜著類/雜說之屬

小品文鈔不分卷　民國朱氏別宥齋抄本　一冊

330000－1705－0022197　朱續 0279　子部/雜著類/雜纂之屬

郝翁不分卷　民國抄本　一冊

330000－1705－0022199　朱續 0477　集部/詩文評類/文評之屬

評註諸葛武侯尺牘二卷　民國石印本　吳澤題記　一冊

330000－1705－0022204　朱續 0569－1　集部/曲類/寶卷之屬

喜鵲橋寶卷二卷　民國二十年(1931)朱彬記書莊石印本　一冊

330000－1705－0022205　朱續 0478　集部/總集類/尺牘之屬

增批蘇黃尺牘合編五卷　（清）黃始箋輯　（清）朱霆　（清）葉豐纂閱　民國上海著易堂石印本　二冊　缺二卷(蘇長公尺牘二至三)

330000－1705－0022206　朱續 0526　集部/別集類/清別集

曝書亭集二十三卷詞七卷附錄一卷　（清）朱彝尊撰　民國四年(1915)中華圖書館石印本　四冊　缺二十三卷(一至二十三)

330000－1705－0022208　朱續 0486　集部/總集類/尺牘之屬

歷代名人書札二卷　吳曾祺輯　民國十五年(1926)上海商務印書館鉛印本　二冊

330000－1705－0022212　朱續 0585　集部/曲類/寶卷之屬

新編繪圖蘭香女告陰狀寶卷一卷　民國十二年(1923)上海仁記書局石印本　一冊

330000－1705－0022218　朱續 0503　集部/詩文評類/詩評之屬

尊瓠室詩話三卷補遺一卷　陳詩撰　民國鉛印本　一冊

330000－1705－0022221　朱續 0482　集部/總集類/尺牘之屬

曹李尺牘合選二卷　（清）曹溶　（清）李良年撰　（清）茅復選　民國上海仁記同文圖書館石印本　二冊

330000－1705－0022223　朱續 0586　集部/曲類/寶卷之屬

湖廣荆州府永慶縣脩行梅氏花綢寶卷二卷　民國七年(1918)上海文益書局石印本　一冊

330000－1705－0022229　朱續 0587　集部/曲類/寶卷之屬

雌雄盃寶卷二卷　民國十二年(1923)上海文益書局石印本　一冊

330000－1705－0022230　朱續 0484　集部/總集類/尺牘之屬

緇林尺牘一卷　（清）道古編集　民國二十三年(1934)上海商務印書館鉛印本　一冊

330000－1705－0022231　朱續 0594　集部/曲類/寶卷之屬

重刻觀世音菩薩本行經簡集二卷　民國三年(1914)上海文益書局石印本　一冊

330000－1705－0022235　朱續 0588　集部/曲類/寶卷之屬

新刻西瓜寶卷全集一卷　民國上海文元書局石印本　一冊

330000－1705－0022238　朱續 0529　集部/詞類/別集之屬

樵歌三卷補遺一卷　（宋）朱敦儒撰　民國十六年（1927）北新書局鉛印本　一冊

330000－1705－0022240　朱續0445　集部/總集類/選集之屬/通代
歷代詩文評註讀本　王文濡編　民國上海文明書局鉛印本　二冊　存一種

330000－1705－0022241　朱續0589　集部/曲類/寶卷之屬
如意寶卷二卷　民國二年（1913）上海文益書局石印本　一冊

330000－1705－0022243　朱續0590　集部/曲類/寶卷之屬
湛然寶卷二卷　民國三年（1914）上海文益書局石印本　一冊

330000－1705－0022246　朱續0487　集部/總集類/尺牘之屬
歷代名人小簡二卷　吳曾祺輯　民國十四年（1925）上海商務印書館鉛印本　二冊

330000－1705－0022250　朱續0591　集部/曲類/寶卷之屬
妙英寶卷全集一卷　民國三年（1914）上海文益書局石印本　一冊

330000－1705－0022254　朱續0488　集部/總集類/尺牘之屬
歷代名人小簡二卷　吳曾祺輯　**國朝名人小簡二卷**　吳曾祺編　民國上海商務印書館鉛印本　一冊

330000－1705－0022255　朱續0593　集部/曲類/寶卷之屬
浙江溫州府平陽縣白梅村七世修行玉英寶卷二卷　民國三年（1914）文益書局石印本　一冊

330000－1705－0022258　朱續0442　集部/總集類/題詠之屬
浮香閣本事四卷　民國朱氏別宥齋抄本　一冊

330000－1705－0022261　朱續0532　集部/詞類/別集之屬
舊月簃詞一卷　陳曾壽撰　民國十年（1921）鉛印本　一冊

330000－1705－0022262　朱續0592　集部/曲類/寶卷之屬
繪圖新出雙剪髮寶卷二卷　民國文元書局石印本　一冊

330000－1705－0022276　朱續0394　集部/別集類/清別集
觀復草廬剩稿六卷　（清）潘樫章撰　民國二年（1913）上海神州國光社鉛印本　一冊　存三卷（一至三）

330000－1705－0022277　朱續0313　經部/小學類/音韻之屬/韻書
增廣詩韻全璧五卷　（清）湯祥瑟輯　民國十年（1921）上海鑄記書局石印本　六冊

330000－1705－0022278　朱續0583　集部/曲類/寶卷之屬
雙花寶卷二卷　民國二年（1913）上海文益書局石印本　一冊

330000－1705－0022279　朱續0556　集部/曲類/曲選之屬
元曲別裁集二卷　盧前編　民國十七年（1928）上海開明書店鉛印本　一冊　存一卷（上）

330000－1705－0022280　朱續0393　集部/別集類
怒醉廬初稿一卷　張應皓撰　民國二十四年（1935）甬上華陞印局鉛印本　朱鼎煦題記　一冊

330000－1705－0022282　朱續0584　集部/曲類/寶卷之屬
繡像彩球記全傳十四回　民國石印本　一冊

330000－1705－0022283　朱續0555　集部/曲類/散曲之屬
盪氣迴腸曲三卷外集一卷　王悠然輯　民國二十年（1931）上海大江書鋪鉛印本　一冊

330000－1705－0022286　朱續 0301　子部/小說家類

筆記小說大觀二百二十二種　進步書局輯　民國上海進步書局石印本　四冊　存三種

330000－1705－0022289　朱續 0196－1　子部/農家農學類/園藝之屬/花卉

春暉堂花卉圖說十二卷　許衍灼撰　民國十二年(1923)上海新學會社石印本　四冊

330000－1705－0022292　朱續 0354　集部/別集類/明別集

霜猨集校訂補注一卷　(明)周同谷撰　孟森注　民國六年(1917)上海商務印書館鉛印本　一冊

330000－1705－0022294　朱續 0553　集部/戲劇類/傳奇之屬

長生殿二卷五十齣　(清)洪昇撰　民國六年(1917)掃葉山房石印本　四冊

330000－1705－0022295　朱續 0355　類叢部/叢書類/彙編之屬

墨巢叢刻　李宣龔輯　民國鉛印本　一冊　存一種

330000－1705－0022303　朱續 0596　集部/小說類/短篇之屬

莊子奇文四卷　陳琰編輯　民國八年(1919)上海大東書局石印本　二冊

330000－1705－0022308　朱續 0385　集部/別集類

寄傲盦遺集三卷　黄壽曾撰　民國十九年(1930)鉛印本　朱鼎煦題記　一冊

330000－1705－0022311　朱續 0402　集部/別集類/清別集

越縵堂詩初集十卷　(清)李慈銘撰　民國二十四年(1935)上海商務印書館鉛印本　三冊

330000－1705－0022312　朱續 0403　集部/別集類

靈璅閣詩二卷附孫言草一卷　張惠衣撰　民國三十三年(1944)鉛印本　一冊

330000－1705－0022313　朱續 0345　集部/詞類/別集之屬

東坡樂府二卷補遺一卷　(宋)蘇軾撰　**校記二卷**　林大椿撰　民國十七年(1928)上海商務印書館鉛印本　二冊

330000－1705－0022315　朱續 0347　集部/別集類/宋別集

白石道人詩集二卷集外詩一卷詩說一卷　(宋)姜夔撰　**附錄一卷附錄補遺一卷**　民國有正書局石印本　一冊

330000－1705－0022328　朱續 0407　集部/別集類

陶令詩零五卷　陶鏞撰　民國石印本　一冊

330000－1705－0022329　朱續 0535　集部/詞類/詞話之屬

閨秀詞話四卷　雷瑊　雷瑨輯　民國五年(1916)掃葉山房石印本　二冊

330000－1705－0022339　朱續 0447　集部/總集類/課藝之屬

國文讀本不分卷附說文部目不分卷　民國油印本　一冊

330000－1705－0022341　朱續 0409　集部/別集類

嗣田集不分卷　田宿宇撰　民國油印本　一冊

330000－1705－0022356　朱續 0517　集部/詞類/總集之屬

唐宋諸賢絕妙詞選三卷　(宋)黄昇輯　民國十一年(1922)羅振常據羅莊影宋抄本影印本　三冊

330000－1705－0022361　朱續 0518　集部/詞類/總集之屬

全唐詞選二卷　民國十五年(1926)上海掃葉山房石印本　二冊

330000－1705－0022366　朱續 0404　集部/別集類

遊滬草前集一卷　章士釗撰　**遊滬草後集一卷**　潘伯鷹撰　民國三十三年(1944)大同印

刷社鉛印本　潘伯鷹題記　一冊

330000－1705－0022372　朱續 0412　集部/別集類

天嬰室集四卷　陳訓正撰　民國八年(1919)石印本　葛暘題記　一冊　存一卷(一)

330000－1705－0022376　朱續 0523　集部/詞類/總集之屬

長興詞存六卷　溫匋輯　民國十五年(1926)鉛印本　二冊

330000－1705－0022377　朱續 0255－1　子部/藝術類/遊藝之屬/謎語

燈謎叢錄不分卷　蔡克仁輯　民國十年(1921)杭州文元堂楊氏刻本　三冊

330000－1705－0022380　朱續 0415　集部/別集類

回風堂詩六卷前錄二卷　馮幵撰　民國蕭山朱氏別宥齋刻本　朱鼎煦校　九冊　存五卷(一至二、四,前錄一至二)

330000－1705－0022381　朱續 0413　集部/別集類/清別集

霓仙遺稿一卷　(清)葉同春撰　民國十一年(1922)石印本　朱鼎煦批並題記　一冊

330000－1705－0022382　朱續 0414　集部/別集類

回風堂詩六卷　馮幵撰　都良編　朱鼎煦校稿本　七冊

330000－1705－0022385　朱續 0343　集部/別集類/唐五代別集

昌黎先生集四十卷外集十卷遺文一卷　(唐)韓愈撰　(唐)李漢編　民國九年(1920)上海商務印書館鉛印本　四冊　存十二卷(一至十二)

330000－1705－0022386　朱續 0622　類叢部/叢書類/彙編之屬

國學選粹□□種　民國越鐸日報鉛印本　一冊　存一種

330000－1705－0022388　朱續 0396　類叢部/叢書類/自著之屬

蛾術堂集十四種　(清)沈豫撰　民國二十年(1931)上海蟫隱廬據清道光十八年(1838)刻本影印本　六冊

330000－1705－0022392　朱續 0474　集部/總集類/謠諺之屬

滬諺二卷　胡祖德編　民國鉛印本　一冊　存一卷(上)

330000－1705－0022394　朱續 0397　類叢部/叢書類/自著之屬

樊山全集六種　樊增祥撰　民國二年(1913)石印本　七冊　存二種

330000－1705－0022397　朱續 0411　集部/別集類/清別集

語石居詩鈔二卷　(清)林植三撰　李鎏　陳宗勧編次　民國二十二年(1933)石印本　一冊　存一卷(下)

330000－1705－0022398　朱續 0410　集部/別集類

洪荆山文集不分卷　民國剪貼本　一冊

330000－1705－0022401　朱續 0398　集部/別集類/明別集

王次回疑雨集註四卷　(明)王彥泓撰　(□)句漏後裔釋　民國七年(1918)上海文明書局石印本　四冊

330000－1705－0022406　朱續 0307　子部/小説家類

古今筆記精華錄二十四卷　古今圖書局編譯部編纂　民國石印本　一冊　存一卷(二)

330000－1705－0022409　朱續 0536　集部/詞類/總集之屬

惜陰堂叢書　趙尊嶽輯　民國十三年至十五年(1924－1926)武進趙氏刻本　一冊　存一種

330000－1705－0022416　朱續 0309　集部/總集類/彙編之屬

教科適用古今小品精華二卷　中華書局編　民國二十一年(1932)上海中華書局鉛印本　二冊

書名筆畫字頭索引

一畫

二畫

三畫

四畫

五畫

六畫

七畫

八畫

九畫

十畫

十一畫

十二畫

十三畫

十四畫

十五畫

十六畫

十七畫

十八畫

十九畫

二十畫

二十一畫

二十二畫

二十三畫

二十四畫

二十五畫

二十七畫

二十八畫

書名筆畫索引

一畫

二畫

三畫

四畫

五畫

六畫

七畫

八畫

九畫

十畫

十一畫

十二畫

十三畫

十四畫

十五畫

十六畫

十七畫

十八畫

十九畫

二十畫

二十一畫

二十二畫

二十三畫

二十四畫

二十五畫

二十七畫

二十八畫